21世纪经济管理新形态教材·会计学系列

新编政府与
非营利组织会计

董 普 ◎ 主 编
王 晶 ◎ 副主编

清华大学出版社
北 京

本书封面贴有清华大学出版社防伪标签，无标签者不得销售。

版权所有，侵权必究。举报：010-62782989，beiqinquan@tup.tsinghua.edu.cn。

图书在版编目(CIP)数据

新编政府与非营利组织会计/董普主编．—北京：清华大学出版社，2020.7（2022.1重印）
21世纪经济管理新形态教材．会计学系列
ISBN 978-7-302-55872-9

Ⅰ．①新…　Ⅱ．①董…　Ⅲ．①单位预算会计—教材　Ⅳ．① F810.6

中国版本图书馆 CIP 数据核字 (2020) 第 110013 号

责任编辑：吴　雷
封面设计：李伯骥
版式设计：方加青
责任校对：宋玉莲
责任印制：朱雨萌

出版发行：清华大学出版社
　　　　网　　　址：http://www.tup.com.cn, http://www.wqbook.com
　　　　地　　　址：北京清华大学学研大厦 A 座　　　邮　　编：100084
　　　　社 总 机：010-62770175　　　邮　　购：010-62786544
　　　　投稿与读者服务：010-62776969, c-service@tup.tsinghua.edu.cn
　　　　质 量 反 馈：010-62772015, zhiliang@tup.tsinghua.edu.cn
印 装 者：北京鑫海金澳胶印有限公司
经　　销：全国新华书店
开　　本：185mm×260mm　　　印　张：20　　　字　数：512 千字
版　　次：2020 年 7 月第 1 版　　　印　次：2022 年 1 月第 3 次印刷
定　　价：49.00 元

产品编号：088819-01

前　言

随着近年我国政府会计改革的不断深化，当前教学以及相关实务工作迫切需要全新的教材来指导。本教材是在政府会计全面改革的大背景下，紧密跟踪最新的《政府会计准则——基本准则》《政府会计准则——存货、投资、固定资产、无形资产、公共基础设施、政府储备物资》系列具体准则，并且以《固定资产准则应用指南》与《政府会计制度——行政事业单位会计科目和报表》等已经相继颁布的政府会计准则制度为依据，在介绍政府与非营利组织会计基本理论基础上，结合我国政府会计改革实践，根据财政部颁发的《财政总预算会计制度》《政府会计制度》《民间非营利组织会计制度》等法规对政府与非营利组织会计实务进行了全面、详尽阐述。

本教材以案例教学为特点，全面且深入地阐述了财政总预算会计、政府会计（行政事业单位会计）和非营利组织会计知识体系，并注重指导政府会计工作者的实际运用。

本教材在系统地分析会计基本原理、基本方法的基础上，注重以真实的综合案例引导读者进行学习与思考，使会计理论、制度和实务融为一体。

本书具有以下特点：

1. 内容创新，紧跟形势，突显总预算会计、政府会计制度变化

本教材紧密联系国际政府会计与我国预算会计的最新发展趋势，紧跟当前总预算会计、政府会计制度（行政事业单位）变化，在介绍现行预算管理制度基础上，着重介绍了我国政府会计制度改革的最新内容以及非营利组织会计的发展趋势，且针对我国政府会计体系中应用最广的行政事业单位会计，从财务会计、预算会计、业务的平行记账、会计报表及新旧制度衔接四个主要方面，综合、系统、全面、详细地讲解相关的理论与实务知识，具有非常强的前沿性。

2. 体系完整、结构合理

本教材共分四篇，每篇分若干章节。第一篇介绍政府与非营利组织会计的基础理论与基础知识；第二篇介绍财政总预算会计；第三篇介绍政府会计制度，也就是行政单位和事业单位会计制度；第四篇介绍我国民间非营利组织会计。全书体系完整、内容全面且实用。

3. 实务为重、精选案例

本教材广泛借鉴国内外相关教材的编写方法与编写思路，精选的实际案例力求与每部分内容紧密呼应，突出案例在书本知识和财会实践两者之间的桥梁作用，便于学生和实务工作者对比理解所学内容，对广大学生和实务工作者具有很大帮助。

本书可作为高等院校会计学、财政学、国民经济管理、公共管理（包括行政管理、卫生事业管理、教育经济管理、土地资源管理、劳动与社会保障）等经济管理类专业的本科生教材及MPAcc、MPA等专业的研究生教学参考书，同时也可供财政部门与行政、事业单位及中介机构的经济管理人员特别是会计人员培训与自学之用。

中国地质大学（北京）经管学院董普教授（编写第一篇及第二篇约十万字）担任本书主编，

负责全书写作大纲的拟定和编写的组织工作，并对全书进行了总撰。中国生物技术发展中心王晶为副主编（编写第二篇、第四篇约十万字）。同时，北京理工大学珠海学院会计与金融学院邓燕（编写第三篇约十二万字）、中国地质大学（北京）张威、林娟、滕宇（编写第一篇和第三篇、第四篇部分内容）也参与了编写。

于俊峰、董俭、于洋、张澍、杨雁舒等同学在资料收集、习题整理以及排版等方面承担了很多工作，在此表示衷心感谢。同时，本书编写参考了很多著作，在此一并向相关作者致谢！

由于水平有限，不足之处在所难免，恳请广大读者批评指正。

董普

2020年6月

目 录

第一篇 概 论

第一章 政府与非营利组织会计的特点及组成体系 ………………………………………… 2
- 第一节 政府与非营利组织的内涵及特征 …………………………………………… 2
- 第二节 政府与非营利组织会计的相关概念 ………………………………………… 4
- 第三节 政府与非营利组织会计的构成体系 ………………………………………… 6
- 第四节 政府与非营利组织会计规范 ………………………………………………… 8
- 思考题 …………………………………………………………………………………… 10

第二章 政府与非营利组织会计基本理论和方法 ………………………………………… 11
- 第一节 政府与非营利组织会计的目标 ……………………………………………… 11
- 第二节 政府与非营利组织会计的基本假设和基本原则 …………………………… 12
- 思考题 …………………………………………………………………………………… 14

第三章 政府预算管理及国库会计制度 …………………………………………………… 15
- 第一节 政府预算管理制度 …………………………………………………………… 15
- 第二节 国库会计制度 ………………………………………………………………… 22
- 第三节 政府财政支出管理改革 ……………………………………………………… 26
- 思考题 …………………………………………………………………………………… 31

第二篇 财政总预算会计

第四章 财政总预算会计概述 ……………………………………………………………… 34
- 第一节 财政总预算会计内涵和对象 ………………………………………………… 34
- 第二节 财政总预算会计核算的会计规范与会计科目 ……………………………… 35
- 第三节 会计科目使用 ………………………………………………………………… 38
- 思考题 …………………………………………………………………………………… 62

第五章 账务处理 …………………………………………………………………………… 63
- 第一节 财政资产和负债的核算 ……………………………………………………… 63
- 第二节 财政预算收入的核算 ………………………………………………………… 65
- 第三节 财政预算支出的核算 ………………………………………………………… 67

第四节	财政资金调拨与往来款项的核算	69
第五节	专用基金和国有资本经营资金的核算	73
第六节	年终清理结算	74
思考题		75

第六章 财政会计报表及编制 · 77

第一节	财政会计报表概述	77
第二节	资产负债表	78
第三节	收入支出表	82
第四节	一般公共预算执行情况表	86
第五节	政府性基金预算执行情况表	87
第六节	国有资本经营预算执行情况表	87
第七节	财政专户管理资金收支情况表	88
第八节	专用基金收支情况表	89
思考题		90

第三篇 政府会计制度

第七章 政府会计概述 · 92

第一节	政府会计基本原理	92
第二节	行政单位会计概念	92
第三节	事业单位会计概念	93
第四节	政府会计会计科目名称和编号	94
思考题		97

第八章 政府会计账务处理 · 98

A类 政府会计 财务类会计科目 · 98

第一节	资产类	98
第二节	负债类	159
第三节	净资产类	179
第四节	收入类	187
第五节	费用类	199
思考题		208

B类 预算会计科目 · 209

第一节	预算收入类	209
第二节	预算支出类	218
第三节	预算结余类	229
思考题		245

第九章 政府会计报表 · 246

| 第一节 | 政府会计报表格式 | 246 |

第二节　报表编制方法 ·· 254
　　思考题 ·· 279

第四篇　我国民间非营利组织会计

第十章　民间非营利组织会计的资产、负债和净资产 ·· 282
　　第一节　资产 ··· 282
　　第二节　负债 ··· 290
　　第三节　净资产类 ··· 294
　　思考题 ·· 295

第十一章　民间非营利组织会计的收入、费用和财务报告 ····································· 296
　　第一节　民间非营利组织会计的收入 ·· 296
　　第二节　民间非营利组织会计的费用 ·· 300
　　第三节　民间非营利组织会计的财务报告 ·· 302
　　思考题 ·· 303

第一篇

概 论

第一章　政府与非营利组织会计的特点及组成体系
第二章　政府与非营利组织会计基本理论和方法
第三章　政府预算管理及国库会计制度

第一章 政府与非营利组织会计的特点及组成体系

第一节 政府与非营利组织的内涵及特征

一、政府与非营利组织的内涵

（一）政府组织的内涵

对于一个现代社会来说，社会组织可以划分为政府组织与非政府组织，其中的非政府组织又可以分为两大类，即营利组织与非营利组织。

政府的内涵是指执掌公共权力的所有国家机构，国家立法机关（各级人民代表大会及其所属机构）；国家行政机关（从国务院到省、自治区、直辖市以及下属的市、地、县、乡的各级人民政府及其所属机构）；国防、教育、科技、文化、司法机关（公安、司法、检察机关）。

（二）非营利组织的内涵

1. 非营利组织的内涵

非营利组织一般是指不以营利为目的向社会提供服务的组织，既包括国家出资兴办的公立非营利组织，也包括民间非营利组织。公立非营利组织由政府出资兴办，在我国通常将其称为事业单位。由于西方国家的公立非营利组织相对较少，且在会计规范方面主要参照政府会计准则，西方国家比较注重对民间非营利组织的界定，如美国财务会计准则委员会（Financial Accounting Standards Bourd，FASB）通过与营利组织的比较来定义非营利组织。

在我国，一般认为民间非营利组织是指由民间出资举办的、不以营利为目的，从事教育、科技、文化、卫生、宗教等社会公益性活动的社会服务组织，包括社会团体、基金会、民办非企业单位和寺院、宫观、清真寺、教堂。

概括地说，非营利组织是指运营目的具有非营利性和公益性特点，不具有物质产品生产和国家事务管理职能，主要以精神产品或各种服务形式向社会提供服务的各类组织机构。

2. 非营利组织的分类

非营利组织种类众多，国内外划分略有差别。根据我国当前的实际情况可以进行如下划分：

（1）科技组织，如研究机构、科协组织等。

（2）教育组织，如小学、中学、职业技术学校和高等院校等。

（3）文体组织，如公共图书馆、文化站、文艺表演团体和体育团体等。

（4）健康和福利组织，如孤儿院、福利院、儿童保护组织以及红十字会等。

（5）宗教组织，如各类寺庙、教堂等。

（6）基金会，如以教育、医疗卫生、宗教以及慈善为目的而组织设立的基金会，主要指宋庆龄儿童基金会、教育基金会、老年基金会、扶贫救助希望工程基金会等。

二、政府与非营利组织的特征

政府与非营利组织在许多方面和企业组织有相同或相似之处，如在环境、方法以及产品等方面都有相似性。在某些情况下，它们提供的物品或服务也是相同的，但作为两类不同性质的组织，政府与非营利组织和企业之间的区别主要表现在以下几个方面。

（一）政府与非营利组织的目标是为社会服务、不以盈利为目的

企业的目标是盈利，追求利润最大化是企业组织在市场经济中遵循的自然法则，这体现在它们向社会公众提供物品或服务时总是以"成本加利润"作为定价基础。大部分政府与非营利组织则是以服务于社会、公众为宗旨的，其提供"公共物品"的活动都是人民生活和社会发展必不可少的活动，不存在考虑所收取的费用能否弥补其提供物品或服务成本的问题，一般只是象征性地收取部分费用，甚至免费。

（二）政府与非营利组织受托责任具有多层次的属性

与企业不同，政府与非营利组织承担了广泛的、多层次的公共受托责任。这种受托责任不仅包括经济受托责任，还包括政治和社会受托责任。经济受托责任是当代政府受托责任的核心，政府代表国家意志行使公共财政资源筹集、使用和管理的权力，必须受到资源提供者及其代表、国家法律、行政法令、合同协议，以及其他约定的限制，也包括对公共资源使用的经济性、有效性和使用效果负责。

（三）政府与非营利组织资金来源的无偿性

政府与非营利组织的资金主要来源于向纳税人征收的各种税收、私人及机构的捐赠及向服务对象收取的以"成本补偿"为基础的服务费收入等。它们没有直接的投资者，并且具有非营利性，其开展各项活动所耗费的资源不具有垫支性，耗费后一般无法收回，除了特殊许可外，一般不允许进入资本市场或其他金融市场融资。政府与非营利组织不需要确定业务运营的净收益。

（四）政府与非营利组织资金运用的限定性

社会分配给政府与非营利组织的资源大部分是消费性的，它们一旦被耗用了就无法收回，其财务资源运用具有独特的控制程序，按照资源提供者或其代表的"限定"用途分配。

（五）政府与非营利组织业绩评价的模糊性

运营业绩反映政府与非营利组织管理当局受托责任的履行情况和结果，其不以营利为目的，不具有追求利润的动机，难以用财务或量化的指标来对其运营业绩进行评价，而要从非财务的、非经济的和非定量的角度来评价、衡量。

第二节 政府与非营利组织会计的相关概念

一、政府与非营利组织会计的概念及特点

(一)政府会计的概念

政府会计主要用于确认、计量、记录和报告政府和政府单位财务收支活动及受托责任的履行情况,按照科学方法,以货币单位核算、记录、分类、汇总交易和其他有财务特征属性的事件,说明、阐释这些交易、事件与其结果之间的关系。政府会计的重点在于估计事前测算的资源数量(预算)能否满足公众希望的既定服务水平的要求。政府会计的基本职能是在既定资源约束和适用法律约束下,测定政府组织实现计划服务量的能力。

(二)非营利组织会计的概念

非营利组织会计主要用于确认、计量、记录和报告各类非营利机构财务收支活动及受托责任的履行情况。西方市场经济国家的公立非营利组织相当于我国的事业单位,除此之外,绝大部分非营利组织都是私立性质的(依靠捐赠和私人资助)。通常,公立的非营利组织主要靠政府拨款运营,视同政府单位,纳入政府会计体系;私立非营利组织的财务收支活动因具有特殊性而自成体系。在美国,私立非营利组织会计根据国家法律、资源提供者的财务约定和财务会计准则委员会制定的公认会计原则进行确认、计量、记录和报告。公立非营利组织主要遵循政府会计准则委员会制定的会计准则。

二、政府与非营利组织会计的特点

政府与非营利组织会计的基本职能就是在既定资源的约束下,在会计准则的要求下,核算、测定组织实现计划的能力,监督其运行的合法性。具体而言,政府与非营利组织会计具有如下特点:

(一)政府与非营利组织会计普遍采用基金会计

在政府和非营利组织的环境中,与财务资源的获取和分配相关的决策、财务资源的指挥和控制,以及财务和其他资源的监督在传统上已被列为"社会和政治的目标和约束"而不是利润。因此,政府与非营利组织会计通常着重于对可扩大的财务资源进行控制和核算。影响该环境下会计的法律和行政控制最重要的两方面包括:①基金的使用;②预算的特殊角色。

提供给政府和非营利组织的财务资源是有限的,它们的使用只能限定于特定的目的或活动。例如,城市因为要修建污水处理厂而借款,大学可能因科研而获得联邦政府补助,教堂因为房屋扩建而获得捐赠,医院因为要增加精密仪器而收到拨款,这些外部限定产生了重要的会计责任义务。管理当局也可能为某项资源的使用"指定"特定的目的。在大多情况下,按照资源取得是固有的约定使用资源,并且按照这些约定报告则是基本的监督管理责任。

政府或非营利组织建立基金是为了控制限定的和指定的资源。基金是独立的财务和会计主体，包括现金和非现金资源，根据它们使用的目的和活动来区分。基金是一套拥有自平衡账户的财务和会计主体，用于记录现金和其他经济资源、相关的负债和剩余权益或余额及其变动，基金的划分可从特定规则、限制和约束等方面进行，并以进行特定活动和实现一定目标为目的。多数政府或非营利组织所使用的两种典型的基金会计主体是动本基金和留本基金。

(二) 政府与非营利组织会计核算对象以公共性资金收支为主

政府与非营利组织会计的首要特点在于核算对象的特殊性，其核算对象主要是公共性资金的收支活动，就我国目前而言则是指预算收支。我国政府及非营利组织会计以预算为基础，以预算收支为主要核算内容。这就要求政府及非营利组织会计的组成体系必须与国家预算的组成体系相适应。凡是成立总预算或单位预算的地区、部门、单位都要相应设置财政总预算会计、行政单位会计和事业单位会计，并执行国家规定的会计准则和会计制度。政府与非营利组织会计的指标体系、会计科目和会计报表的设置，要同预算收支保持一致，以适应预算管理的需要，全面反映预算的执行情况。

(三) 政府及非营利组织会计计量和报告的核心是当期经济活动

由于政府与非营利组织没有营利的动机，其资金的筹集、分配和使用基本是无偿的，不求回报，也不回收，其运动过程是预算资金的收入、支出和结余，即以当期经济资源流动作为计量重点。财政部门、行政单位和非营利组织的会计核算，主要从资金收支平衡结果来检查和监督预算收支执行情况及结果，而企业是以营利为目的的经济组织。有些事业单位，如科研、设计、卫生、文化等，已成为准市场主体，通过开展以创收、有偿服务等面向市场的经营活动，组织自己的收入，用以抵补自己的支出，并计算收益，像这样的非营利组织就需要进行内部成本费用核算。可见，主要核算资金收支和结余，兼有内部成本费用核算就构成了政府与非营利组织会计的另一重要特点。

(四) 政府与非营利组织会计确认基础多样化

由于政府与非营利组织不需要衡量和报告净收益，并以当期经济资源流动作为衡量业绩的基准，其会计确认基础与企业具有较大差别。在政府会计中，可采用的会计确认基础包括应计制、现金制、修正的应计制和修正的现金制。政府类型基金的确认基础在各个国家都不同。大部分国家的政府或政府单位采用现金制基础和修正的现金制基础，如德国、法国以及欧洲联盟等，要求政府单位采用现金流动基础提供财务报告，同时揭示有关应收账款和应付账款的信息；加拿大、美国州和地方政府等则要求政府单位采用修正的应计制。除此之外，还有的国家采用比较激进的完全应计制。目前，这类国家比较少，主要包括新西兰和澳大利亚以及英国等。这些国家的政府与非营利组织会计基本上采用或要求采用应计制。

西方各国的非营利组织会计则普遍采用应计制，特别是医院和健康与福利组织（但规模较小的非营利组织由于会计人员配备不全，素质也参差不齐）在日常会计核算中保持现金制的会计记录，年终按公认会计原则的要求调整编制应计制的财务报表。

第三节 政府与非营利组织会计的构成体系

通常意义上讲，政府与非营利组织会计可以分为政府会计和非营利组织会计两大部分。但由于各国政治经济制度具有本质区别，且中西方政府与非营利组织会计的历史渊源和发展进程存在阶段性差异，从而导致中西方国家的政府与非营利组织会计的组成体系有所不同。

一、我国政府与非营利组织会计的构成体系

我国现行的预算会计是我国特有的会计术语。预算会计是各级政府财政部门和行政事业单位采用一定的技术方法核算、反映、监督国家预算执行情况及结果的一种专业会计。我国现行的预算会计组成体系与国家预算体系一致，国家预算按照预算收支范围，可分为总预算和单位预算两类，各级总预算由各财政部门负责组织执行，各级单位预算由各级行政事业单位负责执行。预算会计也相应地由总预算会计和单位预算会计组成，其中单位预算会计包括行政单位会计和事业单位会计。财政总预算会计是用来核算、反映、监督国家（政府）预算执行情况和财政周转金等各项财政性资金活动情况的会计。行政单位会计是各级各类行政单位核算、反映和监督单位预算执行情况与结果的会计。事业单位的活动目的是发展社会公益事业，资金来源是国有资产。行政单位和事业单位在单位性质、职能、预算管理办法等方面存在明显的区别，故区分为行政单位会计和事业单位会计。我国政府与非营利组织会计的构成体系如下：

（一）预算会计体系

我国是以公有制为主体的社会主义市场经济国家，财政预算实行"统一领导、分级管理"的体制，整个预算会计体系与国家政权结构和行政区域划分相一致，中国人民银行在办理国库业务过程中设立的国库会计、中国银行在办理基建拨款过程中设立的基本建设拨贷款会计，以及税务部门在办理税款征解过程中设立的税收会计也属于预算会计的范围。

（1）财政总预算会计。财政总预算会计是指各级政府财政部门核算和监督财政预算执行和各项财政性资金收支活动的情况及结果的专业会计，其主要职责是进行核算，反映预算执行，实行会计监督，参与预算管理，合理调度资金。根据"一级政权、一级预算"的原则，我国财政总预算会计管理体系分为五级：国家财政设立中央级财政总预算会计，省（自治区、直辖市）财政厅（局）设立省级财政预算会计，市（地、州）财政局设立市级财政总预算会计，县（市）财政局设立（市）级财政总预算会计，乡（镇）财政所设立乡（镇）级财政总预算会计。

（2）行政单位会计。行政单位会计是指我国各级行政机关和实行行政财务管理的其他机关（包括各级权力机关、审判机关和检察机关）、政党及人民团体核算监督本单位财务收支情况及结果的专业会计，是预算会计的一个组成部分。行政单位组织系统根据国家机构建制和经费领报关系，分为主管会计单位、二级会计单位和基层会计单位三级，其中包括：向财政部门领报经费并发生预算管理关系的，为主管会计单位；向主管会计单位或上一级会计单位领报经费并发生预算管理关系，同时是下一级会计单位的，为二级会计单位；向上一级会计单位领报经费，并发生预算管理关系，没有下一级会计单位的，称为基层会计单位。向同级财政部门领报经费，没有下级会计单位的，视同基层会计单位。

（3）事业单位会计。事业单位会计是指各类事业单位核算和监督本单位财务收支活动情况及结果的专业会计。与行政单位会计一样，事业单位会计系统根据国家构建制和经费领报关系，分为主管会计单位、二级会计单位和基层会计单位三级。由于事业单位行业类别繁多，各行业间业务运营和财务收支活动差别较大，使其在具体的会计核算和报告方面具有各自的特点，为了使会计核算能够真实反映各行业事业单位的财务收支情况及结果。另外，由于预算管理是一个严密的体系，除了财政部门、行政单位和事业单位行政预算外，预算资金管理过程还需要其他相关部门参与。例如，预算资金的收纳、入库、划分、报解等，并不是由财政部门直接进行的，而是分别由国库、税收征管等部门进行的。因此，国库会计、税收征解会计和基本建设拨贷款会计都是预算会计的有机组成部分。

随着政府会计改革的深入，当前行政单位会计与事业单位会计统称为政府会计。

（二）民间非营利组织会计

民间非营利组织会计是以每个民办非营利组织为会计主体，以民间非营利组织的基本业务活动为管理内容的一种专业会计，包括社团会计、基金会会计和非企业单位会计等。我国从2005年1月1日起开始执行《民间非营利组织会计制度》，这标志着我国民间非营利组织会计的正式产生。民间非营利组织是直接或间接为上层建筑、生产建设和人民生活服务的组织，它一般不直接从事物质资料的生产，但它开展的各类活动却是社会扩大再生产和满足整个社会日益增长的物质和文化需求所必不可少的。

因此，一方面，为了完成民间非营利组织的宗旨，保证其基本业务活动的资金需要，民间非营利组织要按照物价主管部门核定的标准，在国家规定的基本业务范围内，为社会提供专业服务并取得基本业务收入。另一方面，民间非营利组织要按照国家的有关规定和开支标准及开展业务的需要，支付基本业务支出、其他业务支出、管理费用和其他支出等。这种以资金的收入和支出为主要内容的资金运动，就是民间非营利组织会计的核算对象。

二、国外政府与非营利组织会计的构成体系

一般地，各国都把政府与非营利组织会计分为政府会计和非营利组织会计两个部分。

（一）政府会计

各个国家的政治经济制度和管理体制不同，政府会计的内涵也有一定的差别。例如，在美国，联邦政府会计与州和地方政府会计是各自独立的两个体系，其中，联邦政府会计主要依据联邦法律法规和联邦会计咨询委员会制定的会计准则、会计制度，对联邦政府各部门、各机构的财务收支活动进行确认、计量、记录和报告。州和地方政府会计则是依据州法律和政府会计准则委员会制定和颁布的公认会计原则，对州和地方政府所属部门和机构的财务收支活动进行确认、计量、记录和报告。以市场经济为主体的西方国家，私人经济是国民经济的主体，公营企业数量极少，其业务经营及财务收支活动的核算通常都包含在政府会计体系中。

（二）非营利组织会计

非营利组织会计包括公立非营利组织会计和民间非营利组织会计两部分，主要用于确认、计量、记录和报告各类非营利机构财务收支活动及受托责任的履行情况。以市场经济为主体的

西方国家的非营利组织会计，类似于我国事业单位的非营利组织会计，有私立的、公立的，但绝大部分是私立的（由私人提供资助）。通常，公立的非营利组织主要依靠政府拨款运营，视同行政单位，其会计核算纳入政府会计体系。私立非营利组织的财务收支活动因其具有特殊性而自成体系，它们采用的会计称为非营利组织会计。在美国，非营利组织会计根据国家法律、资源提供者的财务约定和财务会计准则委员会制定的公认会计原则进行确认、计量、记录和报告。

第四节 政府与非营利组织会计规范

一、政府与非营利组织会计规范的范围和内容

会计规范可以理解为调节社会经济活动中会计与财务关系的法律、行政规章、条例、制度、原则和准则的总称。政府受人民（通过各级人民代表大会）委托，代表国家意志，以税收的形式向纳税人无偿地、强制地征集公共财政资源，并将其用于满足社会共同需要，如用于保护国家主权和领土完整、维护社会治安和公共秩序、促进经济繁荣和社会各项事业发展等方面。公共财政资源的征集和使用，必须依据国家的法律规章进行，因此，对公共财政活动情况和结果进行反映的会计行为，当然也必须以相应的法律规章进行规范。非营利组织的财务资源，有向服务对象收取的服务费用，有政府从财政收入中安排的，也有社会各界人士无偿捐赠的，其除了要受国家法律规章制度的约束外，还要受捐赠人财务约定的约束。因此，为了使政府与非营利组织财务报告所提供的信息满足使用者的需要，同时还要符合一定的质量要求，就必须对会计体系与财务报告行为进行规范。

二、我国政府与非营利组织会计规范体系

我国政府与非营利组织现行的会计规范主要包括财务会计法律、财务会计行政法令和会计准则三个部分。

（一）财务会计法律

法律制度是一个国家上层建筑的重要组成部分，是国家意志的体现，也是调整社会政治经济活动中法律关系的基本规范。财务会计法律是调整社会经济活动中财务、会计关系的法律规范的总称。在我国，规范政府与非营利组织会计的法律主要有《中华人民共和国预算法》（以下简称《预算法》）和《中华人民共和国会计法》（以下简称《会计法》）。其中，《预算法》是规范政府与非营利组织财务活动行为的基本法律，各级政府、政府单位及非营利事业单位都必须按照《预算法》的规定组织财务收支活动，并接受立法机构的监督。《会计法》是规范会计活动行为的基本法律，是其他会计法规的"母法"，任何会计规范都必须以《会计法》为准绳，不能与之抵触或与之相违背。

与企业组织不同，由于政府与非营利组织财务资金来源具有特殊性，除了会计规范外，还必须对其财务活动进行规范。因此，政府与非营利组织财务会计应遵循的法律除了《会计法》之外，

还有《预算法》。因为《预算法》是我国政府与非营利组织编制和执行预算、组织财务（财政）收支活动，进行财务（财政）管理最基本的法律依据，任何政府和非营利事业单位都必须严格执行。

（二）财务会计行政法令

行政法令是根据管理社会经济活动的需要，以行政规章、条例、制度和规定等形式颁布的一种社会经济行为规范，它既是根据法律制定和颁布的一种规范，又是法律规定的具体化。关于政府与非营利组织会计的行政法令很多，概括起来主要有三类：一是由政府或政府主管部门根据法律规章制定和颁布的法律实施细则，如国务院颁布的《中华人民共和国预算法实施细则》；二是由政府主管部门根据财务会计法律制定的财务会计制度，如我国由财政部制定的《财政总预算会计制度》《行政单位会计制度》《行政单位财务制度》和《事业单位会计制度》《事业单位财务制度》等；三是其他行政规章、规定，如财政部颁布的《行政事业单位差旅费报销的规定》等。近年来，政府、行政、事业单位会计制度又进行了较大的改革，如财政部2012年12月19日发布了新的《事业单位会计制度》；2013年12月28日颁布的《行政单位会计制度》；2015年10月10日颁布的《财政总预算会计制度》；2015年颁布的《政府会计基本准则》；2016年颁布的《政府会计准则第1号——存货》《政府会计准则第2号——投资》《政府会计准则第3号——固定资产》《政府会计准则第4号——无形资产》；2017年颁布的《〈政府会计准则第3号——固定资产〉应用指南》《政府会计准则第5号——公共基础设施》等。

（三）会计准则

会计准则是指会计职业界或会计人员在长期的会计实践活动中形成的、被普遍认可和广泛采用的会计惯例或规例，包括会计观念、会计方法、会计程序和会计实务处理规则等，也称为公认会计原则。会计准则是财务会计规范的重要组成部分，是财务会计法律的规范化，它具有指导财务会计实务、可操作性强等特点。不论是对企业还是对于政府与非营利组织，会计准则都是十分重要的规范形式。

会计准则可以由以会计职业组织为主的民间机构负责制定，也可以由政府主管部门负责制定，还可以由政府主管部门和会计执业机构联合制定。由于会计准则制定机构不同，会计准则的性质和作用也不一样。以会计职业组织为主的民间机构制定的会计准则通常称为"规范型"会计准则，它属于自律性的会计规范，具有指导性的作用，但不具有法律约束力。由政府主管部门制定的会计准则通常称为"法规型"会计准则，它属于他律性的会计规范，具有强制性。由政府主管部门和会计职业机构共同制定的会计准则介于规范型与法规型之间，但在会计实务中通常要求必须严格执行，所以它实际上起"准法规"的作用。自2019年1月1日起，政府会计制度在全国各级各类行政事业单位全面施行。执行新的政府会计准则制度的单位，不再执行《事业单位会计准则》《行政单位会计制度》（财库〔2013〕218号）、《事业单位会计制度》（财会〔2012〕22号）、《医院会计制度》（财会〔2010〕27号）、《基层医疗卫生机构会计制度》（财会〔2010〕26号）、《高等学校会计制度》（财会〔2013〕30号）、《中小学校会计制度》（财会〔2013〕28号）、《科学事业单位会计制度》（财会〔2013〕29号）、《彩票机构会计制度》（财会〔2013〕23号）、《地质勘查单位会计制度》（财会字〔1996〕15号）、《测绘事业单位会计制度》（财会字〔1999〕1号）、《国有林场与苗圃会计制度（暂行）》（财农字〔1994〕第371号）、《国有建设单位会计制度》（财会字〔1995〕45号）等制度。已纳入企业财务管理体系执行企业会计准则或小企业会计准则的事业单位和执行《民间非营利组织会计制度》的社会团体，不执行政府会计准则制度。

三、国外政府与非营利组织会计规范体系

各国的政治体制和经济体制不同，对政府与非营利组织会计与财务报告的规范情况也不一样。但不论是什么体制的国家，政府与非营利组织会计和财务报告规范体系基本上都包括法律规章和公认会计原则这两个层次。

（一）法律规章

法律规章是各国政府与非营利组织会计与财务报告最早的主要的规范，各个国家都颁布了针对政府与非营利组织的法律、法规。例如，美国联邦的财务法规除《预算与会计法》外，还有其他的财务法规，如《反赤字法》《国会预算与扣押管理法》《联邦管理者财务一体化法》等。州和地方政府也颁布了各自的财务法规、制度。非营利组织除了应遵循相应的财务法律规章外，还应遵循资源提供者的财务约定。

（二）公认会计原则

公认会计原则是由相关机构制定、会计实务界普遍接受、权威机构认可的一系列会计惯例、准则和规则的总称。在国外，政府与非营利组织为了筹集资金，其财务报告一般都要经过注册会计师审计，并提供给使用者。因此，相关机构制定的会计准则只有获得权威机构认可，才能成为公认会计原则。国外的公认会计原则与法律规章往往相互冲突，甚至相互矛盾。这时，政府与非营利组织会计实务就存在着在法律规章与公认会计原则之间进行选择的问题。美国的政府与非营利组织会计对公认会计原则与法律规章的选择曾有过不同的意见。

思考题

1. 政府与非营利组织有哪些特征？
2. 政府与非营利组织会计有哪些特征？
3. 简述我国政府与非营利组织会计的构成体系。
4. 如何理解政府与非营利组织会计规范的范围和内容？
5. 简述我国政府与非营利组织会计规范体系中《预算法》和《会计法》并行的必要性。

【在线测试题】

扫描书背面的二维码，获取答题权限。

第二章 政府与非营利组织会计基本理论和方法

第一节 政府与非营利组织会计的目标

政府财务报告的目标是政府会计目标的外在表现，也是指导政府会计准则制定的最高层次的概念。通常把财务报告目标的内容归纳为三个方面：①为谁提供财务信息？②怎样提供信息？③提供什么样的信息？这三个方面是确定会计与财务报告目标的一般要素。

一、政府与非营利组织财务信息的主要使用者

政府与非营利组织财务报告的潜在使用者应包括政府活动所涉及的所有利益相关者，包括立法机关和政府审计机关、政府和非营利组织自身、公民、媒体、服务接受者、纳税人、债权人、供应商、项目管理者、雇员，以及其他政府和国际性机构等。

（一）立法机关和政府审计机关

全国人民代表大会是我国最高的权力机构。人民代表大会需要依据政府相关部门所提供的财务信息来实现监督职能并对政府使用和支配公共财务资源的效率和效果进行评价，判断政府的工作业绩。国务院和县级以上地方人民政府应当每年向本级人民代表大会常务委员会提出审计机关对预算执行和其他财政收支情况的审计工作报告。审计机关是代表公众利益的重要的政府财务报告使用者。

（二）主管部门和内部管理者

目前，我国实行的是"统一领导、分级管理"的财政管理体制。按照《预算法》及其实施条例的有关规定，各级政府应当监督下级政府的预算执行，对下级政府在预算执行过程中违反纪律、行政法规、国家方针政策的行为依法予以制止和纠正。下级政府应将预算执行结果如实上报，接受上级政府的监督。另外，随着我国公共财政体制的发展创新，各级政府的内部管理者对相关财务信息的需求也会越来越强烈。

（三）投资者和债权人

投资者和债权人需要政府与非营利组织的财务信息及相关信息来做出是否与政府和非营利组织继续合作的经济决策。近年来，我国政府每年都需要发行一定数量的国债，而且国债二级市场也日益活跃。这样政府国债的持有人或潜在的购买人都必然会关注政府财务信息，以帮助

他们更好地进行投资决策。

（四）社会公众（包括媒体）

这里的社会公众是指分散的公民个人和某些利益集团，而媒体正是他们的代言人。人民代表大会就是人民的代表，代表了公众的利益。人民代表大会所提出的政府财务信息需求也代表了公众的心声。对于公众来讲，依法纳税是其应尽的义务，同时公众也享有知情权，即有权利知道政府提供公共服务的状况以及政府对社会公众所托付的各种责任和义务的履行情况。

除了上述列举的政府财务信息使用者以外，其他方面的使用者或潜在使用者依然很多。例如，投资机构、供应商以及财务分析师等，都需要政府和非营利组织的财务信息进行相关决策。此外，随着经济全球化的迅猛发展，我国与外国政府和国际组织之间的往来不断增多，来自外国政府和国际组织的使用者信息需求也不断增加。

二、我国政府与非营利组织会计与财务报告目标

我国的政府与非营利组织会计准则、制度中对财务报告目标都做了明确的规定：一是它们都将满足国家宏观经济管理的需要作为提供会计信息的共同目标；二是它们都强调了会计信息对加强内部管理的作用。随着财政总会计改革的深入，我国政府与非营利组织会计与财务报告目标会朝着全面反映受托责任的方向发展。

第二节 政府与非营利组织会计的基本假设和基本原则

一、政府与非营利组织会计的基本假设

会计的基本假设也称为会计的基本前提，企业会计的会计主体、持续经营（运营）、会计分期和货币计量四个方面的基本会计假设同样适用于政府与非营利组织会计。但由于政府与非营利组织的特殊性，这些假设在政府与非营利组织会计中也有其特殊性。

（一）会计主体

这个假设对进入一个会计信息系统的各种经济交易和事项设置了空间上的限定，主体观念是建立会计科学和进行会计实务处理的一个最基本的前提。政府与非营利组织会计主体的问题比较复杂。由于政府与非营利组织各项财务资源的用途通过预算进行了限定，必须分别核算和报告不同用途的财务资源的收支情况及结果。但政府与非营利组织是一个对外承担受托责任的整体，它必须对外报告所有财务收支情况及结果。因此，政府与非营利组织具有基金主体和组织主体的双重性。而企业作为会计主体时，每一个企业只需一套属于自己的日记账、分类账和会计报表就能够实现会计目标。

基金主体是假设政府与非营利组织以"基金"界定会计的空间，把按照法律法规或其他限定用途的各种财务资源分别设立基金，按基金组织财务收支和会计核算，要求基金与基金之间的财务收支必须分开，分别核算，分别报告。因此，"基金"是政府与非营利组织典型的会计与财务报告主体。组织主体则假设政府与非营利组织以"组织"界定会计的空间，按对外承担受托责任的组织整体的财务收支作为会计核算和报告的对象。政府与非营利组织本身也是一个会计与财务报告主体，可以采用双重会计主体是政府与非营利组织会计同企业会计的重要区别。

（二）持续运营（经营）

政府与非营利组织非常强调公共活动的连续性。因为政府与非营利组织和企业主体不同，它不以营利为目的，其开展各项公共活动不仅不能带来营利，而且要耗费一定的资源，只有进行这样的假设，一个社会才能够持续发展下去。但是，政府与非营利组织在以基金为主体的情况下，一旦该基金所限定的项目或目的达到后，该基金主体就消失了，其活动也就中止了。因此，这个假设应进行适当的修正，即政府与非营利组织的公共活动具有连续性，而基金财务收支活动具有暂时性。这是政府基金会计主体与企业会计主体相比较的另一个较为突出的特征。这一点对于政府基金会计的实务处理和政府会计准则的制定无疑是非常重要的。这使得对政府和非营利组织的基金支出处理就不能像处理企业现金流出那样，必须将用于购置资产和预付费用的现金流出确认为支出。

在企业会计中，我们通常假设一个会计主体除非能提供"反证"，否则它将在可预期的未来持续不断地经营下去。会计学界普遍认为，持续经营是一个必要的和重要的会计基本前提，它要求企业对资产的计价必须建立在非清算的基础上，从而要求企业购置资产的现金流出不列记为费用而列记为资产，预付费用不列记为费用而列记为资产，预收账款不列记为收入而列记为负债。

（三）会计分期和货币计量

这两个假设对企业、政府以及非营利组织具有普遍的适用性，但政府与非营利组织在会计分期方面比企业更详细，会计分期对于政府与非营利组织也更重要。例如，政府会计除了要按月份、季度、年度进行分期核算和报告外，还要按旬核算并提供预算收支的旬报。在货币计量方面，政府与非营利组织由于不计算盈亏，一般只以历史成本作为计价基础，除非特殊情况，否则不要求采用类似于现行成本、现行市价的计量属性。

二、政府与非营利组织会计的基本原则

政府与非营利组织会计与财务报告的目标是向内外部信息使用者提供反映单位财务状况、收支情况及结果的会计信息。会计信息能否全面、完整、系统、正确地反映主体的实际情况，无论对国家宏观经济管理部门、资源提供者，还是对政府与非营利组织管理当局了解业务运营情况、评价受托责任履行情况并进行相关决策都是至关重要的。为规范政府与非营利组织的会计核算行为，保证会计信息质量，必须明确会计核算的基本原则。根据财政部近几年陆续修订的《财政总预算会计制度》《行政单位会计制度》和《事业单位会计准则》，我国政府与非营利组织会计的基本原则主要包括：

（1）真实性原则：政府会计主体应当以实际发生的经济业务或者事项为依据进行会计核算，

如实反映各项会计要素的情况和结果，保证会计信息真实可靠。

（2）全面性原则：政府会计主体应当将发生的各项经济业务或者事项统一纳入会计核算，确保会计信息能够全面反映政府会计主体预算执行情况和财务状况、运行情况、现金流量等。

（3）相关性原则：政府会计主体提供的会计信息，应当与反映政府会计主体公共受托责任履行情况以及报告使用者决策或者监督、管理的需要相关，有助于报告使用者对政府会计主体过去、现在或者未来的情况进行评价或者预测。

（4）及时性原则：政府会计主体对已经发生的经济业务或者事项，应当及时进行会计核算，不得提前或者延后。

（5）可比性原则：政府会计主体提供的会计信息应当具有可比性。同一政府会计主体不同时期发生的相同或者相似的经济业务或者事项，应当采用一致的会计政策，不得随意变更。确需变更的，应当将变更的内容、理由及其影响在附注中予以说明。不同政府会计主体发生的相同或者相似的经济业务或者事项，应当采用一致的会计政策，确保政府会计信息口径一致、相互可比。

（6）明晰性原则：政府会计主体提供的会计信息应当清晰明了，便于报告使用者理解和使用。

（7）注重实质原则：政府会计主体应当按照经济业务或者事项的经济实质进行会计核算，不限于以经济业务或者事项的法律形式为依据。

思考题

1. 政府与非营利组织会计的目标是什么？
2. 我国政府与非营利组织会计的财务报告目标是什么？
3. 政府与非营利组织财务信息的主要使用者是谁？
4. 政府与非营利组织信息哪些方面的使用者数量在逐渐增加？
5. 政府与非营利组织会计基本原则有哪些？

【在线测试题】

扫描书背面的二维码，获取答题权限。

第三章 政府预算管理及国库会计制度

第一节 政府预算管理制度

政府与非营利组织的财务资源主要来源于税收或捐赠等非交换交易，必须按照国家法律法规、行政法令、合同协议规定或限定的用途使用，而预算是一项最根本的限定，它要求政府与非营利组织应当以预算为依据，组织财务收支活动，采用恰当的预算控制方法和手段，加强财务管理。

一、政府预算管理体制

（一）政府预算及其分类

政府预算是由政府编制、立法机构批准的一个国家或政府在一定期间财政收支活动的一种计划，反映一个国家或某一级政府在财政年度内收支活动所应达到的各项收支指标与收支总额之间的平衡关系，是国家财力计划与经济管理的重要手段，也是立法机关了解、分析政府财政收支业绩，评价政府公共经济受托责任履行情况的依据。

政府预算可以按照不同的标准进行分类，主要有以下几种方式：

（1）按照预算的程序，政府预算可以分为普通预算、临时预算和特别预算。其中，普通预算是指政府依法将每年度预计的财政收支编成正式的预算，经立法机构批准后公布执行；临时预算是指财政年度正式预算尚未完成立法程序前编制的、作为开展财政活动依据的一种预算；特别预算是指国家面临天灾人祸等重大事件时编制的对公共财政资金特别需要的一种预算。

（2）按照预算的内容，政府预算可以分为总预算和分预算。其中，总预算既指对各项财政收支项目汇总编制的预算，也指对各行政机构的单位预算汇总编制的预算。同样，分预算既指各财政收支项目的专项预算，也指各行政机构申报的单位预算。

（3）按照预算资金的性质或用途，政府预算可以分为经常预算和资本预算。经常预算是指用于维持政府日常行政事务运转的需要而编制的预算，资本预算则是指政府对公共基础设施及偿还债务本息等方面支出所编制的预算。

（4）按照预算的方式，政府预算可以分为单式预算和复式预算。其中，单式预算是指不具体区分各项或各组财政收支性质或用途，而把财政年度内全部预算收支按单一的总额编制的一种预算方式，它也被称为分项排列预算；复式预算是指财政年内将全部预算收支按照性质或用途分别汇集编入两个或两个以上的收支对照表内，形成两个或两个以上的预算。

（二）预算管理体制

预算管理体制与预算管理体系是紧密联系的两个基本概念。其中，预算管理体制是财政管理体制的重要组成部分，它是一个国家在中央政府和地方政府以及地方各政府之间划分预算收支范围和预算管理职责与权限的一项根本制度。我国的财政管理体制主要包括预算管理体制、税收管理体制、国有企业财务管理体制、事业行政财务管理体制以及基本建设财务管理体制等。由于政府预算是国家的基本财政计划，中央与地方各级政府之间预算收支范围和管理权限的划分，对国家财政甚至整个国民经济都有重要影响，所以预算管理体制是财政管理体制的核心内容。

我国预算管理体制随着各个时期政治经济形势的发展，进行了多次改革，试行了多种办法。由新中国成立初期的高度集中，逐步过渡到在中央统一领导下实行不同程度的分级管理。1994年起我国实行分税制预算管理体制，它是在划分事权的基础上，按税种划分中央、地方财政收入的一种预算的管理体制。分税制是世界许多国家通行的做法，也是我国预算管理体制改革的方向和目标模式。

预算体系是根据国家政权结构、行政区域划分和财政管理体制要求确定的国家预算组织结构。我国的国家预算实行一级政权一级财政、一级财政一级总预算的模式。我国国家预算现设立中央、省（自治区、直辖市）、市（自治州）、县（不设区的市、直辖市）和乡（镇）五级预算机构，由中央预算和地方预算组成。中央预算由中央各部门（含直属单位）的预算组成，地方预算由各省、自治区、直辖市总预算组成。地方各级总预算由本级政府预算和汇总下一级总预算组成。没有下一级预算的，总预算即指本级预算。地方各级政府预算由本级各部门（含直属单位）的预算组成。各部门预算由本部门所属各单位预算组成。单位预算是指列入部门预算的国家机关、社会团体和其他单位的收支预算。

二、政府预算的内容

预算的内容是指预算收支所包括的项目或预算收支结构。政府预算通常包括一个国家或地区在预算年度的各种收支活动，有单式和复式之分。在单式预算时期，这些收支活动内容和项目一般不区分经济性质或用途，而全部列示在同一份预算表上，进行单一汇总平衡。复式预算把年度内预算收入和支出按照经济性质或用途分别汇集编入两个或两个以上的预算收支对照表中，编成两个或两个以上的预算（最早于1929年出现在丹麦）。根据复式预算，政府预算收支应分为经常性预算和资本性预算。其中，经常性预算主要包括政府行政经费支出预算及其相应的各项税收收入预算；资本性预算则包括公共基础设施、公营企业投资、债务还本付息等支出预算以及债务等收入预算。

我国的政府预算分为一般预算、基金预算和债务预算三大类（据《中华人民共和国预算法》）。

（一）一般预算

一般预算是指通过一定的形式和程序，有计划、有组织地由国家支配、纳入预算管理的收支预算，它是政府在年度中正常收支的预算。根据财政部2007年制定的《政府预算收支科目》的规定，一般预算收支科目如下：

1. 一般预算收入

收入分类主要反映政府收入的来源和性质。根据目前我国政府收入构成情况，结合国际通行的分类方法，按经济性质将政府收入分为类、款、项、目四级。收入主要包括税收收入、社会保险基金收入、非税收入、贷款转贷回收本金收入以及转移性收入五大类。税收收入项目包括增值税、消费税、企业所得税、企业所得税退税、个人所得税、资源税、固定资产投资方向调节税、城市维护建设税、房产税、印花税、城镇土地使用税、土地增值税、车船税、船舶吨税、车辆购置税（费）、屠宰税、筵席税、关税、烟叶税、耕地占用税及契税等。社会保险基金收入分设基本养老保险基金收入、失业保险基金收入、基本医疗保险基金收入、工伤保险基金收入及生育保险基金收入。非税收入分设专项收入、彩票公益金收入、行政事业性收费收入、罚没收入、国有资本经营收入及国有资源（资产）有偿使用收入等。贷款转贷回收本金收入分设国内贷款回收本金收入、国外贷款回收本金收入、国内转贷回收本金收入及国外转贷回收本金收入。转移性收入分设返还性收入、财力性转移支付收入、专项转移支付收入、彩票公益金转移收入、社会保险基金补助收入、预算外转移收入、单位间转移收入及调入资金等。

2. 一般预算支出

如果按照支出功能（反映政府活动的不同功能和政策目标）分类，根据社会主义市场经济条件下政府职能活动情况及国际通行做法，一般预算支出可分为一般公共服务支出、外交支出、国防支出、公共安全支出、教育支出、科学技术支出、文化体育与传媒支出、社会保障和就业支出、社会保障基金支出、医疗卫生支出、环境保护支出、其他支出以及转移性支出。具体支出项目包括：一般公共服务分设人大事务、政协事务、税收事务、审计事务、海关事务、人事事务、纪检监察事务、人口与计划生育事务、商贸事务、知识产权事务、工商行政管理事务、食品与药品监督管理事务、质量技术监督与检验检疫事务、国土资源事务、海洋管理事务、测绘事务、地震事务、气象事务、民族事务、宗教事务、港澳台侨事务、档案事务、共产党事务、民主党派及工商联事务、群众团体事务及彩票发行事务支出等；外交支出分设外交管理事务、驻外机构、对外援助、国际组织、对外合作与交流、对外宣传、边界勘界联检支出；国防支出分设现役部队及国防后备力量、国防动员支出等；公共安全支出包括分设武装警察、公安、国家安全、检察、法院、司法、监狱、劳教以及国家保密支出等；教育支出分设教育管理事务、普通教育、职业教育、成人教育、广播教育支出、留学教育、特殊教育、教师进修及干部继续教育支出等；科学技术支出分设科学技术管理事务、基础研究、应用研究、技术研究与开发、科技条件与服务、社会科学、科学技术普及以及科技交流与合作等；文化体育与传媒支出分设文化、文物、体育、广播影视、新闻出版支出等；社会保障和就业支出分设社会保障和就业管理事务、民政事务管理、补充全国社会保障基金、行政事业单位离退休、企业关闭破产补助、就业补助、抚恤、退役安置、社会福利、城市居民最低生活保障、其他城镇社会救济、农村社会救济、自然灾害生活救助以及红十字事业支出；社会保障基金支出分设基本养老保险基金支出、失业保险基金支出、基本医疗保险基金支出、工伤保险基金支出、生育保险基金支出；医疗卫生支出分设医疗卫生管理事务、医疗服务、社区卫生服务、医疗保障、疾病预防控制、卫生监督、妇幼支出、农村卫生、中医药支出等；环境支出分设环境保护管理事务、环境监测与监察、污染防治、自然生态保护、天然林保护、退耕还林、风沙荒漠治理、退牧还草支出等；城乡社区事务支出分设城乡社区管理支出、城乡社区规划与管理、城乡社区公共设施、城乡社区住宅、城乡社区环境卫生支出等；其他支出分设预备费、年初预留、其他支出等；转移性支出分设返还性支出、财力性转移支出、专项转移支付、彩票公益金转移支付、财政对社会保险基金的补助、预算外转移支出、预算单位间转移支出、补充还贷准备金及调出资金等。

如果按经济分类（反映政府支出的经济性质和具体用途），一般预算支出可分为工资福利支出、商品和服务支出、对个人和家庭的补助支出、对企事业单位的补助支出、转移性支出、赠予、基本建设支出、其他资本性支出、贷款转贷及产权参股以及其他支出。具体项目包括：工资福利支出分设基本工资、津（补）贴、奖金、住房公积金、提租补贴、购房补助、福利费、社会保障缴费、伙食费、伙食补助费支出等；商品和服务支出分设办公费、印刷费、咨询费、手续费、水费、电费、邮电费、取暖费、物业管理费、交通费、差旅费、出国费、维修（护）费、租赁费、会议费、培训费、招待费、专用材料费、装备购置费、工程建设费、作战费、军用油料费、军队其他运行维护费、被装购置费、专用燃料费、劳务费、委托业务费、工会经费支出等；对个人和家庭的补助支出分设离休费、退休费、退职（役）费、抚恤金、生活补助、救济费、医疗费、助学金、奖励金、生产补贴、其他对个人和家庭的补助支出等；对企事业单位的补贴支出分设企业政策性补贴、事业单位补贴、财政贴息支出等；转移性支出分设不同级政府间转移性支出、同级政府间转移性支出、不同级预算单位间转移性支出、同级预算单位间转移性支出等；赠予分设对国内的赠予、对国外的赠予等；基本建设支出分设房屋建筑物购建、办公设备购置、专用设备购置、交通工具购置、基础设施建设、大型修缮、信息网络购建以及物资储备支出等；其他资本性支出分设房屋建筑物购建、办公设备购置、专用设备购置、交通工具购置、基础设施建设、大型修缮、信息网络购建以及物资储备支出等；贷款转贷及产权参股支出分设国内贷款、国外贷款、国内转贷、国外转贷、产权参股、债券投资、其他贷款转贷及产权参股支出等；其他支出分设预备费、预留、补充全国社会保障基金、未划分的项目支出和其他支出等。

（二）基金预算

基金预算是指通过财政安排或按规定收取，由财政管理并具有指定用途，安排用于特定支出的政府性基金。

1. 基金预算收入

基金预算收入主要指作为非税收入管理的财政性资金和地方财政部门按照国家规定收取的各项税费附加，具体包括：三峡工程建设基金收入、农网还贷资金收入、能源建设基金收入、库区维护建设基金收入、煤代油专项资金收入、铁路建设基金收入、铁路建设附加费收入、民航基础设施建设基金收入、民航机场管理建设费收入、水运客货运附加费、转让政府还贷道路收费权收入、转让政府还贷城市道路收费权收入、港口建设费收入、下放港口以港养港收入、邮政补贴专项资金收入、散装水泥专项资金收入、墙体材料专项基金收入、外贸发展基金收入、旅游发展基金收入、援外合资合作项目基金收入、对外承包工程保函风险专项资金收入、国家茧丝绸发展风险基金收入、烟草商业税后利润收入、文化事业建设费收入、地方教育附加收入、地方教育基金收入、国家电影事业发展专项资金收入、农业发展基金收入、新菜地开发基金收入、国有土地使用权出让金收入、新增建设用地土地有偿使用费收入、林业建设基金收入、育林基金收入、森林植被恢复费、中央水利建设基金收入、地方水利建设基金收入、南水北调工程建设基金收入、灌溉水源灌排工程补偿费收入、水资源补偿费收入、残疾人就业保障金收入、政府住房基金收入、城镇公用事业附加收入、其他基金收入、政府性基金补助收入、政府性基金上解收入，以及政府性基金预算调入资金。

2. 基金预算支出

基金预算支出包括：教育附加及基金支出、其他文化体育与传媒支出、残疾人事业支出、政府住房基金支出、国有土地使用权出让金支出、城镇公用事业附加支出、农业基金支出、林业基金支出、水利基金支出、南水北调工程基金支出、公路水路运输支出、铁路运输基金支出、民用航空运输基金支出、制造业基金支出、建筑业基金支出、电力基金支出、信息产业基金支出、旅游业基金支出、烟草事务基金支出、调出资金,以及政府性基金转移支付。

(三)债务预算

债务预算是指政府(包括中央政府和地方政府,一般以中央政府为主)向国外举借债务形成的收入预算以及安排用于债务还本付息的支出预算。其中,债务预算收入包括国内债务收入和国外债务收入;债务预算支出包括国内债务还本付息支出和国外债务还本付息支出。

三、政府预算的编制程序

我国政府预算的编制具体实行的是"两上两下"的程序。

"一上",是指基层预算单位编制本单位在预算年度的收支建议数,上报上级部门。上级部门根据国务院关于编制预算的指示和财政部下达的编制结合国家社会经济发展情况和本部门的具体情况,提出本部门预数,上报财政部门。

"一下",是指财政部门根据政策要求和工作任务,认真审核各主管部门上报来的预算收支建议数,再根据征收部门报来的财政收入测算数,审核汇总成年度预算收支草案报政府批准。财政部门将政府批准的预算控制数下达到各主管部门,再层层下达到各基层预算单位。

"二上",是指各主管部门按照下达的预算控制数,根据情况下达到所属下级预算单位,落实到具体项目,按照财政部门的要求编制本单位预算草案,由主管部门汇编成本部门的部门预算草案上报财政部门。

"二下",是指财政部门收到各主管部门报来的预算草案后,汇编成本级政府总预算草案,报同级人民政府,政府批准之后,向人民代表大会提交预算草案。人民代表大会审议批准政府预算草案后,即成为具有法律效力的政府预算。财政部门在规定时间内批复部门预算,主管部门接到财政部门批复的预算后,再在规定时间内批复所属单位预算。

四、预算编制方法

预算编制方法是指政府编制年度预算所采用的方法或规范,也被称为预算制度。西方国家的政府预算编制通常采用的是绩效预算和零基预算等方法。

(一)绩效预算

绩效预算(performance budget)是一种以政府在财政年度的工作计划或服务计划制定预算,以预算计算工作或活动成本,以成本分析工作或活动效益,根据效益衡量和考核政府业绩的预算制度。这种预算制度最初由美国在20世纪30年代采用,20世纪40年代由美国国会所属的行政机构组织委员(也称为"胡佛委员会")提出以政府职能与事业和工程计划编制联邦预算,即绩效预算的建议。这种预算编制方法首先把业绩分成职能、部门、计划、最终产品、成本和目标等类别,然后评估预算的业务。它要求政府的各项业务计划应根据政府整体的施政计划来制订,并与政府的长期计划一致。在预算的编制和执行上采取分层负责的办法,落实政府在预算年度应做的各项工作和经费安排,并根据政府工作或活动的具体执行情况,对经费预算进行弹性控制。

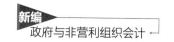

绩效预算实质上强调的是对预算目的的说明，为便于预算执行各政府机构必须提供以下资料：①政府单位或机构的目标，申请经费的理由和拟提供的服务；②实现组织目标的工作或业务计划；③各项业务的工作量；④以往经费拨款所确定的服务水平；⑤新年度预算所确定的服务水平等。与其他预算制度相比，绩效预算制度根据政府总的工作规划，着重考核预算支出，使绩效评价渗透到政府的每一个部门，既考核公共资金使用的最终效果，又考核为取得效果所开展的工作活动情况，从而形成了以管理或绩效为导向的政府预算方法。

（二）计划设计预算——美国兰德公司预算法

计划设计预算是以设计为中心，利用成本—效益分析方法，把目标设计、计划制订与预算编制融为一体，以协助增进政府预算执行便开始采用计划预算。1949—1960 年，美国兰德公司为联邦空军从事武器系统工作时，将预算编制方法由计划预算改为计划设计预算。1961 年，美国国防部正式采用这种方法编制国防预算。1965 年，约翰逊总统发出指示，要求联邦的 21 个行政部门推行这种预算制度。

计划设计预算制度的前提是政府可支用的资源数量是有限的，所以必须以某种方式限制开支项目，并通过预算分配取得最大效益。它要求政府明确组织的基本目标和有关业务的计划结构，建立多年的发展计划，在充分考虑过去计划决策与现在设计的未来计划的基础上，编制多年财务计划。这种预算制度的基本要点包括：①按照持续的基础确定政府目标，根据与政府目标的相关程度评审政府各部门、各机构提出的开支事项；②分析在既定资源下实现上述目标的方式，设计解决问题的备选方案，比较它们的成本效益；③预计项目成本应尽可能有足够的时间跨度（比如 5 年到 10 年），以便确定项目的全部成本；④决定为完成既定目标各自应付出什么样的努力，以制定有关项目合理支出规模的科学的宏观经济政策；⑤通过社会指示器这样一种机制，促使人们形成一种观念，即考察政府资金的支出对社会各层面的影响。

（三）零基预算

零基预算是在编制年度预算时，对所有的预算收支在不考虑以往收支水平的情况下，逐一加以研究、分析、计算编制而成的一种预算。这种预算制度由美国农业部于 1962 年提出，1970 年由得克萨斯仪器公司的彼德·派尔在该公司试行并获得成功。派尔后来被邀请到佐治亚州参加州政府财务工作，并把这种制度运用于该州 1971 年的预算中，结果使得该州的行政预算比原来申请的预算节省了 50%。从此，这种被用来控制各类职能机构与企业间接费用的方法，发展成为一种对计划、预算进行控制的制度。1976 年，美国众议院通过《1976 年政府经济与支出改革法案》，将这种制度确定为联邦政府机构编制预算应采用的方法。

零基预算制度要求政府各部门在申请经费时，不应受以往既定计划的束缚，政府的任何支出应如同新年度一样，从起点开始计划，对所有的包括既有的和新计划项目和行动应从产出或业绩与成本的角度进行系统的评价和重新审查。其基本程序包括：①预算过程一开始就为高层管理设置总目标，即由政府部门的高级管理层提出有关可支用资源的基本目标和总体原则；②确定"决策单位"，把准备一揽子决策的责任下放给"决策单位"的中层管理部门，由它们负责具体说明如何完成目标，并根据自身需要，对项目规划需要保留或删除的部分按照效益递减的顺序进行排列；③对中层管理部门提出的一揽子决策采用同样的排列顺序进行评价、鉴定和筛选，并根据预算年度可支用的资源设置指标，进行资源分配，最后编制成详细的行动预算。这种预算制度由于改变了以往根据上一年度预算执行情况确定未来预算年度增减幅度的做法，从而避免了不必要的浪费，使未来年度的预算从开始就建立在一个更加科学、合理的基础上。

（四）增量预算

增量预算是指财政收支计划指标在以前财政年度的基础上，按新财政年度的经济发展情况和财政经济政策要求，加以计算和调整而形成的预算。增量预算与零基预算是对应的。事实上，零基预算通常只用于具体收支项目，还未成为一种确定的编制政府预算的一般方法。从世界各国的预算实践来看，无论是单式预算还是复式预算，仍采用增量预算法。至于其他各种类型的预算，有些是属于政府预算政策或管理方面的代名词，如国民经济预算、充分就业预算、通货膨胀预算、财政风险预算等。我国的政府预算无论是单式预算还是复式预算，也主要采用增量预算。同时，在现阶段某些具体项目计划上也采用零基预算方法，并且其使用范围有进一步扩大的趋势。这与我国改革开放以来，合理地吸收和借鉴西方发达国家先进的预算形式和管理方法有关。

五、政府预算的审批和执行

（一）政府预算的审批

1. 财政部门审核阶段

财政部门对各主管部门报来的预算进行认真审核，其审核的主要内容包括：年度预算收支是否有赤字、运用预算科目是否正确、预算收支测算是否准确、预算外收支是否平衡、与财政部门下达的预算支出控制指标是否一致、是否按规定编写预算说明。

2. 行政首长审核阶段

各主管部门的预算编报完成并经财政部门审核之后，财政部门应将汇总的部门预算，连同各部门报来的部门预算，送行政首长审批。经行政首长批准之后，送人民代表大会初审。

3. 人民代表大会审核阶段

人民代表大会对政府预算的审核主要分为两个阶段。第一个是初审阶段：财政部门根据行政首长的指示，将政府预算草案报人民代表大会财经委员会进行初步审核。其审核的主要内容包括：各项收支安排是否符合法律、法规的规定；预算收支规模是否与国民经济和社会发展计划一致；国债规模是否合适等。财政部门根据人民代表大会财经委员会的意见修改后，报送行政首长批准。第二个是审议阶段：财政部门正式代表政府向人民代表大会提交预算草案，人民代表就政府预算和部门预算进行审议，最后通过预算草案。

4. 政府预算批复阶段

财政部门根据人民代表大会批准的预算，在规定的时间内批复部门预算。《中华人民共和国预算法实施条例》规定，财政部要在人民代表大会通过预算后的30天内批复中央部门预算，主管部门接到财政部门批复的部门预算后的15天内，批复所属单位预算。

（二）政府预算的执行

政府预算经过批准之后，就进入预算执行阶段。正确组织预算执行工作是实现政府预算收支任务的核心工作，也是预算管理的重要组成部分，它不仅关系国家方针政策的贯彻执行以及国民经济和社会发展计划的全面实现，而且是一项经常的、细致的、艰苦复杂的系统工程。《中华人民共和国预算法》规定，各级预算由本级政府组织执行，具体工作由本级政府财政部门负责。

1. 预算收入的执行

积极正确地组织预算收入的执行是全面实现政府预算的基础，是满足各项支出资金需要的保证。我国预算收入的执行是由财政部门统一负责组织，并按各项预算收入的性质和征收方法，分别由财政机关、税务机关、海关负责征收和管理。国家金库负责预算收入资金的收纳和保管。

组织预算收入的执行，重点是做好以下几方面的工作：①根据组织预算收入的需要，制定相关政策和各种制度，研究和制定组织收入的方法，以节约征收经费，提高征收效率；②根据预算收入任务和收入计划，帮助和督促各征管收入的部门、纳税义务人和缴款人努力完成预算收入任务，把一切应缴收入及时、足额地缴入国库，保证政府预算收入随着经济的发展而增加，但要防止单纯地为完成预算收入任务而形成"虚收"；③经常检查预算收入执行情况，分析国家法规、政策以及国家政治经济情况的发展变化对预算收入的影响，及时解决预算执行中的矛盾和问题，提出加强预算管理、增加收入、改进工作的措施和建议；④加强征收机关和相关部门的分工协作，建立收入直达国库制度和信息共享制度，坚决纠正预算收入征管中的一些违法乱纪行为，维护国家预算收入的完整性。

2. 预算支出的执行

预算支出的执行是在国家统一领导、统一计划下，由各支出机关具体负责执行。财政部门在组织预算支出执行中处于主导地位，做好预算支出的执行工作应着重于以下几个方面：①按照公共财政的要求和组织预算支出执行的需要，制定国家预算支出的政策和法规，制定预算支出管理的各种制度和办法；②根据部门预算制定年度、季度、月度用款计划，准确掌握国库库款情况，按照集中支付制度的规定，适时、正确地把预算资金拨付到用款单位；③建立经济责任制，明确各预算部门和单位的责任，确保预算资金高效和节约使用；④在保证重点支出需要的基础上，根据国库存款的余额，积极稳妥地推进国库资金的资本营运，实现预算收支的动态平衡；⑤依法安排预算周转金，解决季节性资金收支进度不均衡的矛盾，做好资金调度平衡。

3. 预算执行中的调整

在政府预算执行中，由于国际、国内政治经济形势总是在不断地发展变化，往往会出现一些意想不到的事件，影响原政府预算的执行。这时就有必要进行预算调整，根据新的情况组织新的预算平衡。因此，预算调整是在预算执行过程中，通过改变预算收入来源和支出用途，以及预算收支规模，组织新的预算平衡的方法。预算调整一般有两种情况：一种是全局调整；另一种是局部调整。全局调整并不经常发生，只是在某些特殊情况下，国家对年度国民经济和社会发展计划做出重大调整时，国家预算才进行全局调整。这实际上等于重新编制一次国家预算。预算的局部调整则是经常发生的。局部调整有四种情况：①动用预备费；②预算的追加、追减；③科目流用；④预算划转。

第二节 国库会计制度

国库会计是预算会计的重要组成部分，根据我国现行的财政管理体制，我国实行委托金库制，财政资金收支及管理委托中国人民银行总行及分支行办理。因此，国库会计与财政总预算会计密切相关，与行政事业单位会计也有一定的联系。

一、政府财政收支活动与国库出纳业务

财政收支活动是指政府以社会管理者的身份，凭借国家权力依法参与国民收入分配和再分配的活动，它包括组织财政收入和安排财政支出两个方面。财政收入是政府代表国家参与国民收入分配的活动，为社会公共支出筹集资金。我国各级政府的财政收入包括一般预算收入、政府性基金收入和债务收入。其中，一般预算收入是政府经常的和主要的财政收入，它主要来源于依法向广大纳税人征收的各种税款、国有资产经营收益、行政性收费收入、专项收入和其他收入等。这些收入中，各种税收收入主要由税务海关等收入征收机关按照税法规定向纳税人征收，其他收入按国家法律、法规的规定由各执行部门负责征收。财政支出是政府代表国家参与国民收入再分配的活动，根据国家在各个时期的方针政策及社会公共需要，将筹集财政资金以预算拨款的方式，分配于国家安全、外交、社会公共事务管理，以及促进国民经济和社会各项事业发展等方面。除这些财政收支活动外，政府还应根据现行的财政体制，对各收支项目在上、下级财政之间进行划分、结算，在本级财政各类财政资金之间进行调拨等。上述各项财政收支活动随着公共财政的建立和财政在宏观调控方面作用的增强，变得越来越复杂，财政收支的规模也越来越庞大。

政府财政收入款项的金库（即国库）代理政府办理库款收纳、支拨和管理等工作，所以国库出纳业务是政府财政收支活动的重要环节和有机组成部分。国库既是政府财政的出纳中心，也是参与组织和执行政府预算的管理机关。任何国家和政府都需要设立国库办理财政收支出纳业务，但世界各国对财政出纳机关的设置不尽相同，概括起来，主要有两种基本方式：一是独立国库制，即由财政机关特设专门机构办理预算收支的出纳和财政库款的管理工作；二是委托国库制，即由政府委托国家银行经理进行财政资金的出纳和财政库款的管理工作。

根据《中华人民共和国国库条例》的规定，我国国库机构按照"统一领导、分级管理"的财政管理体制设立，原则上一级财政设立一级国库。与财政管理体制相适应，我国的国库分为总库、分库、中心支库和支库四级。总库也称为中央国库，设在中国人民银行总行，分库按经济区域设置或设在各省（直辖市、自治区）人民银行分行或中心支行；中心支库设在各市（地区、自治州）的人民银行中心支行或支行；支库设在县（县级市、自治县）的人民银行支行。支行以下的国库及未设中国人民银行分支机构的地区，由中国人民银行会同当地财政部门委托金融机构办理。国库经收处的业务由商业银行的基层机构代理。

二、预算收入的收纳、划分和报解

（一）预算收入的收纳与退库

1. 预算收入缴库方式

预算收入的收纳是由各单位、部门、个人的收入缴库实现的，为方便缴款人缴库和加强预算收入管理，我国预算收入的缴库方式主要有以下四种：

（1）就地缴库，由基层缴款单位或缴款人直接向当地国库或国库经收处缴纳。

（2）集中缴库，包括由主管单位集中汇缴和由税务机关、海关集中汇缴两种。其中，主管单位集中汇缴预算收入是由基层缴款单位将应缴款交到上级主管部门，再由主管部门汇总向国库或国库经收处缴纳。税务机关、海关集中汇缴是指缴款人、缴款单位通过银行转账或直接缴纳的方式将税款缴到基层税务机关、海关，再由税务机关、海关将所收到的款项汇总缴入国库或国库经收处。

（3）自收汇缴，即由征收机关直接向缴款人或缴款单位收缴税款后，汇总缴入国库或国库经收处。

（4）直接缴库，即纳税人持"纳税申报表"直接到征收机关开办的纳税大厅办理纳税申报及税款划缴，事业单位预算收入按业务收缴手续的不同，可以分为转账缴纳和现金缴纳两种方式。缴款单位或缴款人在银行开有存款账户，并通过银行转账办理预算收入收缴手续，则被称为转账缴纳；由个人以现金办理零星、小额预算收入收缴手续的，则被称为现金缴纳。

2. 预算收入的缴款凭证

各缴款人或缴款单位上缴预算收入时，必须使用国家统一印制的缴款凭证，向国库缴纳。预算收入缴款凭证为缴款书。缴款书是各级财政取得预算收入的唯一凭证。一般地说，缴款书应具备收款单位名称、预算级次、收款国库、缴款单位名称、账号、开户银行、预算科目、收款年月及金额等内容。收入征收机关或缴款单位在填写缴款书时，应按预算收入科目"款"填写，每"款"填写一份。预算科目的款项名称要填写正确、齐全，防止错用、错填，更不能只填科目代号不填科目名称。各联的字迹要填写清楚，否则会影响国库统计及预算收入的考核和分析等工作。

3. 库款收纳与退库

（1）国库经收处收纳预算收入。国库经收处在商业银行的基层营业单位。经收处收到缴款书后，应对缴款书所列预算科目、预算级次、金额、收款单位、缴款期限及预留印鉴等内容进行认真审查，经审查无误后方可办理收纳。经收处收纳的预算收入属于代收性质，不算正式入库应按规定每日划转到支库，办理正式入库手续。

经收处代收预算款项时，一律通过"待结算财政款项"科目核算，按转账业务和现金业务分别办理缴款手续。每日营业终了，将收纳的缴款书分别按预算级次和预算科目汇总编制"代收预算收入清单"，并与"待结算财政款项"科目的"待报解预算收入"专户余额核对无误后，进行会计处理。

（2）各级国库库款收纳。支库是国库的基层库，又是中央总库和地方分库的分支机构，各支库收纳的月款，有本身直接收纳的预算收入，也有国库经收处划来的预算收入。中心支库、分库收纳的预算收入，一部分为直接收纳的预算收入，另一部分为间接收纳的预算收入，即下级国库收纳后上划的预算收入。总库直接或间接收纳的预算收入都是通过人民银行的"联行往来"划入"中央预算收入"的。

（3）库存款退付。预算收入的退库是将已经入库的预算收入退还给原缴款单位或缴款人。由于预算收入的退库是一项直接抵减预算收入的支出行为，所以它是一项非常严肃的工作，应当严格按照国库条例和实施细则及其他政策性文件的规定，按正常的退库范围和审批程序予以办理。

预算收入的退库归纳起来主要有以下几种形式：第一，会计处理技术性差错引起的退库；第二，政策性或专项批准的退库；第三，出口产品税款的退库；第四，商品税款的退库；第五，中央预算收入的退库；第六，地方预算收入的退库；第七，民政福利、校办工厂和外资企业的退库；第八，税务手续费的退库。

预算收入退库应遵循以下原则：第一，预算收入的退库必须经财政机关或其授权的主管机关（如税务机关、海关和授权的其他征收机关）审查批准，由国库审核从国库库款中支付；第二，办理收入退库，应由申请退库的单位或个人提出书面申请；第三，国库办理预算收入退库，应当严格按照预算收入的级次办理。中央预算收入的退库，应当从中央级库款中退付；中央与地方共享收入的退库，应当按规定的比例分别从中央库和地方库中退付；地方各级预算固定收入的退库，直接从地方各级库款中退付；地方各级共享收入的退库，应该按规定的比例分别从各级库款中退付。

预算收入的退库由各级国库办理，国库经收处只办理库款收纳，不办理预算收入的退付。库款的退付，一律凭"收入退还书"办理，并按预算收入的级次，在各级财政库款中退付，直接冲减"中央预算收入"或"待报解地方预算收入"科目。

（二）预算收入的划分和报解

各级财政预算收入的执行情况，一律以缴入基层国库的数额为准。基层国库收到已缴纳的各项预算收入，应当根据国家财政管理体制规定的收入划分范围，在各级预算之间进行划分。

1. 预算收入的划分

所谓预算收入的划分是指按照国家预算管理体制的规定及财权与事权结合的原则，将预算收入划分为中央预算固定收入、地方预算固定收入和中央预算与地方预算共享收入三类。其中，中央预算固定收入全部归中央预算，地方预算不参与分成；地方预算固定收入全部归地方预算，中央预算不参与分成；中央预算与地方预算共享收入纳入中央预算收入，再根据预算管理体制确定的地方分成比例划转地方预算。

地方预算收入也应在地方各级预算之间进行划分，分为上级预算固定收入、本级预算固定收入、上级预算与本级预算共享收入三类。上级预算固定收入，本级预算不参与分成；本级预算固定收入，上级预算不参与分成；上级预算与本级预算共享收入，比照中央预算与地方预算分成办法或根据有关规定办理划分手续。

2. 预算收入的报解

预算收入的报解是指国库将预算收入在各级预算之间进行划分和分成的基础上，编制"预算收入日报表"和"分成收入计算表"，并根据这些报表分别将库款解缴到本级和上级财政在国库的银行账户上，同时报告预算收入情况。预算收入报解包括国库内部下级国库向上级国库报解和各级国库向同级财政部门报解，各级预算收入报解原则上采取逐级划分报解的办法，但支库收纳的中央预算收入和省级预算收入可以直接向分库或省级中心支库报解。

3. 预算收入划分和报解程序

预算收入的划分和报解工作一般由各级国库负责。国库对收纳的预算收入应按照国家预算管理体制的规定，分清预算级次，并按政府预算收入科目分"款"进行统计，及时办理库款的划分和报解工作，其划分和报解工作的一般程序如下：

（1）支库。支库即基层国库，每日营业终了，应将缴款书按预算级次和预算科目编制预算收入日报表（一式三份），按规定的分成留解比例分别办理报解。对于分成收入应根据本级预算收入日报表中属于分成收入的各科目合计数按上级财政部门规定的分成比例，编制分成收入计算表，办理分成留解。

（2）中心支库。每日营业终了，中心支库应结算"待报解地方预算收入（地市级）"，分"款"

登记本日发生数,据此编制市级预算收入日报表。同时,汇总辖属支库上报的分成收入计算表,加计地市级预算收入报表的"本日发生数"(剔除地市级固定收入),编制汇总的分成收入计算表,并按规定比例计算上解数和留成数,进行会计处理。没有上解任务的中心支库也应上报分成收入计算表,其地市级留成额应与预算收入总额一致,以便分库汇总计算地方预算收入的分成总额。

(3)分库(或省级中心支库)。分库收到各支库上报的中央预算收入日报表后,编制汇总的中央预算收入日报表,借记"中央预算收入"、贷记"联行往来"科目;收到支库上报省级预算收入和中心支库划来的分成收入后,应汇总编制省级预算收入日报表和分成收入计算表,按规定计算留解数额,将中央预算分成部分上解总库,省级预算留成部分连同本级固定收入列入地方财政存款,进行会计处理。

(4)总库。总库收到各分库上报的中央预算收入日报表和分成收入计算表及联行报表后,汇总编制中央预算收入日报表,进行会计处理。

第三节 政府财政支出管理改革

公共财政资金是一种以满足社会共同需要为目的,凭借国家权力筹集和使用的资金,它由政府代表国家意志,接受人民委托,行使资金筹集、使用并承担相应的义务和受托责任。各国政府为了提高公共财政资金的使用效益,减轻广大纳税人的负担,都采取了一系列措施,以强化财政资金管理。我国对政府财政支出也进行了改革,其中的核心制度就是政府采购。这些改革措施对财政总预算会计、行政事业单位会计实务都将产生深刻的影响。本节主要介绍政府采购和国库单一账户制度及会计实务处理情况。

一、政府采购制度

(一)政府采购的意义及内容

1. 政府采购的意义

政府采购(government procurement)也称为公共采购,它是指各级政府及其所属机构为开展日常政务活动或提供公共服务活动的需要,在财政的监督下,以法定方式、方法和程序,购买货物、工程或劳务的行为。政府采购不仅是指具体的过程,而且是采购政策、采购程序、采购过程和采购管理的总称,它是市场经济条件下加强财政支出管理的一项重要制度。

政府采购制度是财政管理制度的组成部分,其管理对象是公共支出,主要解决谁提供货物、如何提高财政资金使用效率和效益等问题。政府采购制度是我国现阶段节约财政资金最直接、最有效的一种符合国际惯例的财政制度。另外,其要求采购资金由财政部门直接拨给供应商,这与我国建立国库单一账户的目标是一致的,也是我国国库单一账户体系的重要组成部分。建立政府采购制度,对财政支出管理,提高资金使用效益,提升采购活动的透明度,促进各级政府机构建设,强化商业意识,促进市场观念的转变等方面都具有积极的意义。

2. 政府采购的内容

政府采购是政府公共采购的统称，其内容主要包括以下几个方面：

（1）政府采购的适用范围。各级国家机关、实行预算管理的事业单位和社会团体（以下统称采购机关）用财政性资金（包括预算内和预算外资金），以单独采购或批量采购、租赁、委托或雇佣等方式获取货物、工程或服务的购买行为，都适用于政府采购。其中，金额达到政府或财政部规定的限额标准以上的采购项目，应当实行公开招标或邀请招标的采购方式。因特殊原因，需要实行竞争性谈判、询价和单一来源等采购方式的，应当在活动开始前，报经同级财政部门批准。在同一年度，各采购机关对同一采购项目不得采购两次以上。对低于限额标准的采购项目适用的采购方式，按同级财政部门的有关规定执行。

（2）政府采购组织机构管理。政府采购所涉及的相关方主要有：财政部及政府采购主管机构、采购机关、供应商和中介机构。财政部主要负责全国政府采购的管理和监督，包括拟订政府采购法律、法规草案，制定政府采购政策和规章等。

采购机关是政府采购的执行机构，负责各项政府采购活动的组织与实施。采购机关分为集中采购机关和采购单位。其中，集中采购机关是政府或财政部门为了组织实施政府采购活动而专设的机构，采购单位是集中采购机关之外的采购机构。采购机关的主要职责是组织实施纳入集中采购目录的政府采购项目，采购单位只采购未纳入采购目录的货物或劳务。

政府采购中介机构是指依法成立，具有法人资格和招标能力，经财政部门资格认定后，从事政府采购招标等中介业务的社会招标机构。中介机构的主要职责是接受委托，组织政府采购招标投标等事务。财政部及政府采购主管机构不得参与和干涉政府采购中的具体商业活动。采购机关和中介机构应当按照有关法律、法规和制度的规定开展政府采购工作。

（二）政府采购方式

政府采购按其是否具备招标性质，可分为招标性采购和非招标性采购两大类，其划分的重要标准之一是采购的金额。招标性采购主要采用公开招标采购和邀请招标采购等方式；非招标性采购方式包括竞争性谈判、询价、单一来源等采购方式。公开招标采购是指采购机关或其委托的政府采购业务代理机构（统称为招标人）以招标公告的方式邀请不特定的供应商（统称为投标人）投标，招标人根据某种事先确定并公布的标准从所有投标中评选出中标商，并与之签订合同的一种采购方式。邀请招标采购是指招标人以投标邀请书的方式邀请五个以上的供应商投标，招标人根据某种事先确定并公布的标准从所有投标中评选出中标商，并与之签订合同的一种采购方式。

竞争性谈判采购是指采购机关直接邀请三家以上的供应商就采购事宜进行谈判的采购方式。该方法适用于紧急情况下的采购或涉及高科技应用产品或服务的采购。询价采购是指对三家以上的供应商提供的报价进行比较，以确保价格具有竞争性的采购方式。该方法仅适用于采购现货或价值较小的标准规格的设备，或者小型、简单的土建工程。

单一来源采购即没有竞争的采购，它是指达到了竞争性招标采购金额标准，但所购商品的来源渠道单一或属专利、首次制造、合同追加等特殊情况，因此，只能由一家供应商供货。单一来源采购也称为直接采购，即采购机关向供应商直接购买。

（三）政府采购程序

政府采购程序包括编制政府采购预算、汇编政府采购计划、确定并执行采购方式、订立及

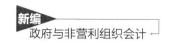

履行合同、验收和结算等步骤。

政府采购预算是反映采购机关年度政府采购项目及资金的计划，是部门预算（或单位财务收支计划）的组成部分。采购机关应当按照财政部门的要求，编制政府采购预算，经主管部门审核汇总，报同级财政部门审核。财政部门的政府采购主管机构依据批复的部门预算，按项目或项目汇总编制本级政府采购计划，列明当年集中采购目录、采购机关、各采购项目的采购组织、采购形式、资金支付办法等事项，批复给各个机关。采购机关的主管部门应在接到财政部门批复的政府采购计划后，向同财政部门提交集中采购项目的采购清单（内容包括：采购项目的详细品名、技术规格和数量，预算和资金构成，交货时间等）。采购清单由财政部门根据预算和政府采购计划核对无误后，交集中采购机关实施。对于尚未设立集中采购机关的，可委托中介机构承办。

集中采购机关应当按照政府采购计划中确定的采购范围和方式组织采购活动，与中标供应商签订合同。在合同履行过程中，需要变更有关条款的，合同当事人各方应协商并达成一致。

政府采购合同的验收，应当依照合同的约定进行。合同履行质量的验收，应由三方负责，财政部门的政府采购主管机构不得参加验收工作。支付采购资金时，采购机关应当依照有关规定，向财政部门报送拨款申请书及有关文件。最后，财政部门和采购单位对采购机关报送的拨款申请书及有关文件进行审核。审核无误后，按照合同约定的金额和采购进度向中标供应商付款。

（四）政府采购资金的拨付管理

政府采购的最后一个环节是向供应商支付货款，该货款也称为政府采购资金。政府采购资金是指采购机关获取货物、工程或服务时支付的资金，包括财政性资金（预算内资金和预算外资金）和与财政性资金配套的单位自筹资金。其中，单位自筹资金是指采购机关按照政府采购拼盘项目要求，按规定用单位自有资金安排款项。政府采购资金的支付实行财政直接拨付和单位支付相结合，统一管理、统一核算、专款专用。政府采购资金直接拨付是指财政部门按照政府采购合同约定，将采购资金通过指定银行（国有商业银行或股份制商业银行）直接拨付给中标供应商的拨款方式。指定的代理银行必须事先经过人民银行国库部门对其采购资金划拨业务的资格进行认证，然后由财政部门对有资格的银行通过招标形式确定代理银行。财政部门的国库代理机构应在代理银行按规定开设"政府采购资金专户"，相应部门和单位原有用于采购资金的账户要撤销。政府采购资金直接拨付分为三种拨付方式：全额直接拨付方式、差额拨付方式、采购卡支付方式。项目的具体拨款方式由同级财政部门根据实际情况确定。

（1）全额直接拨付方式，是指在采购活动开始前，采购机关必须先将单位自筹资金和预算外资金汇集到政府采购专户。根据需要支付款项时，财政部门将预算资金和已汇集的单位自筹资金和预算外资金，通过政府采购专户拨付给中标供应商。

（2）差额拨付方式，是指财政部门和采购机关按照政府采购拼盘项目合同中约定的各方负担金额比例，分别将预算资金和预算外资金及单位自筹资金支付给中标供应商。当然，采购资金全部为预算资金的采购项目也实行这种支付方式。

（3）采购卡支付方式，是指采购机关使用选定的某家商业银行发行的单位借记卡支付采购资金。该方式用于采购机关经常性的零星采购项目。

二、国库单一账户制度

（一）国库单一账户制度的内涵

所谓国库单一账户制度，是指政府在国库或国库指定的代理银行开设账户，集中收纳和支付财政性资金（包括预算内和预算外资金）的一种结算制度。它是市场经济发达国家普遍采用的一种财政资金收付管理制度，目前，包括美国、日本、英国、法国、加拿大等国在内的经合组织成员都采用了这一制度。这种制度要求，政府所有的财政收入都直接缴入国库，财政支出则通过严格的预算，将预算额度下达（而不是下拨）给预算单位，预算单位需要购买货物或支付劳务费用时，由财政部门按预算控制额度向国库发出付款指令，款项由财政部门在国库开设的单一账户中直接划入商品或劳务提供者的账户。征收机关和执法机关目前设置的各种收入过渡账户，以及各部门和各单位自设的各类预算外资金账户将随之消亡。

（二）国库单一账户制度的内容

为了推行国库单一账户制度，财政部和中国人民银行于 2001 年 3 月 16 日联合发布了《财政国库管理制度改革试点方案》。根据《财政国库管理制度改革试点方案》及其补充规定，我国的国库单一账户体系包括以下几种账户类型。

（1）国库单一账户。各级财政部门在中国人民银行及分支机构开设国库单一账户，用于记录、核算和反映纳入预算管理的财政收入和支出活动，并用于与财政部门在商业银行开设的零余额账户进行清算，实现财政资金的支付。

（2）财政零余额账户。各级财政部门按资金使用性质在商业银行开设财政零余额账户，用于财政直接支付和与国库单一账户支出清算。

（3）单位零余额账户。各预算单位经财政部门审核批准后，在商业银行开设单位零余额账户，用于财政授权支付和与国库单一账户支出清算。预算单位零余额账户可以办理转账、提取现金等业务。

（4）特设账户。经国务院和省级人民政府批准或授权，财政部门开设特殊过渡性账户（简称特设账户），用于记录、核算和反映预算单位的特殊专项支出活动，并用于与国库单一账户清算。

按照财政国库管理制度的基本发展要求，建立国库单一账户体系，所有财政性资金都纳入国库单一账户体系管理，收入直接缴入国库或财政专户，支出通过国库单一账户体系支付给商品和劳务供应者或用款单位。

（三）国库单一账户的操作管理程序

1. 收入收缴程序

政府财政收入可以划分为税收收入、社会保障收入、非税收入、贷款回收本金与产权处置收入和债务收入等六类。为了适应建立国库单一账户体系的要求，财政性收入的收缴主要采用以下两种方式：

（1）直接缴库方式。采用此方式时，由缴款单位或缴款人按有关法律、法规的规定，直接将应缴收入缴入国库单一账户，不再设立各类过渡性账户。直接缴库的税收收入，由纳税人或税务代理人申报，经征收机关审核无误后，开具缴款书，送交纳税人开户银行，纳税人的开户银行将税款缴入国库单一账户,再由国库向财政部门和征收机关出具缴款报告。社会保障收入、非税收入、贷款回收本金与产权处置收入和债务收入等的收缴程序略有不同,基本程序包括:由行政事业单位向缴款义务人下达收款通知,然后由缴款人将款项缴入财政委托的代理银行,代理银行将款项划转财政预算外资金专户,或与国库单一账户进行清算,再由国库向财政部门和行政事业机关报告缴款情况。

(2)集中汇缴方式。由征收机关(有关法定单位)按有关法律、法规的规定,将所收的应缴收入汇总缴入国库单一账户或预算外资金财政专户。在这种方式下,小额零散税收收入,由征收机关开具汇总缴款书缴入国库单一账户。非税收入中的现金缴款,比照集中汇缴方式缴入国库单一账户。

2. 支出付款程序

财政支出总体上分为购买性支出和转移性支出。根据支付管理的需要,购买性支出可具体分为四类:①工资性支出,即预算单位的工资性支出;②购买支出,即预算单位购买服务、货物、工程项目等除工资支出、零星支出以外的支出;③零星支出,即预算单位购买支出中的日常小额支出,除政府采购品目分类表所列品目以外的支出;④或者虽为列入政府采购品目分类表的品目,但未达到规定数额的支出。转移性支出,即拨付给预算单位或下级财政部门,未指明购买内容的支出,包括拨付企业补贴和未指明用途的资金、中央对地方的一般性转移支付等。按照不同的支付主体,对不同类型的支出,分别实行财政直接支付和财政授权支付两种方式。这两种方式的支付程序有一定差别。

(1)财政直接支付程序。预算单位按财政部门批复的部门预算,按行政事业进度编制资金使用计划。财政部门批复部门预算和资金使用计划,并通知预算单位和财政部门的国库支付执行机构。预算单位用款时向财政部门的国库支付执行机构提出支付申请,国库支付执行机构根据批复的预算、用款计划及相关要求对支付申请审核无误后,向代理银行发出支付指令,并通知中央银行国库部门,通过代理银行进入全国银行清算系统实时清算,将财政资金从国库单一账户划转到收款单位的银行账户。

财政直接支付主要通过转账方式进行,也可以采取"国库支票"的方式支付。财政部门的国库支付执行机构根据预算单位的要求签发支票,并将签发的支票交给预算单位,由预算单位交给收款人。收款人持支票到其开户银行办理入账,收款人开户银行通过联行系统再与国库支付执行机构确定的代理银行清算,每日营业终了前由国库单一账户与代理银行进行清算。其支出的主要内容包括工资支出、购买支出、中央对地方的专项转移支付、拨付企业大型工程项目或大型设备采购的资金等,以及转移支出(中央对地方的专项转移支出除外)。其中,对于工资性支付,预算单位的人员编制、工资标准和开支数额分别由编制部门、人事部门和财政部门核定。支付对象为预算单位和下级财政部门的支出,由财政部门按照预算执行进度将资金从国库单一账户直接拨付到预算单位或下级财政部门账户。

(2)财政授权支付程序。预算单位根据批复的部门预算和资金使用计划,向财政部门的国库支付执行机构申请授权支付的月份用款额度,国库支付执行机构将批准后的限额通知代理行和预算单位,并通知中央银行国库部门。预算单位在月份用款额度内,自行开具支付令,通过国库支付执行机构转由代理银行向收款人付款,并与国库单一账户清算。采用财政授权支付的支出包括未实行财政直接支付的购买支出和零星支出。

上述财政直接支付和财政授权支付流程,以电子化的全国银行清算系统和财政信息管理系统的国库管理操作系统为基础。在这些系统尚未建立和完善前,国库支付执行机构或预算单位的支付令通过人工操作转到代理银行，代理银行通过现行银行清算系统向收款人银行账户付款，并在每天结账前，与国库单一账户进行清算。

思考题

1. 为了适应建立国库单一账户体系的要求，财政性收入的收缴主要采用哪几种方式？
2. 我国政府预算编制程序中实行的"两上两下"具体指什么？
3. 预算收入划分和报解一般程序是什么？
4. 政府采购程序包括哪些步骤？
5. 政府预算的审批阶段有哪些？

【在线测试题】

扫描书背面的二维码，获取答题权限。

第二篇

财政总预算会计

第四章　财政总预算会计概述
第五章　账务处理
第六章　财政会计报表及编制

第四章 财政总预算会计概述

第一节 财政总预算会计内涵和对象

一、财政总预算会计内涵

财政总预算会计，是各级政府财政部门对财政总预算执行情况和财政资金活动进行核算与监督的专业会计。财政总预算会计的会计主体是各级政府，其执行机构为各级政府的财政机关。

财政机关是组织国家财政收支，办理国家预算、决算的专职管理机关，其职能与企事业单位和其他行政机关有着重大区别。财政机关的主要任务是将一部分国民收入以税收、上缴利润和其他缴款方式集中起来，形成政府的财政资金，再根据国家的社会发展规划和国民经济发展计划，通过预算的形式有计划地进行分配，为国家的行政管理、国民经济建设、国防建设以及教科文卫体等各方面事业的发展服务。

财政机关的职能决定了财政会计的对象和内容。财政机关集中各项财政资金形成财政收入，是一级财政的资金来源；以拨款和支出的形式分配使用财政资金形成财政支出，是财政资金的运用；在执行财政收支后，尚未使用的资金形成各项资金结余，是一级政府财政预算执行的结果。这种财政资金的收支、结存活动就是财政会计反映、监督的基本内容。因此，财政会计的对象就是各级政府的财政资金收支活动，是财政机关在执行总预算过程中，各项财政资金的集中、分配及其执行结果。

财政总预算会计的体制是由国家预算体系和预算执行内容所决定的。我国的国家预算是按照统一领导、分级管理的原则建立的，每一级政府设立一级总预算。国家预算分为中央预算、省（自治区、直辖市）预算、设区的市（自治州）预算、县（自治县、不设区的市、市辖区、旗）预算、乡（民族乡、镇）预算五级预算。与此相适应，每一级政府财政预算都要设立相应的财政会计，来核算和监督本级预算的执行情况。中央政府财政部设立中央财政总预算会计，地方各级政府财政机关设立地方财政总预算会计。

二、财政总预算会计核算对象范围

财政总预算会计核算的对象是由财政部门管理的财政资金内容所决定的。政府财政部门管理的财政资金主要包括：一般公共预算资金、政府性基金预算资金、国有资本经营预算资金、社会保险基金预算资金以及财政专户管理资金、专用基金和代管基金等资金活动的专业会计。

（1）一般公共预算资金，是国家为了实现其职能，通过国家权力所集中的、有特定来源和用途的资金。一般预算资金的来源主要是国家税收，用于进行国家经济建设、社会管理、维护国防安全、发展各项文化事业的各个方面。

（2）政府性基金预算资金。政府性基金预算资金是按政府的规定收取、转入或通过当年财政安排的，由各级财政管理并具有指定用途的政府性基金。政府性基金预算资金收入的来源主要是政府非税收入。政府性基金预算资金全部纳入国家财政预算。政府性基金预算资金是一种收入和用途都有特定要求的资金，各个基金收支自求平衡。财政总预算会计对基金预算资金要分别核算、报告。

（3）国有资本经营预算资金。国有资本经营预算资金是指政府从国有企业经营中取得的、专门用于国有企业投资或补贴的资金。财政会计也应当对国有资本经营预算收入、支出和结余进行单独的核算。

（4）社会保险基金预算资金（社会保险基金预算资金会计核算不适用本制度，由财政部另行规定）。社会保险基金是指由财政部门及政府社会保障机构管理的各项社会保险资金，包括基本医疗保险资金、基本养老保险资金、失业保险资金、工伤保险资金、生育保险资金等。社会保障基金的实质权利人属于各个社会保险收益人。因此，社会保障基金属于政府的托管基金。

（5）财政专户管理资金。财政专户管理资金结余是指纳入财政专户管理的教育收费等。

（6）专用基金。专用基金是各级政府财政机关管理的、从一般预算资金中安排、具有专门用途的资金，如总预算会计管理的资金、粮食风险资金等。目前，财政部门管理的专用基金主要是各级政府设立的粮食风险基金。

（7）代管基金。代管基金是指政府财政代为管理的，使用权属于被代管主体的基金。

第二节 财政总预算会计核算的会计规范与会计科目

一、财政总预算会计核算的会计规范

财政总预算会计的会计规范是财政会计部门核算与管理各类财政资金的基本制度，是进行会计核算、反映预算执行、实行会计监督、参与预算管理、合理调度资金的重要保证。各级财政会计都必须严格遵守会计规范，保证财政会计信息真实、完整。我国目前的财政会计规范由财政部等部门颁发，主要包括：《财政总预算会计制度》《社会保障基金财政专户会计核算暂行办法》《国际金融组织贷款转贷会计制度》《税收会计制度》《国库会计核算业务操作规程》等。

二、财政总预算会计核算的会计科目

会计科目是对会计对象具体内容进行分类核算的项目，是会计要素的进一步分类。财政总预算会计有资产、负债、基金、收入、支出五个会计要素，会计科目也相应地划分为五大类，本书所用的财政总预算会计的会计科目见表4-1。会计科目是各级财政总预算会计设置会计账户的主要依据,一般不得擅自变更会计科目的名称。

表4-1 财政总预算会计的会计科目

序 号	科目编号	会计科目名称
一、资产类		
1	1001	国库存款
2	1003	国库现金管理存款
3	1004	其他财政存款
4	1005	财政零余额账户存款
5	1006	有价证券
6	1007	在途款
7	1011	预拨经费
8	1021	借出款项
9	1022	应收股利
10	1031	与下级往来
11	1036	其他应收款
12	1041	应收地方政府债券转贷款
13	1045	应收主权外债转贷款
14	1071	股权投资
15	1081	待发国债
二、负债类		
1	2001	应付短期政府债券
2	2011	应付国库集中支付结余
3	2012	与上级往来
4	2015	其他应付款
5	2017	应付代管资金
6	2021	应付长期政府债券
7	2022	借入款项
8	2026	应付地方政府债券转贷款
9	2027	应付主权外债转贷款
10	2045	其他负债
11	2091	已结报支出
三、净资产类		
1	3001	一般公共预算结转结余
2	3002	政府性基金预算结转结余
3	3003	国有资本经营预算结转结余
4	3005	财政专户管理资金结余
5	3007	专用基金结余
6	3031	预算稳定调节基金
7	3033	预算周转金

续表

序　号	科目编号	会计科目名称
8	3081	资产基金
	308101	应收地方政府债券转贷款
	308102	应收主权外债转贷款
	308103	股权投资
	308104	应收股利
9	3082	待偿债净资产
	308201	应付短期政府债券
	308202	应付长期政府债券
	308203	借入款项
	308204	应付地方政府债券转贷款
	308205	应付主权外债转贷款
	308206	其他负债
四、收入类		
1	4001	一般公共预算本级收入
2	4002	政府性基金预算本级收入
3	4003	国有资本经营预算本级收入
4	4005	财政专户管理资金收入
5	4007	专用基金收入
6	4011	补助收入
7	4012	上解收入
8	4013	地区间援助收入
9	4021	调入资金
10	4031	动用预算稳定调节基金
11	4041	债务收入
12	4042	债务转贷收入
五、支出类		
1	5001	一般公共预算本级支出
2	5002	政府性基金预算本级支出
3	5003	国有资本经营预算本级支出
4	5005	财政专户管理资金支出
5	5007	专用基金支出
6	5011	补助支出
7	5012	上解支出
8	5013	地区间援助支出
9	5021	调出资金
10	5031	安排预算稳定调节基金
11	5041	债务还本支出
12	5042	债务转贷支出

第三节 会计科目使用

一、资产类

财政总预算会计资产类要素共分 15 个会计科目，下面介绍各科目的具体用途。

（一）第一科目 1001　国库存款

（1）本科目核算政府财政存放在国库单一账户的款项。

（2）国库存款的主要账务处理如下：

①收到预算收入时，借本科目，贷记有关预算收入科目。当日收入数为负数时，以红字记入（采用计算机记账的，用负数反映）。

②收到国库存款利息收入时，借记本科目，贷记"一般公共预算本级收入"科目。

③收到缴入国库的来源不清的款项时，借记本科目，贷记"其他应付款"等科目。

④国库库款减少时，按照实际支付的金额，借记有关科目，贷记本科目。

⑤本科目期末借方余额反映政府财政国库存款的结存数。

（二）第二科目 1003　国库现金管理存款

（1）本科目核算政府财政实行国库现金管理业务存放在商业银行的款项。

（2）国库现金管理存款的主要账务处理如下：

①按照国库现金管理有关规定，将库款转存商业银行时，按照存入商业银行的金额，借记本科目，贷记"国库存款"科目。

②国库现金管理存款收回国库时，按照实际收回的金额，借记"国库存款"科目，按照原存入商业银行的存款本金金额，贷记本科目，按照两者的差额，贷记"一般公共预算本级收入"科目。

（3）本科目期末借方余额反映政府财政实行国库现金管理业务持有的存款。

（三）第三科目 1004　其他财政存款

（1）本科目核算政府财政未列入"国库存款""国库现金管理存款"科目反映的各项存款。

（2）本科目应当按照资金性质和存款银行等进行明细核算。

（3）其他财政存款的主要账务处理如下：

①财政专户收到款项时，按照实际收到的金额，借记本科目，贷记有关科目。

②其他财政存款产生的利息收入，除规定作为专户资金收入外，其他利息收入都应缴入国库纳入一般公共预算管理。取得其他财政存款利息收入时，按照实际获得的利息金额，根据以下情况分别处理：

第一，按规定作为专户资金收入的，借记本科目，贷记"应付代管资金"或有关收入科目。

第二，按规定应缴入国库的，借记本科目，贷记"其他应付款"科目。将其他财政存款利息收入缴入国库时，借记"其他应付款"科目，贷记本科目；同时，借记"国库存款"科目，贷记"一般公共预算本级收入"科目。

（4）其他财政存款减少时，按照实际支付的金额，借记有关科目，贷记本科目。

（5）本科目期末借方余额反映政府财政持有的其他财政存款。

（四）第四科目 1005　财政零余额账户存款

（1）本科目核算财政国库支付执行机构在代理银行办理财政直接支付的业务。财政国库支付执行机构未单设的地区不使用该科目。

（2）财政零余额账户存款的主要账务处理如下：

①财政国库支付执行机构为预算单位直接支付款项时，借记有关预算支出科目，贷记本科目。

②财政国库支付执行机构每日将按部门分"类""款""项"汇总的预算支出结算清单等结算单与中国人民银行国库划款凭证核对无误后，送总会计结算资金，按照结算的金额，借记本科目，贷记"已结报支出"科目。

（3）本科目当日资金结算后一般应无余额。

（五）第五科目 1006　有价证券

（1）本科目核算政府财政按照有关规定取得并持有的有价证券金额。

（2）本科目应当按照有价证券种类和资金性质进行明细核算。

（3）有价证券的主要账务处理如下：

①购入有价证券时，按照实际支付的金额，借记本科目，贷记"国库存款""其他财政存款"等科目。

②转让或到期兑付有价证券时，按照实际收到的金额，借记"国库存款""其他财政存款"等科目，按照该有价证券的账面余额，贷记本科目，按其差额，贷记"一般公共预算本级收入"等科目。

（4）本科目期末借方余额反映政府财政持有的有价证券金额。

（六）第六科目 1007　在途款

（1）本科目核算决算清理期和库款报解整理期内发生的需要通过本科目过渡处理的属于上年度收入、支出等业务的资金数。

（2）在途款的主要账务处理如下：决算清理期和库款报解整理期内收到属于上年度收入时，在上年度账务中，借记本科目，贷记有关收入科目；收回属于上年度拨款或支出时，在上年度账务中，借记本科目，贷记"预拨经费"或有关支出科目。冲转在途款时，在本年度账务中，借记"国库存款"科目，贷记本科目。

（3）本科目期末借方余额反映政府财政持有的在途款。

（七）第七科目 1011　预拨经费

（1）本科目核算政府财政预拨给预算单位尚未列为预算支出的款项。

（2）本科目应当按照预拨经费种类、预算单位等进行明细核算。

（3）预拨经费的主要账务处理如下：

①拨出款项时，借记本科目，贷记"国库存款"科目。

②转列支出或收回预拨款项时，借记"一般公共预算本级支出""政府性基金预算本级支

出""国库存款"等科目，贷记本科目。

（4）本科目借方余额反映政府财政年末尚未转列支出或尚待收回的预拨经费数。

（八）第八科目 1021　借出款项

（1）本科目核算政府财政按照对外借款管理相关规定借给预算单位临时急需的，并需按期收回的款项。

（2）本科目应当按照借款单位等进行明细核算。

（3）借出款项的主要账务处理如下：

①将款项借出时，按照实际支付的金额，借记本科目，贷记"国库存款"等科目。

②收回借款时，按照实际收到的金额，借记"国库存款"等科目，贷记本科目。

（4）本科目期末借方余额反映政府财政借给预算单位尚未收回的款项。

（九）第九科目 1022　应收股利

（1）本科目核算政府因持有股权投资应当收取的现金股利或利润。

（2）本科目应当按照被投资主体进行明细核算。

（3）应收股利的主要账务处理如下：

①持有股权投资期间被投资主体宣告发放现金股利或利润的，按应上缴政府财政的部分，借记本科目，贷记"资产基金——应收股利"科目；按照相同的金额，借记"资产基金——股权投资"科目，贷记"股权投资（损益调整）"科目。

②实际收到现金股利或利润，借记"国库存款"等科目，贷记有关收入科目；按照相同的金额，借记"资产基金——应收股利"科目，贷记本科目。

（4）本科目期末借方余额反映政府尚未收回的现金股利或利润。

（十）第十科目 1031　与下级往来

（1）本科目核算本级政府财政与下级政府财政的往来待结算款项。

（2）本科目应当按照下级政府财政、资金性质等进行明细核算。

（3）与下级往来的主要账务处理如下：

①借给下级政府财政款项时，借记本科目，贷记"国库存款"科目。

②体制结算中应当由下级政府财政上交的收入数，借记本科目，贷记"上解收入"科目。

③借款收回、转作补助支出或体制结算应当补助下级政府财政的支出，借记"国库存款""补助支出"等有关科目，贷记本科目。

④发生上解多交应当退回的，按照应当退回的金额，借记"上解收入"科目，贷记本科目。

⑤发生补助多补应当退回的，按照应当退回的金额，借记本科目，贷记"补助支出"科目。

（4）本科目期末借方余额反映下级政府财政欠本级政府财政的款项；期末贷方余额反映本级政府财政欠下级政府财政的款项。

（十一）第十一科目 1036　其他应收款

（1）本科目核算政府财政临时发生的其他应收、暂付、垫付款项。项目单位拖欠外国政府和国际金融组织贷款本息和相关费用导致相关政府财政履行担保责任，代偿的贷款本息费，也通过本科目核算。

（2）本科目应当按照资金性质、债务单位等进行明细核算。

（3）其他应收款的主要账务处理如下：

①发生其他应收款项时，借记本科目，贷记"国库存款""其他财政存款"等科目。

②收回或转作预算支出时，借记"国库存款""其他财政存款"或有关支出科目，贷记本科目。

③政府财政对使用外国政府和国际金融组织贷款资金的项目单位履行担保责任，代偿贷款本息费时，借记本科目，贷记"国库存款""其他财政存款"等科目。政府财政行使追索权，收回项目单位贷款本息费时，借记"国库存款""其他财政存款"等科目，贷记本科目。政府财政最终未收回项目单位贷款本息费，经核准列支时，借记"一般公共预算本级支出"等科目，贷记本科目。

（4）本科目应及时清理结算。年终，原则上应无余额。

（十二）第十二科目 1041　应收地方政府债券转贷款

（1）本科目核算本级政府财政转贷给下级政府财政的地方政府债券资金的本金及利息。

（2）本科目下应当设置"应收地方政府一般债券转贷款"和"应收地方政府专项债券转贷款"明细科目，其下分别设置"应收本金"和"应收利息"两个明细科目，并按照转贷对象进行明细核算。

（3）应收地方政府债券转贷款的主要账务处理如下：

①向下级政府财政转贷地方政府债券资金时，按照转贷的金额，借记"债务转贷支出"科目，贷记"国库存款"科目；根据债务管理部门转来的相关资料，按照到期应收回的转贷本金金额，借记本科目，贷记"资产基金——应收地方政府债券转贷款"科目。

②期末确认地方政府债券转贷款的应收利息时，根据债务管理部门计算出的转贷款本期应收未收利息金额，借记本科目，贷记"资产基金——应收地方政府债券转贷款"科目。

③收回下级政府财政偿还的转贷款本息时，按照收回的金额，借记"国库存款"等科目，贷记"其他应付款"或"其他应收款"科目；根据债务管理部门转来的相关资料，按照收回的转贷款本金及已确认的应收利息金额，借记"资产基金——应收地方政府债券转贷款"科目，贷记本科目。

④扣缴下级政府财政的转贷款本息时，按照扣缴的金额，借记"与下级往来"科目，贷记"其他应付款"或"其他应收款"科目；根据债务管理部门转来的相关资料，按照扣缴的转贷款本金及已确认的应收利息金额，借记"资产基金——应收地方政府债券转贷款"科目，贷记本科目。

（4）本科目期末借方余额反映政府财政应收未收的地方政府债券转贷款本金和利息。

（十三）第十三科目 1045　应收主权外债转贷款

（1）本科目核算本级政府财政转贷给下级政府财政的外国政府和国际金融组织贷款等主权外债资金的本金及利息。

（2）本科目下应当设置"应收本金"和"应收利息"两个明细科目，并按照转贷对象分别进行核算。

（3）应收主权外债转贷款的主要账务处理如下：

①本级政府财政向下级政府财政转的主权外债资金，且主权外债最终还款责任由下级政府财政承担的，相关账务处理如下：

第一，本级政府财政支付转贷资金时，根据转贷资金支付相关资料，借记"债务转贷支出"

科目，贷记"其他财政存款"科目；根据债务管理部门转来的相关资料，按照实际持有的债权金额，借记本科目，贷记"资产基金——应收主权外债转贷款"科目。

第二，外方将贷款资金直接支付给用款单位或供应商时，本级政府财政根据转贷资金支付相关资料，借记"债务转贷支出"科目，贷记"债务收入"或"债务转贷收入"科目；根据债务管理部门转来的相关资料，按照实际持有的债权金额，借记本科目，贷记"资产基金——应收主权外债转贷款"科目；同时，借记"待偿债净资产"科目，贷记"借入款项"或"应付主权外债转贷款"科目。

②期末确认主权外债转贷款的应收利息时，根据债务管理部门计算出转贷款的本期应收未收利息金额，借记本科目，贷记"资产基金——应收主权外债转贷款"科目。

③收回转贷给下级政府财政主权外债的本息时，按照收回的金额，借记"其他财政存款"科目，贷记"其他应付款"或"其他应收款"科目；根据债务管理部门转来的相关资料，按照实际收回的转贷款本金及已确认的应收利息金额，借记"资产基金——应收主权外债转贷款"科目，贷记本科目。

④扣缴下级政府财政的转贷款本息时，按照扣缴的金额，借记"与下级往来"科目，贷记"其他应付款"或"其他应收款"科目；根据债务管理部门转来的相关资料，按照扣缴的转贷款本金及已确认的应收利息金额，借记"资产基金——应收主权外债转贷款"科目，贷记本科目。

（4）本科目期末借方余额反映政府财政应收未收的主权外债转贷款本金和利息。

（十四）第十四科目 1071　股权投资

（1）本科目核算政府持有的各类股权投资，包括国际金融组织股权投资、投资基金股权投资和企业股权投资等。

（2）股权投资一般采用权益法进行核算。

（3）本科目应当按照"国际金融组织股权投资""投资基金股权投资""企业股权投资"设置一级明细科目，在一级明细科目下，可根据管理需要，按照被投资主体进行明细核算。对每一被投资主体还可按"投资成本""收益转增投资""损益调整""其他权益变动"进行明细核算。

（4）股权投资的主要账务处理如下：

①国际金融组织股权投资包括：

a. 政府财政代表政府认缴国际金融组织股本时，按照实际支付的金额，借记"一般公共预算本级支出"等科目，贷记"国库存款"科目；根据股权投资确认相关资料，按照确定的股权投资成本，借记本科目，贷记"资产基金——股权投资"科目。

b. 从国际金融组织撤出股本时，按照收回的金额，借记"国库存款"科目，贷记"一般公共预算本级支出"科目；根据股权投资清算相关资料，按照实际撤出的股本，借记"资产基金——股权投资"科目，贷记本科目。

②投资基金股权投资包括：

a. 政府财政对投资基金进行股权投资时，按照实际支付的金额，借记"一般公共预算本级支出"等科目，贷记"国库存款"等科目；根据股权投资确认相关资料，按照实际支付的金额，借记本科目（投资成本）；按照确定的在被投资基金中占有的权益金额与实际支付金额的差额，借记或贷记本科目（其他权益变动）；按照确定的在被投资基金中占有的权益金额，贷记"资产基金——股权投资"科目。

b. 年末，根据政府财政在被投资基金当期净利润或净亏损中占有的份额，借记或贷记本科目（损益调整），贷记或借记"资产基金——股权投资"科目。

c. 政府财政将归属财政的收益留作基金滚动使用时，借记本科目（收益转增投资），贷记本科目（损益调整）。

d. 被投资基金宣告发放现金股利或利润时，按照应上缴政府财政的部分，借记"应收股利"科目，贷记"资产基金—应收股利"科目；同时，按照相同的金额，借记"资产基金——股权投资"科目，贷记本科目（损益调整）。

e. 被投资基金发生除净损益以外的其他权益变动时，按照政府财政持股比例计算应享有的部分，借记或贷记本科目（其他权益变动），贷记或借记"资产基金——股权投资"科目。

f. 投资基金存续期满、清算或政府财政从投资基金退出需收回出资时，政府财政按照实际收回的资金，借记"国库存款"等科目，按照收回的原实际出资部分，贷记"一般公共预算本级支出"等科目，按照超出原实际出资的部分，贷记"一般公共预算本级收入"等科目；根据股权投资清算相关资料，按照因收回股权投资而减少在被投资基金中占有的权益金额，借记"资产基金——股权投资"科目，贷记本科目。

③企业股权投资。企业股权投资的账务处理，根据管理条件和管理需要，参照投资基金股权投资的账务处理。

（5）本科目期末借方余额反映政府持有的各种股权投资金额。

（十五）第十五科目 1081　待发国债

（1）本科目核算为弥补中央财政预算收支差额，以及中央财政预计发行国债与实际发行国债之间的差额。

（2）待发国债的主要账务处理如下：年度终了，实际发行国债收入用于债务还本支出后，小于为弥补中央财政预算收支差额中央财政预计发行国债时，按两者的差额，借记本科目，贷记相关科目；实际发行国债收入用于债务还本支出后，大于为弥补中央财政预算收支差额中央财政预计发行国债时，按两者的差额，借记相关科目，贷记本科目。

（3）本科目期末借方余额反映中央财政尚未使用的国债发行额度。

二、负债类

（一）第一科目 2001　应付短期政府债券

（1）本科目核算政府财政部门以政府名义发行的期限不超过1年（含1年）的国债和地方政府债券的应付本金和利息。

（2）本科目下应当设置"应付国债""应付地方政府一般债券""应付地方政府专项债券"等一级明细科目。在一级明细科目下，再分别设置"应付本金""应付利息"明细科目，分别核算政府债券的应付本金和利息。债务管理部门应当设置相应的辅助账，详细记录每期政府债券金额、种类、期限、发行日、到期日、票面利率、偿还本金及付息情况等。

（3）应付短期政府债券的主要账务处理如下：

①实际收到短期政府债券发行收入时，按照实际收到的金额，借记"国库存款"科目，按照短期政府债券实际发行额，贷记"债务收入"科目，按照发行收入和发行额的差额，借记或

贷记有关支出科目；根据债券发行确认文件等相关债券管理资料，按照到期应付的短期政府债券本金金额，借记"待偿债净资产——应付短期政府债券"科目，贷记本科目。

②期末确认短期政府债券的应付利息时，根据债务管理部门计算出的本期应付未付利息金额，借记"待偿债净资产——应付短期政府债券"科目，贷记本科目。

③实际支付本级政府财政承担的短期政府债券利息时，借记"一般公共预算本级支出"或"政府性基金预算本级支出"科目，贷记"国库存款"等科目；实际支付利息金额中属于已确认的应付利息部分，还应根据债券兑付确认文件等相关债券管理资料，借记本科目，贷记"待偿债净资产——应付短期政府债券"科目。

④实际偿还本级政府财政承担的短期政府债券本金时，借记"债务还本支出"科目，贷记"国库存款"等科目；根据债券兑付确认文件等相关债券管理资料，借记本科目，贷记"待偿债净资产——应付短期政府债券"科目。

⑤省级财政部门采用定向承销方式发行短期地方政府债券置换存量债务时，根据债权债务确认相关资料，按照置换本级政府存量债务的额度，借记"债务还本支出"科目，贷记"债务收入"科目；根据债务管理部门转来的相关资料，按照置换本级政府存量债务的额度，借记"待偿债净资产——应付短期政府债券"科目，贷记本科目。

（4）本科目期末贷方余额，反映政府财政尚未偿还的短期政府债券本金和利息。

（二）第二科目 2011　应付国库集中支付结余

（1）本科目采用权责发生制列支，核算政府财政预算单位尚未使用的国库集中支付结余资金。

（2）本科目应当根据管理需要，按照政府收支分类科目等进行相应明细核算。

（3）应付国库集中支付结余的主要账务处理如下：

①年末，对当年形成的国库集中支付结余采用权责发生制列支时，借记有关支出科目，贷记本科目。

②以后年度实际支付国库集中支付结余资金时，分以下情况处理：

第一，按原结转预算科目支出的，借记本科目，贷记"国库存款"科目。

第二，调整支出预算科目的，应当按原结转预算科目进行冲销处理，借记本科目，贷记有关支出科目。同时，按实际支出预算科目进行列支账务处理，借记有关支出科目，贷记"国库存款"科目。

（4）本科目期末贷方余额反映政府财政尚未支付的国库集中支付结余。

（三）第三科目 2012　与上级往来

（1）本科目核算本级政府财政与上级政府财政的往来待结算款项。

（2）本科目应当按照往来款项的类别和项目等进行明细核算。

（3）与上级往来的主要账务处理如下：

①本级政府财政从上级政府财政借入款或体制结算中发生应上交上级政府财政款项时，借记"国库存款""上解支出"等科目，贷记本科目。

②本级政府财政归还借款、转作上级补助收入或体制结算中应由上级补给款项时，借记本科目，贷记"国库存款""补助收入"等科目。

（4）本科目期末贷方余额反映本级政府财政欠上级政府财政的款项；借方余额反映上级政

府财政欠本级政府财政的款项。

（四）第四科目 2015　其他应付款

（1）本科目核算政府财政临时发生的暂收、应付和收到的不明性质款项。税务机关代征入库的社会保险费、项目单位使用并承担还款责任的外国政府和国际金融组织贷款，也通过本科目核算。

（2）本科目应当按照债权单位或资金来源等进行明细核算。

（3）其他应付款的主要账务处理如下：

①收到暂存款项时，借记"国库存款""其他财政存款"等科目，贷记本科目。

②将暂存款项清理退还或转作收入时，借记本科目，贷记"国库存款""其他财政存款"或有关收入科目。

③社会保险费代征入库时，借记"国库存款"科目，贷记本科目。社会保险费国库缴存社保基金财政专户时，借记本科目，贷记"国库存款"科目。

④收到项目单位承担还款责任的外国政府和国际金融组织贷款资金时，借记"其他财政存款"科目，贷记本科目；付给项目单位时，借记本科目，贷记"其他财政存款"科目。收到项目单位偿还贷款资金时，借记"其他财政存款"科目，贷记本科目；付给外国政府和国际金融组织项目单位还款资金时，借记本科目，贷记"其他财政存款"科目。

（4）本科目期末贷方余额反映政府财政尚未结清的其他应付款项。

（五）第五科目 2017　应付代管资金

（1）本科目核算政府财政代为管理的、使用权属于被代管主体的资金。

（2）本科目应当根据管理需要进行相关明细核算。

（3）应付代管资金的主要账务处理如下：

①收到代管资金时，借记"其他财政存款"等科目，贷记本科目。

②支付代管资金时，借记本科目，贷记"其他财政存款"等科目。

③代管资金产生的利息收入按照相关规定仍属于代管资金的，借记"其他财政存款"等科目，贷记本科目。

（4）本科目期末贷方余额反映政府财政尚未支付的代管资金。

（六）第六科目 2021　应付长期政府债券

（1）本科目核算政府财政部门以政府名义发行的期限超过 1 年的国债和地方政府债券的应付本金和利息。

（2）本科目下应当设置"应付国债""应付地方政府一般债券""应付地方政府专项债券"等一级明细科目，在一级明细科目下，再分别设置"应付本金""应付利息"明细科目，分别核算政府债券的应付本金和利息。债务管理部门应当设置相应的辅助账，详细记录每期政府债券金额、种类、期限、发行日、到期日、票面利率、偿还本金及付息情况等。

（3）应付长期政府债券的主要账务处理如下：

①实际收到长期政府债券发行收入时，按照实际收到的金额，借记"国库存款"科目，按照长期政府债券实际发行额，贷记"债务收入"科目，按照发行收入和发行额的差额，借记或贷记有关支出科目；根据债券发行确认文件等相关债券管理资料，按照到期应付的长期政府债

券本金金额，借记"待偿债净资产——应付长期政府债券"科目，贷记本科目。

②期末确认长期政府债券的应付利息时，根据债务管理部门计算出的本期应付未付利息金额，借记"待偿债净资产——应付长期政府债券"科目，贷记本科目。

③实际支付本级政府财政承担的长期政府债券利息时，借记"一般公共预算本级支出"或"政府性基金预算本级支出"科目，贷记"国库存款"等科目；实际支付利息金额中属于已确认的应付利息部分，还应根据债券兑付确认文件等相关债券管理资料，借记本科目，贷记"待偿债净资产——应付长期政府债券"科目。

④实际偿还本级政府财政承担的长期政府债券本金时，借记"债务还本支出"科目，贷记"国库存款"等科目；根据债券兑付确认文件等相关债券管理资料，借记本科目，贷记"待偿债净资产——应付长期政府债券"科目。

⑤本级政府财政偿还下级政府财政承担的地方政府债券本息时，借记"其他应付款"或"其他应收款"科目，贷记"国库存款"科目；根据债券兑付确认文件等相关债券管理资料，按照实际偿还的长期政府债券本金及已确认的应付利息金额，借记本科目，贷记"待偿债净资产——应付长期政府债券"科目。

⑥省级财政部门采用定向承销方式发行长期地方政府债券置换存量债务时，根据债权债务确认相关资料，按照置换本级政府存量债务的额度，借记"债务还本支出"科目，按照置换下级政府存量债务的额度，借记"债务转贷支出"科目，按照置换存量债务的总额度，贷记"债务收入"科目；根据债务管理部门转来的相关资料，按照置换存量债务的总额度，借记"待偿债净资产——应付长期政府债券"科目，贷记本科目。同时，按照置换下级政府存量债务额度，借记"应收地方政府债券转贷款"科目，贷记"资产基金——应收地方政府债券转贷款"科目。

（4）本科目期末贷方余额反映政府财政尚未偿还的长期政府债券本金和利息。

（七）第七科目 2022 借入款项

（1）本科目核算政府财政部门以政府名义向外国政府和国际金融组织等借入的款项，以及经国务院批准的其他方式借入的款项。

（2）本科目下应当设置"应付本金""应付利息"明细科目，分别对借入款项的应付本金和利息进行明细核算，还应当按照债权人进行明细核算。债务管理部门应当设置相应的辅助账，详细记录每笔借入款项的期限、借入日期、偿还及付息情况等。

（3）借入款项的主要账务处理如下：

①借入主权外债的账务处理如下：

a. 本级政府财政收到借入的主权外债资金时，借记"其他财政存款"科目，贷记"债务收入"科目；根据债务管理部门转来的相关资料，按照实际承担的债务金额，借记"待偿债净资产——借入款项"科目，贷记本科目。

b. 本级政府财政借入主权外债，且由外方将贷款资金直接支付给用款单位或供应商时，应根据以下情况分别处理：

（a）本级政府财政承担还款责任，贷款资金由本级政府财政同级部门（单位）使用的，本级政府财政部门根据贷款资金支付相关资料，借记"一般公共预算本级支出"等科目，贷记"债务收入"科目；根据债务管理部门转来的相关资料，按照实际承担的债务金额，借记"待偿债净资产——借入款项"科目，贷记本科目。

（b）本级政府财政承担还款责任，贷款资金由下级政府财政同级部门（单位）使用的，本级政府财政部门根据贷款资金支付相关资料及预算指标文件，借记"补助支出"科目，贷记"债务收入"科目；根据债务管理部门转来的相关资料，按照实际承担的债务金额，借记"待偿债净资产——借入款项"科目，贷记本科目。

（c）下级政府财政承担还款责任，贷款资金由下级政府财政同级部门（单位）使用的，本级政府财政部门根据贷款资金支付相关资料，借记"债务转贷支出"科目，贷记"债务收入"科目；根据债务管理部门转来的相关资料，按照实际承担的债务金额，借记"待偿债净资产——借入款项"科目，贷记本科目；同时，借记"应收主权外债转贷款"科目，贷记"资产基金——应收主权外债转贷款"科目。

c. 期末确认借入主权外债的应付利息时，根据债务管理部门计算出的本期应付未付利息金额，借记"待偿债净资产——借入款项"科目，贷记本科目。

d. 偿还本级政府财政承担的借入主权外债本金时，借记"债务还本支出"科目，贷记"国库存款""其他财政存款"等科目；根据债务管理部门转来的相关资料，按照实际偿还的本金金额，借记本科目，贷记"待偿债净资产——借入款项"科目。

e. 偿还本级政府财政承担的借入主权外债利息时，借记"一般公共预算本级支出"等科目，贷记"国库存款""其他财政存款"等科目；实际偿还利息金额中属于已确认的应付利息部分，还应根据债务管理部门转来的相关资料，借记本科目，贷记"待偿债净资产——借入款项"科目。

f. 偿还下级政府财政承担的借入主权外债的本息时，借记"其他应付款"或"其他应收款"科目，贷记"国库存款""其他财政存款"等科目；根据债务管理部门转来的相关资料，按照实际偿还的本金及已确认的应付利息金额，借记本科目，贷记"待偿债净资产——借入款项"科目。

g. 被上级政府财政扣缴借入主权外债的本息时，借记"其他应收款"科目，贷记"与上级往来"科目；根据债务管理部门转来的相关资料，按照实际扣缴的本金及已确认的应付利息金额，借记本科目，贷记"待偿债净资产——借入款项"科目。列报支出时，对应由本级政府财政承担的还本支出，借记"债务还本支出"科目，贷记"其他应收款"科目；对应由本级政府财政承担的利息支出，借记"一般公共预算本级支出"等科目，贷记"其他应收款"科目。

h. 债权人豁免本级政府财政承担偿还责任的借入主权外债本息时，根据债务管理部门转来的相关资料，按照被豁免的本金及已确认的应付利息金额，借记本科目，贷记"待偿债净资产——借入款项"科目。

债权人豁免下级政府财政承担偿还责任的借入主权外债本息时，根据债务管理部门转来的相关资料，按照被豁免的本金及已确认的应付利息金额，借记本科目，贷记"待偿债净资产——借入款项"科目；同时，借记"资产基金——应收主权外债转贷款"科目，贷记"应收主权外债转贷款"科目。

②其他借入款项账务处理参照本科目使用说明中借入主权外债业务的账务处理。

（4）本科目期末贷方余额反映本级政府财政尚未偿还的借入款项本金和利息。

（八）第八科目 2026　应付地方政府债券转贷款

（1）本科目核算地方政府财政从上级政府财政借入的地方政府债券转贷款的本金和利息。

（2）本科目下应当设置"应付地方政府一般债券转贷款"和"应付地方政府专项债券转贷款"一级明细科目。在一级明细科目下再分别设置"应付本金"和"应付利息"两个明细科目，分别对应付本金和利息进行明细核算。

（3）应付地方政府债券转贷款的主要账务处理如下：

①收到上级政府财政转贷的地方政府债券资金时，借记"国库存款"科目，贷记"债务转贷收入"科目；根据债务管理部门转来的相关资料，按照到期应偿还的转贷款本金金额，借记"待偿债净资产——应付地方政府债券转贷款"科目，贷记本科目。

②期末确认地方政府债券转贷款的应付利息时，根据债务管理部门计算出的本期应付未付利息金额，借记"待偿债净资产——应付地方政府债券转贷款"科目，贷记本科目。

③偿还本级政府财政承担的地方政府债券转贷款本金时，借记"债务还本支出"科目，贷记"国库存款"等科目；根据债务管理部门转来的相关资料，按照实际偿还的本金金额，借记本科目，贷记"待偿债净资产——应付地方政府债券转贷款"科目。

④偿还本级政府财政承担的地方政府债券转贷款的利息时，借记"一般公共预算本级支出"或"政府性基金预算本级支出"科目，贷记"国库存款"等科目；实际支付利息金额中属于已确认的应付利息部分，还应根据债务管理部门转来的相关资料，借记本科目，贷记"待偿债净资产——应付地方政府债券转贷款"科目。

⑤偿还下级政府财政承担的地方政府债券转贷款的本息时，借记"其他应付款"或"其他应收款"科目，贷记"国库存款"等科目；根据债务管理部门转来的相关资料，按照实际偿还的本金及已确认的应付利息金额，借记本科目，贷记"待偿债净资产——应付地方政府债券转贷款"科目。

⑥被上级政府财政扣缴地方政府债券转贷款本息时，借记"其他应收款"科目，贷记"与上级往来"科目；根据债务管理部门转来的相关资料，按照实际扣缴的本金及已确认的应付利息金额，借记本科目，贷记"待偿债净资产——应付地方政府债券转贷款"科目。列报支出时，对本级政府财政承担的还本支出，借记"债务还本支出"科目，贷记"其他应收款"科目；对本级政府财政承担的利息支出，借记"一般公共预算本级支出"或"政府性基金预算本级支出"科目，贷记"其他应收款"科目。

⑦采用定向承销方式发行地方政府债券置换存量债务时，省级以下（不含省级）财政部门根据上级财政部门提供的债权债务确认相关资料，按照置换本级政府存量债务的额度，借记"债务还本支出"科目，按照置换下级政府存量债务的额度，借记"债务转贷支出"科目，按照置换存量债务的总额度，贷记"债务转贷收入"科目；根据债务管理部门转来的相关资料，按照置换存量债务的总额度，借记"待偿债净资产——应付地方政府债券转贷款"科目，贷记本科目。同时，按照置换下级政府存量债务额度，借记"应收地方政府债券转贷款"科目，贷记"资产基金——应收地方政府债券转贷款"科目。

（4）本科目期末贷方余额反映本级政府财政尚未偿还的地方政府债券转贷款的本金和利息。

（九）第九科目 2027 应付主权外债转贷款

（1）本科目核算本级政府财政从上级政府财政借入的主权外债转贷款的本金和利息。

（2）本科目下应当设置"应付本金"和"应付利息"两个明细科目，分别对应付本金和利息进行明细核算。

（3）应付主权外债转贷款的主要账务处理如下：

①收到上级政府财政转贷的主权外债资金时，借记"其他财政存款"科目，贷记"债务转贷收入"科目；根据债务管理部门转来的相关资料，按照实际承担的债务金额，借记"待偿债净资产——应付主权外债转贷款"科目，贷记本科目。

②从上级政府财政借入主权外债转贷款，且由外方将贷款资金直接支付给用款单位或供应商时，应根据以下情况分别处理：

a. 本级政府财政承担还款责任，贷款资金由本级政府财政同级部门（单位）使用的，本级政府财政根据贷款资金支付相关资料，借记"一般公共预算本级支出"等科目，贷记"债务转贷收入"科目；根据债务管理部门转来的相关资料，按照实际承担的债务金额，借记"待偿债净资产——应付主权外债转贷款"科目，贷本科目。

b. 本级政府财政承担还款责任，贷款资金由下级政府财政同级部门（单位）使用的，本级政府财政部门根据贷款资金支付相关资料及预算指标文件，借记"补助支出"科目，贷记"债务转贷收入"科目；根据债务管理部门转来的相关资料，按照实际承担的债务金额，借记"待偿债净资产——应付主权外债转贷款"科目，贷本科目。

c. 下级政府财政承担还款责任，贷款资金由下级政府财政同级部门（单位）使用的，本级政府财政部门根据贷款资金支付相关资料，借记"债务转贷支出"科目，贷记"债务转贷收入"；根据债务管理部门转来的相关资料，按照实际承担的债务金额，借记"待偿债净资产——应付主权外债转贷款"科目，贷记本科目；同时，借记"应收主权外债转贷款"科目，贷记"资产基金——应收主权外债转贷款"科目。

③期末确认主权外债转贷款的应付利息时，按照债务管理部门计算出的本期应付未付利息金额，借记"待偿债净资产——应付主权外债转贷款"科目，贷记本科目。

④偿还本级政府财政承担的借入主权外债转贷款的本金时，借记"债务还本支出"科目，贷记"其他财政存款"等科目；根据债务管理部门转来的相关资料，按照实际偿还的本金金额，借记本科目，贷记"待偿债净资产——应付主权外债转贷款"科目。

⑤偿还本级政府财政承担的借入主权外债转贷款的利息时，借记"一般公共预算本级支出"等科目，贷记"其他财政存款"等科目；实际偿还利息金额中属于已确认的应付利息部分，还应根据债务管理部门转来的相关资料，借记本科目，贷记"待偿债净资产——应付主权外债转贷款"科目。

⑥偿还下级政府财政承担的借入主权外债转贷款的本息时，借记"其他应付款"或"其他应收款"科目，贷记"其他财政存款"等科目；根据债务管理部门转来的相关资料，按照实际偿还的本金及已确认的应付利息金额，贷记"待偿债净资产——应付主权外债转贷款"科目。

⑦被上级政府财政扣缴借入主权外债转贷款的本息时，借记"其他应收款"科目，贷记"与上级往来"科目；根据债务管理部门转来的相关资料，按照被扣缴的本金及已确认的应付利息金额，借记本科目，贷记"待偿债净资产——应付主权外债转贷款"科目。列报支出时，对本级政府财政承担的还本支出，借记"债务还本支出"科目，贷记"其他应收款"科目；对本级政府财政承担的利息支出，借记"一般公共预算本级支出"等科目，贷记"其他应收款"科目。

⑧上级政府财政豁免主权外债转贷款本息时，根据以下情况分别处理：

a. 豁免本级政府财政承担偿还责任的主权外债转贷款本息时，根据债务管理部门转来的相关资料，按照豁免转贷款的本金及已确认的应付利息金额，借记本科目，贷记"待偿债净资产——应付主权外债转贷款"科目。

b. 豁免下级政府财政承担偿还责任的主权外债转贷款本息时，根据债务管理部门转来的相关资料，按照豁免转贷款的本金及已确认的应付利息金额，借记本科目，贷记"待偿债净资产——应付主权外债转贷款"科目；同时，借记"资产基金——应收主权外债转贷款"科目，贷记"应收主权外债转贷款"科目。

（4）本科目期末贷方余额反映本级政府财政尚未偿还的主权外债转贷款本金和利息。

（十）第十科目 2045　其他负债

（1）本科目核算政府财政因有关政策明确要求其承担支出责任的事项而形成的应付未付款项。

（2）本科目应当按照债权单位和项目等进行明细核算。

（3）其他负债的主要账务处理如下：

①有关政策已明确政府财政承担的支出责任，按照确定应承担的负债金额，借记"待偿债净资产"科目，贷记本科目。

②实际偿还负债时，借记有关支出等科目，贷记"国库存款"等科目，同时，按照相同的金额，借记本科目，贷记"待偿债净资产"科目。

（4）本科目贷方余额反映政府财政承担的尚未支付的其他负债余额。

（十一）第十一科目 2091　已结报支出

（1）本科目核算政府财政国库支付执行机构已清算的国库集中支付支出数额。财政国库支付执行机构未单设的地区，不使用该科目。

（2）已结报支出的主要账务处理如下：

①每日汇总清算后，财政国库支付执行机构会计根据有关划款凭证回执联和按部门分"类""款""项"汇总的《预算支出结算清单》，对于财政直接支付，借记"财政零余额账户存款"科目，贷记本科目；对于财政授权支付，借记"一般公共预算本级支出""政府性基金预算本级支出""国有资本经营预算本级支出"等科目，贷记本科目。

②年终财政国库支付执行机构按照累计结清的支出金额，与有关方面核对一致后转账时，借记本科目，贷记"一般公共预算本级支出""政府性基金预算本级支出""国有资本经营预算本级支出"等科目。

（3）本科目年终转账后无余额。

三、净资产类

（一）第一科目 3001　一般公共预算结转结余

（1）本科目核算政府财政纳入一般公共预算管理的收支相抵形成的结转结余。

（2）一般公共预算结转结余的主要账务处理如下：

①年终转账时，将一般公共预算的有关收入科目贷方余额转入本科目的贷方，借记"一般公共预算本级收入""补助收入——一般公共预算补助收入""上解收入——一般公共预算上解收入""地区间援助收入""调入资金——一般公共预算调入资金""债务收入（一般债务收入）""债务转贷收入（地方政府一般债务转贷收入）""动用预算稳定调节基金"等科目，贷记本科目；将一般公共预算的有关支出科目借方余额转入本科目的借方，借记本科目，贷记"一般公共预算本级支出""上解支出——一般公共预算上解支出""补助支出——一般公共预算补助支出""地区间援助支出""调出资金——一般公共预算调出资金""安排预算稳定调节

基金""债务转贷支出（地方政府一般债务转贷支出）""债务还本支出（一般债务还本支出）"等科目。

②设置和补充预算周转金时，借记本科目，贷记"预算周转金"科目。

（3）本科目年终贷方余额反映一般公共预算收支相抵后的滚存结转结余。

（二）第二科目3002　政府性基金预算结转结余

（1）本科目核算政府财政纳入政府性基金预算管理的收支相抵形成的结转结余。

（2）本科目应当根据管理需要，按照政府性基金的种类进行明细核算。

（3）政府性基金预算结转结余的主要账务处理如下：

年终转账时，应将政府性基金预算的有关收入科目贷方余额按照政府性基金种类分别转入本科目下相应明细科目的贷方，借记"政府性基金预算本级收入""补助收入——政府性基金预算补助收入""上解收入——政府性基金预算上解收入""调入资金——政府性基金预算调入资金""债务收入——专项债务收入""债务转贷收入——地方政府专项债务转贷收入"等科目，贷记本科目；将政府性基金预算的有关支出科目借方余额按照政府性基金种类分别转入本科目下相应明细科目的借方，借记本科目，贷记"政府性基金预算本级支出""上解支出——政府性基金预算上解支出""补助支出——政府性基金预算补助支出""调出资金——政府性基金预算调出资金""债务还本支出——专项债务还本支出""债务转贷支出——地方政府专项债务转贷支出"等科目。

（4）本科目年终贷方余额反映政府性基金预算收支相抵后的滚存结转结余。

（三）第三科目3003　国有资本经营预算结转结余

（1）本科目核算政府财政纳入国有资本经营预算管理的收支相抵形成的结转结余。

（2）国有资本经营预算结转结余的主要账务处理如下：

年终转账时，应将国有资本经营预算的有关收入科目贷方余额转入本科目贷方，借记"国有资本经营预算本级收入"等科目，贷记本科目；将国有资本经营预算的有关支出科目借方余额转入本科目借方，借记本科目，贷记"国有资本经营预算本级支出""调出资金——国有资本经营预算调出资金"等科目。

（3）本科目年终贷方余额反映国有资本经营预算收支相抵后的滚存结转结余。

（四）第四科目3005　财政专户管理资金结余

（1）本科目核算政府财政纳入财政专户管理的教育收费等资金收支相抵后形成的结余。

（2）本科目应当根据管理需要，按照部门（单位）等进行明细核算。

（3）年终转账时，将财政专户管理资金的有关收入科目贷方余额转入本科目贷方，借记"财政专户管理资金收入"等科目，贷记本科目；将财政专户管理资金的有关支出科目借方余额转入本科目借方，借记本科目，贷记"财政专户管理资金支出"等科目。

（4）本科目年终贷方余额反映政府财政纳入财政专户管理的资金收支相抵后的滚存结余。

（五）第五科目3007　专用基金结余

（1）本科目核算政府财政管理的专用基金收支相抵形成的结余。

（2）本科目应当根据专用基金的种类进行明细核算。

(3) 年终转账时，将专用基金的有关收入科目贷方余额转入本科目贷方，借记"专用基金收入"等科目，贷记本科目；将专用基金的有关支出科目借方余额转入本科目借方，借记本科目，贷记"专用基金支出"等科目。

(4) 本科目年终贷方余额反映政府财政管理的专用基金收支相抵后的滚存结余。

（六）第六科目 3031　预算稳定调节基金

(1) 本科目核算政府财政设置的用于弥补以后年度预算资金不足的储备资金。

(2) 预算稳定调节基金的主要账务处理如下：

①使用超收收入或一般公共预算结余补充预算稳定调节基金时，借记"安排预算稳定调节基金"科目，贷记本科目。

②将预算周转金调入预算稳定调节基金时，借记"预算周转金"科目，贷记本科目。

③调用预算稳定调节基金时，借记本科目，贷记"动用预算稳定调节基金"科目。

(3) 本科目期末贷方余额反映预算稳定调节基金的规模。

（七）第七科目 3033　预算周转金

(1) 本科目核算政府财政设置的用于调剂预算年度内季节性收支差额周转使用的资金。预算周转金应根据《中华人民共和国预算法》的要求设置。

(2) 预算周转金的主要账务处理如下：

①设置和补充预算周转金时，借记"一般公共预算结转结余"科目，贷记本科目。

②将预算周转金调入预算稳定调节基金时，借记本科目，贷记"预算稳定调节基金"科目。

(3) 本科目期末贷方余额反映预算周转金的规模。

（八）第八科目 3081　资产基金

(1) 本科目核算政府财政持有的应收地方政府债券转贷款、应收主权外债转贷款、股权投资和应收股利等资产（与其相关的资金收支纳入预算管理）在净资产中占用的金额。

(2) 本科目下应当设置"应收地方政府债券转贷款""应收主权外债转贷款""股权投资""应收股利"等明细科目，进行明细核算。

(3) 资产基金的账务处理参见"应收地方政府债券转贷款""应收主权外债转贷款""股权投资"和"应收股利"等科目的使用说明。

(4) 本科目期末贷方余额，反映政府财政持有应收地方政府债券转贷款应收主权外债转贷款股权投资和应收股利等资产（与其相关的资金收支纳入预算管理）在净资产中占用的金额。

（九）第九科目 3082　待偿债净资产

(1) 本科目核算政府财政因发生应付政府债券、借入款项、应付地方政府债券转贷款、应付主权外债转贷款、其他负债等负债（与其相关的资金收支纳入预算管理）相应需在净资产中冲减的金额。

(2) 本科目下应当设置"应付短期政府债券""应付长期政府债券""借入款项""应付地方政府债券转贷款""应付主权外债转贷款""其他负债"等明细科目，进行明细核算。

(3) 待偿债净资产的账务处理参见"应付短期政府债券""应付长期政府债券""借入款项""应付地方政府债券转贷款""应付主权外债转贷款"和"其他负债"等科目的使用说明。

(4）本科目期末借方余额，反映政府财政承担应付政府债券、借入款项、应付地方政府债券转贷款、应付主权外债转贷款和其他负债等负债（与其相关的资金收支纳入预算管理）而相应需冲减净资产的金额。

四、收入类

（一）第一科目 4001　一般公共预算本级收入

（1）本科目核算政府财政筹集的纳入本级一般公共预算管理的税收收入和非税收入。
（2）本科目应当根据《政府收支分类科目》中"一般公共预算收入科目"规定进行明细核算。
（3）一般公共预算本级收入的主要账务处理如下：
①收到款项时，根据当日预算收入日报表所列一般公共预算本级收入数，借记"国库存款"等科目，贷记本科目。
②年终转账时，本科目贷方余额全数转入"一般公共预算结转结余"科目，借记本科目，贷记"一般公共预算结转结余"科目。结转后，本科目无余额。
（4）本科目平时贷方余额反映一般公共预算本级收入的累计数。

（二）第二科目 4002　政府性基金预算本级收入

（1）本科目核算政府财政筹集的纳入本级政府性基金预算管理的非税收入。
（2）本科目应当根据《政府收支分类科目》中"政府性基金预算收入科目"规定进行明细核算。
（3）政府性基金预算本级收入的主要账务处理如下：
①收到款项时，根据当日预算收入日报表所列政府性基金预算本级收入数，借记"国库存款"等科目，贷记本科目。
②年终转账时，本科目贷方余额全数转入"政府性基金预算结转结余"科目，借记本科目，贷记"政府性基金预算结转结余"科目。结转后，本科目无余额。
（4）本科目平时贷方余额反映政府性基金预算本级收入的累计数。

（三）第三科目 4003　国有资本经营预算本级收入

（1）本科目核算政府财政筹集的纳入本级国有资本经营预算管理的非税收入。
（2）本科目应当根据《政府收支分类科目》中"国有资本经营预算收入科目"规定进行明细核算。
（3）国有资本经营预算本级收入的主要账务处理如下：
①收到款项时，根据当日预算收入日报表所列国有资本经营预算本级收入数，借记"国库存款"等科目，贷记本科目。
②年终转账时，本科目贷方余额全数转入"国有资本经营预算结转结余"科目，借记本科目，贷记"国有资本经营预算结转结余"科目。结转后，本科目无余额。
（4）本科目平时贷方余额反映国有资本经营预算本级收入的累计数。

（四）第四科目 4005　财政专户管理资金收入

（1）本科目核算政府财政纳入财政专户管理的教育收费等资金收入。

（2）本科目应当按照《政府收支分类科目》中收入分类科目规定进行明细核算。同时，根据管理需要，按部门（单位）等进行明细核算。

（3）财政专户管理资金收入的主要账务处理如下：

①收到财政专户管理资金时，借记"其他财政存款"科目，贷记本科目。

②年终转账时，本科目贷方余额全数转入"财政专户管理资金结余"科目，借记本科目，贷记"财政专户管理资金结余"科目。结转后，本科目无余额。

（4）本科目平时贷方余额反映财政专户管理资金收入的累计数。

（五）第五科目 4007 专用基金收入

（1）本科目核算政府财政按照法律法规和国务院、财政部规定设置或取得的粮食风险基金等专用基金收入。

（2）本科目应当按照专用基金的种类进行明细核算。

（3）专用基金收入的主要账务处理如下：

①通过预算支出安排取得专用基金收入转入财政专户的，借记"其他财政存款"科目，贷记本科目；同时，借记"一般公共预算本级支出"等科目，贷记"国库存款""补助收入"等科目。退回专用基金收入时，借记本科目，贷记"其他财政存款"科目。

②通过预算支出安排取得专用基金收入仍存在国库的，借记"一般公共预算本级支出"等科目，贷记"专用基金收入"科目。

③年终转账时，本科目贷方余额全数转入"专用基金结余"科目，借记本科目，贷记"专用基金结余"科目。结转后，本科目无余额。

（4）本科目平时贷方余额反映取得专用基金收入的累计数。

（六）第六科目 4011 补助收入

（1）本科目核算上级政府财政按照财政体制规定或因专项需要补助给本级政府财政的款项，包括税收返还、转移支付等。

（2）本科目下应当按照不同的资金性质设置"一般公共预算补助收入""政府性基金预算补助收入"等明细科目。

（3）补助收入的主要账务处理如下：

①收到上级政府财政拨入的补助款时，借记"国库存款""其他财政存款"等科目，贷记本科目。

②专项转移支付资金实行特设专户管理的，政府财政应当根据上级政府财政下达的预算文件确认补助收入。年度当中收到资金时，借记"其他财政存款"科目，贷记"与上级往来"等科目；年度终了，根据专项转移支付资金预算文件，借记"与上级往来"科目，贷记本科目。

③从"与上级往来"科目转入本科目时，借记"与上级往来"科目，贷记本科目。

④有主权外债业务的财政部门，贷款资金由本级政府财政同级部门（单位）使用，且贷款的最终还款责任由上级政府财政承担的，本级政府财政部门收到贷款资金时，借记"其他财政存款"科目，贷记本科目；外方将贷款资金直接支付给供应商或用款单位时，借记"一般公共预算本级支出"，贷记本科目。

⑤年终与上级政府财政结算时，根据预算文件，按照尚未收到的补助款金额，借记"与上级往来"科目，贷记本科目。退还或核减补助收入时，借记本科目，贷记"国库存款""与上

级往来"等科目。

⑥年终转账时，本科目贷方余额应根据不同资金性质分别转入对应的结转结余科目，借记本科目，贷记"一般公共预算结转结余""政府性基金预算结转结余"等科目。结转后，本科目无余额。

（4）本科目平时贷方余额反映补助收入的累计数。

（七）第七科目 4012　上解收入

（1）本科目核算按照体制规定由下级政府财政上交给本级政府财政的款项。

（2）本科目下应当按照不同资金性质设置"一般公共预算上解收入""政府性基金预算上解收入"等明细科目。同时，还应当按照上解地区进行明细核算。

（3）上解收入的主要账务处理如下：

①收到下级政府财政的上解款时，借记"国库存款"等科目，贷记本科目。

②年终与下级政府财政结算时，根据预算文件，按照尚未收到的上解款金额，借记"与下级往来"科目，贷记本科目。退还或核减上解收入时，借记本科目，贷记"国库存款""与下级往来"等科目。

③年终转账时，本科目贷方余额应根据不同资金性质分别转入对应的结转结余科目，借记本科目，贷记"一般公共预算结转结余""政府性基金预算结转结余"等科目。结转后，本科目无余额。

（4）本科目平时贷方余额反映上解收入的累计数。

（八）第八科目 4013　地区间援助收入

（1）本科目核算受援方政府财政收到援助方政府财政转来的可统筹使用的各类援助、捐赠等资金收入。

（2）本科目应当按照援助地区及管理需要进行相应的明细核算。

（3）地区间援助收入的主要账务处理如下：

①收到援助方政府财政转来的资金时，借记"国库存款"科目，贷记本科目。

②年终转账时，本科目贷方余额全数转入"一般公共预算结转结余"科目，借记本科目，贷记"一般公共预算结转结余"科目。结转后，本科目无余额。

（4）本科目平时贷方余额反映地区间援助收入的累计数。

（九）第九科目 4021　调入资金

（1）本科目核算政府财政为平衡某类预算收支、从其他类型预算资金及其他渠道调入的资金。

（2）本科目下应当按照不同资金性质设置"一般公共预算调入资金""政府性基金预算调入资金"等明细科目。

（3）调入资金的主要账务处理如下：

①从其他类型预算资金及其他渠道调入一般公共预算时，按照调入的资金金额，借记"调出资金——政府性基金预算调出资金""调出资金——国有资本经营预算调出资金""国库存款"等科目，贷记本科目（一般公共预算调入资金）。

②从其他类型预算资金及其他渠道调入政府性基金预算时，按照调入的资金金额，借记"调

出资金——一般公共预算调出资金""国库存款"等科目,贷记本科目(政府性基金预算调入资金)。

③年终转账时,本科目贷方余额分别转入相应的结转结余科目,借记本科目,贷记"一般公共预算结转结余""政府性基金预算结转结余"等科目。结转后,本科目无余额。

(4)本科目平时贷方余额反映调入资金的累计数。

(十)第十科目 4031　动用预算稳定调节基金

(1)本科目核算政府财政为弥补本年度预算资金的不足,调用的预算稳定调节基金。

(2)动用预算稳定调节基金的主要账务处理如下:

①调用预算稳定调节基金时,借记"预算稳定调节基金"科目,贷记本科目。

②年终转账时,本科目贷方余额全数转入"一般公共预算结转结余"科目,借记本科目,贷记"一般公共预算结转结余"科目。结转后,本科目无余额。

(3)本科目平时贷方余额反映动用预算稳定调节基金的累计数。

(十一)第十一科目 4041　债务收入

(1)本科目核算政府财政按照国家法律、国务院规定以发行债券等方式取得的,以及向外国政府、国际金融组织等机构借款取得的纳入预算管理的债务收入。

(2)本科目应当按照《政府收支分类科目》中"债务收入"科目的规定进行明细核算。

(3)债务收入的主要账务处理如下:

①省级以上政府财政收到政府债券发行收入时,按照实际收到的金额,借记"国库存款"科目,按照政府债券实际发行额,贷记本科目,按照发行收入和发行额的差额,借记或贷记有关支出科目;根据债务管理部门转来的债券发行确认文件等相关资料,按照到期应付的政府债券本金金额,借记"待偿债净资产——应付短期政府债券/应付长期政府债券"科目,贷记"应付短期政府债券""应付长期政府债券"等科目。

②政府财政向外国政府、国际金融组织等机构借款时,按照借入的金额,借记"国库存款""其他财政存款"等科目,贷记本科目;根据债务管理部门转来的相关资料,按照实际承担的债务金额,借记"待偿债净资产——借入款项"科目,贷记"借入款项"科目。

③本级政府财政借入主权外债,且由外方将贷款资金直接支付给用款单位或供应商时,应根据以下情况分别处理:

第一,本级政府财政承担还款责任,贷款资金由本级政府财政同级部门(单位)使用的,本级政府财政根据贷款资金支付相关资料,借记"一般公共预算本级支出"科目,贷记本科目;根据债务管理部门转来的相关资料,按照实际承担的债务金额,借记"待偿债净资产——借入款项"科目,贷记"借入款项"科目。

第二,本级政府财政承担还款责任,贷款资金由下级政府财政同级部门(单位)使用的,本级政府财政根据贷款资金支付相关资料及预算指标文件,借记"补助支出"科目,贷记本科目;根据债务管理部门转来的相关资料,按照实际承担的债务金额,借记"待偿债净资产——借入款项"科目,贷记"借入款项"科目。

第三,下级政府财政承担还款责任,贷款资金由下级政府财政同级部门(单位)使用的,本级政府财政根据贷款资金支付相关资料,借记"债务转贷支出"科目,贷记本科目;根据债务管理部门转来的相关资料,按照实际承担的债务金额,借记"待偿债净资产——借入款项"科目,贷记"借入款项"科目;同时,借记"应收主权外债转贷款"科目,贷记"资产基金——

应收主权外债转贷款"科目。

④年终转账时，本科目下"专项债务收入"明细科目的贷方余额应按照对应的政府性基金种类分别转入"政府性基金预算结转结余"相应明细科目，借记本科目（专项债务收入明细科目），贷记"政府性基金预算结转结余"科目；本科目下其他明细科目的贷方余额全数转入"一般公共预算结转结余"科目，借记本科目（其他明细科目），贷记"一般公共预算结转结余"科目。结转后，本科目无余额。

（4）本科目平时贷方余额反映债务收入的累计数。

（十二）第十二科目 4042　债务转贷收入

（1）本科目核算省级以下（不含省级）政府财政收到上级政府财政转贷的债务收入。

（2）本科目下应当设置"地方政府一般债务转贷收入""地方政府专项债务转贷收入"明细科目。

（3）债务转贷收入的主要账务处理如下：

①省级以下（不含省级）政府财政收到地方政府债券转贷收入时，按照实际收到的金额，借记"国库存款"科目，贷记本科目；根据债务管理部门转来的相关资料，按照到期应偿还的转贷款本金金额，借记"待偿债净资产——应付地方政府债券转贷款"科目，贷记"应付地方政府债券转贷款"科目。

②省级以下（不含省级）政府财政收到主权外债转贷收入的具体账务处理如下：

第一，本级财政收到主权外债转贷资金时，借记"其他财政存款"科目，贷记本科目；根据债务管理部门转来的相关资料，按照实际承担的债务金额，借记"待偿债净资产——应付主权外债转贷款"科目，贷记"应付主权外债转贷款"科目。

第二，从上级政府财政借入主权外债转贷款，且由外方将贷款资金直接支付给用款单位或供应商时，应根据以下情况分别处理：

a. 本级政府财政承担还款责任，贷款资金由本级政府财政同级部门（单位）使用的，本级政府财政根据贷款资金支付相关资料，借记"一般公共预算本级支出"科目，贷记本科目；根据债务管理部门转来的相关资料，按照实际承担的债务金额，借记"待偿债净资产——应付主权外债转贷款"科目，贷记"应付主权外债转贷款"科目。

b. 本级政府财政承担还款责任，贷款资金由下级政府财政同级部门（单位）使用的，本级政府财政根据贷款资金支付相关资料及预算文件，借记"补助支出"科目，贷记本科目；根据债务管理部门转来的相关资料，按照实际承担的债务金额，借记"待偿债净资产——应付主权外债转贷款"科目，贷记"应付主权外债转贷款"科目。

c. 下级政府财政承担还款责任，贷款资金由下级政府财政同级部门（单位）使用的，本级政府财政根据转贷资金支付相关资料，借记"债务转贷支出"科目，贷记本科目；根据债务管理部门转来的相关资料，按照实际承担的债务金额，借记"待偿债净资产——应付主权外债转贷款"科目，贷记"应付主权外债转贷款"科目；同时，借记"应收主权外债转贷款"科目，贷记"资产基金——应收主权外债转贷款"科目。下级政府财政根据贷款资金支付相关资料，借记"一般公共预算本级支出"科目，贷记本科目；根据债务管理部门转来的相关资料，按照实际承担的债务金额，借记"待偿债净资产——应付主权外债转贷款"科目，贷记"应付主权外债转贷款"科目。

③年终转账时，本科目下"地方政府一般债务转贷收入"明细科目的贷方余额全数转入"一

般公共预算结转结余"科目，借记本科目，贷记"一般公共预算结转结余"科目。本科目下"地方政府专项债务转贷收入"明细科目的贷方余额按照对应的政府性基金种类分别转入"政府性基金预算结转结余"相应明细科目，借记本科目，贷记"政府性基金预算结转结余"科目。结转后，本科目无余额。

（4）本科目平时贷方余额反映债务转贷收入的累计数。

五、支出类

（一）第一科目 5001　一般公共预算本级支出

（1）本科目核算政府财政管理的由本级政府使用的列入一般公共预算的支出。

（2）本科目应当根据《政府收支分类科目》中支出功能分类科目设置明细科目。同时，根据管理需要，按照支出经济分类科目、部门等进行明细核算。

（3）一般公共预算本级支出的主要账务处理如下：

①实际发生一般公共预算本级支出时，借记本科目，贷记"国库存款""其他财政存款"等科目。

②年度终了，对纳入国库集中支付管理的、当年未支而需结转下一年度支付的款项（国库集中支付结余），采用权责发生制确认支出时，借记本科目，贷记"应付国库集中支付结余"科目。

③年终转账时，本科目借方余额应全数转入"一般公共预算结转结余"科目，借记"一般公共预算结转结余"科目，贷记本科目。结转后，本科目无余额。

（4）本科目平时借方余额反映一般公共预算本级支出的累计数。

（二）第二科目 5002　政府性基金预算本级支出

（1）本科目核算政府财政管理的由本级政府使用的列入政府性基金预算的支出。

（2）本科目应当按照《政府收支分类科目》中支出功能分类科目设置明细科目。同时，根据管理需要，按照支出经济分类科目、部门等进行明细核算。

（3）政府性基金预算本级支出的主要账务处理如下：

①实际发生政府性基金预算本级支出时，借记本科目，贷记"国库存款"科目。

②年度终了，对纳入国库集中支付管理的、当年未支而需结转下一年度支付的款项（国库集中支付结余），采用权责发生制确认支出时，借记本科目，贷记"应付国库集中支付结余"科目。

③年终转账时，本科目借方余额应全数转入"政府性基金预算结转结余"科目，借记"政府性基金预算结转结余"科目，贷记本科目。结转后，本科目无余额。

（4）本科目平时借方余额反映政府性基金预算本级支出的累计数。

（三）第三科目 5003　国有资本经营预算本级支出

（1）本科目核算政府财政管理的由本级政府使用的列入国有资本经营预算的支出。

（2）本科目应当按照《政府收支分类科目》中支出功能分类科目设置明细科目。同时，根据管理需要，按照支出经济分类科目、部门等进行明细核算。

（3）国有资本经营预算本级支出的主要账务处理如下：

①实际发生国有资本经营预算本级支出时，借记本科目，贷记"国库存款"科目。

②年度终了,对纳入国库集中支付管理的、当年未支而需结转下一年度支付的款项(国库集中支付结余),采用权责发生制确认支出时,借记本科目,贷记"应付国库集中支付结余"科目。

③年终转账时,本科目借方余额应全数转入"国有资本经营预算结转结余"科目,借记"国有资本经营预算结转结余"科目,贷记本科目。结转后,本科目无余额。

(4)本科目平时借方余额反映国有资本经营预算本级支出的累计数。

(四)第四科目 5005　财政专户管理资金支出

(1)本科目核算政府财政用纳入财政专户管理的教育收费等资金安排的支出。

(2)本科目应当按照《政府收支分类科目》中支出功能分类科目设置相应明细科目。同时,根据管理需要,按照支出经济分类科目、部门(单位)等进行明细核算。

(3)财政专户管理资金支出的主要账务处理如下:

①发生财政专户管理资金支出时,借记本科目,贷记"其他财政存款"等有关科目。

②年终转账时,本科目借方余额全数转入"财政专户管理资金结余"科目,借记"财政专户管理资金结余"科目,贷记本科目。结转后,本科目无余额。

(4)本科目平时借方余额反映财政专户管理资金支出的累计数。

(五)第五科目 5007　专用基金支出

(1)本科目核算政府财政用专用基金收入安排的支出。

(2)本科目应当根据专用基金的种类设置明细科目。同时,根据管理需要,按部门等进行明细核算。

(3)专用基金支出的主要账务处理如下:

①发生专用基金支出时,借记本科目,贷记"其他财政存款"等有关科目。退回专用基金支出时,进行相反的会计分录。

②年终转账时,本科目借方余额全数转入"专用基金结余"科目,借记"专用基金结余"科目,贷记本科目。结转后,本科目无余额。

(4)本科目平时借方余额反映专用基金支出的累计数。

(六)第六科目 5011　补助支出

(1)本科目核算本级政府财政按财政体制规定或因专项需要补助给下级政府财政的款项,包括对下级的税收返还、转移支付等。

(2)本科目下应当按照不同资金性质设置"一般公共预算补助支出""政府性基金预算补助支出"等明细科目,同时还应当按照补助地区进行明细核算。

(3)补助支出的主要账务处理如下:

①发生补助支出或从"与下级往来"科目转入时,借记本科目,贷记"国库存款""其他财政存款""与下级往来"等科目。

②专项转移支付资金实行特设专户管理的,本级政府财政应当根据本级政府财政下达的预算文件确认补助支出,借记本科目,贷记"国库存款""与下级往来"等科目。

③有主权外债业务的财政部门,贷款资金由下级政府财政同级部门(单位)使用,且贷款最终还款责任由本级政府财政承担的,本级政府财政部门支付贷款资金时,借记本科目,贷记"其他财政存款"科目;外方将贷款资金直接支付给用款单位或供应商时,借记本科目,贷记"债

务收入""债务转贷收入"等科目；根据债务管理部门转来的相关外债转贷管理资料，按照实际支付的金额，借记"待偿债净资产"科目，贷记"借入款项""应付主权外债转贷款"等科目。

④年终与下级政府财政结算时，按照尚未拨付的补助金额，借记本科目，贷记"与下级往来"科目。退还或核减补助支出时，借记"国库存款""与下级往来"等科目，贷记本科目。

⑤年终转账时，本科目借方余额应根据不同资金性质分别转入对应的结转结余科目，借记"一般公共预算结转结余""政府性基金预算结转结余"等科目，贷记本科目。结转后，本科目无余额。

（4）本科目平时借方余额反映补助支出的累计数。

（七）第七科目5012　上解支出

（1）本科目核算本级政府财政按照财政体制规定上交给上级政府财政的款项。

（2）本科目下应当按照不同资金性质设置"一般公共预算上解支出""政府性基金预算上解支出"等明细科目。

（3）上解支出的主要账务处理如下：

①发生上解支出时，借记本科目，贷记"国库存款""与上级往来"等科目。

②年终与上级政府财政结算时，按照尚未支付的上解金额，借记本科目，贷记"与上级往来"科目。退还或核减上解支出时，借记"国库存款""与上级往来"等科目，贷记本科目。

③年终转账时，本科目借方余额应根据不同资金性质分别转入对应的结转结余科目，借记"一般公共预算结转结余""政府性基金预算结转结余"等科目，贷记本科目。结转后，本科目无余额。

（4）本科目平时借方余额反映上解支出的累计数。

（八）第八科目5013　地区间援助支出

（1）本科目核算援助方政府财政安排用于受援方政府财政统筹使用的各类援助、捐赠等资金支出。

（2）本科目应当按照受援地区及管理需要进行相应明细核算。

（3）地区间援助支出的主要账务处理如下：

①发生地区间援助支出时，借记本科目，贷记"国库存款"科目。

②年终转账时，本科目借方余额全数转入"一般公共预算结转结余"科目，借记"一般公共预算结转结余"科目，贷记本科目。结转后，本科目无余额。

（4）本科目平时借方余额反映地区间援助支出的累计数。

（九）第九科目5021　调出资金

（1）本科目核算政府财政为平衡预算收支、从某类资金向其他类型预算调出的资金。

（2）本科目下应当设置"一般公共预算调出资金""政府性基金预算调出资金"和"国有资本经营预算调出资金"等明细科目。

（3）调出资金的主要账务处理如下：

①从一般公共预算调出资金时，按照调出的金额，借记本科目（一般公共预算调出资金），贷记"调入资金"相关明细科目。

②从政府性基金预算调出资金时，按照调出的金额，借记本科目（政府性基金预算调出资金），贷记"调入资金"相关明细科目。

③从国有资本经营预算调出资金时，按照调出的金额，借记本科目（国有资本经营预算调

出资金），贷记"调入资金"相关明细科目。

④年终转账时，本科目借方余额分别转入相应的结转结余科目，借记"一般公共预算结转结余""政府性基金预算结转结余"和"国有资本经营预算结转结余"等科目，贷记本科目。结转后，本科目无余额。

（4）本科目平时借方余额反映调出资金的累计数。

（十）第十科目 5031　安排预算稳定调节基金

（1）本科目核算政府财政按照有关规定安排的预算稳定调节基金。

（2）安排预算稳定调节基金的主要账务处理如下：

①补充预算稳定调节基金时，借记本科目，贷记"预算稳定调节基金"科目。

②年终转账时，本科目借方余额全数转入"一般公共预算结转结余"科目，借记"一般公共预算结转结余"科目，贷记本科目。结转后，本科目无余额。

（3）本科目平时借方余额反映安排预算稳定调节基金的累计数。

（十一）第十一科目 5041　债务还本支出

（1）本科目核算政府财政偿还本级政府财政承担的纳入预算管理的债务本金支出。

（2）本科目应当根据《政府收支分类科目》中"债务还本支出"有关规定设置明细科目。

（3）债务还本支出的主要账务处理如下：

①偿还本级政府财政承担的政府债券、主权外债等纳入预算管理的债务本金时，借记本科目，贷记"国库存款""其他财政存款"等科目；根据债务管理部门转来相关资料，按照实际偿还的本金金额，借记"应付短期政府债券""应付长期政府债券""借入款项""应付地方政府债券转贷款""应付主权外债转贷款"等科目，贷记"待偿债净资产"科目。

②偿还截至2014年12月31日本级政府财政承担的存量债务本金时，借记本科目，贷记"国库存款""其他财政存款"等科目。

③年终转账时，本科目下"专项债务还本支出"明细科目的借方余额应按照对应的政府性基金种类分别转入"政府性基金预算结转结余"相应明细科目，借记"政府性基金预算结转结余"科目，贷记本科目（专项债务还本支出）。本科目下其他明细科目的借方余额全数转入"一般公共预算结转结余"科目，借记"一般公共预算结转结余"科目，贷记本科目（其他明细科目）。结转后，本科目无余额。

（4）本科目平时借方余额反映本级政府财政债务还本支出的累计数。

（十二）第十二科目 5042　债务转贷支出

（1）本科目核算本级政府财政向下级政府财政转贷的债务支出。

（2）本科目下应当设置"地方政府一般债务转贷支出""地方政府专项债务转贷支出"明细科目，同时还应当按照转贷地区进行明细核算。

（3）债务转贷支出的主要账务处理如下：

①本级政府财政向下级政府财政转贷地方政府债券资金时，借记本科目，贷记"国库存款"科目；根据债务管理部门转来的相关资料，按照到期应收回的转贷款本金金额，借记"应收地方政府债券转贷款"科目，贷记"资产基金——应收地方政府债券转贷款"科目。

②本级政府财政向下级政府财政转的主权外债资金，且主权外债最终还款责任由下级政府

财政承担的,相关账务处理如下:

第一,本级政府财政支付转贷资金时,根据转贷资金支付相关资料,借记"债务转贷支出"科目,贷记"其他财政存款"科目;根据债务管理部门转来的相关资料,按照实际持有的债权金额,借记"应收主权外债转贷款"科目,贷记"资产基金——应收主权外债转贷款"科目。

第二,外方将贷款资金直接支付给用款单位或供应商时,本级政府财政根据转贷资金支付相关资料,借记本科目,贷记"债务收入""债务转贷收入"科目;根据债务管理部门转来的相关资料,按照实际持有的债权金额,借记"应收主权外债转贷款"科目,贷记"资产基金——应收主权外债转贷款"科目;同时,借记"待偿债净资产"科目,贷记"借入款项""应付主权外债转贷款"等科目。

③年终转账时,本科目下"地方政府一般债务转贷支出"明细科目的借方余额全数转入"一般公共预算结转结余"科目,借记"一般公共预算结转结余"科目,贷记"债务转贷支出(地方政府一般债务转贷支出)"科目。本科目下"地方政府专项债务转贷支出"明细科目的借方余额全数转入"政府性基金预算结转结余"科目,借记"政府性基金预算结转结余"科目,贷记"债务转贷支出(地方政府专项债务转贷支出)"科目。结转后,本科目无余额。

(4)本科目平时借方余额反映债务转贷支出的累计数。

思考题

1. 什么是财政总预算会计?其核算的对象是什么?
2. 财政总预算会计的要素是什么?
3. 财政总预算会计的任务是什么?
4. 资产基金的来源是什么?
5. 债务收入涉及的主要事务有哪些?

【在线测试题】

扫描书背面的二维码,获取答题权限。

扫描此码 在线自测

第五章 账务处理

第一节 财政资产和负债的核算

该节例1~例4涉及的资产类会计科目主要有财政零余额账户存款、国库存款、有价证券等，负债类会计科目有应付长期政府债券，通过该类案例可掌握政府财政总预算会计资产和负债类要素的主要业务类型会计核算方式。

【例1】某市财政总预算会计和财政国库支付执行机构会计有关财政性存款的业务和会计分录如下：

（1）202×年6月5日，某市财政国库支付执行机构为市教育局直接支付以一般预算安排的款项60 000元。

财政国库支付执行机构会计编制的会计分录为：

借：一般公共预算本级支出——财政直接支付 60 000
　　贷：财政零余额账户存款 60 000

（2）202×年6月5日，某市财政国库支付执行机构汇总编制预算支出结算清单，其中汇总的财政直接支付应结算资金数额为60 000元。该预算支出结算清单已与中国人民银行国库划款凭证核对无误，并已送财政总预算会计结算资金。财政国库支付执行机构会计编制的会计分录为：

借：财政零余额账户存款 60 000
　　贷：已结报支出——财政直接支付 60 000

（3）202×年9月8日，某市财政总预算会计根据财政国库支付执行机构报来的上述预算支出结算清单，在与中国人民银行国库划款凭证核对无误后，登记入账。财政总预算会计编制如下会计分录：

借：一般公共预算本级支出——市教育局 60 000
　　贷：国库存款 60 000

（4）202×年9月10日，某市财政国库支付执行机构收到代理银行报来的财政支出日报表，列示以一般预算安排的授权支出6 000元，以基金预算安排的授权支出9 000元，经与中国人民银行国库划款凭证核对无误后，财政国库支付执行机构会计编制如下会计分录：

借：一般公共预算本级支出——单位零余额账户额度 6 000
　　政府性基金预算本级支出——单位零余额账户额度 9 000
　　贷：已结报支出——财政授权支付 15 000

（5）202×年9月10日，某市财政总预算会计根据代理银行汇总的预算单位零余额账户授权支付数，与中国人民银行国库汇总划款凭证及财政国库支付执行机构汇总的预算支出结算清单核对无误后，编制如下会计分录：

借：一般政府预算本级支出　　　　　　　　　　　　　　　　　5 000
　　政府性基金预算本级支出　　　　　　　　　　　　　　　　8 000
　　贷：国库存款　　　　　　　　　　　　　　　　　　　　　　　13 000

（6）年终，财政国库支付执行机构将预算支出与有关方面核对一致，其中一般预算支出中的财政直接支付为 80 000 元，一般预算支出中的单位零余额账户额度支出为 6 000 元，基金预算支出中的单位零余额账户额度支出为 8 000 元。财政国库支付执行机构会计应编制如下会计分录：

借：已结报支出——财政直接支付　　　　　　　　　　　　　80 000
　　　　　　　——财政授权支付　　　　　　　　　　　　　14 000
　　贷：一般公共预算本级支出——财政直接支付　　　　　　　　80 000
　　　　　　　　　　　　　　——单位零余额账户额度　　　　6 000
　　　　政府性基金预算本级支出——单位零余额账户额度　　　　8 000

【例2】某市财政局关于有价证券的业务和会计分录如下：

（1）用一般预算结余资金购买国库券 180 000 元。

借：有价证券　　　　　　　　　　　　　　　　　　　　　　180 000
　　贷：国库存款——一般预算存款　　　　　　　　　　　　　　180 000

（2）用基金预算结余资金购买国库券 66 000 元。

借：有价证券　　　　　　　　　　　　　　　　　　　　　　　66 000
　　贷：国库存款——基金预算存款　　　　　　　　　　　　　　66 000

（3）市财政局以前年度购买的国库券 2 000 000 元到期兑付本金和利息，其中用一般预算结余资金购买的国库券，兑付本金 1 200 000 元，利息收入 180 000 元；用基金预算结余资金购买的国库券，兑付本金 800 000 元，利息收入为 120 000 元，收回本金 2 000 000 元。

借：国库存款——一般预算存款　　　　　　　　　　　　　1 200 000
　　　　　　——基金预算存款　　　　　　　　　　　　　　800 000
　　贷：有价证券　　　　　　　　　　　　　　　　　　　　2 000 000

收到国库券利息收入 300 000 元。

借：国库存款——一般预算存款　　　　　　　　　　　　　　180 000
　　贷：一般公共预算本级收入　　　　　　　　　　　　　　　180 000
借：国库存款——基金预算存款　　　　　　　　　　　　　　120 000
　　贷：政府性基金预算本级收入　　　　　　　　　　　　　　120 000

【例3】中央财政有关债务收入的业务和会计分录如下：

（1）中央财政根据有关法律法规向社会发行 3 年期国债，共计 300 亿元，中央财政总预算会计进行如下会计分录：

借：国库存款　　　　　　　　　　　　　　　　　　　30 000 000 000
　　贷：应付长期政府债券——应付国债　　　　　　　　　30 000 000 000

（2）中央财政以前年度发行的国库券 50 亿元到期，偿还本金 50 亿元，并支付利息 3 亿元。中央财政总预算会计进行如下会计分录：

借：应付长期政府债券——应付国债——应付本金　　　　5 000 000 000
　　贷：国库存款　　　　　　　　　　　　　　　　　　　5 000 000 000

借：应付长期政府债券——应付国债——应付利息　　　　　　　　　　300 000 000
　　　贷：国库存款　　　　　　　　　　　　　　　　　　　　　　　　300 000 000

【例4】中央财政202×年5月根据有关法律法规公开发行5年期政府债券80亿元，其财政会计进行如下会计分录：
借：国库存款　　　　　　　　　　　　　　　　　　　　　　　　8 000 000 000
　　　贷：应付长期政府债券　　　　　　　　　　　　　　　　　　　8 000 000 000

第二节　财政预算收入的核算

该节例5～例8涉及的财政预算收入类会计科目主要有一般公共预算本级收入，政府性基金预算本级收入等，通过该类案例可掌握政府财政预算收入的主要业务类型会计核算方式。

【例5】某县财政局有关预算收入业务如下：

（1）某县财政局202×年1月3日收到县支库报来的本级预算收入日报表，列报收到的县级预算收入为220 000元，属于本县财政的固定收入。根据县支库报来的预算收入日报表等原始凭证编制会计分录如下：
借：国库存款　　　　　　　　　　　　　　　　　　　　　　　　　　220 000
　　　贷：一般公共预算本级收入　　　　　　　　　　　　　　　　　　　220 000

（2）某县财政局202×年1月5日收到县支库报来的分成收入计算日报表，列报总收入金额为500 000元，县级财政分成40%，收入金额为200 000元；市级财政分成60%，收入金额为300 000元。根据县支库报来的分成收入计算日报表等原始凭证编制会计分录如下：
借：国库存款　　　　　　　　　　　　　　　　　　　　　　　　　　500 000
　　　贷：一般公共预算本级收入　　　　　　　　　　　　　　　　　　　200 000
　　　　　政府性基金预算本级收入　　　　　　　　　　　　　　　　　　300 000

（3）某县财政局在202×年1月6日收到县支库报来上年预算收入日报表，报预算收入60 000元已收到。该县财政总预算会计在上年度旧账上的会计分录为：
借：在途款　　　　　　　　　　　　　　　　　　　　　　　　　　　60 000
　　　贷：一般公共预算本级收入　　　　　　　　　　　　　　　　　　　60 000

202×年度收到该预算收入时的会计分录为：
借：国库存款　　　　　　　　　　　　　　　　　　　　　　　　　　60 000
　　　贷：在途款　　　　　　　　　　　　　　　　　　　　　　　　　60 000

（4）某县财政局202×年1月8日收到县支库报来的预算收入日报表，列报当日的预算收入为负数50 000元。根据预算收入日报表等原始凭证编制会计分录为：
借：国库存款　　　　　　　　　　　　　　　　　　　　　　　　　　50 000
　　　贷：一般公共预算本级收入　　　　　　　　　　　　　　　　　　　50 000

【例6】某市财政局202×年发生基金预算收入的业务和会计分录如下：

（1）收到铁路基金收入26 500元。
借：国库存款　　　　　　　　　　　　　　　　　　　　　　　　　　26 500

贷：政府性基金预算本级收入——铁路基金收入　　　　　　　　　26 500
（2）收到地方教育附加收入共计18 000元。
　　借：国库存款　　　　　　　　　　　　　　　　　　　　　　　　18 000
　　　贷：政府性基金预算本级收入——地方教育附加收入　　　　　　18 000
（3）收到国库报来的上年度旅游发展基金收入48 000元。
上年旧账上会计分录为：
　　借：在途款　　　　　　　　　　　　　　　　　　　　　　　　　48 000
　　　贷：政府性基金预算本级收入——旅游发展基金收入　　　　　　48 000
今年收到款项时，编制如下会计分录：
　　借：国库存款　　　　　　　　　　　　　　　　　　　　　　　　48 000
　　　贷：在途款　　　　　　　　　　　　　　　　　　　　　　　　48 000
（4）基金预算收入在银行的存款利息收入80 000元。
　　借：国库存款　　　　　　　　　　　　　　　　　　　　　　　　80 000
　　　贷：政府性基金预算本级收入——利息收入　　　　　　　　　　80 000

【例7】某县财政会计有关一般预算收入退库业务如下：
（1）某县财政总预算会计弥补某企业政策性亏损800 000元。根据国库送来的预算收入日报表及所附收入退还书付款通知联编制记账凭证。
　　借：国库存款　　　　　　　　　　　　　　　　　　　　　　　　800 000
　　　贷：一般公共预算本级收入　　　　　　　　　　　　　　　　　800 000
（2）某县财政总预算会计收到国库报来的预算收入日报表、分成收入计算日报表及所附的缴款书与收入退还书，列明当日收入为负数10 000元（当日预算收入30 000元，收入退库40 000元）。
　　借：国库存款　　　　　　　　　　　　　　　　　　　　　　　　10 000
　　　贷：一般公共预算本级收入　　　　　　　　　　　　　　　　　10 000

【例8】
（1）某县财政会计将中央预算收入100 000元，误作为本级参与分成的预算收入登记入账；现根据预算收入日报表和分成收入计算表以及更正通知书予以更正。上解60%，留成40%。
县财政总预算会计应根据更正通知书等凭证对错误记录予以更正，编制如下会计分录：
　　借：国库存款　　　　　　　　　　　　　　　　　　　　　　　　40 000
　　　贷：一般公共预算本级收入　　　　　　　　　　　　　　　　　40 000
　　借：国库存款　　　　　　　　　　　　　　　　　　　　　　　　40 000
　　　贷：与上级往来　　　　　　　　　　　　　　　　　　　　　　40 000
（2）某县将地方固定收入房产税80 000元误列为城市维护建设税入账，现予以更正，编制会计分录如下：
　　借：国库存款　　　　　　　　　　　　　　　　　　　　　　　　80 000
　　　贷：一般公共预算本级收入——税收收入——城市维护建设税　　80 000
　　借：国库存款　　　　　　　　　　　　　　　　　　　　　　　　80 000
　　　贷：一般公共预算本级收入——税收收入——房产税　　　　　　80 000

第三节 财政预算支出的核算

该节例9～例16涉及的财政预算支出类会计科目主要有一般公共预算本级支出、政府性基金预算本级支出等,通过该类案例可掌握政府财政预算支出的主要业务类型会计核算方式。

【例9】某市财政会计有关预算支出的业务如下:

(1)某市财政机关按预算拨付给市公安局本季度经费60 000元。

借:一般公共预算本级支出　　　　　　　　　　　　　　　　　　　　60 000
　　贷:国库存款　　　　　　　　　　　　　　　　　　　　　　　　　　60 000

(2)某市财政机关根据预算安排,拨给市农林局科技三项费用350 000元。

借:一般公共预算本级支出　　　　　　　　　　　　　　　　　　　　350 000
　　贷:国库存款　　　　　　　　　　　　　　　　　　　　　　　　　　350 000

(3)月末,将"一般预算支出"科目借方余额800 00元转入"预算结余"科目。

借:一般公共预算结转结余　　　　　　　　　　　　　　　　　　　　800 000
　　贷:一般公共预算本级支出　　　　　　　　　　　　　　　　　　　　800 000

【例10】年终,中央财政总预算会计确定一项已经安排预算的资金1 000万元,由于用款单位用款进度的原因,未能拨付出去。中央财政总预算会计应按权责发生制将该项资金列为预算支出,其会计分录如下:

借:一般公共预算本级支出　　　　　　　　　　　　　　　　　　　　10 000 000
　　贷:应付国库集中支付结余　　　　　　　　　　　　　　　　　　　　10 000 000

下一年度,该项资金拨付给用款单位,应编制如下会计分录:

借:应付国库集中支付结余　　　　　　　　　　　　　　　　　　　　10 000 000
　　贷:国库存款　　　　　　　　　　　　　　　　　　　　　　　　　　10 000 000

【例11】某市财政局202×年发生基金预算支出的业务和会计分录如下:

(1)用旅游发展基金安排的旅游发展支出50 000元。

借:政府性基金预算本级支出——旅游发展基金支出　　　　　　　　　　50 000
　　贷:国库存款　　　　　　　　　　　　　　　　　　　　　　　　　　50 000

(2)发生水资源补偿费支出3 500元。

借:政府性基金预算本级支出——水资源补偿费支出　　　　　　　　　　3 500
　　贷:国库存款　　　　　　　　　　　　　　　　　　　　　　　　　　3 500

(3)发生文化事业建设费支出30 000元。

借:政府性基金预算本级支出——文化事业建设费支出　　　　　　　　　30 000
　　贷:国库存款　　　　　　　　　　　　　　　　　　　　　　　　　　30 000

【例12】某市财政局202×年发生预拨经费的业务和会计分录如下:

(1)用一般预算资金预拨给市教育局教育经费220 000元,预拨给水利部门事业经费80 000元。

借:预拨经费——教育事业费　　　　　　　　　　　　　　　　　　　　220 000
　　　　　　——水利事业费　　　　　　　　　　　　　　　　　　　　80 000
　　贷:国库存款　　　　　　　　　　　　　　　　　　　　　　　　　　300 000

（2）收到农业部门交回多余的预拨事业经费 20 000 元。

借：国库存款　　　　　　　　　　　　　　　　　　　　20 000
　　贷：预拨经费——农业事业费　　　　　　　　　　　　　　　20 000

（3）年终，市财政机关将预拨的各项事业经费 950 000 元全部转列支出。

借：一般公共预算本级支出　　　　　　　　　　　　　　950 000
　　贷：预拨经费　　　　　　　　　　　　　　　　　　　　　950 000

【例 13】

（1）根据政府采购预算，财政总预算会计将预算资金 600 万元划入政府采购资金专户，其会计分录如下：

借：预拨经费——预算单位　　　　　　　　　　　　　6 000 000
　　贷：国库存款　　　　　　　　　　　　　　　　　　　　6 000 000

同时：

借：其他财政存款——政府采购资金专户　　　　　　　6 000 000
　　贷：暂存政府采购款——财政预算款　　　　　　　　　　6 000 000

（2）采购单位将自筹配套资金 600 万元划入政府采购资金专户，财政总预算会计的会计分录如下：

借：其他财政存款——政府采购资金专户　　　　　　　6 000 000
　　贷：暂存政府采购款——采购单位自筹配套款　　　　　　6 000 000

（3）根据政府采购合同，将设备价款 1 100 万元从政府采购资金专户划入供应企业账户，其会计分录如下：

借：暂存政府采购款——财政预算款　　　　　　　　　5 500 000
　　　　　　　　　　——采购单位自筹配套款　　　　　5 500 000
　　贷：其他财政存款——政府采购资金专户　　　　　　　　11 000 000

（4）财政总预算会计将财政安排的政府采购预算资金 550 万元列报支出，其会计分录如下：

借：一般公共预算本级支出　　　　　　　　　　　　　5 500 000
　　贷：预拨经费——预算单位　　　　　　　　　　　　　　5 500 000

（5）财政总预算会计将政府采购的结余资金 100 万元，按照财政与采购单位各自负担比例分别退还给国库和采购单位，其会计分录如下：

借：暂存政府采购款——财政预算款　　　　　　　　　500 000
　　　　　　　　　　——采购单位自筹配套款　　　　　500 000
　　贷：其他财政存款——政府采购资金专户　　　　　　　　100 0000

同时：

借：国库存款　　　　　　　　　　　　　　　　　　　　500 000
　　贷：预拨经费——预算单位　　　　　　　　　　　　　　　500 000

【例 14】某市财政总预算会计收到某国有商业银行转来的政府采购资金专户的结息凭证，列示政府采购资金的利息收入为 50 万元。

该市财政总预算会计应根据有关凭证，编制如下会计分录：

借：其他财政存款——政府采购资金专户　　　　　　　500 000
　　贷：应付代管资金　　　　　　　　　　　　　　　　　　500 000

财政总预算会计将政府采购资金利息收入作为预算收入缴入国库，其会计分录如下：

借：应付代管资金 500 000
  贷：其他财政存款——政府采购资金专户 500 000
同时：
借：国库存款 500 000
  贷：一般公共预算本级收入 500 000

【例15】某市财政局202×年12月31日年终结账前有关收支科目的余额如下：

一般预算收入1 200 000元（贷方）

上解收入——一般预算上解300 000元（贷方）

补助收入——一般预算补助300 000元（贷方）

调入资金——一般预算调入400 000元（贷方）

一般预算支出1 600 000元（借方）

上解支出——一般预算上解200 000元（借方）

该市财政总预算会计年终转账时，应编制如下会计分录：

借：一般公共预算本级收入 1 200 000
  上解收入——一般公共预算上解收入 300 000
  补助收入——一般公共预算补助收入 300 000
  调入资金——一般公共预算调入资金 400 000
  贷：一般公共预算结转结余 2 200 000
借：一般公共预算结转结余 1 800 000
  贷：一般公共预算本级支出 1 600 000
    上解支出——一般公共预算上解支出 200 000

【例16】202×年年底某市财政机关办理年终转账，将"基金预算收入"科目贷方余额510 500元、"基金预算支出"科目借方余额98 500元，"调出资金——基金预算调出"科目借方余额400 000元，转入"基金预算结余"科目。

该市财政总预算会计年终转账时，应编制如下会计分录：

借：政府性基金预算本级收入 510 500
  贷：政府性基金预算结转结余 510 500
借：政府性基金预算结转结余——政府性基金预算本级支出 98 500
         ——调出资金——政府性基金预算调出资金 400 000
  贷：政府性基金预算本级支出 98 500
    调出资金——政府性基金预算调出资金 400 000

第四节 财政资金调拨与往来款项的核算

该节例17～例25涉及的财政资金调拨与往来款项会计科目主要有补助收入、上解收入、上级往来与下级往来、上解支出、调入资金等，通过该类案例可掌握财政资金调拨与往来款项的主要业务类型会计核算方式。

【例17】甲县财政局有关补助收入的业务如下：

（1）收到市财政局用一般预算资金拨来的专项补助款600 000元。

借：国库存款　　　　　　　　　　　　　　　　　　　　　600 000
　　贷：补助收入——一般公共预算补助收入　　　　　　　　　　　600 000

（2）收到市财政局用一般预算资金拨来的居民粮油价格补助款560 000元。

借：国库存款　　　　　　　　　　　　　　　　　　　　　560 000
　　贷：补助收入——一般公共预算补助收入　　　　　　　　　　　560 000

（3）在业务（2）的粮油价格补助款中，因计算有误，多拨了70 000元，甲县财政局收到市财政局通知，应将多拨70 000元退回市财政，先转作往来款处理。

借：补助收入——一般公共预算补助收入　　　　　　　　　70 000
　　贷：与上级往来　　　　　　　　　　　　　　　　　　　　　　70 000

（4）收到市财政局通知，将往来款70 000元转作对该县一般预算补助。

借：与上级往来　　　　　　　　　　　　　　　　　　　　70 000
　　贷：补助收入——一般公共预算补助　　　　　　　　　　　　　70 000

【例18】某市财政局有关补助支出的业务如下：

（1）市财政局一般预算资金拨付给所属甲县自然灾害专项补助款500 000元。

借：补助支出——一般公共预算补助支出——甲县　　　　500 000
　　贷：国库存款　　　　　　　　　　　　　　　　　　　　　　　500 000

（2）市财政局按财政体制拨付给乙县一般预算补助款200 000元。

借：补助支出——一般公共预算补助支出——乙县　　　　200 000
　　贷：国库存款　　　　　　　　　　　　　　　　　　　　　　　200 000

（3）市财政局将与所属丙县的往来款项400 000元，转作对丙县的一般预算补助支出。

借：补助支出——一般公共预算补助支出——丙县　　　　400 000
　　贷：与下级往来——丙县　　　　　　　　　　　　　　　　　　400 000

（4）在业务（3）中，市财政局通知丙县财政局将多拨款40 000元退回，转作往来款处理。

借：与下级往来　　　　　　　　　　　　　　　　　　　　40 000
　　贷：补助支出——一般公共预算补助支出——丙县　　　　　　　400 00

【例19】某市财政局有关预算上解的业务和会计分录如下：

（1）市财政局收到所属甲县的一般预算上解款300 000元。

借：国库存款　　　　　　　　　　　　　　　　　　　　　300 000
　　贷：上解收入——一般公共预算上解收入——甲县　　　　　　　300 000

（2）市财政局将已收到的所属乙县的一般预算上解款180 000元退还给乙县财政。

借：上解收入——一般公共预算上解收入——甲县　　　　180 000
　　贷：国库存款　　　　　　　　　　　　　　　　　　　　　　　180 000

（3）年终，市财政局将"上解收入——一般预算上解"科目贷方余额580 000元转入"预算结余"科目。

借：上解收入——一般公共预算上解收入　　　　　　　　580 000
　　贷：一般公共预算结转结余　　　　　　　　　　　　　　　　　580 000

【例20】甲、乙两县有关上解支出的业务和会计分录如下：

（1）甲县上解市财政200 000元一般预算上解款时，该县财政会计应编制如下会计分录：

借：上解支出——一般公共预算上解支出　　　　　　　　200 000

贷：国库存款	200 000

（2）乙县财政收到市财政退还的上解款180 000元时，乙县财政会计应编制如下会计分录：

借：国库存款	180 000
贷：上解支出——一般公共预算上解支出	180 000

【例21】某市财政局有关资金调拨的业务和会计分录如下：

（1）市财政局将预算外资金900 000元调入预算内。

借：国库存款	900 000
贷：调入资金——一般公共预算调入资金	900 000

（无预算外资金）同时，预算外资金财政专户会计应编制如下会计分录：

借：政府调剂支出	900 000
贷：财政专户存款	900 000

（2）市财政局将自筹资金200 000元调入预算内。

借：国库存款	200 000
贷：调入资金——一般公共预算调入资金	200 000

（3）市财政局从基金预算结余中调出800 000元，用于平衡预算收支。

借：调出资金——政府性基金预算调出资金	800 000
贷：调入资金——一般公共预算调入资金	800 000

同时：

借：国库存款——一般公共预算存款	800 000
贷：国库存款——政府性基金预算存款	800 000

（4）期末将调出资金转入有关结余科目。

借：调入资金——一般公共预算调入资金	800 000
贷：一般公共预算结转结余	800 000
借：政府性基金预算结转结余	800 000
贷：调出资金——基金预算调出资金	800 000

【例22】某县财政局有关预算周转金的业务和会计分录如下：

（1）县财政局经上级财政机关批准，从本县上年一般预算结余中设置预算周转金800 000元。

借：一般公共预算结转结余	800 000
贷：预算周转金	800 000

县财政局收到上级财政机关拨来的预算周转金500 000元。

借：国库存款	500 000
贷：预算周转金	500 000

【例23】某市财政局有关预算稳定调节基金的业务和会计分录如下：

202×年市财政局从本财政超收收入中安排预算稳定调节基金80 000 000元。

（1）借：安排预算稳定调节基金		80 000 000
贷：预算稳定调节基金		80 000 000

（2）202×年市财政局为了弥补预算缺口，从预算稳定调节基金中调用6 000 000元。

借：预算稳定调节基金	6 000 000
贷：动用预算稳定调节基金	6 000 000

【例24】某市财政局与某县财政局有关往来款项的业务和会计分录如下：

（1）市财政局同意县财政局的申请，借给该财政局临时周转金500 000元。市财政总预算会计编制如下会计分录：

借：与下级往来　　　　　　　　　　　　　　　　　500 000
　　贷：国库存款　　　　　　　　　　　　　　　　　　　500 000

县财政总预算会计收到借款时编制如下会计分录：

借：国库存款　　　　　　　　　　　　　　　　　　500 000
　　贷：与上级往来　　　　　　　　　　　　　　　　　　500 000

（2）市财政局将（1）中借给县财政局的款项 100 000 元转作对该县的补助。市财政总预算会计编制如下会计分录：

借：补助支出——一般公共预算补助　　　　　　　100 000
　　贷：与下级往来　　　　　　　　　　　　　　　　　　100 000

县财政总预算会计编制如下会计分录：

借：与上级往来　　　　　　　　　　　　　　　　　100 000
　　贷：补助收入——一般公共预算补助　　　　　　　　　100 000

【例25】某市财政局与预算单位有关往来款项的业务和会计分录如下：

（1）某市财政局借给市教育局款项 300 000 元，用于维修中小学教室。市财政总预算会计编制如下会计分录：

借：其他应收款　　　　　　　　　　　　　　　　300 000
　　贷：国库存款　　　　　　　　　　　　　　　　　　300 000

（2）上述市教育局借款经批准转作经费支出。市财政总预算会计编制如下会计分录：

借：一般公共预算本级支出　　　　　　　　　　　300 000
　　贷：其他应收款　　　　　　　　　　　　　　　　　300 000

（3）市财政局用基金预算存款借给市公共事业部门临时用款 100 000 元。市财政总预算会计编制如下会计分录：

借：其他应收款　　　　　　　　　　　　　　　　100 000
　　贷：国库存款——基金预算存款　　　　　　　　　　100 000

（4）上述借给公共事业部门的款项经批准转作基金预算支出。市财政总预算会计编制如下会计分录：

借：政府性基金预算本级支出　　　　　　　　　　100 000
　　贷：其他应收款　　　　　　　　　　　　　　　　　100 000

（5）市财政局收到性质不清的预算缴款 60 000 元，列作暂存款。市财政总预算会计编制如下会计分录：

借：国库存款　　　　　　　　　　　　　　　　　　60 000
　　贷：其他应付款　　　　　　　　　　　　　　　　　　60 000

（6）上述性质不清的款项中，有 20 000 元是市工商行政管理局错收的罚款，应退还被罚单位，经核准后办理退库，其余 30 000 元是市土地管理局交来的罚没收入，应转作预算收入处理。市财政总预算会计编制如下会计分录：

借：其他应付款　　　　　　　　　　　　　　　　　20 000
　　贷：国库存款　　　　　　　　　　　　　　　　　　　20 000
借：其他应付款　　　　　　　　　　　　　　　　　30 000
　　贷：一般公共预算收入　　　　　　　　　　　　　　　30 000

第五节 专用基金和国有资本经营资金的核算

该节例26～例29涉及的专用基金和国有资本经营资金核算的会计科目主要有专用基金收入、国有资本经营预算本级收入、专用基金结余、专用基金支出、国有资本经营预算本级支出等,通过该类案例可掌握专用基金和国有资本经营资金的主要业务类型会计核算方式。

【例26】 某市财政局202×年发生专用基金收入的业务和会计分录如下:

(1) 从上级财政部门取得专用基金收入800 000元。

借:其他财政存款——专用基金存款　　　　　　　　　　800 000
　　贷:专用基金收入　　　　　　　　　　　　　　　　　　800 000

(2) 从本级预算支出安排取得专用基金收入300 000元。

借:一般公共预算本级支出　　　　　　　　　　　　　　300 000
　　贷:国库存款　　　　　　　　　　　　　　　　　　　　300 000

同时:

借:其他财政存款——专用基金存款　　　　　　　　　　300 000
　　贷:专用基金收入　　　　　　　　　　　　　　　　　　300 000

(3) 退回从上级财政部门取得的专用基金收入700 000元。

借:专用基金收入　　　　　　　　　　　　　　　　　　700 000
　　贷:其他财政存款——专用基金存款　　　　　　　　　　700 000

【例27】 某市财政局202×年发生专用基金支出的业务和会计分录如下:

(1) 用专用基金收入安排的支出为100 000元。

借:专用基金支出　　　　　　　　　　　　　　　　　　100 000
　　贷:其他财政存款——专用基金存款　　　　　　　　　　100 000

(2) 收回专用基金支出共计30 000元。

借:其他财政存款——专用基金存款　　　　　　　　　　30 000
　　贷:专用基金支出　　　　　　　　　　　　　　　　　　30 000

【例28】 某市财政局202×年12月31日年终转账,将有关专用基金收入800 000元与支出70 000元科目余额转入"专用基金结余"科目。该市财政总预算会计,编制如下会计分录:

借:专用基金收入　　　　　　　　　　　　　　　　　　800 000
　　贷:专用基金结余　　　　　　　　　　　　　　　　　　800 000
借:专用基金结余　　　　　　　　　　　　　　　　　　70 000
　　贷:专用基金支出　　　　　　　　　　　　　　　　　　70 000

【例29】 某市财政局202×年发生国有资本经营收支业务和会计分录如下:

(1) 5月10日,收到市属国有独资企业上缴的利润7 500 000元,已存入国库。

借:国库存款　　　　　　　　　　　　　　　　　　　　7 500 000
　　贷:国有资本经营预算本级收入　　　　　　　　　　　　7 500 000

(2) 6月5日,收到转让国有股权收入30 000 000元,已存入国库。

借:国库存款　　　　　　　　　　　　　　　　　　　　30 000 000
　　贷:国有资本经营预算本级收入　　　　　　　　　　　　30 000 000

(3) 6月25日，用国有资本经营预算收入安排电力监管支出 550 000元。
  借：国有资本经营预算本级支出　　　　　　　　　　　　550 000
    贷：国库存款　　　　　　　　　　　　　　　　　　　　　550 000
(4) 6月28日，从国有资本经营预算收入中调出 6 000 000元，补充一般预算资金。
  借：调出资金　　　　　　　　　　　　　　　　　　　　6 000 000
    贷：调入资金——一般预算调入　　　　　　　　　　　　6 000 000

第六节 年终清理结算

一、年终清理

政府财政部门应当及时进行年终清理结算。年终清理结算的主要事项如下：

（1）核对年度预算。预算是预算执行和办理会计结算的依据。年终前，总会计应配合预算管理部门将本级政府财政全年预算指标与上、下级政府财政总预算和本级各部门预算进行核对，及时办理预算调整和转移支付事项。本年预算调整和对下转移支付一般截止到 11 月底；各项预算拨款，一般截止到 12 月 25 日。

（2）清理本年预算收支。认真清理本年预算收入，督促征收部门和国家金库年终前如数缴库。应在本年预算支领列报的款项，非特殊原因，应在年终前办理完毕。清理财政专户管理资金和专用基金收支。凡属应列入本年的收入应及时催收，并缴入国库或指定财政专户。

（3）组织征收部门和国家金库进行年度对账。

（4）清理核对当年拨款支出。总会计对本级各单位的拨款支出应与单位的拨款收入核对无误。属于应收回的拨款，应及时收回，并按收回数相应冲减预算支出。属于预拨下年度的经费，不得列入当年预算支出。

（5）核实股权、债权和债务。财政部门内部相关资产、债务管理部门应于 12 月 20 日前向总会计提供与股权、债权、债务等核算和反映相关的资料。总会计对股权投资、借出款项、应收股利、应收地方政府债券转贷款、应收主权外债转贷款、借入款项、应付短期政府债券、应付长期政府债券、应付地方政府债券转贷款、应付主权外债转贷款、其他负债等余额应与相关管理部门进行核对，记录不一致的要及时查明原因，按规定调整账务，做到账实相符，账账相符。

（6）清理往来款项。政府财政要认真清理其他应收款、其他应付款等各种往来款项，在年度终了前予以收回或归还。应转作收入或支出的各项款项，要及时转入本年有关收支账。

（7）财政预算管理部门要在年终清理的基础上，于次年1月底前结清上下级政府财政的转移支付收支和往来款项。总会计要按照财政管理体制的规定，根据预算结算单，与年度预算执行过程中已补助和已上解数额进行比较，结合往来款和借垫款情况，计算出全年最后应补或应退数额，填制"年终财政决算结算单"，经核对无误后，作为年终财政结算凭证，据以入账。

总会计对年终决算清理期内发生的会计事项，应当划清会计年度。属于清理上年度的会计事项，记入上年度会计账；属于新年度的会计事项，记入新年度会计账，防止错记漏记。

二、年终结账

经过年终清理和结算,把各项结算收支入账后,即可办理年终结账。年终结账工作一般分为年终转账、结清旧账和记入新账三个步骤。

(一)年终转账

计算出各科目12月份合计数和全年累计数,结出12月月末余额,编制结账前的"资产负债表",再根据收支余额填制记账凭证,将收支分别转入"一般公共预算结转结余""政府性基金预算结转结余""国有资本经营预算结转结余""专用基金结余""财政专户管理资金结余"等科目冲销。

(二)结清旧账

将各个收入和支出科目的借方、贷方结出全年总计数。对年终有余额的科目,在"摘要"栏内注明"结转下年"字样,表示转入新账。

(三)记入新账

根据年终转账后的总账和明细账余额编制年终"资产负债表"和有关明细表(不需填制记账凭证),将表列各科目余额直接记入新年度有关总账和明细账年初余额栏内,并在"摘要"栏注明"上年结转"字样,以区别新年度发生数。

决算经本级人民代表大会常务委员会(或人民代表大会)审查批准后,如需更正原报决算草案收入、支出时,则要相应调整有关账目,重新办理结账事项。

思考题

1. 某市财政202×年发生如下经济业务:

(1)上解去年年终根据财政体制结算规定计算出的本级财政应向上级某省财政上解的预算款项计43 700元。其中,一般预算款项42 200元,政府性基金预算款项1 500元。

(2)收到去年年终根据财政体制结算规定计算出的本级财政应获得上级某省财政补助的一般预算款项计96 800元。

(3)一般预算存款账户收到某单位性质不明的缴款4 400元。

(4)因财政预算资金周转的需要,向上级某省财政借入一般预算款项23 300元。

(5)经查明,一般预算存款账户收到的某单位性质不明的缴款4 400元属于正常的一般预算资金缴款,应当转作一般预算收入。

(6)向上级某省财政偿还因财政预算资金周转的需要而借入的一般预算款项23 300元。

(7)根据财政体制结算规定,年终计算出本级财政应向上级某省财政上解的一般预算款项计56 300元。

(8)根据财政体制结算规定,年终计算出本级财政应获得上级某省财政补助的预算款项计136 400元。其中,一般预算款项134 000元,政府性基金预算款项2 400元。要求:根据以上经济业务,为该市财政总预算会计编制有关的会计分录,有关负债账户需要列出明细分类账户。

2. 某市财政局财政总预算会计发生下列会计事项,请据此编制相应的会计分录。

(1)某市财政局收到国库报送的一般预算收入日报表,本日各项营业税、所得税等收入合计 3 000 000 元，行政收费收入 600 000 元。

（2）某市财政局收到国库报送的一般预算收入日报表，本日由于发生退库，各项收入减少 200 000 元。

（3）某市财政局收到国库报送的基金预算收入日报表，本日电力基金收入合计 600 000 元，养路费用收入合计 200 000 元。

（4）某市财政局本级安排粮食风险基金 560 000 元，存入中国农业发展银行。

（5）某市财政局收到省财政拨入的粮食风险基金 200 000 元，已经到账。

3. 某市财政局年末有关收入、支出账户余额如下：

一般预算收入 3 000 000 元；

补助收入——一般预算补助 1 500 000 元；

上解收入 300 000 元；

调入资金 250 000 元；

基金预算收入 450 000 元；

补助收入——基金预算补助 200 000 元；

专用基金收入 600 000 元；

一般预算支出 2 600 000 元；

补助支出——般预算补助 1 300 000 元；

上解支出 280 000 元；

基金预算支出 400 00 元；

补助支出——基金预算补助 160 000 元；

调出资金 150 000 元；

专用基金支出 500 000 元。

要求：根据以上资料编制有关结账分录。

4. 我国某市财政局财政总预算会计发生下列会计事项，请据此编制相应的会计分录。

（1）某市财政局从上级财政部门取得专用基金收入 300 000 元。从当月预算支出中安排取得专用基金收入 100 000 元。

（2）某市财政局收到上级财政拨来的预算补助款 250 000 元。

（3）某市财政局接到上级财政部门的通知，将原所欠往来款 1 500 000 元转作预算补助 1 000 000 元，专项补助 500 000 元。

（4）某市财政局收到下级财政单位上缴的预算上缴款 700 000 元。

（5）某市财政局年终根据上级批文，从基金预算结余调出资金 950 000 元，以弥补预算收支不足。

5. 简述财政总预算会计年终清理的主要内容。

【在线测试题】

扫描书背面的二维码，获取答题权限。

扫描此码　　在线自测

第六章 财政会计报表及编制

第一节 财政会计报表概述

一、财政会计报表的概念与种类

1. 财政会计报表的概念

财政会计报表是反映各级政府财政资金状况和预算收支执行情况及其结果的定期书面报告，是各级政府和上级财政部门了解财政收支情况、制定财政政策、指导预算执行工作的重要依据，也是编制下一年度预算的基础。各级财政总预算会计必须定期编制和汇总财政总预算会计报表。地方各级财政部门，要定期向同级人民政府和上级财政部门报告本行政区域预算执行情况。

2. 财政会计报表的种类

财政会计报表可以按不同的标准进行分类，按其性质不同，可分为资产负债表、收入支出表、一般公共预算执行情况表、政府性基金预算执行情况表、国有资本经营预算执行情况表、财政专户管理收支情况表、专用基金收支情况表。财政会计报表按编报的时间可分为旬报、月报和年报。

二、总会计编制会计报表要求

（1）一般公共预算执行情况表、政府性基金预算执行情况表、国有资本经营预算执行情况表应当按旬、月度和年度编制，财政专户管理资金收支情况表和专用基金收支情况表应当按月度和年度编制，收入支出表按月度和年度编制，资产负债表和附注应当至少按年度编制。旬报、月报的报送期限及编报内容应当根据上级政府财政具体要求和本行政区域预算管理的需要办理。

（2）总会计应当根据本制度编制并提供真实、完整的会计报表，切实做到账表一致，不得估列代编，弄虚作假。

（3）总会计要严格按照统一规定的种类、格式、内容、计算方法和编制口径填制会计报表，以保证全国统一汇总和分析。汇总报表的单位，要把所属单位的报表汇集齐全，防止漏报。

第二节 资产负债表

一、资产负债表

资产负债表是反映各级人民政府财政资金状况的会计报表,它提供某一特定日期各级政府所控制的资产、承担的负债以及拥有的净资产情况。资产负债表以"资产=负债+结余"平衡公式为依据,等号左边反映资产总额,等号右边反映负债及结余总额。资产负债表只要求编制和汇总月报和年报。

月末时,应将各收入类和支出类账户的当月余额分别转入相应的结余账户,因此,资产负债表应反映各类资产、负债和结余项目的余额,该余额表示期末各类项目的余额数。

财政会计应先编出本级财政的资产负债表,然后与经审核无误的所属下级总预算会计汇总的资产负债表汇总编成本地区财政汇总的资产负债表。在汇编中,应将本级财政的"与下级往来"和下级财政的"与上级往来"核对无误后互相冲销,以免重复汇总。下面从格式和具体编制方法两方面来介绍资产负债表,具体格式如表6-1所示。

表6-1 资产负债表

编制单位:＿＿＿＿＿＿＿＿＿＿＿＿＿＿＿年＿＿月＿＿日＿＿＿＿＿＿＿＿＿＿＿＿＿＿＿单位:元

资产	年初余额	期末余额	负债和净资产	年初余额	期末余额
流动资产:			流动负债:		
国库存款			应付短期政府债券		
国库现金管理存款			应付利息		
其他财政存款			应付国库集中支付结余		
有价证券			与上级往来		
在途款			其他应付款		
预拨经费			应付代管资金		
借出款项			一年内到期的非流动负债		
应收股利			流动负债合计		
应收利息			非流动负债:		
与下级往来			应付长期政府债券		
其他应收款			借入款项		
流动资产合计			应付地方政府债券转贷款		
非流动资产:			应付主权外债转贷款		
应收地方政府债券转贷款			其他负债		

续表

资　　产	年初余额	期末余额	负债和净资产	年初余额	期末余额
应收主权外债转贷款			非流动负债合计		
股权投资			负债合计		
待发国债			一般公共预算结转结余		
非流动资产合计			政府性基金预算结转结余		
			国有资本经营预算结转结余		
			财政专户管理资金结余		
			专用基金结余		
			预算稳定调节基金		
			预算周转金		
			资产基金		
			减：待偿债净资产		
			净资产合计		
资产总计			负债和净资产总计		

二、资产负债表的编制说明

本表"年初余额"栏内各项数字，应当根据上年末资产负债表"期末余额"栏内数字填列。如果本年度资产负债表规定的各个项目的名称和内容同上年度不相一致，应对上年年末资产负债表各项目的名称和数字按照本年度的规定进行调整，填入本表"年初余额"栏内。

本表"期末余额"栏各项目的内容和填列方法如下。

（一）资产类项目

（1）"国库存款"项目，反映政府财政期末存放在国库单一账户的款项金额。本项目应当根据"国库存款"科目的期末余额填列。

（2）"国库现金管理存款"项目，反映政府财政期末实行国库现金管理业务持有的存款金额。本项目应当根据"国库现金管理存款"科目的期末余额填列。

（3）"其他财政存款"项目，反映政府财政期末持有的其他财政存款金额。本项目应当根据"其他财政存款"科目的期末余额填列。

（4）"有价证券"项目，反映政府财政期末持有的有价证券金额。本项目应当根据"有价证券"科目的期末余额填列。

（5）"在途款"项目，反映政府财政期末持有的在途款金额。本项目应当根据"在途款"科目的期末余额填列。

（6）"预拨经费"项目，反映政府财政期末尚未转列支出或尚待收回的预拨经费金额。本项目应当根据"预拨经费"科目的期末余额填列。

（7）"借出款项"项目，反映政府财政期末借给预算单位尚未收回的款项金额。本项目应当根据"借出款项"科目的期末余额填列。

（8）"应收股利"项目，反映政府期末尚未收回的现金股利或利润金额。本项目应当根据"应收股利"科目的期末余额填列。

（9）"应收利息"项目，反映政府财政期末尚未收回应收利息金额。本项目应当根据"应收地方政府债券转贷款"科目和"应收主权外债转贷款"科目下"应收利息"明细科目的期末余额合计数填列。

（10）"与下级往来"项目，正数反映下级政府财政欠本级政府财政的款项金额；负数反映本级政府财政欠下级政府财政的款项金额。本项目应当根据"与下级往来"科目的期末余额填列，期末余额如为借方则以正数填列；如为贷方则以"—"号填列。

（11）"其他应收款"项目，反映政府财政期末尚未收回的其他应收款的金额。本项目应当根据"其他应收款"科目的期末余额填列。

（12）"应收地方政府债券转贷款"项目，反映政府财政期末尚未收回的地方政府债券转贷款的本金金额。本项目应当根据"应收地方政府债券转贷款"科目下"应收本金"明细科目的期末余额填列。

（13）"应收主权外债转贷款"项目，反映政府财政期末尚未收回的主权外债转贷款的本金金额。本项目应当根据"应收主权外债转贷款"科目下的"应收本金"明细科目的期末余额填列。

（14）"股权投资"项目，反映政府期末持有的股权投资的金额。本项目应当根据"股权投资"科目的期末余额填列。

（15）"待发国债"项目，反映中央政府财政期末尚未使用的国债发行额度。本项目应当根据"待发国债"科目的期末余额填列。

（二）负债类项目

（1）"应付短期政府债券"项目，反映政府财政期末尚未偿还的发行期限不超过1年（含1年）的政府债券的本金金额。本项目应当根据"应付短期政府债券"科目下的"应付本金"明细科目的期末余额填列。

（2）"应付利息"项目，反映政府财政期末尚未支付的应付利息金额。本项目应当根据"应付短期政府债券""借入款项""应付地方政府债券转贷款""应付主权外债转贷款"科目下的"应付利息"明细科目期末余额，以及属于分期付息到期还本的"应付长期政府债券"的"应付利息"明细科目期末余额计算填列。

（3）"应付国库集中支付结余"项目，反映政府财政期末尚未支付的国库集中支付结余金额。本项目应当根据"应付国库集中支付结余"科目的期末余额填列。

（4）"与上级往来"项目，正数反映本级政府财政期末欠上级政府财政的款项金额；负数反映上级政府财政欠本级政府财政的款项金额。本项目应当根据"与上级往来"科目的期末余额填列，如为借方余额则以"—"号填列。

（5）"其他应付款"项目，反映政府财政期末尚未支付的其他应付款的金额。本项目应当根据"其他应付款"科目的期末余额填列。

（6）"应付代管资金"项目，反映政府财政期末尚未支付的代管资金金额。本项目应当根据"应付代管资金"科目的期末余额填列。

（7）"一年内到期的非流动负债"项目，反映政府财政期末承担的1年以内（含1年）到偿还期的非流动负债。本项目应当根据"应付长期政府债券""借入款项""应付地方政府债券转贷款""应付主权外债转贷款""其他负债"等科目的期末余额及债务管理部门提供的资料分析填列。

（8）"应付长期政府债券"项目，反映政府财政期末承担的偿还期限超过1年的长期政府债券的本金金额及到期一次还本付息的长期政府债券的应付利息金额。本项目应当根据"应付长期政府债券"科目的期末余额分析填列。

（9）"借入款项"项目，反映政府财政期末承担的偿还期限超过1年的借入款项的本金金额。本项目应当根据"借入款项"科目下"应付本金"明细科目的期末余额分析填列。

（10）"应付地方政府债券转贷款"项目，反映政府财政期末承担的偿还期限超过1年的地方政府债券转贷款的本金金额。本项目应当根据"应付地方政府债券转贷款"科目下"应付本金"明细科目的期末余额分析填列。

（11）"应付主权外债转贷款"项目，反映政府财政期末承担的偿还期限超过1年的主权外债转贷款的本金金额。本项目应当根据"应付主权外债转贷款"科目下"应付本金"明细科目的期末余额分析填列。

（12）"其他负债"项目，反映政府财政期末承担的偿还期限超过1年的其他负债金额。本项目应当根据"其他负债"科目的期末余额分析填列。

（三）净资产类项目

（1）"一般公共预算结转结余"项目，反映政府财政期末滚存的一般公共预算结转金额。本项目应当根据"一般公共预算结转结余"科目的期末余额填列。

（2）"政府性基金预算结转结余"项目，反映政府财政期末滚存的政府性基金预算结转结余金额。本项目应当根据"政府性基金预算结转结余"科目的期末余额填列。

（3）"国有资本经营预算结转结余"项目，反映政府财政期末滚存的国有资本经营预算结转结余金额。本项目应当根据"国有资本经营预算结转结余"科目的期末余额填列。

（4）"财政专户管理资金结余"项目，反映政府财政期末滚存的财政专户管理资金结余金额。本项目应当根据"财政专户管理资金结余"科目的期末余额填列。

（5）"专用基金结余"项目，反映政府财政期末滚存的专用基金结余金额。本项目应当根据"专用基金结余"科目的期末余额填列。

（6）"预算稳定调节基金"项目，反映政府财政期末预算稳定调节基金的余额。本项目应当根据"预算稳定调节基金"科目的期末余额填列。

（7）"预算周转金"项目，反映政府财政期末预算周转金的余额。本项目应当根据"预算周转金"科目的期末余额填列。

（8）"资产基金"项目，反映政府财政期末持有的应收地方政府债券转贷款、应收主权外债转贷款、股权投资和应收股利等资产在净资产中占用的金额。本项目应当根据"资产基金"科目的期末余额填列。

（9）"待偿债净资产"项目，反映政府财政期末因承担应付短期政府债券、应付长期政府债券、借入款项、应付地方政府债券转贷款、应付主权外债转贷款、其他负债等负债相应需在净资产中冲减的金额。本项目应当根据"待偿债净资产"科目的期末借方余额以"—"号填列。

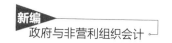

第三节 收入支出表

一、收入支出表格式

收入支出表是财政会计用于反映年度预算收支情况的会计报表。该报表横向反映一般公共预算、政府型基金和国有资本经营预算、财政专户预算资金和专用基金本月数和本年累计数。该报表纵向按预算各类收入和预算各类支出科目反映全年预算收支数。下面从格式和具体编制方法两方面来介绍收入支出表，具体格式如表 6-2 所示。

表 6-2 收入支出表

编制单位： ＿＿＿年＿＿＿月 单位：元

项 目	一般公共预算		政府性基金预算		国有资本经营预算		财政专户管理资金		专 用 基 金	
	本月数	本年累计数	本月数	本年累计数	本月数	本年累计数	本月数	本年累计数	本月数	本年累计数
年初结转结余										
收入合计										
本级收入										
其中：来自预算安排的收入	—	—	—	—	—	—	—	—	—	—
补助收入					—	—	—	—	—	—
上解收入					—	—	—	—	—	—
地区间援助收入			—	—	—	—	—	—	—	—
债务收入					—	—	—	—	—	—
债务转贷收入					—	—	—	—	—	—
动用预算稳定调节基金			—	—	—	—	—	—	—	—
调入资金					—	—	—	—	—	—
支出合计										
本级支出										
其中：权责发生制列支							—	—	—	—
预算安排专用基金的支出			—	—	—	—	—	—	—	—
补助支出							—	—	—	—
上解支出							—	—	—	—
地区间援助支出							—	—	—	—

续表

项　　目	一般公共预算		政府性基金预算		国有资本经营预算		财政专户管理资金		专用基金	
	本月数	本年累计数	本月数	本年累计数	本月数	本年累计数	本月数	本年累计数	本月数	本年累计数
债务还本支出					—	—	—	—	—	—
债务转贷支出					—	—	—	—	—	—
安排预算稳定调节基金			—	—	—	—	—	—	—	—
调出资金										
结余转出					—	—	—	—	—	—
其中：增设预算周转金			—	—	—	—	—	—	—	—
年末结转结余										

注：表中有"—"的部分不必填列

二、收入支出表的编制说明

（一）本表"本月数"栏反映各项目的本月实际发生数

在编制年度收入支出表时，应将本栏改为"上年数"栏，反映上年度各项目的实际发生数；如果本年度收入支出表规定的各个项目的名称和内容同上年度不一致，应对上年度收入支出表各项目的名称和数字按照本年度的规定进行调整，填入本年度收入支出表的"上年数"栏。

本表"本年累计数"栏反映各项目自年初起至报告期末止的累计实际发生数，编制年度收入支出表时，应当将本栏改为"本年数"。

（二）本表"本月数"栏各项目的内容和填列方法

（1）"年初结转结余"项目，反映政府财政本年初各类资金结转结余金额。其中，一般公共预算的"年初结转结余"应当根据"一般公共预算结转结余"科目的年初余额填列；政府性基金预算的"年初结转结余"应当根据"政府性基金预算结转结余"科目的年初余额填列；国有资本经营预算的"年初结转结余"应当根据"国有资本经营预算结转结余"科目的年初余额填列；财政专户管理资金的"年初结转结余"应当根据"财政专户管理资金结余"科目的年初余额填列；专用基金的"年初结转结余"应当根据"专用基金结余"科目的年初余额填列。

（2）"收入合计"项目，反映政府财政本期取得的各类资金的收入合计金额。其中，一般公共预算的"收入合计"应当根据属于一般公共预算的"本级收入""补助收入""上解收入""地区间援助收入""债务收入""债务转贷收入""动用预算稳定调节基金"和"调入资金"各行项目金额的合计填列；政府性基金预算的"收入合计"应当根据属于政府性基金预算的"本级收入""补助收入""上解收入""债务收入""债务转贷收入"和"调入资金"各行项目金额的合计填列；国有资本经营预算的"收入合计"应当根据属于国有资本经营预算的"本级收入"项目的金额填列;财政专户管理资金的"收入合计"应当根据属于财政专户管理资金的"本级收入"项目的金额填列;专用基金的"收入合计"应当根据属于专用基金的"本级收入"项目的金额填列。

(3)"本级收入"项目,反映政府财政本期取得的各类资金的本级收入金额。其中,一般公共预算的"本级收入"应当根据"一般公共预算本级收入"科目的本期发生额填列;政府性基金预算的"本级收入"应当根据"政府性基金预算本级收入"科目的本期发生额填列;国有资本经营预算的"本级收入"应当根据"国有资本经营预算本级收入"科目的本期发生额填列;财政专户管理资金的"本级收入"应当根据"财政专户管理资金收入"科目的本期发生额填列;专用基金的"本级收入"应当根据"专用基金收入"科目的本期发生额填列。

(4)"补助收入"项目,反映政府财政本期取得的各类资金的补助收入金额。其中,一般公共预算的"补助收入"应当根据"补助收入"科目下的"一般公共预算补助收入"明细科目的本期发生额填列;政府性基金预算的"补助收入"应当根据"补助收入"科目下的"政府性基金预算补助收入"明细科目的本期发生额填列。

(5)"上解收入"项目,反映政府财政本期取得的各类资金的上解收入金额。其中,一般公共预算的"上解收入"应当根据"上解收入"科目下的"一般公共预算上解收入"明细科目的本期发生额填列;政府性基金预算的"上解收入"应当根据"上解收入"科目下的"政府性基金预算上解收入"明细科目的本期发生额填列。

(6)"地区间援助收入"项目,反映政府财政本期取得的地区间援助收入金额。本项目应当根据"地区间援助收入"科目的本期发生额填列。

(7)"债务收入"项目,反映政府财政本期取得的债务收入金额。其中,一般公共预算的"债务收入"应当根据"债务收入"科目下除"专项债务收入"以外的其他明细科目的本期发生额填列;政府性基金预算的"债务收入"应当根据"债务收入"科目下的"专项债务收入"明细科目的本期发生额填列。

(8)"债务转贷收入"项目,反映政府财政本期取得的债务转贷收入金额。其中,一般公共预算的"债务转贷收入"应当根据"债务转贷收入"科目下"地方政府一般债务转贷收入"明细科目的本期发生额填列;政府性基金预算的"债务转贷收入"应当根据"债务转贷收入"科目下的"地方政府专项债务转贷收入"明细科目的本期发生额填列。

(9)"动用预算稳定调节基金"项目,反映政府财政本期调用的预算稳定调节基金金额。本项目应当根据"动用预算稳定调节基金"科目的本期发生额填列。

(10)"调入资金"项目,反映政府财政本期取得的调入资金金额。其中,一般公共预算的"调入资金"应当根据"调入资金"科目下"一般公共预算调入资金"明细科目的本期发生额填列;政府性基金预算的"调入资金"应当根据"调入资金"科目下"政府性基金预算调入资金"明细科目的本期发生额填列。

(11)"支出合计"项目,反映政府财政本期发生的各类资金的支出合计金额。其中,一般公共预算的"支出合计"应当根据属于一般公共预算的"本级支出""补助支出""上解支出""地区间援助支出""债务还本支出""债务转贷支出""安排预算稳定调节基金"和"调出资金"各行项目金额的合计填列;政府性基金预算的"支出合计"应当根据属于政府性基金预算的"本级支出""补助支出""上解支出""债务还本支出""债务转贷支出"和"调出资金"各行项目金额的合计填列;国有资本经营预算的"支出合计"应当根据属于国有资本经营预算的"本级支出"和"调出资金"项目金额的合计填列;财政专户管理资金的"支出合计"应当根据属于财政专户管理资金的"本级支出"项目的金额填列;专用基金的"支出合计"应当根据属于专用基金的"本级支出"项目的金额填列。

（12）"补助支出"项目，反映政府财政本期发生的各类资金的补助支出金额。其中，一般公共预算的"补助支出"应当根据"补助支出"科目下的"一般公共预算补助支出"明细科目的本期发生额填列;政府性基金预算的"补助支出"应当根据"补助支出"科目下的"政府性基金预算补助支出"明细科目的本期发生额填列。

（13）"上解支出"项目，反映政府财政本期发生的各类资金的上解支出金额。其中，一般公共预算的"上解支出"应当根据"上解支出"科目下的"一般公共预算上解支出"明细科目的本期发生额填列;政府性基金预算的"上解支出"应当根据"上解支出"科目下的"政府性基金预算上解支出"明细科目的本期发生额填列。

（14）"地区间援助支出"项目，反映政府财政本期发生的地区间援助支出金额。本项目应当根据"地区间援助支出"科目的本期发生额填列。

（15）"债务还本支出"项目，反映政府财政本期发生的债务还本支出金额。其中，一般公共预算的"债务还本支出"应当根据"债务还本支出"科目下除"专项债务还本支出"以外的其他明细科目的本期发生额填列;政府性基金预算的"债务还本支出"应当根据"债务还本支出"科目下的"专项债务还本支出"明细科目的本期发生额填列。

（16）"债务转贷支出"项目，反映政府财政本期发生的债务转贷支出金额。其中，一般公共预算的"债务转贷支出"应当根据"债务转贷支出"科目下"地方政府一般债务转贷支出"明细科目的本期发生额填列;政府性基金预算的"债务转贷支出"应当根据"债务转贷支出"科目下的"地方政府专项债务转贷支出"明细科目的本期发生额填列。

（17）"安排预算稳定调节基金"项目，反映政府财政本期安排的预算稳定调节基金金额。本项目应当根据"安排预算稳定调节基金"科目的本期发生额填列。

（18）"调出资金"项目，反映政府财政本期发生的各类资金的调出资金金额。其中，一般公共预算的"调出资金"应当根据"调出资金"科目下"一般公共预算调出资金"明细科目的本期发生额填列;政府性基金预算的"调出资金"应当根据"调出资金"科目下"政府性基金预算调出资金"明细科目的本期发生额填列;国有资本经营预算的"调出资金"应当根据"调出资金"科目下"国有资本经营预算调出资金"明细科目的本期发生额填列。

（19）"增设预算周转金"项目，反映政府财政本期设置和补充预算周转金的金额。本项目应当根据"预算周转金"科目的本期贷方发生额填列。

（20）"年末结转结余"项目，反映政府财政本年末的各类资金的结转结余金额。其中，一般公共预算的"年末结转结余"应当根据"一般公共预算结转结余"科目的年末余额填列;政府性基金预算的"年末结转结余"应当根据"政府性基金预算结转结余"科目的年末余额填列;国有资本经营预算的"年末结转结余"应当根据"国有资本经营预算结转结余"科目的年末余额填列;财政专户管理资金的"年末结转结余"应当根据"财政专户管理资金结余"科目的年末余额填列;专用基金的"年末结转结余"应当根据"专用基金结余"科目的年末余额填列。

第四节 一般公共预算执行情况表

一、一般公共预算执行情况表的格式

一般公共预算执行情况表反映一般公共预算本级收入和一般公共预算本级支出,由本月(旬)数和本年(月)累计数两部分构成。下面从格式和具体编制方法两方面来介绍一般公共预算执行情况表,具体格式如表 6-3 所示。

表 6-3 一般公共预算执行情况表

编制单位: ___年___月___旬　　　　　　　　　　　　　　单位:元

项　目	本月(旬)数	本年(月)累计数
一般公共预算本级收入		
101 税收收入		
10101 增值税		
1010101 国内增值税		
……		
一般公共预算本级支出		
201 一般公共服务支出		
20101 人大事务		
2010101 行政运行		
……		

二、一般公共预算执行情况表的编制说明

(1)"一般公共预算本级收入"项目及所属各明细项目,应当根据"一般公共预算本级收入"科目及所属各明细科目的本期发生额填列。

(2)"一般公共预算本级支出"项目及所属各明细项目,应当根据"一般公共预算本级支出"科目及所属各明细科目的本期发生额填列。

第五节 政府性基金预算执行情况表

一、政府性基金预算执行情况表格式

政府性基金预算执行情况表由政府性基金预算本级收入构成,由本月(旬)数和本年(月)累计数两部分构成,下面从格式和具体编制方法两方面来介绍此表,具体格式如表 6-4 所示。

表 6-4　政府性基金预算执行情况表

编制单位:　　　　　　　　　　　　　年　　月　　旬　　　　　　　　单位:元

项　目	本月(旬)数	本年(月)累计数
政府性基金预算本级收入		
10301 政府性基金收入		
1030102 农网还贷资金收入		
103010201 中央农网还贷资金收入		
……		
政府性基金预算本级支出		
206 科学技术支出		
20610 核电站乏燃料处理处置基金支出		
2061001 乏燃料运输		
……		

二、政府性基金预算执行情况表的编制说明

(1)"政府性基金预算本级收入"项目及所属各明细项目,应当根据"政府性基金预算本级收入"科目及所属各明细科目的本期发生额填列。

(2)"政府性基金预算本级支出"项目及所属各明细项目,应当根据"政府性基金预算本级支出"科目及所属各明细科目的本期发生额填列。

第六节 国有资本经营预算执行情况表

一、国有资本经营预算执行情况表的格式

国有资本经营预算执行情况表反映国有资本经营预算本级收入和国有资本经营预算本级支

出,由本月(旬)数和本年(月)累计数两部分构成,下面从格式和具体编制方法两方面来介绍此表,具体格式如表6-5所示。

表6-5 国有资本经营预算执行情况表

编制单位：＿＿＿＿＿＿＿＿＿＿＿＿＿＿＿ ＿＿年＿＿月＿＿旬 单位：元

项　目	本月（旬）数	本年（月）累计数
国有资本经营预算本级收入		
10306 国有资本经营收入		
1030601 利润收入		
103060103 烟草企业利润收入		
……		
国有资本经营预算本级支出		
208 社会保障和就业支出		
20804 补充全国社会保障基金		
2080451 国有资本经营预算补充社保基金支出		
……		

二、国有资本经营预算执行情况表的编制说明

（一）"国有资本经营预算本级收入"项目及所属各明细项目，应当根据"国有资本经营预算本级收入"科目及所属各明细科目的本期发生额填列。

（二）"国有资本经营预算本级支出"项目及所属各明细项目，应当根据"国有资本经营预算本级支出"科目及所属各明细科目的本期发生额填列。

第七节 | 财政专户管理资金收支情况表

一、财政专户管理资金收支情况表的格式

财政专户管理资金收支情况表反映财政专户管理资金收入和财政专户管理资金支出，由本月数和本年累计数两部分构成，下面从格式和具体编制方法两方面来介绍此表，具体格式如表6-6所示。

表6-6 财政专户管理资金收支情况表

编制单位：＿＿＿＿＿＿＿＿＿＿＿＿＿＿＿ ＿＿年＿＿月 单位：元

项　目	本　月　数	本年累计数
财政专户管理资金收入		

续表

项　　目	本　月　数	本年累计数
财政专户管理资金支出		

二、财政专户管理资金收支情况表的编制说明

（一）"财政专户管理资金收入"项目及所属各明细项目，应当根据"财政专户管理资金收入"科目及所属各明细科目的本期发生额填列。

（二）"财政专户管理资金支出"项目及所属各明细项目，应当根据"财政专户管理资金支出"科目及所属各明细科目的本期发生额填列。

第八节　专用基金收支情况表

一、专用基金收支情况表的格式

专用基金收支情况表反映专用基金收入专用基金支出，由本月数和本年累计数两部分构成，下面从格式和具体编制方法两方面来介绍此表，具体格式如表6-7所示。

表6-7　专用基金收支情况表

编制单位：　　　　　　　　　　　　　　　___年___月　　　　　　　　　　　　　单位：元

项　　目	本　月　数	本年累计数
专用基金收入		
粮食风险基金		
……		
专用基金支出		
粮食风险基金		
……		

二、专用基金收支情况表的编制说明

（1）"专用基金收入"项目及所属各明细项目，应当根据"专用基金收入"科目及所属各明细科目的本期发生额填列。

（2）"专用基金支出"项目及所属各明细项目，应当根据"专用基金支出"科目及所属各明细科目的本期发生额填列。

总会计报表附注应当至少披露下列内容：

①遵循《财政总预算会计制度》的声明；

②本级政府财政预算执行情况和财务状况的说明；

③会计报表中列示的重要项目的进一步说明，包括其主要构成、增减变动情况等；

④或有负债情况的说明；

⑤有助于理解和分析会计报表的其他需要说明的事项。

思考题

1. 财政财务报表按其性质和编报的时间分别应如何分类？
2. 总会计编制财政财务报表有哪些具体要求？
3. 政府会计基本准则规定我国政府财务报告体系包括哪些内容，其主要目标是什么？
4. 编制财政资产负债表时，月报表的编制和年报表的编制有何不同？
5. 简述财政总预算会计报表的编制程序。

【在线测试题】

扫描书背面的二维码，获取答题权限。

第三篇

政府会计制度

第七章　政府会计概述
第八章　政府会计账务处理
第九章　政府会计报表

第七章 政府会计概述

第一节 政府会计基本原理

2019年1月1日起施行的政府会计制度适用于各级各类行政单位和事业单位,也就是政府会计制度替代了原来的行政和事业单位会计制度,单位应当根据政府会计准则(包括基本准则和具体准则)规定的原则和本制度的要求,对其发生的各项经济业务或事项进行会计核算。单位对基本建设投资应当按照本制度规定统一进行会计核算,不再单独建账,但是应当按项目单独核算,并保证项目资料完整。单位会计核算应当具备财务会计与预算会计双重功能,实现财务会计与预算会计适度分离并相互衔接,全面、清晰反映单位财务信息和预算执行信息。

单位财务会计核算实行权责发生制,单位预算会计核算实行收付实现制,国务院另有规定的,依照其规定。单位对于纳入部门预算管理的现金收支业务,在采用财务会计核算的同时应当进行预算会计核算;对于其他业务,仅需进行财务会计核算。

单位会计要素包括财务会计要素和预算会计要素。财务会计要素包括资产、负债、净资产、收入和费用。预算会计要素包括预算收入、预算支出和预算结余。

预算收入是指政府会计主体在预算年度内依法取得的并纳入预算管理的现金流入。预算支出是指政府会计主体在预算年度内依法发生并纳入预算管理的现金流出。预算结余是指政府会计主体预算年度内预算收入扣除预算支出后的资金余额,以及历年滚存的资金余额。预算结余包括结余资金和结转资金。

第二节 行政单位会计概念

行政单位会计是核算、反映和监督各级行政机关以及实行行政财务管理的其他机关、政党组织预算执行情况及其结果的专业会计。行政单位会计的具体适用组织如下:

(1)各级人民代表大会及其常务委员会机关。例如,全国人民代表大会及其常务委员会、各级地方人民代表大会及其常务委员会。

(2)各级人民政府及其所属工作机构。例如,中央人民政府、地方各级人民政府。又如,国务院所属各部门,如外交部、国防部、国家发展和改革委员会、教育部、科学技术部、工业和信息化部、国家民族事务委员会、公安部、国家安全部、民政部、司法部、财政部、人力资源和社会保障部、自然资源部、生态环境部、住房和城乡建设部、交通运输部、水利部、农业农村部、商务部、文化和旅游部、国家卫生健康委员会、退役军人事务部、应急管理部、中国人民银行、国家审计署、海关总署、国家税务总局、国家市场监督管理总局、国家广播电视总局、国家体育总局、国家统计局、国家国际发展合作署、国家医疗保障局、国务院参事室、国家机关事务管理局等；地方各级人民政府所属各部门，相关部门与国务院层面设置的部门类似，如省财政厅、省公安厅、市财政局、市公安局等。各级人民政府及其所属工作机构通常也称行政机关，它们属于国家执法机关。

（3）中国人民政治协商会议各级委员会机关。例如，中国人民政治协商会议全国委员会、中国人民政治协商会议各级地方委员会。

（4）各级审判机关。例如，最高人民法院、地方各级人民法院。各级审判机关属于国家司法机关。

（5）各级检察机关。例如，最高人民检察院、地方各级人民检察院。各级检察机关是国家的法律监督机关。

（6）中国共产党各级机关。例如，中国共产党中央委员会、中国共产党各级地方委员会。中国共产党是我国的执政党，发挥着总揽全局、协调各方的领导核心作用。

（7）各民主党派和工商联的各级机关。

此外，列为行政编制并接受财政拨款的社会团体（共青团、妇联等）也是市旅游委会计适用的组织或单位。

以上各组织或单位尽管名称不同，但它们都有一个共同的特点，即这些组织都属于非物质生产部门，它们本身并不能在市场上通过交换获得足够的资金来源，以满足其开展业务活动的需要，财政对它们拨付或分配预算资金是其主要资金来源。为此，对这些组织来说，执行部门预算，按照预算取得和使用财政资金，使财政资金发挥其应有的社会效益，是它们进行财务管理和组织会计核算时应当遵循的基本要求。

第三节 事业单位会计概念

一、事业单位的概念与分类

2004年国务院修改发布的《事业单位登记管理暂行条例》指出：事业单位，是指国家为了社会公益目的，由国家机关举办或者其他组织利用国有资产举办的，从事教育、科技、文化、卫生等活动的社会服务组织。事业单位可以按照不同标准，进行如下分类：

（1）按行业分类，事业单位可分为：①教育事业单位；②科研事业单位；③文化艺术事业单位；④卫生事业单位；⑤体育事业单位；⑥农业、林业、渔业和水利事业单位；⑦社会福利事业单位；⑧城市公用事业单位；⑨交通事业单位；⑩信息咨询事业单位；⑪中介服务事业单位；⑫勘察（探）事业单位；⑬气象事业单位；⑭地震测防事业单位；⑮海洋事业单位；⑯环境保护事业单位；⑰检验检测事业单位；⑱知识产权事业单位；⑲机关后勤服务事业单位。

（2）按照事业单位隶属关系分类，可将其分为：国务院所属、中央部委所属和省（市）政府所属、地区（市）政府所属、县（市、区）政府所属和乡政府所属等层次。

（3）按照事业单位承担的社会功能分类，可将其分为：①承担行政职能事业单位；②从事生产经营活动事业单位；③从事公益服务事业单位。

二、事业单位会计概念

事业单位会计是政府会计的组成部分，是适用于事业单位的一门专业会计。它以货币为主要计量单位，对事业单位资金运动的过程及结果进行确认、计量、记录和报告，向会计信息使用者提供与事业单位财务状况、事业成果、预算执行等有关的会计信息，反映事业单位受托责任的履行情况。它是有助于会计信息使用者进行社会管理与经济决策的一项管理活动。

第四节 政府会计会计科目名称和编号

政府会计单位应当按照下列规定运用会计科目：单位应当按照本制度的规定设置和使用会计科目。在不影响会计处理和编制报表的前提下，单位可以根据实际情况自行增设或减少某些会计科目；单位应当执行本制度统一规定的会计科目编号，以便于填制会计凭证、登记账簿、查阅账目，实行会计信息化管理；单位在填制会计凭证、登记会计账簿时，应当填列会计科目的名称，或者同时填列会计科目的名称和编号，不得只填列会计科目编号、不填列会计科目名称；单位设置明细科目或进行明细核算，除遵循本制度规定外，还应当满足权责发生制政府部门财务报告和政府综合财务报告编制的其他需要。政府会计会计科目表格式如表7-1所示。

表7-1 政府会计会计科目表

序 号	科目编号	科目名称
一、A类 政府会计 财务类会计科目		
（一）资产类		
1	1001	库存现金
2	1002	银行存款
3	1011	零余额账户用款额度
4	1021	其他货币资金
5	1101	短期投资
6	1201	财政应返还额度
7	1211	应收票据
8	1212	应收账款
9	1214	预付账款
10	1215	应收股利
11	1216	应收利息

续表

序　号	科目编号	科目名称
12	1218	其他应收款
13	1219	坏账准备
14	1301	在途物品
15	1302	库存物品
16	1303	加工物品
17	1401	待摊费用
18	1501	长期股权投资
19	1502	长期债券投资
20	1601	固定资产
21	1602	固定资产累计折旧
22	1611	工程物资
23	1613	在建工程
24	1701	无形资产
25	1702	无形资产累计摊销
26	1703	研发支出
27	1801	公共基础设施
28	1802	公共基础设施累计折旧（摊销）
29	1811	政府储备物资
30	1821	文物文化资产
31	1831	保障性住房
32	1832	保障性住房累计折旧
33	1891	受托代理资产
34	1901	长期待摊费用
35	1902	待处理财产损溢
（二）负债类		
1	2001	短期借款
2	2101	应交增值税
3	2102	其他应交税费
4	2103	应缴财政款
5	2201	应付职工薪酬
6	2301	应付票据
7	2302	应付账款
8	2303	应付政府补贴款
9	2304	应付利息
10	2305	预收账款
11	2307	其他应付款
12	2401	预提费用
13	2501	长期借款
14	2502	长期应付款

续表

序　号	科目编号	科目名称
15	2601	预计负债
16	2901	受托代理负债
（三）净资产类		
1	3001	累计盈余
2	3101	专用基金
3	3201	权益法调整
4	3301	本期盈余
5	3302	本年盈余分配
6	3401	无偿调拨净资产
7	3501	以前年度盈余调整
（四）收入类		
1	4001	财政拨款收入
2	4101	事业收入
3	4201	上级补助收入
4	4301	附属单位上缴收入
5	4401	经营收入
6	4601	非同级财政拨款收入
7	4602	投资收益
8	4603	捐赠收入
9	4604	利息收入
10	4605	租金收入
11	4609	其他收入
（五）费用类		
1	5001	业务活动费用
2	5101	单位管理费用
3	5201	经营费用
4	5301	资产处置费用
5	5401	上缴上级费用
6	5501	对附属单位补助费用
7	5801	所得税费用
8	5901	其他费用
二、B类　预算会计科目		
（一）预算收入类		
1	6001	财政拨款预算收入
2	6101	事业预算收入
3	6201	上级补助预算收入
4	6301	附属单位上缴预算收入
5	6401	经营预算收入
6	6501	债务预算收入

续表

序　号	科目编号	科　目　名　称
7	6601	非同级财政拨款预算收入
8	6602	投资预算收益
9	6609	其他预算收入
(二) 预算支出类		
1	7101	行政支出
2	7201	事业支出
3	7301	经营支出
4	7401	上缴上级支出
5	7501	对附属单位补助支出
6	7601	投资支出
7	7701	债务还本支出
8	7901	其他支出
(三) 预算结余类		
1	8001	资金结存
2	8101	财政拨款结转
3	8102	财政拨款结余
4	8201	非财政拨款结转
5	8202	非财政拨款结余
6	8301	专用结余
7	8401	经营结余
8	8501	其他结余
9	8701	非财政拨款结余分配

思考题

1. 简述行政单位会计的概念以及具体适用组织。
2. 对政单位会计具体适用组织的特点进行简单概述。
3. 预算会计要素包括哪几项，具体含义是什么？
4. 政府会计单位应当按照哪些规定运用会计科目？
5. 单位财务会计和单位预算会计适用的会计核算方法是什么？单位什么时候用财务会计核算，什么时候用预算会计核算？

【在线测试题】

扫描书背面的二维码，获取答题权限。

扫描此码　在线自测

第八章 政府会计账务处理

政府会计要素包括财务会计要素和预算会计要素。财务会计要素包括资产、负债、净资产、收入和费用。预算会计要素包括预算收入、预算支出和预算结余。在此假设政府会计财务类会计科目为 A 类,政府会计预算类会计科目为 B 类,即政府会计共分 A、B 两大类。

A类 政府会计 财务类会计科目

财务会计要素包括资产、负债、净资产、收入和费用五大类,以下分五节进行讲解。

第一节 | 资产类

一、第一科目 1001 库存现金

(1)本科目核算单位的库存现金。

(2)单位应当严格按照国家有关现金管理的规定收支现金,并按照本制度规定核算现金的各项收支业务。本科目应当设置"受托代理资产"明细科目,核算单位受托代理、代管的现金。

(3)库存现金的主要账务处理如下:

①从银行等金融机构提取现金,按照实际提取的金额,借记本科目,贷记"银行存款"科目;将现金存入银行等金融机构,按照实际存入金额,借记"银行存款"科目,贷记本科目。根据规定从单位零余额账户提取现金,按照实际提取的金额,借记本科目,贷记"零余额账户用款额度"科目。将现金退回单位零余额账户,按照实际退回的金额,借记"零余额账户用款额度"科目,贷记本科目。

【例1】某市旅游委将现金 900 元存入开户银行(只进行财务会计账务处理)。

借:银行存款 900
　　贷:库存现金 900

【例2】某市旅游委职工王涛报销由其个人垫支的管理部门使用的办公用品费 3 000 元,以

现金付讫（平行记账）。
财务会计账务处理：
借：库存现金　　　　　　　　　　　　　　　　　　　　　　3 000
　　贷：零余额账户用款额度　　　　　　　　　　　　　　　　　3 000
预算会计账务处理：
借：资金结存——货币资金（库存）　　　　　　　　　　　　　3 000
　　贷：资金结存——零余额账户用款额度　　　　　　　　　　　3 000

②因内部职工出差等原因借出的现金，按照实际借出的现金金额，借记"其他应收款"科目，贷记本科目。

出差人员报销差旅费时，按照实际报销的金额，借记"业务活动费用""单位管理费用"等科目，按照实际借出的现金金额，贷记"其他应收款"科目，按照其差额，借或贷记本科目。

【例3】某市旅游委职工王涛出差，经批准欲借差旅费2 000元（只进行财务会计账务处理）。
借：其他应收款——王涛　　　　　　　　　　　　　　　　　2 000
　　贷：库存现金　　　　　　　　　　　　　　　　　　　　　2 000

【例4】承例3王涛出差回来报销差旅费600元（平行记账）。
财务会计账务处理：
借：业务活动费用　　　　　　　　　　　　　　　　　　　　　600
　　库存现金　　　　　　　　　　　　　　　　　　　　　　1 400
　　贷：其他应收款——王涛　　　　　　　　　　　　　　　　2 000
预算会计账务处理：
借：行政支出　　　　　　　　　　　　　　　　　　　　　　2 000
　　贷：资金结存——货币资金（库存现金）　　　　　　　　　　2 000

③因提供服务、物品或者其他事项收到现金，按照实际收到的金额，借记本科目，贷记"事业收入""应收账款"等相关科目。涉及增值税业务的，相关账务处理参见"应交增值税"科目。

因购买服务、物品或者其他事项支付现金，按照实际支付的金额，借记"业务活动费用""单位管理费用""库存物品"等相关科目，贷记本科目。涉及增值税业务的，相关账务处理参见"应交增值税"科目。

【例5】某市旅游委职工王涛报销邮寄费70元以现金付讫（平行记账）。
财务会计账务处理：
借：业务活动费用　　　　　　　　　　　　　　　　　　　　　70
　　贷：库存现金　　　　　　　　　　　　　　　　　　　　　　70
预算会计账务处理：
借：行政支出　　　　　　　　　　　　　　　　　　　　　　　70
　　贷：资金结存——货币资金（库存现金）　　　　　　　　　　　70

【例6】某市旅游委下属事业单位职工王涛报销由其个人垫支的管理部门使用的办公用品费860元以现金付讫（平行记账）。
财务会计账务处理：
借：单位管理费用　　　　　　　　　　　　　　　　　　　　　860
　　贷：库存现金　　　　　　　　　　　　　　　　　　　　　　860
预算会计账务处理：

借：事业支出　　　　　　　　　　　　　　　　　　　　　　　　860
　　　　贷：资金结存——货币资金（库存现金）　　　　　　　　　　　　860
以库存现金对外捐赠，按照实际捐出的金额，借记"其他费用"科目，贷记本科目。

【例7】 某市旅游委下属事业单位为灾区捐赠现金10 000元（平行记账）。
财务会计账务处理：
　　借：其他费用　　　　　　　　　　　　　　　　　　　　　　　　10 000
　　　　贷：库存现金　　　　　　　　　　　　　　　　　　　　　　　10 000
预算会计账务处理：
　　借：其他支出　　　　　　　　　　　　　　　　　　　　　　　　10 000
　　　　贷：资金结存——货币资金（库存现金）　　　　　　　　　　　10 000

④收到受托代理、代管的现金，按照实际收到的金额，借记本科目（受托代理资产），贷记"受托代理负债"科目；支付受托代理、代管的现金，按照实际支付的金额，借记"受托代理负债"科目，贷记本科目（受托代理资产）。

【例8】 某市旅游委收到受托代理的一笔现金20 000元，根据委托人的要求该笔现金应当捐赠给有关的受赠人（只进行财务会计账务处理）。
　　借：库存现金——受托代理资产　　　　　　　　　　　　　　　　20 000
　　　　贷：受托代理负债　　　　　　　　　　　　　　　　　　　　　20 000

【例9】 承例8，该市旅游委按照委托人的要求，将受托代理的现金支付给了有关的受赠人（只进行财务会计账务处理）。
　　借：受托代理负债　　　　　　　　　　　　　　　　　　　　　　20 000
　　　　贷：库存现金——受托代理资产　　　　　　　　　　　　　　　20 000

（4）单位应当设置"库存现金日记账"，由出纳人员根据收付款凭证，按照业务发生顺序逐笔登记。每日终了，应当计算当日的现金收入合计数、现金支出合计数和结余数，并将结余数与实际库存数相核对，做到账款相符。

每日账款核对中发现有待查明原因的现金短缺或溢余的，应当通过"待处理财产损溢"科目核算。属于现金溢余，应当按照实际溢余的金额，借记本科目，贷记"待处理财产损溢"科目；属于现金短缺，应当按照实际短缺的金额，借记"待处理财产损溢"科目，贷记本科目。待查明原因后及时进行账务处理，具体内容参见"待处理财产损溢"科目。

【例10】 某市旅游委现金清查时，发现库存现金比账面余额多了300元，原因待查（平行记账）。
财务会计账务处理：
　　借：库存现金　　　　　　　　　　　　　　　　　　　　　　　　300
　　　　贷：待处理财产损溢　　　　　　　　　　　　　　　　　　　　300
预算会计账务处理：
　　借：资金结存——货币资金（库存现金）　　　　　　　　　　　　300
　　　　贷：其他预算收入　　　　　　　　　　　　　　　　　　　　　300

【例11】 承例10，现金溢余原因不明，月末经批准确认为其他收入（只进行财务会计处理）。
　　借：待处理财产损溢　　　　　　　　　　　　　　　　　　　　　300
　　　　贷：其他收入　　　　　　　　　　　　　　　　　　　　　　　300

【例12】 某市旅游委下属事业单位现金清查时，发现库存现金比账面余额少了220元，原因待查（平行记账）。

财务会计账务处理：
借：待处理财产损溢　　　　　　　　　　　　　　　　　220
　　贷：库存现金　　　　　　　　　　　　　　　　　　　　220

预算会计账务处理：
借：其他支出　　　　　　　　　　　　　　　　　　　220
　　贷：资金结存——货币资金（库存现金）　　　　　　　　220

【例13】 承例12，经查，现金短缺200元为出纳员张山的责任，其余短缺无法查明原因，经批准确认为资产处置费用（只进行财务会计账务处理）。

财务会计账务处理：
借：其他应收款——张山　　　　　　　　　　　　　　200
　　资产处置费用　　　　　　　　　　　　　　　　　　20
　　贷：待处理财产损溢　　　　　　　　　　　　　　　　　220

预算会计账务处理：
借：其他支出　　　　　　　　　　　　　　　　　　　220
　　贷：资金结存——货币资金（库存现金）　　　　　　　　220

【例14】 承例13，经查，收到出纳员张山的赔款200元（平行记账）。

财务会计账务处理：
借：库存现金　　　　　　　　　　　　　　　　　　　200
　　贷：其他应收款——张山　　　　　　　　　　　　　　　200

预算会计账务处理：
借：资金结存——货币资金（库存现金）　　　　　　　200
　　贷：其他支出　　　　　　　　　　　　　　　　　　　　200

（5）现金收入业务繁多、单独设有收款部门的单位，收款部门的收款员应当将每天所收现金连同收款凭据一并交财务部门核收记账，或者将每天所收现金直接送存开户银行后，将收款凭据及向银行送存现金的凭证等一并交财务部门核收记账。

（6）单位有外币现金的，应当分别按照人民币、外币种类设置"库存现金日记账"进行明细核算。有关外币现金业务的账务处理参见"银行存款"科目的相关规定。

（7）本科目期末借方余额，反映单位实际持有的库存现金。

二、第二科目　1002 银行存款

（1）本科目核算单位存入银行或者其他金融机构的各种存款。

（2）单位应当严格按照国家有关支付结算办法的规定办理银行存款收支业务，并按照本制度规定核算银行存款的各项收支业务。本科目应当设置"受托代理资产"明细科目，核算单位受托代理、代管的银行存款。

（3）银行存款的主要账务处理如下：

①将款项存入银行或者其他金融机构，按照实际存入的金额，借记本科目，贷记"库存现金""应收账款""事业收入""经营收入""其他收入"等相关科目。涉及增值税业务的，相关账务处理参见"应交增值税"科目。收到银行存款利息，按照实际收到的金额，借记本科目，

贷记"利息收入"科目。

【例1】某市旅游委从非同级财政部门取得款项7 000元,用于完成委托的专项任务,款项已存入银行(平行记账)。

财务会计处理:

借:银行存款　　　　　　　　　　　　　　　　　　　　　　7 000
　　贷:非同级财政拨款收入　　　　　　　　　　　　　　　　　　7 000

预算会计处理:

借:资金结存——货币资金(银行存款)　　　　　　　　　　　7 000
　　贷:非同级财政拨款预算收入　　　　　　　　　　　　　　　　7 000

【例2】某市旅游委接到银行结息通知,第一季度存款利息700元存入单位账户(平行记账)。

财务会计处理:

借:银行存款　　　　　　　　　　　　　　　　　　　　　　　700
　　贷:利息收入　　　　　　　　　　　　　　　　　　　　　　　700

预算会计处理:

借:资金结存——货币资金(银行存款)　　　　　　　　　　　　700
　　贷:其他预算收入　　　　　　　　　　　　　　　　　　　　　700

②从银行等金融机构提取现金,按照实际提取的金额,借记"库存现金"科目,贷记本科目。

【例3】某市旅游委签发现金支票,从银行提取现金6 000元(只进行财务会计账务处理)。

借:库存现金　　　　　　　　　　　　　　　　　　　　　　6 000
　　贷:银行存款　　　　　　　　　　　　　　　　　　　　　　6 000

③以银行存款支付相关费用,按照实际支付的金额,借记"业务活动费用""单位管理费用""其他费用"等相关科目,贷记本科目。涉及增值税业务的,相关账务处理参见"应交增值税"科目。以银行存款对外捐赠,按照实际捐出的金额,借记"其他费用"科目,贷记本科目。

【例4】某市旅游委通过银行存款账户支付一笔租赁费600元(平行记账)。

财务会计账务处理:

借:业务活动费用　　　　　　　　　　　　　　　　　　　　　600
　　贷:银行存款　　　　　　　　　　　　　　　　　　　　　　　600

预算会计账务处理:

借:行政支出　　　　　　　　　　　　　　　　　　　　　　　600
　　贷:资金结存——货币资金(银行存款)　　　　　　　　　　　600

④收到受托代理、代管的银行存款,按照实际收到的金额,借记本科目(受托代理资产),贷记"受托代理负债"科目;支付受托代理、代管的银行存款,按照实际支付的金额,借记"受托代理负债"科目,贷记本科目(受托代理资产)。

(4)单位发生外币业务的,应当按照业务发生当日的即期汇率,将外币金额折算为人民币金额记账,并登记外币金额和汇率。期末,各种外币账户的期末余额,应当按照期末的即期汇率折算为人民币,作为外币账户期末人民币余额。调整后的各种外币账户人民币余额与原账面余额的差额,作为汇兑损益计入当期费用。

①以外币购买物资、设备等,按照购入当日的即期汇率将支付的外币或应支付的外币折算为人民币金额,借记"库存物品"等科目,贷记本科目、"应付账款"等科目的外币账户。涉及增值税业务的,相关账务处理参见"应交增值税"科目。

【例5】 某市旅游委下属事业单位从美国公司购入设备作为事业用固定资产，货款20万美元，当日的即期汇率为"1美元=6元人民币"，进口关税为152 000元人民币，货款已用美元支付，进口关税用人民币存款支付（平行记账）。

财务会计账务处理：
借：固定资产　　　　　　　　　　　　　　　　　　　　　　　1 352 000
　　贷：银行存款——美元户（200 000×6）　　　　　　　　　1 200 000
　　　　　　——人民币户　　　　　　　　　　　　　　　　　　152 000

预算会计账务处理：
借：事业支出　　　　　　　　　　　　　　　　　　　　　　　1 352 000
　　贷：资金结存——货币资金（银行存款）　　　　　　　　　1 352 000

②销售物品、提供服务以外币收取相关款项等，按照收入确认当日的即期汇率将收取的外币或应收取的外币折算为人民币金额，借记本科目、"应收账款"等科目的外币账户，贷记"事业收入"等相关科目。

【例6】 某市旅游委下属事业单位取得事业收入10万美元存入银行，当日即期汇率为"1美元=6元人民币"（平行记账）。

财务会计账务处理：
借：银行存款——美元户（100 000×6）　　　　　　　　　　　600 000
　　贷：事业收入　　　　　　　　　　　　　　　　　　　　　600 000

预算会计账务收入：
借：资金结存——货币资金（银行存款）　　　　　　　　　　600 000
　　贷：事业预算收入　　　　　　　　　　　　　　　　　　600 000

③期末，根据各外币银行存款账户按照期末汇率调整后的人民币余额与原账面人民币余额的差额，作为汇兑损益，借记或贷记本科目，贷记或借记"业务活动费用""单位管理费用"等科目。

"应收账款""应付账款"等科目有关外币账户期末汇率调整业务的账务处理参照本科目。

【例7】 某市旅游委下属事业单位银行存款——美元账户期末余额30万美元，计算汇兑损益前折算的人民币金额为1 802 300元。期末即期汇率为"1美元=6元人民币"，30万美元按照期末汇率折算，为人民币1 800 000元，产生汇兑损失2 300元人民币（平行记账）。

财务会计账务处理：
借：业务活动费用　　　　　　　　　　　　　　　　　　　　　2 300
　　贷：银行存款——美元户　　　　　　　　　　　　　　　　2 300

预算会计账务处理：
借：事业支出　　　　　　　　　　　　　　　　　　　　　　　2 300
　　贷：资金结存——货币资金（银行存款）　　　　　　　　　2 300

（5）单位应当按照开户银行或其他金融机构、存款种类及币种等，分别设置"银行存款日记账"，由出纳人员根据收付款凭证，按照业务的发生顺序逐笔登记，每日终了应结出余额。"银行存款日记账"应定期与"银行对账单"核对，至少每月核对一次。月度终了，单位银行存款日记账账面余额与银行对账单余额之间如有差额，应当逐笔查明原因并进行处理，按月编制"银行存款余额调节表"，调节相符。

（6）本科目期末借方余额，反映单位实际存放在银行或其他金融机构的款项。

三、第三科目　1011 零余额账户用款额度

（1）本科目核算实行国库集中支付的单位根据财政部门批复的用款计划收到和支用的零余额账户用款额度。

（2）零余额账户用款额度的主要账务处理如下：

①收到额度。单位收到"财政授权支付到账通知书"时，根据通知书所列金额，借记本科目，贷记"财政拨款收入"科目。

【例1】某市旅游委收到代理银行转来的"财政授权支付到账通知书"，通知书中注明本月授权额度为 300 000 元（平行记账）。

财务会计账务处理：

借：零余额账户用款额度　　　　　　　　　　　　　　　　　　300 000
　　贷：财政拨款收入　　　　　　　　　　　　　　　　　　　　　　　300 000

预算会计账务处理：

借：资金结存——零余额账户用款额度　　　　　　　　　　　　300 000
　　贷：财政拨款预算收入　　　　　　　　　　　　　　　　　　　　　300 000

②支用额度处理如下：

第一，支付日常活动费用时，按照支付的金额，借记"业务活动费用""单位管理费用"等科目，贷记本科目。

第二，购买库存物品或购建固定资产，按照实际发生的成本，借记"库存物品""固定资产""在建工程"等科目，按照实际支付或应付的金额，贷记本科目和"应付账款"等科目。涉及增值税业务的，相关账务处理参见"应交增值税"科目。

第三，从零余额账户提取现金时，按照实际提取的金额，借记"库存现金"科目，贷记本科目。

【例2】某市旅游委下属事业单位从零余额账户购买事业用材料 86 000 元（平行记账）。

财务会计账务处理：

借：库存物品　　　　　　　　　　　　　　　　　　　　　　　86 000
　　贷：零余额账户用款额度　　　　　　　　　　　　　　　　　　　　86 000

预算会计账务处理：

借：事业支出　　　　　　　　　　　　　　　　　　　　　　　86 000
　　贷：资金结存——零余额账户用款额度　　　　　　　　　　　　　　86 000

③因购货退回等发生财政授权支付额度退回的，按照退回的金额，借记本科目，贷记"库存物品"等科目。

④年末，根据代理银行提供的对账单作注销额度的相关账务处理，借记"财政应返还额度——财政授权支付"科目，贷记本科目。年末，单位本年度财政授权支付预算指标数大于零余额账户用款额度下达数的，根据未下达的用款额度，借记"财政应返还额度——财政授权支付"科目，贷记"财政拨款收入"科目。

下年初，单位根据代理银行提供的上年度注销额度恢复到账通知书进行恢复额度的相关账务处理，借记本科目，贷记"财政应返还额度——财政授权支付"科目。单位收到财政部门批复的上年未下达零余额账户用款额度，借记本科目，贷记"财政应返还额度——财政授权支付"科目。

【例3】某市旅游委年终对账时，根据财政授权支付额度年终对账。

财务会计账务处理：
  借：财政应返还额度——财政授权支付 90 000
    贷：零余额账户用款额度 90 000
预算会计账务处理：
  借：资金结存——财政应返还额度 90 000
    贷：资金结存——零余额账户用款额度 90 000

【例4】该市旅游委本年度财政授权支付预算指标数大于零余额账户用款额度下达数，两者差额 14 000 元（平行记账）。

财务会计账务处理：
  借：财政应返还额度——财政授权支付 14 000
    贷：财政拨款收入 14 000
预算会计账务处理：
  借：资金结存——财政应返还额度 14 000
    贷：财政拨款预算收入 14 000

【例5】承例4，该市旅游委下年度收到银行转来额度恢复通知书（平行记账）。

财务会计账务处理：
  借：零余额账户用款额度 70 000
    贷：财政应返还额度——财政授权支付 70 000
预算会计账务处理：
  借：资金结存——零余额账户用款额度 70 000
    贷：资金结存——财政应返还额度 70 000

【例6】承例5，该市旅游委下年度收到财政部门批复的上年未下达零余额账户用款额度 14 000 元（平行记账）。

财务会计账务处理：
  借：零余额账户用款额度 14 000
    贷：财政应返还额度——财政授权支付 14 000
预算会计账务处理：
  借：资金结存——零余额账户用款额度 14 000
    贷：资金结存——财政应返还额度 14 000

（3）本科目期末借方余额，反映单位尚未支用的零余额账户用款额度。年末注销单位零余额账户用款额度后，本科目应无余额。

四、第四科目 1021 其他货币资金

（1）本科目核算单位的外埠存款、银行本票存款、银行汇票存款、信用卡存款等各种其他货币资金。

（2）本科目应当设置"外埠存款""银行本票存款""银行汇票存款""信用卡存款"等明细科目，进行明细核算。

（3）其他货币资金的主要账务处理如下：

①单位按照有关规定需要在异地开立银行账户，将款项委托本地银行汇往异地开立账户时，

借记本科目,贷记"银行存款"科目。收到采购员交来供应单位发票账单等报销凭证时,借记"库存物品"等科目,贷记本科目。将多余的外埠存款转回本地银行时,根据银行的收账通知,借记"银行存款"科目,贷记本科目。

【例1】某市旅游委下属事业单位在外埠开立临时采购账户,委托银行汇往采购地款项100 000元(只进行财务会计账务处理)。

借:其他货币资金——外埠存款　　　　　　　　　　　　　　　100 000
　　贷:银行存款　　　　　　　　　　　　　　　　　　　　　　100 000

【例2】承例1,该事业单位采购员以外埠存款购买材料,材料价款70 000元,材料已入库(平行记账)。

账务会计账务处理:
借:库存物品　　　　　　　　　　　　　　　　　　　　　　　70 000
　　贷:其他货币资金——外埠存款　　　　　　　　　　　　　70 000
预算会计账务处理:
借:事业支出　　　　　　　　　　　　　　　　　　　　　　　70 000
　　贷:资金结存——货币资金(其他货币资金)　　　　　　　70 000

【例3】承例2,外埠采购结束,该事业单位收到银行转来收账通知,余额110 000元收妥入账(只进行财务会计账务处理)。

借:银行存款　　　　　　　　　　　　　　　　　　　　　　　110 000
　　贷:其他货币资金——外埠存款　　　　　　　　　　　　　110 000

②将款项交存银行取得银行本票、银行汇票,按照取得的银行本票、银行汇票金额,借记本科目,贷记"银行存款"科目。使用银行本票、银行汇票购买库存物品等资产时,按照实际支付金额,借记"库存物品"等科目,贷记本科目。如有余款或因本票、汇票超过付款期等原因而退回款项,按照退款金额,借记"银行存款"科目,贷记本科目。

【例4】某市旅游委下属事业单位填制"银行汇票委托书",将10 000元存入银行,取得银行汇票(只进行财务会计账务处理)。

借:其他货币资金——银行汇票存款　　　　　　　　　　　　　10 000
　　贷:银行存款　　　　　　　　　　　　　　　　　　　　　10 000

【例5】承例4,该事业单位用上述银行汇票支付材料买价6 000元(平行记账)。

财务会计账务处理:
借:库存商品　　　　　　　　　　　　　　　　　　　　　　　6 000
　　贷:其他货币资金——银行汇票存款　　　　　　　　　　　6 000
预算会计账务处理:
借:事业支出　　　　　　　　　　　　　　　　　　　　　　　6 000
　　贷:资金结存——货币资金(其他货币资金)　　　　　　　6 000

【例6】承例5,该事业单位收到开户银行转来银行汇票存款余额2 000元(只进行会计账务处理)。

借:银行存款　　　　　　　　　　　　　　　　　　　　　　　2 000
　　贷:其他货币资金——银行汇票存款　　　　　　　　　　　2 000

③将款项交存银行取得信用卡,按照交存金额,借记本科目,贷记"银行存款"科目。用信用卡购物或支付有关费用,按照实际支付金额,借记"单位管理费用""库存物品"等科目,

贷记本科目。单位信用卡在使用过程中，需向其账户续存资金的，按照续存金额，借记本科目，贷记"银行存款"科目。

【例7】某市旅游委下属事业单位将银行存款40 000元存入信用卡（只进行会计账务处理）。

借：其他货币资金——信用卡存款　　　　　　　　　　　　　　40 000
　　贷：银行存款　　　　　　　　　　　　　　　　　　　　　　40 000

【例8】承例7，该事业单位用信用卡支付办公用品费用1 500元（平行记账）。

财务会计账务处理：
借：单位管理费用　　　　　　　　　　　　　　　　　　　　　1 500
　　贷：其他货币资金——信用卡存款　　　　　　　　　　　　　1 500

预算会计账务处理：
借：事业支出　　　　　　　　　　　　　　　　　　　　　　　1 500
　　贷：资金结存——货币资金（其他货币资金）　　　　　　　　1 500

（4）单位应当加强对其他货币资金的管理，及时办理结算，对于逾期尚未办理结算的银行汇票、银行本票等，应当按照规定及时转回，并按照上述规定进行相应账务处理。

（5）本科目期末借方余额，反映单位实际持有的其他货币资金。

五、第五科目　1101 短期投资

（1）本科目核算事业单位按照规定取得的，持有时间不超过1年（含1年）的投资。

（2）本科目应当按照投资的种类等进行明细核算。

（3）短期投资的主要账务处理如下：

①取得短期投资时，按照确定的投资成本，借记本科目，贷记"银行存款"等科目。

【例1】某市旅游委下属事业单位购入1年期的国债10 000元，该国债的年利率为3.56%（平行记账）。

财务会计账务处理：
借：短期投资　　　　　　　　　　　　　　　　　　　　　　　10 000
　　贷：银行存款　　　　　　　　　　　　　　　　　　　　　　10 000

预算会计账务处理：
借：投资支出　　　　　　　　　　　　　　　　　　　　　　　10 000
　　贷：资金结存——货币资金（银行存款）　　　　　　　　　　10 000

收到取得投资时实际支付价款中包含的已到付息期但尚未领取的利息，按照实际收到的金额，借记"银行存款"科目，贷记本科目。

②收到短期投资持有期间的利息，按照实际收到的金额，借记"银行存款"科目，贷记"投资收益"科目。

③出售短期投资或到期收回短期投资本息，按照实际收到的金额，借记"银行存款"科目，按照出售或收回短期投资的账面余额，贷记本科目，按照其差额，借记或贷记"投资收益"科目。涉及增值税业务的，相关账务处理参见"应交增值税"科目。

【例2】承例1，该事业单位两个月后将该批国债全部转让，收到款项10 200元（平行记账）。

财务会计账务处理：
借：银行存款　　　　　　　　　　　　　　　　　　　　　　　10 200

```
        贷：短期投资                                        10 000
            投资收益                                            200
    预算会计账务处理：
    借：资金结存——货币资金（银行存款）                  10 200
        贷：投资支出                                        10 000
            投资预算收益                                        200
```
（4）本科目期末借方余额，反映事业单位持有短期投资的成本。

六、第六科目 1201 财政应返还额度

（1）本科目核算实行国库集中支付的单位应收财政返还的资金额度，包括可以使用的以前年度财政直接支付资金额度和财政应返还的财政授权支付资金额度。

（2）本科目应当设置"财政直接支付""财政授权支付"两个明细科目进行明细核算。

（3）财政应返还额度的主要账务处理如下：

①财政直接支付。年末，单位根据本年度财政直接支付预算指标数大于当年财政直接支付实际发生数的差额，借记本科目（财政直接支付），贷记"财政拨款收入"科目。单位使用以前年度财政直接支付额度支付款项时，借记"业务活动费用""单位管理费用"等科目，贷记本科目（财政直接支付）。

【例1】年度终了，某市旅游委本年度财政直接支付年终结余资金140 000元（平行记账）。

```
    财务会计账务处理：
    借：财政应返还额度——财政直接支付                 140 000
        贷：财政拨款收入                                 140 000
    预算会计账务处理：
    借：资金结存——财政应返还额度（财政直接支付）      140 000
        贷：财政拨款预算收入                             140 000
```

【例2】承例1，该市旅游委下年初收到《财政直接支付额度恢复到账通知书》，恢复上年度财政直接支付额度140 000元。该市旅游委对恢复财政直接支付额度不做会计处理，在使用恢复的财政直接支付额度时再进行会计处理。

【例3】承例2，该市旅游委实际支用上年度财政直接支付额度140 000元（平行记账）。

```
    财务会计账务处理：
    借：业务活动费用                                   140 000
        贷：财政应返还额度——财政直接支付               140 000
    预算会计账务处理：
    借：行政支出                                       140 000
        贷：资金结存——财政应返还额度（财政直接支付）    140 000
```

②财政授权支付。年末，根据代理银行提供的对账单作注销额度的相关账务处理，借记本科目（财政授权支付），贷记"零余额账户用款额度"科目。年末，单位本年度财政授权支付预算指标数大于零余额账户用款额度下达数的，根据未下达的用款额度，借记本科目（财政授权支付），贷记"财政拨款收入"科目。下年初，单位根据代理银行提供的上年度注销额度恢复到账通知书作恢复额度的相关账务处理，借记"零余额账户用款额度"科目，贷记本科目（财

政授权支付)。单位收到财政部门批复的上年未下达零余额账户用款额度,借记"零余额账户用款额度"科目,贷记本科目(财政授权支付)。

(4)本科目期末借方余额,反映单位应收财政返还的资金额度。

七、第七科目 1211 应收票据

(1)本科目核算事业单位因开展经营活动销售产品、提供有偿服务等而收到的商业汇票,包括银行承兑汇票和商业承兑汇票。

(2)本科目应当按照开出、承兑商业汇票的单位等进行明细核算。

(3)应收票据的主要账务处理如下:

①因销售产品、提供服务等收到商业汇票,按照商业汇票的票面金额,借记本科目,按照确认的收入金额,贷记"经营收入"等科目。涉及增值税业务的,相关账务处理参见"应交增值税"科目。

【例1】某市旅游委下属事业单位开展经营活动向某公司销售产品一批,价款100 000元,收到6个月期的带息商业汇票一张,面值100 000元,票面利率为12%(只进行财务会计账务处理)。

借:应收票据   100 000
　　贷:经营收入   100 000

②持未到期的商业汇票向银行贴现,按照实际收到的金额(即扣除贴现息后的净额),借记"银行存款"科目,按照贴现息金额,借记"经营费用"等科目,按照商业汇票的票面金额,贷记本科目(无追索权)或"短期借款"科目(有追索权)。附追索权的商业汇票到期未发生追索事项的,按照商业汇票的票面金额,借记"短期借款"科目,贷记本科目。

【例2】承例1,该事业单位持有2个月后,将面值为100 000元、票面利率为12%、期限为6个月的带息商业汇票向银行贴现,银行贴现率为年利率9%。假设该商业汇票无追索权(平行记账)。

贴现期 =6-2=4(个月)
票据到期值 =100 000×(1+12%÷12×6)=106 000(元)
贴现息 =106 000×9%÷12×4=3 180(元)
贴现实收款 = 票据到期值 - 贴现息 =106 000-3180=102 820(元)

财务会计账务处理:

借:银行存款   102 820
　　贷:应收票据   100 000
　　　　经营收入   2 820

同时进行预算会计账务处理:

借:资金结存——货币资金(银行存款)   102 820
　　贷:经营预算收入   102 820

③将持有的商业汇票背书转让以取得所需物资时,按照取得物资的成本,借记"库存物品"等科目,按照商业汇票的票面金额,贷记本科目,如有差额,借记或贷记"银行存款"等科目。涉及增值税业务的,相关账务处理参见"应交增值税"科目。

【例3】某市旅游委下属事业单位将其持有的一张不带息银行承兑汇票转让,用于购买一

批100 000元的材料。票据的面值为200 000元，所购材料已验收入库（只进行财务会计账务处理）。

借：库存物品　　　　　　　　　　　　　　　　　　　　100 000
　　贷：应收票据　　　　　　　　　　　　　　　　　　　　　100 000

④商业汇票到期时，应当分别以下情况处理：

第一，收回票款时，按照实际收到的商业汇票票面金额，借记"银行存款"科目，贷记本科目。

第二，因付款人无力支付票款，收到银行退回的商业承兑汇票、委托收款凭证、未付票款通知书或拒付款证明等，按照商业汇票的票面金额，借记"应收账款"科目，贷记本科目。

【例4】某市旅游委下属事业单位一张面值116 000元的银行承兑汇票到期兑现（平行记账）。

财务会计账务处理：

借：银行存款　　　　　　　　　　　　　　　　　　　　116 000
　　贷：应收票据　　　　　　　　　　　　　　　　　　　　　116 000

预算会计账务处理：

借：资金结存——货币资金（银行存款）　　　　　　　　116 000
　　贷：经营预算会计　　　　　　　　　　　　　　　　　　　116 000

【例5】某市旅游委下属事业单位一张面值224 000元的商业承兑汇票到期，付款人无力支付票款（只进行财务会计账务处理）。

借：应收账款　　　　　　　　　　　　　　　　　　　　224 000
　　贷：应收票据　　　　　　　　　　　　　　　　　　　　　224 000

（4）事业单位应当设置"应收票据备查簿"，逐笔登记每一应收票据的种类、号数、出票日期、到期日、票面金额、交易合同号和付款人、承兑人、背书人姓名或单位名称、背书转让日、贴现日期、贴现率和贴现净额、收款日期、收回金额和退票情况等。应收票据到期结清票款或退票后，应当在备查簿内逐笔注销。

（5）本科目期末借方余额，反映事业单位持有的商业汇票票面金额。

八、第八科目　1212 应收账款

（1）本科目核算事业单位提供服务、销售产品等应收取的款项，以及单位因出租资产、出售物资等应收取的款项。

（2）本科目应当按照债务单位（或个人）进行明细核算。

（3）应收账款的主要账务处理如下：

①应收账款收回后不需上缴财政。单位发生应收账款时，按照应收未收金额，借记本科目，贷记"事业收入""经营收入""租金收入""其他收入"等科目。涉及增值税业务的，相关账务处理参见"应交增值税"科目。收回应收账款时，按照实际收到的金额，借记"银行存款"等科目，贷记本科目。

②应收账款收回后需上缴财政：

第一，单位出租资产发生应收未租金款项时，按照应收未收金额，借记本科目，贷记"应缴财政款"科目。收回应收账款时，按照实际收到的金额，借记"银行存款"等科目，贷记本科目。

第二，单位出售物资发生应收未收款项时，按照应收未收金额，借记本科目，贷记"应缴财政款"科目。收回应收账款时，按照实际收到的金额，借记"银行存款"等科目，贷记本科目。涉及增值税业务的，相关账务处理参见"应交增值税"科目。

（4）事业单位应当于每年年末，对收回后不需上缴财政的应收账款进行全面检查，如发生不能收回的迹象，应当计提坏账准备。

①对于账龄超过规定年限、确认无法收回的应收账款，按照规定报经批准后予以核销。按照核销金额，借记"坏账准备"科目，贷记本科目。核销的应收账款应在备查簿中保留登记。

②已核销的应收账款在以后期间又收回的，按照实际收回金额，借记本科目，贷记"坏账准备"科目；同时，借记"银行存款"等科目，贷记本科目。

（5）单位应当于每年年末，对收回后应当上缴财政的应收账款进行全面检查。

①对于账龄超过规定年限、确认无法收回的应收账款，按照规定报经批准后予以核销。按照核销金额，借记"应缴财政款"科目，贷记本科目。核销的应收账款应当在备查簿中保留登记。

②已核销的应收账款在以后期间又收回的，按照实际收回金额，借记"银行存款"等科目，贷记"应缴财政款"科目。

（6）本科目期末借方余额，反映单位尚未收回的应收账款。

【例1】某市旅游委下属事业单位收回后不需上缴财政的应收款项200 000元逾期3年，有证据表明该笔款项确实无法收回。按规定报经批准后予以核销（只进行财务会计账务处理）。

借：坏账准备　　　　　　　　　　　　　　　　　　　　　　200 000
　　贷：应收账款　　　　　　　　　　　　　　　　　　　　　　　200 000

【例2】某市旅游委下属事业单位收回已核销的收回后不需上缴财政的应收款项25 100元（平行记账）。

财务会计账务处理：
借：应收账款　　　　　　　　　　　　　　　　　　　　　　　25 100
　　贷：坏账准备　　　　　　　　　　　　　　　　　　　　　　　25 100
借：银行存款　　　　　　　　　　　　　　　　　　　　　　　25 100
　　贷：应收账款　　　　　　　　　　　　　　　　　　　　　　　25 100

预算会计账务处理：
借：资金结存——货币资金（银行存款）　　　　　　　　　　　25 100
　　贷：非财政拨款结余　　　　　　　　　　　　　　　　　　　　25 100

（7）逾期无法收回需要上缴财政的应收账款。单位应当于每年年末对收回后应当上缴财政的应收账款进行全面检查，并进行相应的账务处理。

①报批后核销。对于账龄超过规定年限，确认无法收回的应收账款，按照规定报经批准后予以核销。按照核销金额，借记"应缴财政款"科目，贷记本科目。核销的应收账款应当在备查簿中保留登记。

②核销后又收回。已核销的应收账款在以后期间又收回的，按照实际收回金额，借记"银行存款"等科目，贷记"应缴财政款"科目。

【例3】某市旅游委下属事业单位3年前经批准出售的材料22 400元，有证据表明该笔收回后需要上缴财政的款项确实无法收回。按规定报经批准后予以核销（只进行财务会计账务处理）。

借：应缴财政款　　　　　　　　　　　　　　　　　　　　　　22 400
　　贷：应收账款　　　　　　　　　　　　　　　　　　　　　　　22 400

【例4】承例3，该事业单位以后期间收回已核销的应收账款23 400元（只进行财务会计账务处理）。

借：银行存款 23 400
　　贷：应缴财政款 23 400

九、第九科目　1214 预付账款

（1）本科目核算单位按照购货、服务合同或协议规定预付给供应单位（或个人）的款项，以及按照合同规定向承包工程的施工企业预付的备料款和工程款。

（2）本科目应当按照供应单位（或个人）及具体项目进行明细核算；对于基本建设项目发生的预付账款，还应当在本科目所属基建项目明细科目下设置"预付备料款""预付工程款""其他预付款"等明细科目，进行明细核算。

（3）预付账款的主要账务处理如下：

①根据购货、服务合同或协议规定预付款项时，按照预付金额，借记本科目，贷记"财政拨款收入""零余额账户用款额度""银行存款"等科目。

②收到所购资产或服务时，按照购入资产或服务的成本，借记"库存物品""固定资产""无形资产""业务活动费用"等相关科目，按照相关预付账款的账面余额，贷记本科目，按照实际补付的金额，贷记"财政拨款收入""零余额账户用款额度""银行存款"等科目。涉及增值税业务的，相关账务处理参见"应交增值税"科目。

③根据工程进度结算工程价款及备料款时，按照结算金额，借记"在建工程"科目，按照相关预付账款的账面余额，贷记本科目，按照实际补付的金额，贷记"财政拨款收入""零余额账户用款额度""银行存款"等科目。

④发生预付账款退回的，按照实际退回金额，借记"财政拨款收入"（本年直接支付）、"财政应返还额度"（以前年度直接支付）、"零余额账户用款额度""银行存款"等科目，贷记本科目。

（4）单位应当于每年年末，对预付账款进行全面检查。如果有确凿证据表明预付账款不再符合预付款项性质，或者因供应单位破产、撤销等原因可能无法收到所购货物、服务的，应当先将其转入其他应收款，再按照规定进行处理。将预付账款账面余额转入其他应收款时，借记"其他应收款"科目，贷记本科目。

（5）本科目期末借方余额，反映单位实际预付但尚未结算的款项。

【例1】某市旅游委从乙公司订购材料 50 000 元，按订货合同规定，应先向供货单位预付货款 20 000 元。款项已通过单位零余额账户支付（平行记账）。

财务会计账务处理：
借：预付账款 20 000
　　贷：零余额账户用款额度 20 000
预算会计账务处理：
借：行政支出 20 000
　　贷：资金结存——零余额账户用款额度 20 000

【例2】承例1，该市旅游委收到材料，通过单位零余额账户补足余款 30 000 元（平行记账）。

财务会计账务处理：
借：库存物品 50 000
　　贷：预付账款 20 000

零余额账户用款额度	30 000

预算会计账务处理：

借：行政支出	30 000
贷：资金结存——零余额账户用款额度	30 000

（6）根据工程进度结算工程价款及备料款时，按照结算金额，借记"在建工程"科目，按照相关预付账款的账面余额，贷记本科目，按照实际补付的金额，贷记"财政拨款收入""零余额账户用款额度""银行存款"等科目。

（7）发生预付账款退回。按照实际退回金额，借记"财政拨款收入"（本年直接支付）、"财政应返还额度"（以前年度直接支付）、"零余额账户用款额度"和"银行存款"等科目，贷记本科目。

【例3】承例1，假设该行政单位仅收到16 000元材料验收入库，同时收到退回的余款4 000元存入单位零余额账户（平行记账）。

财务会计账务处理：

借：库存物品	16 000
贷：预付账款	16 000
借：零余额账户用款额度	4 000
贷：预付账款	4 000

预算会计账务处理：

借：资金结存——零余额账户用款额度	4 000
贷：行政支出	4 000

（8）逾期无法收回。单位应当于每年年末对预付账款进行全面检查。如果有确凿证据表明预付账款不再符合预付款项性质，或者因供应单位破产等原因可能无法收到所购货物、服务的，应当先将其转入其他应收款，再按照规定进行处理。将预付账款账面余额转入其他应收款时，借记"其他应收款"科目，贷记本科目。

【例4】某市旅游委预付丙公司款项28 000元逾期3年，有证据表明该笔款项确实无法收回，按规定报经批准后予以核销（只进行财务会计账务处理）。

借：其他应收款	28 000
贷：预付账款	28 000

十、第十科目　1215 应收股利

（1）本科目核算事业单位持有长期股权投资应当收取的现金股利或应当分得的利润。

（2）本科目应当按照被投资单位等进行明细核算。

（3）应收股利的主要账务处理如下：

①取得长期股权投资，按照支付的价款中所包含的已宣告但尚未发放的现金股利，借记本科目，按照确定的长期股权投资成本，借记"长期股权投资"科目，按照实际支付的金额，贷记"银行存款"等科目。收到取得投资时实际支付价款中所包含的已宣告但尚未发放的现金股利时，按照收到的金额，借记"银行存款"科目，贷记本科目。

②长期股权投资持有期间，被投资单位宣告发放现金股利或利润的，按照应享有的份额，借记本科目，贷记"投资收益"（成本法下）或"长期股权投资"（权益法下）科目。

③实际收到现金股利或利润时，按照收到的金额，借记"银行存款"等科目，贷记本科目。

（4）本科目期末借方余额，反映事业单位应当收取但尚未收到的现金股利或利润。

【例1】某市旅游委下属事业单位于9月26日以每股15元价格购入B公司普通股股票1 000 000股，另付交易手续费112 500元。B公司于10月20日宣告每10股派3元现金股利。除权日为10月31日，并定于11月10日按10月31日股东名册支付。

①9月26日购入时（平行记账）。

财务会计账务处理：

借：长期股权投资	14 812 500
应收股利	300 000
贷：银行存款	15 112 500

预算会计账务处理：

借：投资支出	15 112 500
贷：资金结存——货币资金（银行存款）	15 112 500

②11月10日收到股利时（平行记账）。

财务会计账务处理：

借：银行存款	300 000
贷：应收股利	300 000

预算会计账务处理：

借：资金结存——货币资金（银行存款）	300 000
贷：投资支出	300 000

十一、第十一科目　1216 应收利息

（1）本科目核算事业单位长期债券投资应当收取的利息。事业单位购入的到期一次还本付息的长期债券投资持有期间的利息，应当通过"长期债券投资——应计利息"科目核算，不通过本科目核算。

（2）本科目应当按照被投资单位等进行明细核算。

（3）应收利息的主要账务处理如下：

①取得长期债券投资，按照确定的投资成本，借记"长期债券投资"科目，按照支付的价款中包含的已到付息期但尚未领取的利息，借记本科目，按照实际支付的金额，贷记"银行存款"等科目。收到取得投资时实际支付价款中所包含的已到付息期但尚未领取的利息时，按照收到的金额，借记"银行存款"等科目，贷记本科目。

②按期计算确认长期债券投资利息收入时，对于分期付息、一次还本的长期债券投资，按照以票面金额和票面利率计算确定的应收未收利息金额，借记本科目，贷记"投资收益"科目。

③实际收到应收利息时，按照收到的金额，借记"银行存款"等科目，贷记本科目。

（4）本科目期末借方余额，反映事业单位应收未收的长期债券投资利息。

十二、第十二科目　1218 其他应收款

（1）本科目核算单位除财政应返还额度、应收票据、应收账款、预付账款、应收股利、应

收利息以外的其他各项应收及暂付款项，如职工预借的差旅费、已经偿还银行尚未报销的本单位公务卡欠款、拨付给内部有关部门的备用金、应向职工收取的各种垫付款项、支付的可以收回的订金或押金、应收的上级补助和附属单位上缴款项等。

（2）本科目应当按照其他应收款的类别以及债务单位（或个人）进行明细核算。

（3）其他应收款的主要账务处理如下：

①发生其他各种应收及暂付款项时，按照实际发生金额，借记本科目，贷记"零余额账户用款额度""银行存款""库存现金""上级补助收入""附属单位上缴收入"等科目。涉及增值税业务的，相关账务处理参见"应交增值税"科目。

【例1】某市旅游委为职工张某垫付款项2 000元，款项以现金付讫（只进行财务会计账务处理）。

　　借：其他应收款——张某　　　　　　　　　　　　　　　　　　　　2 000
　　　　贷：库存现金　　　　　　　　　　　　　　　　　　　　　　　　　　2 000

②收回其他各种应收及暂付款项时，按照收回的金额，借记"库存现金""银行存款"等科目，贷记本科目。

③单位内部实行备用金制度的，有关部门使用备用金以后应当及时到财务部门报销并补足备用金。

财务部门核定并发放备用金时，按照实际发放金额，借记本科目，贷记"库存现金"等科目。

根据报销金额用现金补足备用金定额时，借记"业务活动费用""单位管理费用"等科目，贷记"库存现金"等科目，报销数和拨补数都不再通过本科目核算。

【例2】某市旅游委后勤服务部门实行备用金定额管理制度。财务部门开出现金支票拨付后勤服务部门备用金定额4 000元（只作财务会计账务处理）。

　　借：其他应收款——后勤服务部门　　　　　　　　　　　　　　　　4 000
　　　　贷：库存现金　　　　　　　　　　　　　　　　　　　　　　　　　　4 000

【例3】承例2，后勤服务部门报销购买办公用品支出280元，经财会部门审核后报销，并以现金补足定额（平行记账）。

财务会计账务处理：

　　借：业务活动费用　　　　　　　　　　　　　　　　　　　　　　　　280
　　　　贷：库存现金　　　　　　　　　　　　　　　　　　　　　　　　　　280

预算会计账务处理：

　　借：行政支出　　　　　　　　　　　　　　　　　　　　　　　　　　　280
　　　　贷：资金结存——货币资金（库存现金）　　　　　　　　　　　　　　280

④偿还尚未报销的本单位公务卡欠款时，按照偿还的款项，借记本科目，贷记"零余额账户用款额度""银行存款"等科目；持卡人报销时，按照报销金额，借记"业务活动费用""单位管理费用"等科目，贷记本科目。

⑤将预付账款账面余额转入其他应收款时，借记本科目，贷记"预付账款"科目。具体说明参见"预付账款"科目。

（4）事业单位应当于每年年末，对其他应收款进行全面检查，如发生不能收回的迹象，应当计提坏账准备。

①对于账龄超过规定年限、确认无法收回的其他应收款，按照规定报经批准后予以核销。按照核销金额，借记"坏账准备"科目，贷记本科目。核销的其他应收款应当在备查簿中保留

登记。

②已核销的其他应收款在以后期间又收回的,按照实际收回金额,借记本科目,贷记"坏账准备"科目;同时,借记"银行存款"等科目,贷记本科目。

(5)市旅游委应当于每年年末,对其他应收款进行全面检查。对于超过规定年限、确认无法收回的其他应收款,应当按照有关规定报经批准后予以核销。核销的其他应收款应在备查簿中保留登记。

①经批准核销其他应收款时,按照核销金额,借记"资产处置费用"科目,贷记本科目。

②已核销的其他应收款在以后期间又收回的,按照收回金额,借记"银行存款"等科目,贷记"其他收入"科目。

【例4】某市旅游委确认为职工李某垫付款项10 000元无法收回。该单位按规定报经有关部门批准后予以核销(只进行财务会计账务处理)。

  借:资产处置费用   10 000
    贷:其他应收款——李某   10 000

【例5】承例4,已核销的其他应收款中有5 000元又收回(平行记账)。

财务会计账务处理:
  借:银行存款   5 000
    贷:其他收入   5 000

预算会计财务处理:
  借:资金结存——货币资金(银行存款)   5 000
    贷:其他预算收入   5 000

(6)本科目期末借方余额,反映单位尚未收回的其他应收款。

十三、第十三科目　1219　坏账准备

(1)本科目核算事业单位对收回后不需上缴财政的应收账款和其他应收款提取的坏账准备。

(2)本科目应当分别通过应收账款和其他应收款进行明细核算。

(3)事业单位应当于每年年末,对收回后不需上缴财政的应收账款和其他应收款进行全面检查,分析其可收回性,对预计可能产生的坏账损失计提坏账准备、确认坏账损失。

(4)事业单位可以采用应收款项余额百分比法、账龄分析法、个别认定法等方法计提坏账准备。坏账准备计提方法一经确定,不得随意变更。如需变更,应当按照规定报经批准,并在财务报表附注中予以说明。

(5)坏账准备的主要账务处理如下:

①提取坏账准备时,借记"其他费用"科目,贷记本科目;冲减坏账准备时,借记本科目,贷记"其他费用"科目。

②对于账龄超过规定年限并确认无法收回的应收账款、其他应收款,应当按照有关规定报经批准后,按照无法收回的金额,借记本科目,贷记"应收账款""其他应收款"科目。

已核销的应收账款、其他应收款在以后期间又收回的,按照实际收回金额,借记"应收账款""其他应收款"科目,贷记本科目;同时,借记"银行存款"等科目,贷记"应收账款""其他应收款"科目。

【例1】某市旅游委下属事业单位对收回后不需要上缴财政的应收款项进行检查,预计可

能产生坏账损失 3 000 元。
　　借：其他费用　　　　　　　　　　　　　　　　　　　　　　　3 000
　　　　贷：坏账准备　　　　　　　　　　　　　　　　　　　　　　　　3 000
　　（6）本科目期末贷方余额，反映事业单位提取的坏账准备金额。

十四、第十四科目　1301 在途物品

　　（1）本科目核算单位采购材料等物资时货款已付或已开出商业汇票但尚未验收入库的在途物品的采购成本。
　　（2）本科目可按照供应单位和物品种类进行明细核算。
　　（3）在途物品的主要账务处理如下：
　　①单位购入材料等物品，按照确定的物品采购成本的金额，借记本科目，按照实际支付的金额，贷记"财政拨款收入""零余额账户用款额度""银行存款"等科目。涉及增值税业务的，相关账务处理参见"应交增值税"科目。
　　【例1】某市旅游委购入一批材料，价款 24 500 元，对方垫付运费 500 元，款项以零余额账户支付，材料尚未验收入库（平行记账）。
　　财务会计处理：
　　借：在途物品　　　　　　　　　　　　　　　　　　　　　　　25 000
　　　　贷：零余额账户用款额度　　　　　　　　　　　　　　　　　　25 000
　　预算会计账务处理：
　　借：行政支出　　　　　　　　　　　　　　　　　　　　　　　25 000
　　　　贷：资金结存——零余额账户用款额度　　　　　　　　　　　25 000
　　②所购材料等物品到达验收入库，按照确定的库存物品成本金额，借记"库存物品"科目，按照物品采购成本金额，贷记本科目，按照使得入库物品达到目前场所和状态所发生的其他支出，贷记"银行存款"等科目。
　　【例2】承例1，材料验收入库（只进行财务会计处理）。
　　借：库存物品　　　　　　　　　　　　　　　　　　　　　　　25 000
　　　　贷：在途物品　　　　　　　　　　　　　　　　　　　　　　　25 000
　　（4）本科目期末借方余额，反映单位在途物品的采购成本。

十五、第十五科目　1302 库存物品

（一）本科目核算内容

　　本科目核算单位在开展业务活动及其他活动中为耗用或出售而储存的各种材料、产品、包装物、低值易耗品，以及达不到固定资产标准的用具、装具、动植物等的成本。
　　已完成的测绘、地质勘察、设计成果等的成本，也通过本科目核算。单位随买随用的零星办公用品，可以在购进时直接列作费用，不通过本科目核算。
　　单位控制的政府储备物资，应当通过"政府储备物资"科目核算，不通过本科目核算。
　　单位受托存储保管的物资和受托转赠的物资，应当通过"受托代理资产"科目核算，不通

过本科目核算。

单位为在建工程购买和使用的材料物资,应当通过"工程物资"科目核算,不通过本科目核算。

(二)本科目明细核算

本科目应当按照库存物品的种类、规格、保管地点等进行明细核算。单位储存的低值易耗品、包装物较多的,可以在本科目(低值易耗品、包装物)下按照"在库""在用"和"摊销"等进行明细核算。

(三)库存物品的主要账务处理

1. 取得的库存物品,应当按照其取得时的成本入账

(1)外购的库存物品验收入库,按照确定的成本,借记本科目,贷记"财政拨款收入""零余额账户用款额度""银行存款""应付账款""在途物品"等科目。涉及增值税业务的,相关账务处理参见"应交增值税"科目。

【例1】某市旅游委下属事业单位购入事业用材料一批,含税价 31 400 元,运杂费 500 元,已开出银行转账支票付清货款和运费,材料已验收入库(平行记账)。

财务会计账务处理:
借:库存物品　　　　　　　　　　　　　　　　　　31 900
　　贷:银行存款　　　　　　　　　　　　　　　　　　31 900
预算会计账务处理:
借:事业支出　　　　　　　　　　　　　　　　　　31 900
　　贷:资金结存——货币资金(银行存款)　　　　　　31 900

【例2】某市旅游委下属事业单位购入物资一批,取得的发票上注明物资价款为 20 000 元,款项尚未支付,当日收到物资,经验收合格后入库。其后,该单位以银行存款支付了价款 10 000 元。

①购入物资时(只进行财务会计账务处理)。
借:库存商品　　　　　　　　　　　　　　　　　　10 000
　　贷:应付账款　　　　　　　　　　　　　　　　　　10 000
②支付价款时(平行记账)。
财务会计账务处理:
借:应付账款　　　　　　　　　　　　　　　　　　10 000
　　贷:银行存款　　　　　　　　　　　　　　　　　　10 000
预算会计账务处理:
借:事业支出　　　　　　　　　　　　　　　　　　10 000
　　贷:资金结存——货币资金(银行存款)　　　　　　10 000

(2)自制的库存物品加工完成并验收入库,按照确定的成本,借记本科目,贷记"加工物品——自制物品"科目。

(3)委托外单位加工收回的库存物品验收入库,按照确定的成本,借记本科目,贷记"加工物品——委托加工物品"等科目。

【例3】某市旅游委委托丙公司加工一批材料,发出材料成本 30 000 元,支付加工费 6 000 元,材料运输费 4 000 元,款项以银行存款付讫,加工完成后收回验收入库。

①发出材料时（只进行财务会计账务处理）。

借：加工物品——委托加工物品　　　　　　　　　　　　　30 000
　　贷：库存物品　　　　　　　　　　　　　　　　　　　　　　30 000

②支付加工费和运输费时（平行记账）。

财务会计账务处理：

借：加工物品——委托加工物品　　　　　　　　　　　　　10 000
　　贷：银行存款　　　　　　　　　　　　　　　　　　　　　　10 000

预算会计账务处理：

借：行政支出　　　　　　　　　　　　　　　　　　　　　10 000
　　贷：资金结存——货币资金（银行存款）　　　　　　　　　　10 000

③加工完成验收入库时（只进行财务会计账务处理）。

借：库存物品　　　　　　　　　　　　　　　　　　　　　40 000
　　贷：加工物品——委托加工物品　　　　　　　　　　　　　　40 000

（4）接受捐赠的库存物品验收入库，按照确定的成本，借记本科目，按照发生的相关税费、运输费等，贷记"银行存款"等科目，按照其差额，贷记"捐赠收入"科目。

接受捐赠的库存物品按照名义金额入账的，按照名义金额，借记本科目，贷记"捐赠收入"科目；同时，按照发生的相关税费、运输费等，借记"其他费用"科目，贷记"银行存款"等科目。

【例4】某市旅游委接受乙单位捐赠一批材料，该批材料有关凭证注明金额为120 000元，另以银行存款支付相关税费、运输费15 000元（平行记账）。

财务会计账务处理：

借：库存物品　　　　　　　　　　　　　　　　　　　　　135 000
　　贷：银行存款　　　　　　　　　　　　　　　　　　　　　　15 000
　　　　捐赠收入　　　　　　　　　　　　　　　　　　　　　 120 000

预算会计账务处理：

借：其他支出　　　　　　　　　　　　　　　　　　　　　15 000
　　贷：资金结存——货币资金（银行存款）　　　　　　　　　　15 000

（5）无偿调入的库存物品验收入库，按照确定的成本，借记本科目，按照发生的相关税费、运输费等，贷记"银行存款"等科目，按照其差额，贷记"无偿调拨净资产"科目。

（6）置换换入的库存物品验收入库，按照确定的成本，借记本科目，按照换出资产的账面余额，贷记相关资产科目（换出资产为固定资产、无形资产的，还应当借记"固定资产累计折旧""无形资产累计摊销"科目），按照置换过程中发生的其他相关支出，贷记"银行存款"等科目，按照借贷方差额，借记"资产处置费用"科目或贷记"其他收入"科目。涉及补价的，分以下几种情况处理：

①支付补价的，按照确定的成本，借记本科目，按照换出资产的账面余额，贷记相关资产科目（换出资产为固定资产、无形资产的，还应当借记"固定资产累计折旧""无形资产累计摊销"科目），按照支付的补价和置换过程中发生的其他相关支出，贷记"银行存款"等科目，按照借贷方差额，借记"资产处置费用"科目或贷记"其他收入"科目。

②收到补价的，按照确定的成本，借记本科目，按照收到的补价，借记"银行存款"等科目，按照换出资产的账面余额，贷记相关资产科目（换出资产为固定资产、无形资产的，还应当借记"固定资产累计折旧""无形资产累计摊销"科目），按照置换过程中发生的其他相关支出，

贷记"银行存款"等科目，按照补价扣减其他相关支出后的净收入，贷记"应缴财政款"科目，按照借贷方差额，借记"资产处置费用"科目或贷记"其他收入"科目。

【例5】某市旅游委与丙单位协商，以一批评估价值为135 000元的材料与丙单位材料置换。经双方商定，该市旅游委以银行存款支付了15 000元补价，另支付材料运输费3 000元，假定交易不考虑相关税费（平行记账）。

财务会计账务处理：

借：库存物品——换入材料　　　　　　　　　　　　　　　　　153 000
　　贷：库存物品——换出材料　　　　　　　　　　　　　　　135 000
　　　　银行存款　　　　　　　　　　　　　　　　　　　　　 18 000

预算会计账务处理：

借：其他支出　　　　　　　　　　　　　　　　　　　　　　　 18 000
　　贷：资金结存——货币资金（银行存款）　　　　　　　　　 18 000

【例6】某市旅游委经批准以其1部公务轿车置换另一单位的办公用品（不符合固定资产确认标准）一批，办公用品已验收入库。该轿车账面余额20万元，已计提折旧10万元，评估价值为12万元。置换过程中该单位收到对方支付的补价1万元已存入银行，另外以现金支付运费5 000元。不考虑其他因素，只进行财务会计账务处理。

借：库存物品（120 000-10 000+5 000）　　　　　　　　　　　115 000
　　固定资产累计折旧　　　　　　　　　　　　　　　　　　　100 000
　　银行存款　　　　　　　　　　　　　　　　　　　　　　　 10 000
　　贷：固定资产　　　　　　　　　　　　　　　　　　　　　200 000
　　　　库存现金　　　　　　　　　　　　　　　　　　　　　 5 000
　　　　应缴财政款（10 000-5 000）　　　　　　　　　　　　 5 000
　　　　其他收入　　　　　　　　　　　　　　　　　　　　　 15 000

2. 库存物品在发出时的情况处理

（1）单位开展业务活动等领用、按照规定自主出售发出或加工发出库存物品，按照领用、出售等发出物品的实际成本，借记"业务活动费用""单位管理费用""经营费用""加工物品"等科目，贷记本科目。

采用一次转销法摊销低值易耗品、包装物的，在首次领用时将其账面余额一次性摊销计入有关成本费用，借记有关科目，贷记本科目。

采用五五摊销法摊销低值易耗品、包装物的，首次领用时，将其账面余额的50%摊销计入有关成本费用，借记有关科目，贷记本科目；使用完时，将剩余的账面余额转销计入有关成本费用，借记有关科目，贷记本科目。

【例7】某市旅游委下属事业单位在事业活动中领用材料5 400元（只进行财务会计账务处理）。

借：业务活动费用　　　　　　　　　　　　　　　　　　　　　 5 400
　　贷：库存物品　　　　　　　　　　　　　　　　　　　　　 5 400

（2）经批准对外出售的库存物品（不含可自主出售的库存物品）发出时，按照库存物品的账面余额，借记"资产处置费用"科目，贷记本科目；同时，按照收到的价款，借记"银行存款"等科目，按照处置过程中发生的相关费用，贷记"银行存款"等科目，按照其差额，贷记"应缴财政款"科目。

【例8】某市旅游委经批准对外出售一批材料,其成本为18 000元,售价为20 000元,材料已经发出,款项已经收到并存入银行(只进行财务会计账务处理)。

借:资产处置费用　　　　　　　　　　　　　　　　　　　　　　　18 000
　　贷:库存物品　　　　　　　　　　　　　　　　　　　　　　　　　18 000
借:银行存款　　　　　　　　　　　　　　　　　　　　　　　　　　20 000
　　贷:应缴财政款　　　　　　　　　　　　　　　　　　　　　　　　20 000

(3)经批准对外捐赠的库存物品发出时,按照库存物品的账面余额和对外捐赠过程中发生的归属于捐出方的相关费用合计数,借记"资产处置费用"科目,按照库存物品账面余额,贷记本科目,按照对外捐赠过程中发生的归属于捐出方的相关费用,贷记"银行存款"等科目。

【例9】某市旅游委向西部某单位捐赠一批材料,价值为50 000元;对外捐赠手续已经办妥,材料已出库,另以银行存款支付运费2 000元(平行记账)。

财务会计账务处理:
借:资产处置费用　　　　　　　　　　　　　　　　　　　　　　　52 000
　　贷:库存物品　　　　　　　　　　　　　　　　　　　　　　　　　50 000
　　　　银行存款　　　　　　　　　　　　　　　　　　　　　　　　　2 000
预算会计账务处理:
借:其他支出　　　　　　　　　　　　　　　　　　　　　　　　　　2 000
　　贷:资金结存——货币资金(银行存款)　　　　　　　　　　　　　2 000

(4)经批准无偿调出的库存物品发出时,按照库存物品的账面余额,借记"无偿调拨净资产"科目,贷记本科目;同时,按照无偿调出过程中发生的归属于调出方的相关费用,借记"资产处置费用"科目,贷记"银行存款"等科目。

(5)经批准置换换出的库存物品,参照本科目有关置换换入库存物品的规定进行账务处理。

3.定期清查盘点

单位应当定期对库存物品进行清查盘点,每年至少盘点一次。对于发生的库存物品盘盈、盘亏或者报废、毁损,应当先计入"待处理财产损溢"科目,按照规定报经批准后及时进行后续账务处理。

(1)盘盈的库存物品,其成本按照有关凭据注明的金额确定;没有相关凭据、但按照规定经过资产评估的,其成本按照评估价值确定;没有相关凭据、也未经过评估的,其成本按照重置成本确定。如无法采用上述方法确定盘盈的库存物品成本的,按照名义金额入账。盘盈的库存物品,按照确定的入账成本,借记本科目,贷记"待处理财产损溢"科目。

(2)盘亏或者毁损、报废的库存物品,按照待处理库存物品的账面余额,借记"待处理财产损溢"科目,贷记本科目。

属于增值税一般纳税人的单位,若因非正常原因导致的库存物品盘亏或毁损,还应当将与该库存物品相关的增值税进项税额转出,按照其增值税进项税额,借记"待处理财产损溢"科目,贷记"应交增值税——应交税金(进项税额转出)"科目。

【例10】某市旅游委在月末财产清查中,发现材料A盘亏1 800元,报经批准后予以处理,材料B盘盈500元,经查属于材料收发计量方面的错误(只进行财务会计账务处理)。

①盘亏的材料。
借:待处理财产损溢　　　　　　　　　　　　　　　　　　　　　　1 800

```
        贷：库存物品                                          1 800
    借：资产处置费用                                          1 800
        贷：待处理财产损溢                                    1 800
②盘盈的材料。
    借：库存物品                                              500
        贷：待处理财产损溢                                         500
    借：待处理财产损溢                                        500
        贷：业务活动费用                                           500
```

（四）期末借方余额

本科目期末借方余额，反映单位库存物品的实际成本。

十六、第十六科目 1303 加工物品

（一）本科目核算内容

本科目核算单位自制或委托外单位加工的各种物品的实际成本。未完成的测绘、地质勘察、设计成果的实际成本，也通过本科目核算。

（二）本科目明细核算

本科目应当设置"自制物品""委托加工物品"两个一级明细科目，并按照物品类别、品种、项目等设置明细账，进行明细核算。

本科目"自制物品"一级明细科目下应当设置"直接材料""直接人工""其他直接费用"等二级明细科目归集自制物品发生的直接材料、直接人工（专门从事物品制造人员的人工费）等直接费用；对于自制物品发生的间接费用，应当在本科目"自制物品"一级明细科目下单独设置"间接费用"二级明细科目予以归集，期末，再按照一定的分配标准和方法，分配计入有关物品的成本。

（三）加工物品的主要账务处理

1. 自制物品

（1）为自制物品领用材料等，按照材料成本，借记本科目（自制物品——直接材料），贷记"库存物品"科目。

（2）专门从事物品制造的人员发生的直接人工费用，按照实际发生的金额，借记本科目（自制物品——直接人工），贷记"应付职工薪酬"科目。

（3）为自制物品发生的其他直接费用，按照实际发生的金额，借记本科目（自制物品——其他直接费用），贷记"零余额账户用款额度""银行存款"等科目。

（4）为自制物品发生的间接费用，按照实际发生的金额，借记本科目（自制物品——间接费用），贷记"零余额账户用款额度""银行存款""应付职工薪酬""固定资产累计折旧""无形资产累计摊销"等科目。间接费用一般按照生产人员工资、生产人员工时、机器工时、耗用材料的数量或成本、直接费用（直接材料和直接人工）或产品产量等进行分配。单位可根据具

体情况自行选择间接费用的分配方法。分配方法一经确定，不得随意变更。

（5）已经制造完成并验收入库的物品，按照所发生的实际成本（包括耗用的直接材料费用、直接人工费用、其他直接费用和分配的间接费用），借记"库存物品"科目，贷记本科目（自制物品）。

2. 委托加工物品

（1）发给外单位加工的材料等，按照其实际成本，借记本科目（委托加工物品），贷记"库存物品"科目。

（2）支付加工费、运输费等费用，按照实际支付的金额，借记本科目（委托加工物品），贷记"零余额账户用款额度""银行存款"等科目。涉及增值税业务的，相关账务处理参见"应交增值税"科目。

（3）委托加工完成的材料等验收入库，按照加工前发出材料的成本和加工、运输成本等，借记"库存物品"等科目，贷记本科目（委托加工物品）。

（四）期末借方余额

本科目期末借方余额，反映单位自制或委托外单位加工但尚未完工的各种物品的实际成本。

十七、第十七科目　1401 待摊费用

（1）本科目核算单位已经支付，但应当由本期和以后各期分别负担的分摊期在1年以内（含1年）的各项费用，如预付航空保险费、预付租金等。

摊销期限在1年以上的租入固定资产改良支出和其他费用，应当通过"长期待摊费用"科目核算，不通过本科目核算。

待摊费用应当在其受益期限内分期平均摊销，如预付航空保险费应在保险期的有效期内、预付租金应在租赁期内分期平均摊销，计入当期费用。

（2）本科目应当按照待摊费用种类进行明细核算。

（3）待摊费用的主要账务处理如下：

①发生待摊费用时，按照实际预付的金额，借记本科目，贷记"财政拨款收入""零余额账户用款额度""银行存款"等科目。

②按照受益期限分期平均摊销时，按照摊销金额，借记"业务活动费用""单位管理费用""经营费用"等科目，贷记本科目。

③如果某项待摊费用已经不能使单位受益，应当将其摊余金额一次全部转入当期费用。按照摊销金额，借记"业务活动费用""单位管理费用""经营费用"等科目，贷记本科目。

【例1】某市旅游委年初订报纸，通过零余额账户支付2 200元（平行记账）。

财务会计账务处理：

借：待摊费用　　　　　　　　　　　　　　　　　　　　　　　　2 200

　　贷：零余额账户用款额度　　　　　　　　　　　　　　　　　　2 200

预算会计账务处理：

借：行政支出　　　　　　　　　　　　　　　　　　　　　　　　2 200

　　贷：资金结存——零余额账户用款额度　　　　　　　　　　　　2 200

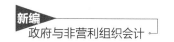

【例2】承例1，确认本月报刊费用100元（只进行财务会计账务处理）。

借：业务活动费用　　　　　　　　　　　　　　　　　　　　　　　100
　　贷：待摊费用　　　　　　　　　　　　　　　　　　　　　　　　　　100

（4）本科目期末借方余额，反映单位各种已支付但尚未摊销的分摊期在1年以内（含1年）的费用。

十八、第十八科目　1501 长期股权投资

（一）本科目核算内容

本科目核算事业单位按照规定取得的，持有时间超过1年（不含1年）的股权性质的投资。

（二）本科目明细核算

本科目应当按照被投资单位和长期股权投资取得方式等进行明细核算。长期股权投资采用权益法核算的，还应当按照"成本""损益调整""其他权益变动"设置明细科目，进行明细核算。

（三）长期股权投资的主要账务处理

1. 长期股权投资在取得时，应当按照其实际成本作为初始投资成本

（1）以现金取得的长期股权投资，按照确定的投资成本，借记本科目或本科目（成本），按照支付的价款中包含的已宣告但尚未发放的现金股利，借记"应收股利"科目，按照实际支付的全部价款，贷记"银行存款"等科目。实际收到取得投资时所支付价款中包含的已宣告但尚未发放的现金股利时，借记"银行存款"科目，贷记"应收股利"科目。

【例1】某市旅游委下属事业单位于10月28日以每股15元价格购入B公司普通股股票1 000 000股，另付交易手续费112 500元。B公司于10月20日宣告每10股派3元现金股利，除权日为10月31日，并定于11月10日按10月31日股东名册支付。

①10月28日购入时（平行记账）。

财务会计账务处理：

借：长期股权投资　　　　　　　　　　　　　　　　　　　14 812 500
　　应收股利　　　　　　　　　　　　　　　　　　　　　　　 300 000
　　贷：银行存款　　　　　　　　　　　　　　　　　　　　　15 112 500

预算会计账务处理：

借：投资支出　　　　　　　　　　　　　　　　　　　　　　15 112 500
　　贷：资金结存——货币资金（银行存款）　　　　　　　　　15 112 500

②11月10日收到股利时（平行记账）。

财务会计账务处理：

借：银行存款　　　　　　　　　　　　　　　　　　　　　　　300 000
　　贷：应收股利　　　　　　　　　　　　　　　　　　　　　　300 000

预算会计账务处理：

借：资金结存——货币资金（银行存款）　　　　　　　　　　　300 000
　　贷：投资支出　　　　　　　　　　　　　　　　　　　　　　300 000

（2）以现金以外的其他资产置换取得的长期股权投资，参照"库存物品"科目中置换取得库存物品的相关规定进行账务处理。

（3）以未入账的无形资产取得的长期股权投资，按照评估价值加相关税费作为投资成本，借记本科目，按照发生的相关税费，贷记"银行存款""其他应交税费"等科目，按其差额，贷记"其他收入"科目。

（4）接受捐赠的长期股权投资，按照确定的投资成本，借记本科目或本科目（成本），按照发生的相关税费，贷记"银行存款"等科目，按照其差额，贷记"捐赠收入"科目。

（5）无偿调入的长期股权投资，按照确定的投资成本，借记本科目或本科目（成本），按照发生的相关税费，贷记"银行存款"等科目，按其差额，贷记"无偿调拨净资产"科目。

2. 长期股权投资持有期间，应当按照规定采用成本法或权益法进行核算

（1）采用成本法核算。被投资单位宣告发放现金股利或利润时，按照应收的金额，借记"应收股利"科目，贷记"投资收益"科目。收到现金股利或利润时，按照实际收到的金额，借记"银行存款"等科目，贷记"应收股利"科目。

（2）采用权益法核算包括：

①被投资单位实现净利润的，按照应享有的份额，借记本科目（损益调整），贷记"投资收益"科目。被投资单位发生净亏损的，按照应分担的份额，借记"投资收益"科目，贷记本科目（损益调整），但以本科目的账面余额减至零为限。发生亏损的被投资单位以后年度又实现净利润的，按照收益分享额弥补未确认的亏损分担额等后的金额，借记本科目（损益调整），贷记"投资收益"科目。

②被投资单位宣告分派现金股利或利润的，按照应享有的份额，借记"应收股利"科目，贷记本科目（损益调整）。

③被投资单位发生除净损益和利润分配以外的所有者权益变动的，按照应享有或应分担的份额，借记或贷记"权益法调整"科目，贷记或借记本科目（其他权益变动）。

【例2】 某市旅游委下属事业单位在202×年初以240 000元的取得成本购进B公司全部普通股股票的30%，该事业单位有权参与B公司的财务与经营政策决策，购进时B公司的所有者权益总额为800 000元。B公司202×年和下一年年净利润及股利分派记录如下：

年份	净利润	分派利润
20×7	16 000	25 600
20×8	（6 400）	6 400

①购入股票时（平行记账）。

财务会计账务处理：

借：长期股权投资——成本　　　　　　　　　　　　　　240 000
　　贷：银行存款　　　　　　　　　　　　　　　　　　　　　240 000

预算会计账务处理：

借：投资支出　　　　　　　　　　　　　　　　　　　　240 000
　　贷：资金结存——货币资金（银行存款）　　　　　　　　　240 000

②202×年确认投资收益=16 000×30%=4 800（元）（只进行财务会计账务处理）。

借：长期股权投资——损益调整　　　　　　　　　　　　4 800
　　贷：投资收益　　　　　　　　　　　　　　　　　　　　　4 800

③202×年收到现金股利=2 500×30%=7 680（元）。

财务会计账务处理：

借：银行存款　　　　　　　　　　　　　　　　　　　　　7 680
　　贷：长期股权投资——损益调整　　　　　　　　　　　　　　　7 680

预算会计处理：

借：资金结存——货币资金（银行存款）　　　　　　　　　7 680
　　贷：投资预算收益　　　　　　　　　　　　　　　　　　　　　7 680

④下一年确认投资损失=6 400×30%=1 920（元）（只进行财务会计账务处理）。

借：投资收益　　　　　　　　　　　　　　　　　　　　　1 920
　　贷：长期股权投资——损益调整　　　　　　　　　　　　　　　1 920

⑤下一年收到现金股利=6 400×30%=1 920（元）（平行记账）。

财务会计账务处理：

借：银行存款　　　　　　　　　　　　　　　　　　　　　1 920
　　贷：长期股权投资——损益调整　　　　　　　　　　　　　　　1 920

预算会计账务处理：

借：资金结存——货币资金（银行存款）　　　　　　　　　1 920
　　贷：投资预算收益　　　　　　　　　　　　　　　　　　　　　1 920

（3）成本法与权益法的转换包括：

①单位因处置部分长期股权投资等原因而对处置后的剩余股权投资由权益法改按成本法核算的，应当按照权益法下本科目账面余额作为成本法下本科目账面余额（成本）其后，被投资单位宣告分派现金股利或利润时，属于单位已计入投资账面余额的部分，按照应分得的现金股利或利润份额，借记"应收股利"科目，贷记本科目。

②单位因追加投资等原因对长期股权投资的核算从成本法改为权益法的，应当按照成本法下本科目账面余额与追加投资成本的合计金额，借记本科目（成本），按照成本法下本科目账面余额，贷记本科目，按照追加投资的成本，贷记"银行存款"等科目。

【例3】某市旅游委下属事业单位于202×年1月1日以350万元取得B上市公司5%的股权，无权参与B公司的财务与经营政策决策。下一年2月1日，该事业单位又斥资2 500万元自C公司取得B公司另外30%股权，从而有权决定B公司的财务与经营决策。

下一年2月1日财务会计账务处理：

借：长期股权投资——成本　　　　　　　　　　　　　28 500 000
　　贷：长期股权投资　　　　　　　　　　　　　　　　　　　3 500 000
　　　　银行存款　　　　　　　　　　　　　　　　　　　　　25 000 000

预算会计账务处理：

借：投资支出　　　　　　　　　　　　　　　　　　　25 000 000
　　贷：资金结存——货币资金（银行存款）　　　　　　　　25 000 000

3. 按照规定报经批准处置长期股权投资

（1）按照规定报经批准出售（转让）长期股权投资时，应当区分长期股权投资取得方式分别进行处理。

①处置以现金取得的长期股权投资，按照实际取得的价款，借记"银行存款"等科目，按照被处置长期股权投资的账面余额，贷记本科目，按照尚未领取的现金股利或利润，贷记"应收股利"科目，按照发生的相关税费等支出，贷记"银行存款"等科目，按照借贷方差额，借

记或贷记"投资收益"科目。

②处置以现金以外的其他资产取得的长期股权投资,按照被处置长期股权投资的账面余额,借记"资产处置费用"科目,贷记本科目;同时,按照实际取得的价款,借记"银行存款"等科目,按照尚未领取的现金股利或利润,贷记"应收股利"科目,按照发生的相关税费等支出,贷记"银行存款"等科目,按照贷方差额,贷记"应缴财政款"科目。按照规定将处置时取得的投资收益纳入本单位预算管理的,应当按照所取得价款大于被处置长期股权投资账面余额、应收股利账面余额和相关税费支出合计的差额,贷记"投资收益"科目。

(2)因被投资单位破产清算等原因,有确凿证据表明长期股权投资发生损失,按照规定报经批准后予以核销时,按照予以核销的长期股权投资的账面余额,借记"资产处置费用"科目,贷记本科目。

(3)报经批准置换转出长期股权投资时,参照"库存物品"科目中置换换入库存物品的规定进行账务处理。

(4)采用权益法核算的长期股权投资的处置,除进行上述账务处理外,还应结转原直接计入净资产的相关金额,借记或贷记"权益法调整"科目,贷记或借记"投资收益"科目。

【例4】某市旅游委下属事业单位上一年以现金取得了B公司40%的股权,当年12月20日,该事业单位决定出售25%,出售时事业单位账面上B企业长期股权投资的构成为:成本1 800万元,损益调整480万元,其他权益变动300万元。出售取得价款705万元(平行记账)。

财务会计账务处理:

借:银行存款	7 050 000
贷:长期股权投资——成本(1 800×25%)	4 500 000
——损益调整(480×25%)	1 200 000
——其他权益变动(300×25%)	750 000
投资收益	600 000
借:权益法调整	750 000
贷:投资收益	750 000

预算会计账务处理:

借:资金结存——货币资金(银行存款)	7 050 000
贷:其他结余	4 500 000
投资预算收益	2 550 000

【例5】某市旅游委下属事业单位202×年1月1日对B企业长期股权投资的账面价值为450 000元,该事业单位持有B企业的股份为75 000股,并按权益法核算该项长期股权投资。7月5日,B企业所在地区发生洪水,企业被冲毁,大部分资产已损失,并难有恢复的可能,其股票市价下跌为每股2元(只进行财务会计账务处理)。

该事业单位按照规定将该项长期股权投资的损失报经批准后,予以核销。

应确认长期股权投资的损失=450 000-2×75 000=300 000(元)

借:资产处置费用	300 000
贷:长期股权投资	300 000

(四)期末借方余额

本科目期末借方余额,反映事业单位持有的长期股权投资的价值。

十九、第十九科目 1502 长期债券投资

（1）本科目核算事业单位按照规定取得的，持有时间超过1年（不含1年）的债券投资。

（2）本科目应当设置"成本"和"应计利息"明细科目，并按照债券投资的种类进行明细核算。

（3）长期债券投资的主要账务处理如下：

①长期债券投资在取得时，应当按照其实际成本作为投资成本。取得的长期债券投资，按照确定的投资成本，借记本科目（成本），按照支付的价款中包含的已到付息期但尚未领取的利息，借记"应收利息"科目，按照实际支付的金额，贷记"银行存款"等科目。实际收到取得债券时所支付价款中包含的已到付息期但尚未领取的利息时，借"银行存款"科目，贷记"应收利息"科目。

②长期债券投资持有期间，按期以债券票面金额与票面利率计算确认利息收入时，如为到期一次还本付息的债券投资，借记本科目（应计利息），贷记"投资收益"科目；如为分期付息、到期一次还本的债券投资，借记"应收利息"科目，贷记"投资收益"科目。收到分期支付的利息时，按照实收的金额，借记"银行存款"等科目，贷记"应收利息"科目。

③到期收回长期债券投资，按照实际收到的金额，借记"银行存款"科目，按照长期债券投资的账面余额，贷记本科目，按照相关应收利息金额，贷记"应收利息"科目，按照其差额，贷记"投资收益"科目。

④对外出售长期债券投资，按照实际收到的金额，借记"银行存款"科目，按照长期债券投资的账面余额，贷记本科目，按照已记入"应收利息"科目但尚未收取的金额，贷记"应收利息"科目，按照其差额，贷记或借记"投资收益"科目。涉及增值税业务的，相关账务处理参见"应交增值税"科目。

【例1】某市旅游委下属事业单位以银行存款购买50 000元的3年期国库券,年利率为3.67%,半年付息一次；支付相关税费300元（平行记账）。

财务会计账务处理：

借：长期债券投资——成本　　　　　　　　　　　　　　　50 300
　　贷：银行存款　　　　　　　　　　　　　　　　　　　50 300

预算会计账务处理：

借：投资支出　　　　　　　　　　　　　　　　　　　　　50 300
　　贷：资金结存——货币资金（银行存款）　　　　　　　50 300

【例2】承例1，事业单位收到上述债券半年利息917.5元。

财务会计账务处理：

借：银行存款（50 000×3.67%／12×6）　　　　　　　　　917.5
　　贷：投资收益　　　　　　　　　　　　　　　　　　　917.5

预算会计账务处理：

借：资金结存——货币资金（银行存款）　　　　　　　　917.5
　　贷：投资预算收益　　　　　　　　　　　　　　　　　917.5

【例3】年内，事业单位对外转让上述债券，取得价款52 000元收存银行（平行记账）。

财务会计账务处理：

借：银行存款　　　　　　　　　　　　　　　　　　　　　52 000
　　贷：长期债券投资——成本　　　　　　　　　　　　　50 300

投资收益（52 000-50 300）	1 700

预算会计账务处理：

借：资金结存——货币资金（银行存款）	52 000
贷：投资支出	50 300
投资预算收益	1 700

（4）本科目期末借方余额，反映事业单位持有的长期债券投资的价值。

二十、第二十科目　1601 固定资产

（一）本科目核算单位固定资产的原值

（二）本科目应当按照固定资产类别和项目进行明细核算

固定资产一般分为六类：房屋及构筑物；专用设备；通用设备；文物和陈列品；图书、档案；家具、用具、装具及动植物。

（三）固定资产核算时应当考虑的情况

（1）购入需要安装的固定资产，应当先通过"在建工程"科目核算，安装完毕交付使用时再转入本科目核算。

（2）以借入、经营租赁租入方式取得的固定资产，不通过本科目核算，应当设置备查簿进行登记。

（3）采用融资租入方式取得的固定资产，通过本科目核算，并在本科目下设置"融资租入固定资产"明细科目。

（4）经批准在境外购买具有所有权的土地，作为固定资产，通过本科目核算；单位应当在本科目下设置"境外土地"明细科目，进行相应明细核算。

（四）固定资产的主要账务处理

1. 固定资产在取得时，应当按照成本进行初始计量

（1）购入不需安装的固定资产验收合格时，按照确定的固定资产成本，借记本科目，贷记"财政拨款收入""零余额账户用款额度""应付账款""银行存款"等科目。购入需要安装的固定资产，在安装完毕交付使用前通过"在建工程"科目核算，安装完毕交付使用时再转入本科目。购入固定资产扣留质量保证金的，应当在取得固定资产时，按照确定的固定资产成本，借记本科目（不需安装）或"在建工程"科目（需要安装），按照实际支付或应付的金额，贷记"财政拨款收入""零余额账户用款额度""应付账款"（不含质量保证金）、"银行存款"等科目，按照扣留的质量保证金数额，贷记"其他应付款"[扣留期在1年以内（含1年）]或"长期应付款"（扣留期超过1年）科目。

质保期满支付质量保证金时，借记"其他应付款""长期应付款"科目，贷记"财政拨款收入""零余额账户用款额度""银行存款"等科目。

【例1】某市旅游委以财政资金直接支付方式购入一台不需要安装的设备，设备价款为200 000元。假定不考虑其他相关税费（平行记账）。

财务会计账务处理：
借：固定资产　　　　　　　　　　　　　　　　　　　　　　　200 000
　　贷：财政拨款收入　　　　　　　　　　　　　　　　　　　　　200 000
预算会计账务处理：
借：行政支出　　　　　　　　　　　　　　　　　　　　　　　　200 000
　　贷：财政拨款预算收入　　　　　　　　　　　　　　　　　　　200 000

【例2】某市旅游委购入需要安装的全新设备一台，用银行存款支付设备价款10 000元、包装及运杂费3 500元；安装设备支付有关材料费25 000元，支付外单位安装人员薪酬5 500元；安装完毕，经调试合格投入使用。

①支付设备价款、包装及运杂费时平行记账。
财务会计账务处理：
借：在建工程　　　　　　　　　　　　　　　　　　　　　　　103 500
　　贷：银行存款　　　　　　　　　　　　　　　　　　　　　　　103 500
预算会计账务处理：
借：行政支出　　　　　　　　　　　　　　　　　　　　　　　103 500
　　贷：资金结存——货币资金（银行存款）　　　　　　　　　　　103 500

②支付安装材料费、安装人员薪酬时（平行记账）。
财务会计账务处理：
借：在建工程　　　　　　　　　　　　　　　　　　　　　　　　30 500
　　贷：银行存款　　　　　　　　　　　　　　　　　　　　　　　　30 500
预算会计账务处理：
借：行政支出　　　　　　　　　　　　　　　　　　　　　　　　30 500
　　贷：资金结存——货币资金（银行存款）　　　　　　　　　　　　30 500

③安装完毕，投入使用时（只作财务会计账务处理）。
借：固定资产　　　　　　　　　　　　　　　　　　　　　　　134 000
　　贷：在建工程　　　　　　　　　　　　　　　　　　　　　　　134 000

【例3】某市旅游委购入一台不需要安装的设备，发票价格29 250元，发生运费1 000元、包装费250元，已取得固定资产全部发票；按合同约定，购入该项固定资产扣留10%的质量保证金（一年内支付），其余款项以银行存款支付（不考虑税费）（平行记账）。

财务会计账务处理：
借：固定资产　　　　　　　　　　　　　　　　　　　　　　　　30 500
　　贷：其他应付款　　　　　　　　　　　　　　　　　　　　　　　30 500
预算会计账务处理：
借：行政支出　　　　　　　　　　　　　　　　　　　　　　　　27 450
　　贷：资金结存——货币资金（银行存款）　　　　　　　　　　　　27 450

（2）自行建造的固定资产交付使用时，按照在建工程成本，借记本科目，贷记"在建工程"科目。已交付使用但尚未办理竣工决算手续的固定资产，按照估计价值入账，待办理竣工决算后再按照实际成本调整原来的暂估价值。

【例4】某市旅游委经批准使用非财政拨款资金加盖楼房一层；采用出包方式委托某建筑公司承建，以银行存款支付工程款1 300 000元。

①支付工程价款时（平行记账）。

财务会计账务处理：

借：在建工程　　　　　　　　　　　　　　　　　　　　1 300 000
　　贷：银行存款　　　　　　　　　　　　　　　　　　　　　1 300 000

预算会计账务处理：

借：行政支出　　　　　　　　　　　　　　　　　　　　1 300 000
　　贷：资金结存——货币资金（银行存款）　　　　　　　　　1 300 000

②工程完工交付使用时（只进行财务会计账务处理）。

借：固定资产　　　　　　　　　　　　　　　　　　　　1 300 000
　　贷：在建工程　　　　　　　　　　　　　　　　　　　　　1 300 000

（3）融资租赁取得的固定资产，其成本按照租赁协议或者合同确定的租赁价款、相关税费以及固定资产交付使用前所发生的可归属于该项资产的运输费、途中保险费、安装调试费等确定。

融资租入的固定资产，按照确定的成本，借记本科目（不需安装）或"在建工程"科目（需安装），按照租赁协议或者合同确定的租赁付款额，贷记"长期应付款"科目，按照支付的运输费、途中保险费、安装调试费等金额，贷记"财政拨款收入""零余额账户用款额度""银行存款"等科目。

定期支付租金时，按照实际支付金额，借记"长期应付款"科目，贷记"财政拨款收入""零余额账户用款额度""银行存款"等科目。

【例5】某市旅游委采用融资租赁方式从某公司租入一台不需要安装的专用设备，用于专业业务活动，协议价款为600 000元，每年年末支付租金100 000元，分6年付清。租入该项专用设备时，市旅游委支付了运杂费等2 200元（平行记账）。

财务会计账务处理：

借：固定资产——融资租入　　　　　　　　　　　　　　602 200
　　贷：长期应付款　　　　　　　　　　　　　　　　　　　　600 000
　　　　银行存款　　　　　　　　　　　　　　　　　　　　　　2 200

预算会计账务处理：

借：行政支出　　　　　　　　　　　　　　　　　　　　　　2 200
　　贷：资金结存——货币资金（银行存款）　　　　　　　　　　2 200

每年年末支付租金时（平行记账）：

财务会计账务处理：

借：长期应付款　　　　　　　　　　　　　　　　　　　　100 000
　　贷：银行存款　　　　　　　　　　　　　　　　　　　　　100 000

预算会计账务处理：

借：行政支出　　　　　　　　　　　　　　　　　　　　　100 000
　　贷：资金结存——货币资金（银行存款）　　　　　　　　　100 000

（4）按照规定跨年度分期付款购入固定资产的账务处理，参照融资租入固定资产。

（5）接受捐赠的固定资产，按照确定的固定资产成本，借记本科目（不需安装）或"在建工程"科目（需安装），按照发生的相关税费、运输费等，贷记"零余额账户用款额度""银行存款"等科目，按照其差额，贷记"捐赠收入"科目。

接受捐赠的固定资产按照名义金额入账的，按照名义金额，借记本科目，贷记"捐赠收入"

科目；按照发生的相关税费、运输费等，借记"其他费用"科目，贷记"零余额账户用款额度""银行存款"等科目。

【例6】某市旅游委接受乙公司捐赠一台不需要安装的通信设备，未取得相关凭据，同类或类似固定资产的市场价格为85 000元，接受捐赠资产发生相关支出5 000元，以银行存款付讫（平行记账）。

财务会计账务处理：
借：固定资产　　　　　　　　　　　　　　　　　　　　　　　　90 000
　　贷：银行存款　　　　　　　　　　　　　　　　　　　　　　　5 000
　　　　捐赠收入　　　　　　　　　　　　　　　　　　　　　　　85 000
预算会计账务处理：
借：其他支出　　　　　　　　　　　　　　　　　　　　　　　　　5 000
　　贷：资金结存——货币资金（银行存款）　　　　　　　　　　　5 000

（6）无偿调入的固定资产，按照确定的固定资产成本，借记本科目（不需安装）或"在建工程"科目（需安装），按照发生的相关税费、运输费等，贷记"零余额账户用款额度""银行存款"等科目，按照其差额，贷记"无偿调拨净资产"科目。

（7）置换取得的固定资产，参照"库存物品"科目中置换取得库存物品的相关规定进行账务处理。固定资产取得时涉及增值税业务的，相关账务处理参见"应交增值税"科目。

【例7】某市旅游委根据主管部门的"固定资产调拨单"无偿调入业务活动用设备两台，每台价款28 000元，发生运输费、安装费3 000元，已用银行存款支付（平行记账）。

财务会计账务处理：
借：固定资产（28 000×2＋3 000）　　　　　　　　　　　　　　59 000
　　贷：银行存款　　　　　　　　　　　　　　　　　　　　　　　3 000
　　　　无偿调拨净资产　　　　　　　　　　　　　　　　　　　　56 000
预算会计账务处理：
借：其他支出　　　　　　　　　　　　　　　　　　　　　　　　　3 000
　　贷：资金结存——货币资金（银行存款）　　　　　　　　　　　3 000

2. 与固定资产有关的后续支出

（1）符合固定资产确认条件的后续支出。通常情况下，将固定资产转入改建、扩建时，按照固定资产的账面价值，借记"在建工程"科目，按照固定资产已计提折旧，借记"固定资产累计折旧"科目，按照固定资产的账面余额，贷记本科目。为增加固定资产使用效能或延长其使用年限而发生的改建、扩建等后续支出，借记"在建工程"科目，贷记"财政拨款收入""零余额账户用款额度""银行存款"等科目。

固定资产改建、扩建等完成交付使用时，按照在建工程成本，借记本科目，贷记"在建工程"科目。

【例8】某市旅游委对一项固定资产进行扩建，扩建前该固定资产的原价为1 000 000元，已提折旧200 000元；扩建过程中以零余额账户支付相关费用400 000元；工程完工交付使用确定的固定资产成本为1 200 000元。

①固定资产转入扩建时（只进行财务会计账务处理）。
借：在建工程　　　　　　　　　　　　　　　　　　　　　　　　800 000
　　固定资产累计折旧　　　　　　　　　　　　　　　　　　　　200 000

```
    贷：固定资产                                              1 000 000
```
②发生扩建后续支出时（平行记账）。
财务会计账务处理：
```
借：在建工程                                                  400 000
    贷：零余额账户用款额度                                      400 000
```
预算会计账务处理：
```
借：行政支出                                                  400 000
    贷：资金结存——零余额账户用款额度                              400 000
```
③固定资产扩建完成交付使用时（只进行财务会计账务处理）。
```
借：固定资产                                                  1 200 000
    贷：在建工程                                               1 200 000
```
（2）不符合固定资产确认条件的后续支出。为保证固定资产正常使用发生的日常维修等支出，借记"业务活动费用""单位管理费用"等科目，贷记"财政拨款收入""零余额账户用款额度""银行存款"等科目。

【例9】某市旅游委对现有的业务活动用设备进行日常维护，维护过程中领用材料一批，价值为94 000元，应支付维护人员的工资为28 000元；不考虑其他相关税费（只进行财务会计账务处理）。
```
借：业务活动费用                                              122 000
    贷：库存物品                                               94 000
        应付职工薪酬                                           28 000
```

3. 按照规定报经批准处置固定资产时应当分情况处理

（1）报经批准出售、转让固定资产，按照被出售、转让固定资产的账面价值，借记"资产处置费用"科目，按照固定资产已计提的折旧，借记"固定资产累计折旧"科目，按照固定资产账面余额，贷记本科目；同时，按照收到的价款，借记"银行存款"等科目，按照处置过程中发生的相关费用，贷记"银行存款"等科目，按照其差额，贷记"应缴财政款"科目。

【例10】某市旅游委经批准将一栋建筑物出售给乙公司，合同价款为620 000元，乙公司用银行存款付清；出售时，该建筑物原值为2 000 000元，已提折旧1 300 000元，以银行存款支付清理费用20 000元；按照规定，建筑物出售净收入应缴国库。

经批准出售固定资产时（只进行财务会计账务处理）：
```
借：资产处置费用                                              700 000
    固定资产累计折旧                                           1 300 000
    贷：固定资产                                               2 000 000
```
到出售价款时（只进行财务会计账务处理）：
```
借：银行存款（620 000-20 000）                                600 000
    贷：应缴财政款                                             600 000
```
（2）报经批准对外捐赠固定资产，按照固定资产已计提的折旧，借记"固定资产累计折旧"科目，按照被处置固定资产账面余额，贷记本科目，按照捐赠过程中发生的归属于捐出方的相关费用，贷记"银行存款"等科目，按照其差额，借记"资产处置费用"科目。

【例11】某市旅游委经批准无偿调出一项固定资产，其账面原值为150 000元，已提折旧120 000元。无偿调出固定资产发生由市旅游委承担的运输费为3 000元，款项以零余额账户支付（平行记账）。

财务会计账务处理：

借：固定资产累计折旧　　　　　　　　　　　　　　　　120 000
　　无偿调拨净资产　　　　　　　　　　　　　　　　　 30 000
　　资产处置费用　　　　　　　　　　　　　　　　　　 3 000
　　贷：固定资产　　　　　　　　　　　　　　　　　　150 000
　　　　零余额账户用款额度　　　　　　　　　　　　　 3 000

预算会计账务处理：

借：其他支出　　　　　　　　　　　　　　　　　　　　 3 000
　　贷：资金结存——零余额账户用款额度　　　　　　　 3 000

（3）报经批准无偿调出固定资产，按照固定资产已计提的折旧，借记"固定资产累计折旧"科目，按照被处置固定资产账面余额，贷记本科目，按照其差额，借记"无偿调拨净资产"科目；同时，按照无偿调出过程中发生的归属于调出方的相关费用，借记"资产处置费用"科目，贷记"银行存款"等科目。

（4）报经批准置换换出固定资产，参照"库存物品"中置换换入库存物品的规定进行账务处理。

固定资产处置时涉及增值税业务的，相关账务处理参见"应交增值税"科目。

4. 单位应当定期对固定资产进行清查盘点（每年至少盘点一次）

对于发生的固定资产盘盈、盘亏或毁损、报废，应当先记入"待处理财产损溢"科目，按照规定报经批准后及时进行后续账务处理。

（1）盘盈的固定资产，其成本按照有关凭据注明的金额确定；没有相关凭据、但按照规定经过资产评估的，其成本按照评估价值确定；没有相关凭据、也未经过评估的，其成本按照重置成本确定。如无法采用上述方法确定盘盈固定资产成本的，按照名义金额（人民币1元）入账。盘盈的固定资产，按照确定的入账成本，借记本科目，贷记"待处理财产损溢"科目。

（2）盘亏、毁损或报废的固定资产，按照待处理固定资产的账面价值，借记"待处理财产损溢"科目，按照已计提折旧，借记"固定资产累计折旧"科目，按照固定资产的账面余额，贷记本科目。

【例12】某市旅游委进行资产清查盘点，发现有一台使用中的设备未入账，该设备存在活跃市场，市场价格为60 000元，当年报经批准后处理（只进行财务会计账务处理）。

借：固定资产　　　　　　　　　　　　　　　　　　　　 60 000
　　贷：待处理财产损溢　　　　　　　　　　　　　　　 60 000
借：待处理财产损溢　　　　　　　　　　　　　　　　　 60 000
　　贷：以前年度盈余调整　　　　　　　　　　　　　　 60 000

【例13】某市旅游委因遭受水灾而毁损设备一台，报批后处理该设备原价为200 000元，已计提折旧160 000元；其残料变价收入15 000元存入银行；报废资产发生相关税费20 000元，以现金支付；经保险公司核定应赔偿损失3 000元，尚未收到赔款。假定不考虑相关税费。

报废毁损设备的处置过程只进行财务会计账务处理，当最后的处理收支结清时，如果处理收入小于相关费用，需要同时进行预算会计账务处理（平行记账）。

借：待处理财产损溢——待处理财产价值　　　　　　　　 40 000
　　固定资产累计折旧　　　　　　　　　　　　　　　　160 000
　　贷：固定资产　　　　　　　　　　　　　　　　　　200 000

报经批准处理时：

借：资产处置费用　　　　　　　　　　　　　　　　　　　　40 000
　　贷：待处理财产损溢——待处理财产价值　　　　　　　　　　　　40 000
借：银行存款　　　　　　　　　　　　　　　　　　　　　　15 000
　　贷：待处理财产损溢——处理净收入　　　　　　　　　　　　　　15 000
借：待处理财产损溢——处理净收入　　　　　　　　　　　　20 000
　　贷：库存现金　　　　　　　　　　　　　　　　　　　　　　　　20 000
借：其他应收款　　　　　　　　　　　　　　　　　　　　　 3 000
　　贷：待处理财产损溢——处理净收入　　　　　　　　　　　　　　 3 000

收到保险公司赔款时：

借：银行存款　　　　　　　　　　　　　　　　　　　　　　 3 000
　　贷：其他应收款　　　　　　　　　　　　　　　　　　　　　　　 3 000

报经批准后，处理收支结清，处理收入小于相关费用，按已支付的处理净支出。

财务会计账务处理：

借：资产处置费用　　　　　　　　　　　　　　　　　　　　 2 000
　　贷：待处理财产损溢——处理净收入　　　　　　　　　　　　　　 2 000

预算会计账务处理：

借：其他支出　　　　　　　　　　　　　　　　　　　　　　 2 000
　　贷：资金结存——货币资金（库存现金）　　　　　　　　　　　　 2 000

（五）期末借方余额

本科目期末借方余额，反映单位固定资产的原值。

二十一、第二十一科目　1602 固定资产累计折旧

（1）本科目核算单位计提的固定资产累计折旧。公共基础设施和保障性住房计提的累计折旧，应当分别通过"公共基础设施累计折旧（摊销）"科目和"保障性住房累计折旧"科目核算，不通过本科目核算。

（2）本科目应当按照所对应固定资产的明细分类进行明细核算。

（3）单位计提融资租入固定资产折旧时，应当采用与自有固定资产相一致的折旧政策。能够合理确定租赁期届满时将会取得租入固定资产所有权的，应当在租入固定资产尚可使用年限内计提折旧；无法合理确定租赁期届满时能够取得租入固定资产所有权的，应当在租赁期与租入固定资产尚可使用年限两者中较短的期间内计提折旧。

（4）固定资产累计折旧的主要账务处理如下：

①按月计提固定资产折旧时，按照应计提折旧金额，借记"业务活动费用""单位管理费用""经营费用""加工物品""在建工程"等科目，贷记本科目。

②经批准处置或处理固定资产时，按照所处置或处理固定资产的账面价值，借记"资产处置费用""无偿调拨净资产""待处理财产损溢"等科目，按照已计提折旧，借记本科目，按照固定资产的账面余额，贷记"固定资产"科目。

【例1】某市旅游委4月份取得一台设备，原值144万元，预计使用年限6年。从4月份起，

每月计提折旧额=(原值144－预计残值0)/预计使用月份72=2(万元)(只进行财务会计账务处理)。

借：业务活动费用　　　　　　　　　　　　　　　　　　　　　　20 000
　　贷：固定资产累计折旧　　　　　　　　　　　　　　　　　　　　　20 000

（5）本科目期末贷方余额，反映单位计提的固定资产折旧累计数。

二十二、第二十二科目　1611 工程物资

（1）本科目核算单位为在建工程准备的各种物资的成本，包括工程用材料、设备等。

（2）本科目可按照"库存材料""库存设备"等工程物资类别进行明细核算。

（3）工程物资的主要账务处理如下：

①购入为工程准备的物资，按照确定的物资成本，借记本科目，贷记"财政拨款收入""零余额账户用款额度""银行存款""应付账款"等科目。

②领用工程物资，按照物资成本，借记"在建工程"科目，贷记本科目。工程完工后将领出的剩余物资退库时做相反的会计分录。

③工程完工后将剩余的工程物资转作本单位存货等的，按照物资成本，借记"库存物品"等科目，贷记本科目。涉及增值税业务的，相关账务处理参见"应交增值税"科目。

（4）本科目期末借方余额，反映单位为在建工程准备的各种物资的成本。

【例1】某市旅游委通过财政直接支付方式购入工程物资700 00元，领用了585 000元，剩余的工程物资全部转为原材料。

①工程物资购入时（平行记账）。

财务会计账务处理：

借：工程物资　　　　　　　　　　　　　　　　　　　　　　　　700 000
　　贷：财政拨款收入　　　　　　　　　　　　　　　　　　　　　　700 000

预算会计账务处理：

借：行政支出　　　　　　　　　　　　　　　　　　　　　　　　700 000
　　贷：财政拨款预算收入　　　　　　　　　　　　　　　　　　　　700 000

②领用工程物资时（只进行财务会计账务处理）。

借：在建工程　　　　　　　　　　　　　　　　　　　　　　　　585 000
　　贷：工程物资　　　　　　　　　　　　　　　　　　　　　　　　585 000

③将剩余的工程物资转作原材料时（只进行财务会计账务处理）。

借：库存商品　　　　　　　　　　　　　　　　　　　　　　　　215 000
　　贷：工程物资　　　　　　　　　　　　　　　　　　　　　　　　215 000

二十三、第二十三科目　1613 在建工程

（1）本科目核算单位在建的建设项目工程的实际成本。单位在建的信息系统项目工程、公共基础设施项目工程、保障性住房项目工程的实际成本，也通过本科目核算。

（2）本科目应当设置"建筑安装工程投资""设备投资""待摊投资""其他投资""待核销基建支出""基建转出投资"等明细科目，并按照具体项目进行明细核算。

①"建筑安装工程投资"明细科目,核算单位发生的构成建设项目实际支出的建筑工程和安装工程的实际成本,不包括被安装设备本身的价值以及按照合同规定支付给施工单位的预付备料款和预付工程款。本明细科目应当设置"建筑工程"和"安装工程"两个明细科目进行明细核算。

②"设备投资"明细科目,核算单位发生的构成建设项目实际支出的各种设备的实际成本。

③"待摊投资"明细科目,核算单位发生的构成建设项目实际支出的、按照规定应当分摊计入有关工程成本和设备成本的各项间接费用和税费支出。本明细科目的具体核算内容包括以下方面:

第一,勘察费、设计费、研究试验费、可行性研究费及项目其他前期费用。

第二,土地征用及迁移补偿费、土地复垦及补偿费、森林植被恢复费及其他为取得土地使用权、租用权而发生的费用。

第三,土地使用税、耕地占用税、契税、车船税、印花税及按照规定缴纳的其他税费。

第四,项目建设管理费、代建管理费、临时设施费、监理费、招投标费、社会中介审计(审查)费及其他管理性质的费用。项目建设管理费是指项目建设单位从项目筹建之日起至办理竣工财务决算之日止发生的管理性质的支出,包括不在原单位发工资的工作人员工资及相关费用、办公费、办公场地租用费、差旅交通费、劳动保护费、工具用具使用费、固定资产使用费、招募生产工人费、技术图书资料费(含软件)、业务招待费、施工现场津贴、竣工验收费等。

第五,项目建设期间发生的各类专门借款利息支出或融资费用。

第六,工程检测费、设备检验费、负荷联合试车费及其他检验检测类费用。

第七,固定资产损失、器材处理亏损、设备盘亏及毁损、单项工程或单位工程报废、毁损净损失及其他损失。

第八,系统集成等信息工程的费用支出。

第九,其他待摊性质支出。

本明细科目应当按照上述费用项目进行明细核算,其中有些费用(如项目建设管理费等),还应当按照更为具体的费用项目进行明细核算。

④"其他投资"明细科目,核算单位发生的构成建设项目实际支出的房屋购置支出,基本畜禽、林木等购置、饲养、培育支出,办公生活用家具、器具购置支出,软件研发和不能计入设备投资的软件购置等支出。单位为进行可行性研究而购置的固定资产,以及取得土地使用权支付的土地出让金,也通过本明细科目核算。本明细科目应当设置"房屋购置""基本畜禽支出""林木支出""办公生活用家具、器具购置""可行性研究固定资产购置""无形资产"等明细科目。

⑤"待核销基建支出"明细科目,核算建设项目发生的江河清障、航道清淤、飞播造林、补助群众造林、水土保持、城市绿化、取消项目的可行性研究费以及项目整体报废等不能形成资产部分的基建投资支出。本明细科目应按照待核销基建支出的类别进行明细核算。

⑥"基建转出投资"明细科目,核算为建设项目配套而建成的、产权不归属本单位的专用设施的实际成本。本明细科目应按照转出投资的类别进行明细核算。

(3)在建工程的主要账务处理如下:

①建筑安装工程投资:

a.将固定资产等资产转入改建、扩建等时,按照固定资产等资产的账面价值,借记本科目(建筑安装工程投资),按照已计提的折旧或摊销,借记"固定资产累计折旧"等科目,按照固定资产等资产的原值,贷记"固定资产"等科目。固定资产等资产改建、扩建过程中涉及替换(或拆除)原资产的某些组成部分的,按照被替换(或拆除)部分的账面价值,借记"待处理财产损溢"科目,贷记本科目(建筑安装工程投资)。

b. 单位对于发包建筑安装工程,根据建筑安装工程价款结算账单与施工企业结算工程价款时,按照应承付的工程价款,借记本科目(建筑安装工程投资),按照预付工程款余额,贷记"预付账款"科目,按照其差额,贷记"财政拨款收入""零余额账户用款额度""银行存款""应付账款"等科目。

c. 单位自行施工的小型建筑安装工程,按照发生的各项支出金额,借记本科目(建筑安装工程投资),贷记"工程物资""零余额账户用款额度""银行存款""应付职工薪酬"等科目。

d. 工程竣工,办妥竣工验收交接手续交付使用时,按照建筑安装工程成本(含应分摊的待摊投资),借记"固定资产"等科目,贷记本科目(建筑安装工程投资)。

【例1】某市旅游委经批准对其办公大楼进行改建、扩建,发生如下相关交易或事项。

① 将办公大楼转入改建、扩建,该大楼的账面价值为8 600万元,已计提折旧7 000万元(只进行财务会计账务处理)。

借:在建工程——建筑安装工程投资 16 000 000
　　固定资产累计折旧 70 000 000
　　贷:固定资产 860 000 000

② 拆除办公大楼的一部分,其账面价值为600万元(只进行财务会计账务处理)。

借:待处理财产损溢 6 000 000
　　贷:在建工程——建筑安装工程投资 6 000 000

③ 领用工程物资800万元,用于办公大楼的改建、扩建工程(只进行财务会计账务处理)。

借:在建工程——建筑安装工程投资 8 000 000
　　贷:工程物资 8 000 000

④ 根据工程进度支付首次工程款500万元,款项以财政直接支付方式结算(平行记账)。

财务会计账务处理:
借:在建工程——建筑安装工程投资 5 000 000
　　贷:财政拨款收入 5 000 000
预算会计账务处理:
借:行政支出 5 000 000
　　贷:财政拨款预算收入 5 000 000

⑤ 办公大楼改建、扩建工程使用非本单位的资金产生应计利息费用100万元(只进行财务会计账务处理)。

借:在建工程——待摊投资 1 000 000
　　贷:应付利息 1 000 000

⑥ 收到工程价款结算单,以零余额账户补付工程款200万元(平行记账)。

财务会计账务处理:
借:在建工程——建筑安装工程投资 2 000 000
　　贷:零余额账户用款额度 2 000 000
预算会计账务处理:
借:行政支出 2 000 000
　　贷:资金结余——零余额账户用款额度 2 000 000

⑦办公大楼改建、扩建工程完工交付使用时，按照交付使用工程所发生的实际成本转账（只进行财务会计账务处理）。

借：在建工程——建筑安装工程投资　　　　　　　　　　　1 000 000
　　贷：在建工程——待摊投资（应付利息）　　　　　　　　　1 000 000
借：固定资产　　　　　　　　　　　　　　　　　　　　　 26 000 000
　　贷：在建工程——建筑安装工程投资　　　　　　　　　　 26 000 000

②设备投资：

a. 购入设备时，按照购入成本，借记本科目（设备投资），贷记"财政拨款收入""零余额账户用款额度""银行存款"等科目；采用预付款方式购入设备的，有关预付款的账务处理参照本科目有关"建筑安装工程投资"明细科目的规定。

b. 设备安装完毕，办妥竣工验收交接手续交付使用时，按照设备投资成本（含设备安装工程成本和分摊的待摊投资），借记"固定资产"等科目，贷记本科目（设备投资、建筑安装工程投资——安装工程）。将不需要安装的设备和达不到固定资产标准的工具、器具交付使用时，按照相关设备、工具、器具的实际成本，借记"固定资产""库存物品"科目，贷记本科目（设备投资）。

【例2】某市旅游委以财政直接支付方式购入一台需要安装的大型设备，价款304 000元，支付运输费6 000元，设备交付安装；安装过程中，以银行存款支付安装单位材料费12 000元、安装人员薪酬8 000元；设备安装完毕并交付使用。假定不考虑其他相关税费。

①支付设备价款及相关费用时（平行记账）。

财务会计账务处理：

借：在建工程——设备投资　　　　　　　　　　　　　　　　310 000
　　贷：财政拨款收入　　　　　　　　　　　　　　　　　　　310 000

预算会计账务处理：

借：行政支出　　　　　　　　　　　　　　　　　　　　　　310 000
　　贷：财政拨款预算收入　　　　　　　　　　　　　　　　　310 000

②支付安装过程中的相关费用时（平行记账）。

财务会计账务处理：

借：在建工程——建筑安装工程投资——安装工程　　　　　　 20 000
　　贷：银行存款　　　　　　　　　　　　　　　　　　　　　 20 000

预算会计账务处理：

借：行政支出　　　　　　　　　　　　　　　　　　　　　　 20 000
　　贷：资金结存——货币资金（银行存款）　　　　　　　　　 20 000

③安装完毕交付使用时（只进行财务会计账务处理）。

借：固定资产　　　　　　　　　　　　　　　　　　　　　　330 000
　　贷：在建工程——设备投资　　　　　　　　　　　　　　　310 000
　　　　　　　——建筑安装工程投资——安装工程　　　　　　 20 000

③待摊投资：

建设工程发生的构成建设项目实际支出的、按照规定应当分摊计入有关工程成本和设备成本的各项间接费用和税费支出，先在本明细科目中归集；建设工程办妥竣工验收手续交付使用时，按照合理的分配方法，摊入相关工程成本、在安装设备成本等。

a. 单位发生的构成待摊投资的各类费用，按照实际发生金额，借记本科目（待摊投资），贷记"财政拨款收入""零余额账户用款额度""银行存款""应付利息""长期借款""其他应交税费""固定资产累计折旧""无形资产累计摊销"等科目。

b. 对于建设过程中试生产、设备调试等产生的收入，按照取得的收入金额，借记"银行存款"等科目，按照依据有关规定应当冲减建设工程成本的部分，贷记本科目（待摊投资），按照其差额贷记"应缴财政款"或"其他收入"科目。

c. 由于自然灾害、管理不善等原因造成的单项工程或单位工程报废或毁损，扣除残料价值和过失人或保险公司等赔款后的净损失，报经批准后计入继续施工的工程成本的，按照工程成本扣除残料价值和过失人或保险公司等赔款后的净损失，借记本科目（待摊投资），按照残料变价收入、过失人或保险公司赔款等，借记"银行存款""其他应收款"等科目，按照报废或毁损的工程成本，贷记本科目（建筑安装工程投资）。

d. 工程交付使用时，按照合理的分配方法分配待摊投资，借记本科目（建筑安装工程投资、设备投资），贷记本科目（待摊投资）。

待摊投资的分配方法，可按照下列公式计算：

第一，按照实际分配率分配，适用于建设工期较短、整个项目的所有单项工程一次竣工的建设项目。

实际分配率 = 待摊投资明细科目余额 ÷（建筑工程明细科目余额 + 安装工程明细科目余额 + 设备投资明细科目余额）× 100%

第二，按照概算分配率分配，适用于建设工期长、单项工程分期分批建成投入使用的建设项目。

概算分配率 =（概算中各待摊投资项目的合计数 - 其中可直接分配部分）÷（概算中建筑工程、安装工程和设备投资合计）× 100%

第三，固定资产应分配的待摊投资公式如下。

某项固定资产应分配的待摊投资 = 该项固定资产的建筑工程成本或该项固定资产（设备）的采购成本和安装成本合计 × 分配率

④其他投资：

第一，单位为建设工程发生的房屋购置支出，基本畜禽、林木等的购置、饲养、培育支出，办公生活用家具、器具购置支出，软件研发和不能计入设备投资的软件购置等支出，按照实际发生金额，借记本科目（其他投资），贷记"财政拨款收入""零余额账户用款额度""银行存款"等科目。

第二，工程完成将形成的房屋、基本畜禽、林木等各种财产以及无形资产交付使用时，按照其实际成本，借记"固定资产""无形资产"等科目，贷记本科目（其他投资）。

⑤待核销基建支出：

第一，建设项目发生的江河清障、航道清淤、飞播造林、补助群众造林、水土保持、城市绿化等不能形成资产的各类待核销基建支出,按照实际发生金额,借记本科目(待核销基建支出),贷记"财政拨款收入""零余额账户用款额度""银行存款"等科目。

第二，取消的建设项目发生的可行性研究费，按照实际发生金额，借记本科目（待核销基建支出），贷记本科目（待摊投资）。

第三，由于自然灾害等原因发生的建设项目整体报废所形成的净损失报经批准后转入待核销基建支出按照项目整体报废所形成的净损失，借记本科目（待核销基建支出），按照报废工程回收的残料变价收入、保险公司赔款等，借记"银行存款""其他应收款"等科目，按照报废的工程成本，贷记本科目（建筑安装工程投资等）。

第四，建设项目竣工验收交付使用时，对发生的待核销基建支出进行冲销，借记"资产处置费用"科目，贷记本科目（待核销基建支出）。

⑥基建转出投资。为建设项目配套而建成的、产权不归属本单位的专用设施，在项目竣工验收交付使用时，按照转出的专用设施的成本，借记本科目（基建转出投资），贷记本科目（建筑安装工程投资）；同时，借记"无偿调拨净资产"科目，贷记本科目（基建转出投资）。

(4) 本科目期末借方余额，反映单位尚未完工的建设项目工程发生的实际成本。

二十四、第二十四科目　1701 无形资产

（一）本科目核算内容

本科目核算单位无形资产的原值。非大批量购入、单价小于 1 000 元的无形资产，可以于购买的当期将其成本直接计入当期费用。

（二）本科目明细核算

本科目应当按照无形资产的类别、项目等进行明细核算。

（三）无形资产的主要账务处理

1. 无形资产在取得时，应当按照成本进行初始计量

（1）外购的无形资产，按照确定的成本，借记本科目，贷记"财政拨款收入""零余额账户用款额度""应付账款""银行存款"等科目。

【例1】某市旅游委购入一项著作权，价款为 150 000 元，另支付手续费 3 200 元，款项及手续费都以银行存款支付（平行记账）。

财务会计账务处理：
借：无形资产　　　　　　　　　　　　　　　　　　　　　　　153 200
　　贷：银行存款　　　　　　　　　　　　　　　　　　　　　153 200
预算会计账务处理：
借：行政支出　　　　　　　　　　　　　　　　　　　　　　　153 200
　　贷：资金结存——货币资金（银行存款）　　　　　　　　　153 200

（2）委托软件公司开发软件，视同外购无形资产进行处理。合同中约定预付开发费用的，按照预付金额，借记"预付账款"科目，贷记"财政拨款收入""零余额账户用款额度""银行存款"等科目。软件开发完成交付使用并支付剩余或全部软件开发费用时，按照软件开发费用总额，借记本科目，按照相关预付账款金额，贷记"预付账款"科目，按照支付的剩余金额，贷记"财政拨款收入""零余额账户用款额度""银行存款"等科目。

【例2】某市旅游委委托乙软件公司开发软件，预付软件开发费 300 000 元，款项通过财政直接支付；软件开发完成交付使用，同时以零余额账户补付软件开发款 50 000 元。

①预付软件开发费时（平行记账）。

财务会计账务处理：

借：预付账款	300 000	
贷：财政拨款收入		300 000

预算会计账务处理：

借：行政支出	300 000	
贷：财政拨款预算收入		300 000

②软件开发完成交付使用，补付软件开发费时（平行记账）。

财务会计账务处理：

借：无形资产	350 000	
贷：预付账款		300 000
零余额账户用款额度		50 000

预算会计账务处理：

借：行政支出	50 000	
贷：资金结存——零余额账户用款额度		50 000

（3）自行研究开发形成的无形资产，按照研究开发项目进入开发阶段后至达到预定用途前所发生的支出总额，借记本科目，贷记"研发支出——开发支出"科目。

自行研究开发项目尚未进入开发阶段，或者确实无法区分研究阶段支出和开发阶段支出，但按照法律程序已申请取得无形资产的，按照依法取得时发生的注册费、聘请律师费等费用，借记本科目，贷记"财政拨款收入""零余额账户用款额度""银行存款"等科目；按照依法取得前所发生的研究开发支出，借记"业务活动费用"等科目，贷记"研发支出"科目。

【例3】某市旅游委下属事业单位自行开发研制某项专门技术，申请国家专利时发生注册费、聘请律师费等15 000元。研制期间发生的相关支出有：实验检验费8 000元，研究人员薪酬12 000元，消耗材料费5 000元，共计25 000元；所有款项都以银行存款支付。

①支付研制期间发生的费用时（平行记账）。

财务会计账务处理：

借：业务活动费用	25 000	
贷：银行存款		25 000

预算会计账务处理：

借：事业支出	25 000	
贷：资金结存——货币资金（银行存款）		25 000

②研制取得无形资产时（平行记账）。

财务会计账务处理：

借：无形资产	15 000	
贷：银行存款		15 000

预算会计账务处理：

借：事业支出	15 000	
贷：资金结存——货币资金（银行存款）		15 000

（4）接受捐赠的无形资产，按照确定的无形资产成本，借记本科目，按照发生的相关税费等，贷记"零余额账户用款额度""银行存款"等科目，按照其差额，贷记"捐赠收入"科目。

接受捐赠的无形资产按照名义金额入账的，按照名义金额，借记本科目，贷记"捐赠收入"科目；同时，按照发生的相关税费等，借记"其他费用"科目，贷记"零余额账户用款额度""银行存款"等科目。

【例4】某市旅游委下属事业单位与乙公司签订捐赠协议,协议规定,乙公司向该事业单位捐赠一项著作权,该著作权没有相关凭据,同类或类似无形资产的市场价格也无法取得,其资产按名义金额入账;以零余额账户支付相关费用3 000元。

财务会计账务处理:
借:无形资产 1
　　贷:捐赠收入 1
借:其他费用 3 000
　　贷:零余额账户用款额度 3 000
预算会计账务处理:
借:其他支出 3 000
　　贷:资金结存——零余额账户用款额度 3 000

(5)无偿调入的无形资产,按照确定的无形资产成本,借记本科目,按照发生的相关税费等,贷记"零余额账户用款额度""银行存款"等科目,按照其差额,贷记"无偿调拨净资产"科目。

【例5】某市旅游委经财政部门批准,从另一市旅游委无偿调入一项专利权,其市场价格为1 500 000元,用零余额账户额度支付有关费用6 000元。

财务会计账务处理:
借:无形资产 156 000
　　贷:无偿调拨净资产 150 000
　　　　零余额账户用款额度 6 000
预算会计账务处理:
借:其他支出 6 000
　　贷:资金结存——零余额账户用款额度 6 000

(6)置换取得的无形资产,参照"库存物品"科目中置换取得库存物品的相关规定进行账务处理。无形资产取得时涉及增值税业务的,相关账务处理参见"应交增值税"科目。

2. 与无形资产有关的后续支出

(1)符合无形资产确认条件的后续支出。为增加无形资产的使用效能对其进行升级改造或扩展其功能时,如需暂停对无形资产进行摊销的,按照无形资产的账面价值,借记"在建工程"科目,按照无形资产已摊销金额,借记"无形资产累计摊销"科目,按照无形资产的账面余额,贷记本科目。

无形资产后续支出符合无形资产确认条件的,按照支出的金额,借记本科目(无须暂停摊销的)或"在建工程"科目(须暂停摊销的),贷记"财政拨款收入""零余额账户用款额度""银行存款"等科目。

暂停摊销的无形资产升级改造或扩展功能等完成交付使用时,按照在建工程成本,借记本科目,贷记"在建工程"科目。

【例6】某市旅游委下属事业单位对其研究工作采用的软件系统进行升级改造,用零余额账户额度支付软件公司劳务费250 000元(平行记账)。

财务会计账务处理:
借:无形资产 250 000
　　贷:零余额账户用款额度 250 000

预算会计账务处理：

借：事业支出　　　　　　　　　　　　　　　　　　　　　　　250 000
　　贷：资金结存——零余额账户用款额度　　　　　　　　　　250 000

（2）不符合无形资产确认条件的后续支出。为保证无形资产正常使用发生的日常维护等支出，借记"业务活动费用""单位管理费用"等科目，贷记"财政拨款收入""零余额账户用款额度""银行存款"等科目。

【例7】某市旅游委下属事业单位对其研究工作采用的软件系统进行技术维护，用零余额账户额度支付软件公司劳务费 30 000 元（平行记账）。

财务会计账务处理：

借：业务活动费用　　　　　　　　　　　　　　　　　　　　　30 000
　　贷：零余额账户用款额度　　　　　　　　　　　　　　　　30 000

预算会计账务处理：

借：事业支出　　　　　　　　　　　　　　　　　　　　　　　30 000
　　贷：资金结存——零余额账户用款额度　　　　　　　　　　30 000

3. 按照规定报经批准处置无形资产时应当分情况处理

（1）报经批准出售、转让无形资产，按照被出售、转让无形资产的账面价值，借记"资产处置费用"科目，按照无形资产已计提的摊销，借记"无形资产累计摊销"科目，按照无形资产账面余额，贷记本科目；同时，按照收到的价款，借记"银行存款"等科目，按照处置过程中发生的相关费用，贷记"银行存款"等科目，按照其差额，贷记"应缴财政款"（按照规定应上缴无形资产转让净收入的）或"其他收入"（按照规定将无形资产转让收入纳入本单位预算管理的）科目。

【例8】某市旅游委下属事业单位将一项商标所有权转让，取得价款 1 800 000 元存入银行；该商标权的成本为 3 000 000 元，已摊销金额为 2 600 000 元；转让过程中用银行存款支付其他费用 12 000 元。

①注销无形资产账面余额时（只进行财务会计账务处理）。

借：资产处置费用　　　　　　　　　　　　　　　　　　　　　400 000
　　无形资产累计摊销　　　　　　　　　　　　　　　　　　　2 600 000
　　贷：无形资产　　　　　　　　　　　　　　　　　　　　　3 000 000

②收到出售价款大于支付其他费用，转让收入没有纳入本单位预算，而是上缴财政（只进行财务会计账务处理）。

借：银行存款（1 800 000－12 000）　　　　　　　　　　　　　1 788 000
　　贷：应缴财政款　　　　　　　　　　　　　　　　　　　　1 788 000

（2）报经批准对外捐赠无形资产，按照无形资产已计提的摊销，借记"无形资产累计摊销"科目，按照被处置无形资产账面余额，贷记本科目，按照捐赠过程中发生的归属于捐出方的相关费用，贷记"银行存款"等科目，按照其差额，借记"资产处置费用"科目。

【例9】某市旅游委下属事业单位对外捐赠一项专利技术，账面价值为 180 000 元，已摊销金额为 120 000 元，另以银行存款支付相关费用 2 000 元（平行记账）。

财务会计账务处理：

借：资产处置费用　　　　　　　　　　　　　　　　　　　　　62 000
　　无形资产累计摊销　　　　　　　　　　　　　　　　　　　120 000

       贷：无形资产   180 000
         银行存款   2 000
  预算会计账务处理：
    借：其他支出   2 000
      贷：资金结存——货币资金（银行存款）   2 000
　　（3）报经批准无偿调出无形资产，按照无形资产已计提的摊销，借记"无形资产累计摊销"科目，按照被处置无形资产账面余额，贷记本科目，按照其差额，借记"无偿调拨净资产"科目；同时，按照无偿调出过程中发生的归属于调出方的相关费用，借记"资产处置费用"科目，贷记"银行存款"等科目。
　　（4）报经批准置换换出无形资产，参照"库存物品"科目中置换换入库存物品的规定进行账务处理。
　　（5）无形资产预期不能为单位带来服务潜力或经济利益，按照规定报经批准核销时，按照待核销无形资产的账面价值，借记"资产处置费用"科目，按照已计提摊销价值，借记"无形资产累计摊销"科目，按照无形资产的账面余额，贷记本科目。
　　无形资产处置时涉及增值税业务的，相关账务处理参见"应交增值税"科目。

4.单位应当定期对无形资产进行清查盘点

　　每年至少盘点一次。单位资产清查盘点过程中发现的无形资产盘盈、盘亏等，参照"固定资产"科目相关规定进行账务处理。

（四）期末借方余额

　　本科目期末借方余额，反映单位无形资产的成本。

二十五、第二十五科目　1702 无形资产累计摊销

　　（1）本科目核算单位对使用年限有限的无形资产计提的累计摊销。
　　（2）本科目应当按照所对应无形资产的明细分类进行明细核算。
　　（3）无形资产累计摊销的主要账务处理：
　　①按月对无形资产进行摊销时，按照应摊销金额，借记"业务活动费用""单位管理费用""加工物品""在建工程"等科目，贷记本科目。
　　②经批准处置无形资产时，按照所处置无形资产的账面价值，借记"资产处置费用""无偿调拨净资产""待处理财产损溢"等科目，按照已计提摊销，借记本科目，按照无形资产的账面余额，贷记"无形资产"科目。
　　（4）本科目期末贷方余额，反映单位计提的无形资产摊销累计数。
　　【例1】某市旅游委下属事业单位专利权的账面价值为 600 000 元，采用直线法摊销，摊销期限为 10 年，该专利权无残值；该专利权摊销 8 年不能再提供未来服务，予以报废处理。
　　①按月对无形资产进行摊销时（只进行财务会计账务处理）。
    借：业务活动费用   5 000
      贷：无形资产累计摊销   5 000
　　②报经批准予以报废处理时（只进行财务会计账务处理）。
    借：资产处置费用   120 000

  无形资产累计摊销   480 000
   贷：无形资产   600 000

二十六、第二十六科目　1703 研发支出

（1）本科目核算单位自行研究开发项目研究阶段和开发阶段发生的各项支出。建设项目中的软件研发支出，应当通过"在建工程"科目核算，不通过本科目核算。

（2）本科目应当按照自行研究开发项目，分别对"研究支出""开发支出"进行明细核算。

（3）研发支出的主要账务处理如下：

①自行研究开发项目研究阶段的支出，应当先在本科目归集。按照从事研究及其辅助活动人员计提的薪酬，研究活动领用的库存物品，发生的与研究活动相关的管理费、间接费和其他各项费用，借记本科目（研究支出），贷记"应付职工薪酬""库存物品""财政拨款收入""零余额账户用款额度""固定资产累计折旧""银行存款"等科目。

期（月）末，应当将本科目归集的研究阶段的支出金额转入当期费用，借记"业务活动费用"等科目，贷记本科目（研究支出）。

②自行研究开发项目开发阶段的支出，先通过本科目进行归集。按照从事开发及其辅助活动人员计提的薪酬，开发活动领用的库存物品，发生的与开发活动相关的管理费、间接费和其他各项费用，借记本科目（开发支出），贷记"应付职工薪酬""库存物品""财政拨款收入""零余额账户用款额度""固定资产累计折旧""银行存款"等科目。自行研究开发项目完成，达到预定用途形成无形资产的，按照本科目归集的开发阶段的支出金额，借记"无形资产"科目，贷记本科目（开发支出）。

单位应于每年年度终了评估研究开发项目是否能达到预定用途，如预计不能达到预定用途（如无法最终完成开发项目并形成无形资产的），应当将已发生的开发支出金额全部转入当期费用，借记"业务活动费用"等科目，贷记本科目（开发支出）。自行研究开发项目时涉及增值税业务的，相关账务处理参见"应交增值税"科目。

（4）本科目期末借方余额，反映单位预计能达到预定用途的研究开发项目在开发阶段发生的累计支出数。

【例1】某市旅游委下属事业单位自行研制一项新材料，本月发生研究人员工资6 000元，消耗材料9 000元（只进行财务会计账务处理）。

  借：研发支出——研究支出   15 000
   贷：应付职工薪酬   6 000
     库存物品   9 000

期末：

  借：业务活动费用   15 000
   贷：研发支出——研究支出   15 000

【例2】承例1，新材料研究成功后，进入开发阶段，开发阶段发生的相关支出有：研究人员工资20 000元，消耗材料10 000元，用银行存款支付其他费用15 000元（平行记账）。

财务会计账务处理：

  借：研发支出——开发支出   45 000
   贷：库存物品   10 000

```
        应付职工薪酬                                              20 000
        银行存款                                                  15 000
  预算会计账务处理：
  借：事业支出                                                    15 000
      贷：资金结存——货币资金（银行存数）                          15 000
```

【例3】承例2，该事业单位研制出的新材料申请专利取得专利权，支付的注册费、律师费共60 000元（平行记账）。

```
  财务会计账务处理：
  借：研发支出——开发支出                                        60 000
      贷：银行存款                                                60 000
  预算会计账务处理：
  借：事业支出                                                    60 000
      贷：资金结存——货币资金（银行存款）                          60 000
  新材料达到预定用途形成无形资产时（只进行财务会计账务处理）：
  借：无形资产                                                   105 000
      贷：研发支出——开发支出                                    105 000
```

二十七、第二十七科目　1801 公共基础设施

（一）本科目核算单位控制的公共基础设施的原值

（二）本科目应当按照公共基础设施的类别、项目等进行明细核算

（三）公共基础设施核算的依据

单位应当根据行业主管部门对公共基础设施的分类规定，制定适合于本单位管理的公共基础设施目录、分类方法，作为进行公共基础设施核算的依据。

（四）公共基础设施的主要账务处理

1. 公共基础设施在取得时，应当按照其成本入账

（1）自行建造的公共基础设施完工交付使用时，按照在建工程的成本，借记本科目，贷记"在建工程"科目。已交付使用但尚未办理竣工决算手续的公共基础设施，按照估计价值入账，待办理竣工决算后再按照实际成本调整原来的暂估价值。

（2）接受其他单位无偿调入的公共基础设施，按照确定的成本，借记本科目，按照发生的归属于调入方的相关费用，贷记"财政拨款收入""零余额账户用款额度""银行存款"等科目，按照其差额，贷记"无偿调拨净资产"科目。无偿调入的公共基础设施成本无法可靠取得的，按照发生的相关税费、运输费等金额，借记"其他费用"科目，贷记"财政拨款收入""零余额账户用款额度""银行存款"等科目。

（3）接受捐赠的公共基础设施，按照确定的成本，借记本科目，按照发生的相关费用，贷记"财政拨款收入""零余额账户用款额度""银行存款"等科目，按照其差额，贷记"捐赠收入"科目。

接受捐赠的公共基础设施成本无法可靠取得的，按照发生的相关税费等金额，借记"其他费用"科目，贷记"财政拨款收入""零余额账户用款额度""银行存款"等科目。

（4）外购的公共基础设施，按照确定的成本，借记本科目，贷记"财政拨款收入""零余额账户用款额度""银行存款"等科目。

（5）对于成本无法可靠取得的公共基础设施，单位应当设置备查簿进行登记，待成本能够可靠确定后按照规定及时入账。

2. 与公共基础设施有关的后续支出

将公共基础设施转入改建、扩建时，按照公共基础设施的账面价值，借记"在建工程"科目，按照公共基础设施已计提折旧，借记"公共基础设施累计折旧（摊销）"科目，按照公共基础设施的账面余额，贷记本科目。

为增加公共基础设施使用效能或延长其使用年限而发生的改建、扩建等后续支出，借记"在建工程"科目，贷记"财政拨款收入""零余额账户用款额度""银行存款"等科目。公共基础设施改建、扩建完成，竣工验收交付使用时，按照在建工程成本，借记本科目，贷记"在建工程"科目。

为保证公共基础设施正常使用发生的日常维修等支出，借记"业务活动费用""单位管理费用"等科目，贷记"财政拨款收入""零余额账户用款额度""银行存款"等科目。

3. 按照规定报经批准处置公共基础设施时分情况处理

（1）报经批准对外捐赠公共基础设施，按照公共基础设施已计提的折旧或摊销，借记"公共基础设施累计折旧（摊销）"科目，按照被处置公共基础设施账面余额，贷记本科目，按照捐赠过程中发生的归属于捐出方的相关费用，贷记"银行存款"等科目，按照其差额，借记"资产处置费用"科目。

（2）报经批准无偿调出公共基础设施，按照公共基础设施已计提的折旧或摊销，借记"公共基础设施累计折旧（摊销）"科目，按照被处置公共基础设施账面余额，贷记本科目，按照其差额，借记"无偿调拨净资产"科目；同时，按照无偿调出过程中发生的归属于调出方的相关费用，借记"资产处置费用"科目，贷记"银行存款"等科目。

4. 单位应当定期对公共基础设施进行清查盘点

对于发生的公共基础设施盘盈、盘亏、毁损或报废，应当先记入"待处理财产损溢"科目，按照规定报经批准后及时进行后续账务处理。

（1）盘盈的公共基础设施，其成本按照有关凭证注明的金额确定；没有相关凭证、但按照规定经过资产评估的，其成本按照评估价值确定；没有相关凭证、也未经过评估的，其成本按照重置成本确定。盘盈的公共基础设施成本无法可靠取得的，单位应当设置备查簿进行登记，待成本确定后按照规定及时入账。盘盈的公共基础设施，按照确定的入账成本，借记本科目，贷记"待处理财产损溢"科目。

（2）盘亏、毁损或报废的公共基础设施，按照待处置公共基础设施的账面价值，借记"待处理财产损溢"科目，按照已计提折旧或摊销，借记"公共基础设施累计折旧（摊销）"科目，按照公共基础设施的账面余额，贷记本科目。

（五）本科目期末借方余额，反映公共基础设施的原值

【例1】某市旅游委投资建造文化广场及公共建筑物，采用出包方式委托某建筑公司承建，工程款分三次支付，工程开始支付 3 500 000 元，工程中期支付 20 000 000 元，工程结束结算尾款 30 000 元，款项均以财政直接支付方式结算，全部工程完工（平行记账）。

财务会计账务处理：
借：在建工程 3 500 000
　　贷：财政拨款收入 3 500 000
预算会计账务处理：
借：行政支出 3 500 000
　　贷：财政拨款预算收入 3 500 000
结转时，只需进行财务会计账务处理：
借：公共基础设施 5 530 000
　　贷：在建工程 5 530 000

【例2】某市旅游委接受无偿调入的公共照明设施，该设施的账面价值为5 000万元（只进行财务会计账务处理）。
借：公共基础设施 50 000 000
　　贷：无偿调拨净资产 50 000 000

【例3】某市旅游委对城市交通设施进行改扩建，改扩建前该交通设施的原价为8 500万元，已提折旧3 500万元；本期改扩建支付工程款300万元，款项以财政直接支付方式结算（平行记账）。
财务会计账务处理：
借：在建工程 50 000 000
　　公共基础设施累计折旧 35 000 000
　　贷：公共基础设施 85 000 000
借：在建工程 3 000 000
　　贷：财政拨款收入 3 000 000
预算会计账务处理：
借：行政支出 3 000 000
　　贷：财政拨款预算收入 3 000 000

【例4】某市旅游委维护健身设施支出65 000元，款项以零余额账户结算（平行记账）。
财务会计账务处理：
借：业务活动费用 65 000
　　贷：零余额账户用款额度 65 000
预算会计账务处理：
借：行政支出 65 000
　　贷：资金结存——零余额账户用款额度 65 000

【例5】某市旅游委经批准向其他单位移交一批防灾设施，其账面价值为5 000 000元，累计折旧为1 500 000元，移交手续已经办妥（只进行财务会计账务处理）。
借：公共基础设施累计折旧 1 500 000
　　无偿调拨净资产 3 500 000
　　贷：公共基础设施 5 000 000

【例6】某市旅游委经批准报废一批公共照明设施，其账面价值为8 200 000元，已计提折旧3 200 000元（只进行财务会计账务处理）。
借：待处理财产损溢 5 000 000
　　公共基础设施累计折旧 3 200 000

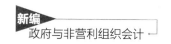

贷：公共基础设施	8 200 000
借：资产处置费用	5 000 000
贷：待处理财产损溢	5 000 000

二十八、第二十八科目　1802 公共基础设施累计折旧（摊销）

（一）本科目核算单位计提的公共基础设施累计折旧和累计摊销

（二）本科目应当按照所对应公共基础设施的明细分类进行明细核算

（三）公共基础设施累计折旧（摊销）的主要账务处理

（1）按月计提公共基础设施折旧时，按照应计提的折旧额，借记"业务活动费用"科目，贷记本科目。

（2）按月对确认为公共基础设施的单独计价入账的土地使用权进行摊销时，按照应计提的摊销额，借记"业务活动费用"科目，贷记本科目。

（3）处置公共基础设施时，按照所处置公共基础设施的账面价值，借记"资产处置费用""无偿调拨净资产""待处理财产损溢"等科目，按照已提取的折旧和摊销，借记本科目，按照公共基础设施账面余额，贷记"公共基础设施"科目。

（四）本科目期末贷方余额，反映单位提取的公共基础设施折旧和摊销的累计数

【例1】某市旅游委计提公共基础设施折旧35 000元（只进行财务会计账务处理）。

借：业务活动费用	35 000
贷：公共基础设施累计折旧	35 000

二十九、第二十九科目　1811 政府储备物资

（一）本科目核算单位控制的政府储备物资的成本

对政府储备物资不负有行政管理职责但接受委托具体负责执行其存储保管等工作的单位，其受托代储的政府储备物资应当通过"受托代理资产"科目核算，不通过本科目核算。

（二）本科目应当按照政府储备物资的种类、品种、存放地点等进行明细核算

单位根据需要，可在本科目下设置"在库""发出"等明细科目进行明细核算。

（三）政府储备物资的主要账务处理

1. 政府储备物资取得时，应当按照其成本入账

（1）购入的政府储备物资验收入库，按照确定的成本，借记本科目，贷"财政拨款收入""零余额账户用款额度""银行存款"等科目。

【例1】某市旅游委承担政府储备物资任务，采用直接支付方式购入一批政府储备物资，

该物资购买价款为 3 000 000 元，以银行存款支付运输费 15 000 元、装卸费 3 000 元、保险费 20 000 元（平行记账）。

财务会计账务处理：

借：政府储备物资　　　　　　　　　　　　　　　　　　　3 038 000
　　贷：财政拨款收入　　　　　　　　　　　　　　　　　　3 000 000
　　　　银行存款　　　　　　　　　　　　　　　　　　　　　　38 000

预算会计账务处理：

借：行政支出　　　　　　　　　　　　　　　　　　　　　　3 038 000
　　贷：财政拨款预算收入　　　　　　　　　　　　　　　　3 000 000
　　　　资金结存——货币资金（银行存款）　　　　　　　　　38 000

（2）涉及委托加工政府储备物资业务的，相关账务处理参照"加工物品"科目。

（3）接受捐赠的政府储备物资验收入库，按照确定的成本，借记本科目，按照单位承担的相关税费、运输费等，贷记"零余额账户用款额度""银行存款"等科目，按照其差额，贷记"捐赠收入"科目。

（4）接受无偿调入的政府储备物资验收入库，按照确定的成本，借记本科目，按照单位承担的相关税费、运输费等，贷记"零余额账户用款额度""银行存款"等科目，按照其差额，贷记"无偿调拨净资产"科目。

【例2】某市旅游委接受乙单位无偿调入一批政府储备物资，有关凭据注明的金额为 8 000 000 元，另以银行存款支付运输费 35 000 元、装卸费 5 000 元（平行记账）。

财务会计账务处理：

借：政府储备物资　　　　　　　　　　　　　　　　　　　8 040 000
　　贷：银行存款　　　　　　　　　　　　　　　　　　　　　40 000
　　　　无偿调拨净资产　　　　　　　　　　　　　　　　　8 000 000

预算会计账务处理：

借：其他支出　　　　　　　　　　　　　　　　　　　　　　　40 000
　　贷：资金结存——货币资金（银行存款）　　　　　　　　　40 000

2. 政府储备物资发出时应分情况处理

（1）因动用而发出无需收回的政府储备物资的，按照发出物资的账面余额，借记"业务活动费用"科目，贷记本科目。

（2）因动用而发出需要收回或者预期可能收回的政府储备物资的，在发出物资时，按照发出物资的账面余额，借记本科目（发出），贷记本科目（在库）；按照规定的质量验收标准收回物资时，按照收回物资原账面余额，借记本科目（在库），按照未收回物资的原账面余额，借记"业务活动费用"科目，按照物资发出时登记在本科目所属"发出"明细科目中的余额，贷记本科目（发出）。

（3）因行政管理主体变动等原因而将政府储备物资调拨给其他主体的，按照无偿调出政府储备物资的账面余额，借记"无偿调拨净资产"科目，贷记本科目。

（4）对外销售政府储备物资并将销售收入纳入单位预算统一管理的，发出物资时，按照发出物资的账面余额，借记"业务活动费用"科目，贷记本科目；实现销售收入时，按照确认的收入金额，借记"银行存款""应收账款"等科目，贷记"事业收入"等科目。对外销售政府储备物资并按照规定将销售净收入上缴财政的，发出物资时，按照发出物资的账面余额，借记"资产处置费用"科目,贷记本科目;取得销售价款时,按照实际收到的款项金额,借记"银行存款"等科目,按照发生的相关税费,贷记"银行存款"等科目,按照销售价款大于所承担的相关税费后的差额,贷记"应缴财政款"科目。

【例3】某市旅游委经批准无偿调出一批政府储备物资,价值350 000元;调出手续已经办妥,物资已经出库(只进行财务会计账务处理)。

借:无偿调拨净资产　　　　　　　　　　　　　　　　350 000
　　贷:政府储备物资　　　　　　　　　　　　　　　　　　350 000

【例4】某市旅游委对外出售一批政府储备物资,其成本为150 000元,售价为200 000元,款项已收存入银行,按规定,出售物资的净收入应缴财政(只进行财务会计账务处理)。

借:资产处置费用　　　　　　　　　　　　　　　　　150 000
　　贷:政府储备物资　　　　　　　　　　　　　　　　　　150 000
借:银行存款　　　　　　　　　　　　　　　　　　　200 000
　　贷:应缴财政款　　　　　　　　　　　　　　　　　　　200 000

3. 单位应当定期对政府储备物资进行清查盘点

每年至少盘点一次。对于发生的政府储备物资盘盈、盘亏或者报废、毁损,应当先记入"待处理财产损溢"科目,按照规定报经批准后及时进行后续账务处理。

(1)盘盈的政府储备物资,按照确定的入账成本,借记本科目,贷记"待处理财产损溢"科目。

(2)盘亏或者毁损、报废的政府储备物资,按照待处理政府储备物资的账面余额,借记"待处理财产损溢"科目,贷记本科目。

(四)期末借方余额

本科目期末借方余额,反映政府储备物资的成本。

【例5】某市旅游委政府储备物资盘盈150 000元,当年报经批准后处理(只进行财务会计账务处理)。

借:政府储备物资　　　　　　　　　　　　　　　　　150 000
　　贷:待处理财产损溢　　　　　　　　　　　　　　　　　150 000
借:待处理财产损溢　　　　　　　　　　　　　　　　　150 000
　　贷:业务活动费用　　　　　　　　　　　　　　　　　　150 000

【例6】某市旅游委对政府储备物资盘点,盘亏物资60 000元,原因待查。次年年初报经批准后予以处理(只进行财务会计账务处理)。

借:待处理财产损溢　　　　　　　　　　　　　　　　　60 000
　　贷:政府储备物资　　　　　　　　　　　　　　　　　　60 000
借:资产处置费用　　　　　　　　　　　　　　　　　　60 000
　　贷:待处理财产损溢　　　　　　　　　　　　　　　　　60 000

三十、第三十科目　1821 文物文化资产

(一)本科目核算单位为满足社会公共需求而控制的文物文化资产的成本

单位为满足自身开展业务活动或其他活动需要而控制的文物和陈列品,应当通过"固定资产"

科目核算，不通过本科目核算。

（二）本科目应当按照文物文化资产的类别、项目等进行明细核算

（三）文物文化资产的主要账务处理

1.文物文化资产在取得时，应当按照其成本入账

（1）外购的文物文化资产，其成本包括购买价款、相关税费以及可归属于该项资产达到预定用途前所发生的其他支出（如运输费、安装费、装卸费等）。

外购的文物文化资产，按照确定的成本，借记本科目，贷记"财政拨款收入""零余额账户用款额度""银行存款"等科目。

【例1】某博物馆从市场外购文物文化资产一批，成本为67 000元，已验收入库，另外支付运输费、装卸费、保险费等5 000元。款项采用授权支付方式支付（平行记账）。

财务会计账务处理：

借：文物文化资产　　　　　　　　　　　　　　　　　　　　72 000
　　贷：零余额账户用款额度　　　　　　　　　　　　　　　　72 000

预算会计账务处理：

借：行政支出　　　　　　　　　　　　　　　　　　　　　　72 000
　　贷：资金结存——零余额账户用款额度　　　　　　　　　　72 000

【例2】甲单位为降低采购成本，向乙单位一次购进了三种不同类型且具有不同性质的文物文化资产。甲单位为该批设备共支付货款400万元，发生运输费、安装费、装卸费、包装费等10万元，全部以银行存款支付。假定文物文化资产A、B和C均满足文物文化资产的定义及其确认条件，同类或类似资产的市场价格分别为250万元、150万元、100万元。不考虑其他相关税费（平行记账）。

①确认计入文物文化资产成本的金额，包括买价、相关费用的合计 =400 +10 = 410（万元）
②确认文物文化资产A、B和C的价值分配比例。
A 应分配的文物文化资产价值比例为：$250 \div (250 + 150 + 100) \times 100\% = 50\%$
B 应分配的文物文化资产价值比例为：$150 \div (250 + 150 + 100) \times 100\% = 30\%$
C 应分配的文物文化资产价值比例为：$100 \div (250 + 150 + 100) \times 100\% = 20\%$
③确认文物文化资产A、B和C各自的入账价值。
A 文物文化资产入账价值为：$410 \times 50\% = 205$（万元）
B 文物文化资产入账价值为：$410 \times 30\% = 123$（万元）
C 文物文化资产入账价值为：$410 \times 20\% = 82$（万元）

财务会计账务处理：

借：文物文化资产——A　　　　　　　　　　　　　　　　2 050 000
　　　　　　　　——B　　　　　　　　　　　　　　　　1 230 000
　　　　　　　　——C　　　　　　　　　　　　　　　　　820 000
　　贷：银行存款　　　　　　　　　　　　　　　　　　　4 100 000

预算会计账务处理：

借：事业支出/行政支出　　　　　　　　　　　　　　　　4 100 000
　　贷：资金结存——货币资金（银行存款）　　　　　　　4 100 000

（2）接受其他单位无偿调入的文物文化资产，其成本按照该项资产在调出方的账面价值加上归属于调入方的相关费用确定。调入的文物文化资产，按照确定的成本，借记本科目，按照发生的归属于调入方的相关费用，贷记"零余额账户用款额度""银行存款"等科目，按照其差额，贷记"无偿调拨净资产"科目。无偿调入的文物文化资产成本无法可靠取得的，按照发生的归属于调入方的相关费用，借记"其他费用"科目，贷记"零余额账户用款额度""银行存款"等科目。

（3）接受捐赠的文物文化资产，其成本按照有关凭据注明的金额加上相关费用确定；没有相关凭据可供取得，但按照规定经过资产评估的，其成本按照评估价值加上相关费用确定；没有相关凭据可供取得、也未经评估的，其成本比照同类或类似资产的市场价格加上相关费用确定。

接受捐赠的文物文化资产，按照确定的成本，借记本科目，按照发生的相关税费、运输费等金额，贷记"零余额账户用款额度""银行存款"等科目，按照其差额，贷记"捐赠收入"科目。

接受捐赠的文物文化资产成本无法可靠取得的，按照发生的相关税费、运输费等金额，借记"其他费用"科目，贷记"零余额账户用款额度""银行存款"等科目。

【例3】 甲单位收到丙单位捐赠文物文化资产一批。丙单位的文物文化资产——丙产品，其账面价值为30 000元，评估价值为46 800元。甲单位支付运输费444元，已经通过银行存款支付（平行记账）。

财务会计账务处理：

借：文物文化资产　　　　　　　　　　　　　　　　　　47 244
　　贷：银行存款　　　　　　　　　　　　　　　　　　　　　444
　　　　捐赠收入　　　　　　　　　　　　　　　　　　　46 800

预算会计账务处理：

借：其他支出　　　　　　　　　　　　　　　　　　　　　444
　　贷：资金结存——货币资金（银行存款）　　　　　　　　444

（4）对于成本无法可靠取得的文物文化资产，单位应当设置备查簿进行登记，待成本能够可靠确定后按照规定及时入账。

2. 与文物文化资产有关的后续支出，参照"公共基础设施"科目相关规定进行处理

3. 按照规定报经批准处置文物文化资产时应当分情况处理

（1）报经批准对外捐赠文物文化资产，按照被处置文物文化资产账面余额和捐赠过程中发生的归属于捐出方的相关费用合计数，借记"资产处置费用"科目，按照被处置文物文化资产账面余额，贷记本科目，按照捐赠过程中发生的归属于捐出方的相关费用，贷记"银行存款"等科目。

（2）报经批准无偿调出文物文化资产，按照被处置文物文化资产账面余额，借记"无偿调拨净资产"科目，贷记本科目；同时，按照无偿调出过程中发生的归属于调出方的相关费用，借记"资产处置费用"科目，贷记"银行存款"等科目。

4. 应当定期对文物文化资产进行清查盘点

单位应当定期对文物文化资产进行清查盘点，每年至少盘点一次。对于发生的文物文化资产盘盈、盘亏、毁损或报废等，参照"公共基础设施"科目相关规定进行账务处理。

（四）期末借方余额

本科目期末借方余额，反映文物文化资产的成本。

三十一、第三十一科目 1831 保障性住房

（一）本科目核算单位为满足社会公共需求而控制的保障性住房的原值

（二）本科目应当按照保障性住房的类别、项目等进行明细核算

（三）保障性住房的主要账务处理

1. 保障性住房在取得时，应当按其成本入账

（1）外购的保障性住房，其成本包括购买价款、相关税费以及可归属于该项资产达到预定用途前所发生的其他支出。外购的保障性住房，按照确定的成本，借记本科目，贷记"财政拨款收入""零余额账户用款额度""银行存款"等科目。

（2）自行建造的保障性住房交付使用时，按照在建工程成本，借记本科目，贷记"在建工程"科目。已交付使用但尚未办理竣工决算手续的保障性住房，按照估计价值入账，待办理竣工决算后再按照实际成本调整原来的暂估价值。

（3）接受其他单位无偿调入的保障性住房，其成本按照该项资产在调出方的账面价值加上归属于调入方的相关费用确定。无偿调入的保障性住房，按照确定的成本，借记本科目，按照发生的归属于调入方的相关费用，贷记"零余额账户用款额度""银行存款"等科目，按照其差额，贷记"无偿调拨净资产"科目。

（4）接受捐赠、融资租赁取得的保障性住房，参照"固定资产"科目相关规定进行处理。

2. 与保障性住房有关的后续支出，参照"固定资产"科目相关规定进行处理

3. 按照规定出租保障性住房并将出租收入上缴同级财政，按照收取的租金金额，借"银行存款"等科目，贷记"应缴财政款"科目

4. 按照规定报经批准处置保障性住房时应当分情况处理

（1）报经批准无偿调出保障性住房，按照保障性住房已计提的折旧，借记"保障性住房累计折旧"科目，按照被处置保障性住房账面余额，贷记本科目，按照其差额，借记"无偿调拨净资产"科目；同时，按照无偿调出过程中发生的归属于调出方的相关费用，借记"资产处置费用"科目，贷记"银行存款"等科目。

（2）报经批准出售保障性住房，按照被出售保障性住房的账面价值，借记"资产处置费用"科目，按照保障性住房已计提的折旧，借记"保障性住房累计折旧"科目，按照保障性住房账面余额，贷记本科目；同时，按照收到的价款，借记"银行存款"等科目，按照出售过程中发生的相关费用，贷记"银行存款"等科目，按照其差额，贷记"应缴财政款"科目。

5. 应当定期对保障性住房进行清查盘点

单位应当定期对保障性住房进行清查盘点。对于发生的保障性住房盘盈、盘亏、毁损或报废等，参照"固定资产"科目相关规定进行账务处理。

（四）期末借方余额

本科目期末借方余额，反映保障性住房的原值。

三十二、第三十二科目 1832 保障性住房累计折旧

（1）本科目核算单位计提的保障性住房的累计折旧。

（2）本科目应当按照所对应保障性住房的类别进行明细核算。

（3）单位应当参照《企业会计准则第3号——固定资产》及其应用指南的相关规定，按月对其控制的保障性住房计提折旧。

（4）保障性住房累计折旧的主要账务处理如下：

①按月计提保障性住房折旧时，按照应计提的折旧额，借记"业务活动费用"科目，贷记本科目。

②报经批准处置保障性住房时，按照所处置保障性住房的账面价值，借记"资产处置费用""无偿调拨净资产""待处理财产损溢"等科目，按照已计提折旧，借记本科目，按照保障性住房的账面余额，贷记"保障性住房"科目。

（5）本科目期末贷方余额，反映单位计提的保障性住房折旧累计数。

三十三、第三十三科目 1891 受托代理资产

（一）本科目核算单位接受委托方委托管理的各项资产

本科目核算单位接受委托方委托管理的各项资产，包括受托指定转赠的物资、受托存储保管的物资等的成本。单位管理的罚没物资也应当通过本科目核算。单位收到的受托代理资产为现金和银行存款的，不通过本科目核算，应当通过"库存现金""银行存款"科目进行核算。

（二）本科目的明细核算

本科目应当按照资产的种类和委托人进行明细核算；属于转赠资产的，还应当按照受赠人进行明细核算。

（三）受托代理资产的主要账务处理

1. 受托转赠物资

（1）接受委托人委托需要转赠给受赠人的物资，其成本按照有关凭据注明的金额确定。接受委托转赠的物资验收入库，按照确定的成本，借记本科目，贷记"受托代理负债"科目。

受托协议约定由受托方承担相关税费、运输费等的，还应当按照实际支付的相关税费、运输费等金额，借记"其他费用"科目，贷记"银行存款"等科目。

（2）将受托转赠物资交付受赠人时，按照转赠物资的成本，借记"受托代理负债"科目，贷记本科目。

（3）转赠物资的委托人取消了对捐赠物资的转赠要求，且不再收回捐赠物资的，应当将转赠物资转为单位的存货、固定资产等。按照转赠物资的成本，借记"受托代理负债"科目，贷记本科目；同时，借记"库存物品""固定资产"等科目，贷记"其他收入"科目。

2. 受托存储保管物资

（1）接受委托人委托存储保管的物资，其成本按照有关凭据注明的金额确定。接受委托储存的物资验收入库，按照确定的成本，借记本科目，贷记"受托代理负债"科目。

（2）发生由受托单位承担的与受托存储保管的物资相关的运输费、保管费等费用时，按照实际发生的费用金额，借记"其他费用"等科目，贷记"银行存款"等科目。

（3）根据委托人要求交付或发出受托存储保管的物资时，按照发出物资的成本，借记"受托代理负债"科目，贷记本科目。

3. 罚没物资

（1）取得罚没物资时，其成本按照有关凭据注明的金额确定。罚没物资验收（入库），按照确定的成本，借记本科目，贷记"受托代理负债"科目。罚没物资成本无法可靠确定的，单位应当设置备查簿进行登记。

（2）按照规定处置或移交罚没物资时，按照罚没物资的成本，借记"受托代理负债"科目，贷记本科目。处置时取得款项的，按照实际取得的款项金额，借记"银行存款"等科目，贷记"应缴财政款"等科目。单位受托代理的其他实物资产，参照本科目有关受托转赠物资、受托存储保管物资的规定进行账务处理。

（四）期末借方余额

本科目期末借方余额，反映单位受托代理实物资产的成本。

【例1】某市旅游委接收委托转赠的一批抗旱物资验收入库，该批物资有关凭据注明的金额为 350 000 元，受托协议约定由市旅游委承担的运输费、保管费 1 800 元，以银行存款支付（平行记账）。

财务会计账务处理：

借：委托代理资产　　　　　　　　　　　　　　　　　　350 000
　　贷：委托代理负债　　　　　　　　　　　　　　　　　　　350 000
借：其他费用　　　　　　　　　　　　　　　　　　　　　1 800
　　贷：银行存款　　　　　　　　　　　　　　　　　　　　　　1 800

预算会计账务处理：

借：其他支出　　　　　　　　　　　　　　　　　　　　　1 800
　　贷：资金结存——货币资金（银行存款）　　　　　　　　　　1 800

【例2】承例1，将受托转赠物资交付受赠人（只进行财务会计账务处理）。

借：受托代理负债　　　　　　　　　　　　　　　　　　350 000
　　贷：受托代理资产　　　　　　　　　　　　　　　　　　　350 000

【例3】承例1，若委托人取消了对捐赠物资的转赠要求，且不再收回捐赠物资，该市旅游委将转赠物资 50 000 元转为存货，其余部分确认为固定资产。

借：受托代理负债　　　　　　　　　　　　　　　　　　350 000
　　贷：受托代理资产　　　　　　　　　　　　　　　　　　　350 000
借：库存物品　　　　　　　　　　　　　　　　　　　　　50 000
　　固定资产　　　　　　　　　　　　　　　　　　　　　300 000
　　贷：其他收入　　　　　　　　　　　　　　　　　　　　　350 000

三十四、第三十四科目　1901 长期待摊费用

（1）本科目核算单位已经支出，但应由本期和以后各期负担的分摊期限在 1 年以上（不含

1年）的各项费用，如以经营租赁方式租入的固定资产发生的改良支出等。

（2）本科目应当按照费用项目进行明细核算。

（3）长期待摊费用的主要账务处理如下：

①发生长期待摊费用时，按照支出金额，借记本科目，贷记"财政拨款收入""零余额账户用款额度""银行存款"等科目。

②按照受益期间摊销长期待摊费用时，按照摊销金额，借记"业务活动费用""单位管理费用""经营费用"等科目，贷记本科目。

③如果某项长期待摊费用已经不能使单位受益，应当将其摊余金额一次全部转入当期费用。按照摊销金额，借记"业务活动费用""单位管理费用""经营费用"等科目，贷记本科目。

（4）本科目期末借方余额，反映单位尚未摊销完毕的长期待摊费用。

三十五、第三十五科目　1902 待处理财产损溢

（1）本科目核算单位在资产清查过程中查明的各种资产盘盈、盘亏和报废、毁损的价值。

（2）本科目应当按照待处理的资产项目进行明细核算；对于在资产处理过程中取得收入或发生相关费用的项目，还应当设置"待处理财产价值""处理净收入"明细科目，进行明细核算。

（3）单位资产清查中查明的资产盘盈、盘亏、报废和毁损，一般应当先记入本科目，按照规定报经批准后及时进行账务处理。年末结账前一般应处理完毕。

（4）待处理财产损溢的主要账务处理如下：

①账款核对时发现的库存现金短缺或溢余时：

第一，每日账款核对中发现现金短缺或溢余，属于现金短缺，按照实际短缺的金额，借记本科目，贷记"库存现金"科目；属于现金溢余，按照实际溢余的金额，借记"库存现金"科目，贷记本科目。

第二，如为现金短缺，属于应由责任人赔偿或向有关人员追回的，借记"其他应收款"科目，贷记本科目；属于无法查明原因的，报经批准核销时，借记"资产处置费用"科目，贷记本科目。

第三，如为现金溢余，属于应支付给有关人员或单位的，借记本科目，贷记"其他应付款"科目；属于无法查明原因的，报经批准后，借记本科目，贷记"其他收入"科目。

②资产清查过程中发现的存货、固定资产、无形资产、公共基础设施、政府储备物资、文物文化资产、保障性住房等各种资产盘盈、盘亏或报废、毁损时：

第一，盘盈的各类资产。

a.转入待处理资产时，按照确定的成本，借记"库存物品""固定资产""无形资产""公共基础设施""政府储备物资""文物文化资产""保障性住房"等科目，贷记本科目。

b.按照规定报经批准后处理时，对于盘盈的流动资产，借记本科目，贷记"单位管理费用"（事业单位）或"业务活动费用"（市旅游委）科目。对于盘盈的非流动资产，如属于本年度取得的，按照当年新取得相关资产进行账务处理；如属于以前年度取得的，按照前期差错处理，借记本科目，贷记"以前年度盈余调整"科目。

第二，盘亏或者毁损、报废的各类资产。

a.转入待处理资产时，借记本科目（待处理财产价值）[盘亏、毁损、报废固定资产、无形资产、公共基础设施、保障性住房的，还应借记"固定资产累计折旧""无形资产累计摊销""公共基础设施累计折旧（摊销）""保障性住房累计折旧"科目]，贷记"库存物品""固定资产""无

形资产""公共基础设施""政府储备物资""文物文化资产""保障性住房""在建工程"等科目。涉及增值税业务的,相关账务处理参见"应交增值税"科目。报经批准处理时,借记"资产处置费用"科目,贷记本科目(待处理财产价值)。

b.处理毁损、报废实物资产过程中取得的残值或残值变价收入、保险理赔和过失人赔偿等,借记"库存现金""银行存款""库存物品""其他应收款"等科目,贷记本科目(处理净收入);处理毁损、报废实物资产过程中发生的相关费用,借记本科目(处理净收入),贷记"库存现金""银行存款"等科目。

处理收支结清,如果处理收入大于相关费用的,按照处理收入减去相关费用后的净收入,借记本科目(处理净收入),贷记"应缴财政款"等科目;如果处理收入小于相关费用的,按照相关费用减去处理收入后的净支出,借记"资产处置费用"科目,贷记本科目(处理净收入)。

(5)本科目期末如为借方余额,反映尚未处理完毕的各种资产的净损失;期末如为贷方余额,反映尚未处理完毕的各种资产净溢余。年末,经批准处理后,本科目一般应无余额。

第二节 负债类

一、第一科目 2001 短期借款

(一)本科目核算事业单位经批准向银行或其他金融机构等借入的期限在 1 年内(含 1 年)的各种借款

(二)本科目应当按照债权人和借款种类进行明细核算

(三)短期借款的主要账务处理

(1)借入各种短期借款时,按照实际借入的金额,借记"银行存款"科目,贷记本科目。
(2)银行承兑汇票到期,本单位无力支付票款的,按照应付票据的账面余额,借记"应付票据"科目,贷记本科目。
(3)归还短期借款时,借记本科目,贷记"银行存款"科目。

(四)本科目期末贷方余额,反映事业单位尚未偿还的短期借款本金

【例1】某市旅游委下属事业单位从银行贷款 300 000 元,合同约定借款期 9 个月,年利率 5.6%,利息每月支付一次(平行记账)。
财务会计账务处理:
借:银行存款 300 000
　　贷:短期借款 300 000
预算会计账务处理:

借：资金结存——货币资金（银行存款） 300 000
　　贷：债务预算收入 300 000

【例2】承例1，本月按规定以银行存款支付贷款利息（平行记账）。本月贷款利息 =300 000×5.6%÷12=1 400（元）。

财务会计账务处理：
借：其他费用 1 400
　　贷：银行存款 1 400

预算会计账务处理：
借：其他支出 1 400
　　贷：资金结存——货币资金（银行存款） 1 400

【例3】承例1和例2，9个月到期还本付息，并支付最后一个月利息（平行记账）。

财务会计账务处理：
借：其他费用 1 400
　　短期借款 300 000
　　贷：银行存款 301 400

预算会计账务处理：
借：其他支出 1 400
　　债务还本支出 300 000
　　贷：资金结存——货币资金（银行存款） 301 400

【例4】某市旅游委下属事业单位签发的一张银行承兑汇票150 000元到期，无力支付票款（只进行财务会计账务处理）。

借：应付票据 150 000
　　贷：短期借款 150 000

二、第二科目　2101 应交增值税

（一）本科目核算单位按照税法规定计算应交纳的增值税

（二）明细科目

属于增值税一般纳税人的单位，应当在本科目下设置"应交税金""未交税金""预交税金""待抵扣进项税额""待认证进项税额""待转销项税额""简易计税""转让金融商品应交增值税""代扣代交增值税"等明细科目。

1."应交税金"明细账内的设置

"应交税金"明细账内应当设置"进项税额""已交税金""转出未交增值税""减免税款""销项税额""进项税额转出""转出多交增值税"等专栏，其中：

（1）"进项税额"专栏，记录单位购进货物、加工修理修配劳务、服务、无形资产或不动产而支付或负担的、准予从当期销项税额中抵扣的增值税额。

（2）"已交税金"专栏，记录单位当月已交纳的应交增值税额。

（3）"转出未交增值税"和"转出多交增值税"专栏，分别记录一般纳税人月度终了转出

当月应交未交或多交的增值税额。

（4）"减免税款"专栏，记录单位按照现行增值税制度规定准予减免的增值税额。

（5）"销项税额"专栏，记录单位销售货物、加工修理修配劳务、服务、无形资产或不动产应收取的增值税额。

（6）"进项税额转出"专栏，记录单位购进货物、加工修理修配劳务、服务、无形资产或不动产等发生非正常损失以及其他原因而不应从销项税额中抵扣、按照规定转出的进项税额。

2. "未交税金"明细科目

"未交税金"明细科目，核算单位月度终了从"应交税金"或"预交税金"明细科目转入当月应交未交、多交或预缴的增值税额，以及当月交纳以前期间未交的增值税额。

3. "预交税金"明细科目

"预交税金"明细科目，核算单位转让不动产、提供不动产经营租赁服务等，以及其他按照现行增值税制度规定应预缴的增值税额。

4. "待抵扣进项税额"明细科目

"待抵扣进项税额"明细科目，核算单位已取得增值税扣税凭证并经税务机关认证，按照现行增值税制度规定准予以后期间从销项税额中抵扣的进项税额。

5. "待认证进项税额"明细科目

"待认证进项税额"明细科目，核算单位由于未经税务机关认证而不得从当期销项税额中抵扣的进项税额，包括：一般纳税人已取得增值税扣税凭证并按规定准予从销项税额中抵扣，但尚未经税务机关认证的进项税额；一般纳税人已申请稽核但尚未取得稽核相符结果的海关缴款书进项税额。

6. "待转销项税额"明细科目

"待转销项税额"明细科目，核算单位销售货物、加工修理修配劳务、服务、无形资产或不动产，已确认相关收入（或利得）但尚未发生增值税纳税义务而需于以后期间确认为销项税额的增值税额。

7. "简易计税"明细科目

"简易计税"明细科目，核算单位采用简易计税方法发生的增值税计提、扣减、预缴、缴纳等业务。

8. "转让金融商品应交增值税"明细科目

"转让金融商品应交增值税"明细科目，核算单位转让金融商品发生的增值税额。

9. "代扣代缴增值税"明细科目

"代扣代缴增值税"明细科目，核算单位购进在境内未设经营机构的境外单位或个人在境内的应税行为代扣代缴的增值税。属于增值税小规模纳税人的单位只需在本科目下设置"转让金融商品应交增值税""代扣代交增值税"明细科目。

（三）应交增值税的主要账务处理

1. 单位取得资产或接受劳务等业务

（1）采购等业务进项税额允许抵扣。单位购买用于增值税应税项目的资产或服务等时，按照应计入相关成本费用或资产的金额，借记"业务活动费用""在途物品""库存物品""工程物资""在建工程""固定资产""无形资产"等科目，按照当月已认证的可抵扣增值税额，借记本科目（应交税金——进项税额），按照当月未认证的可抵扣增值税额，借记本科目（待认证进项税额），按照应付或实际支付的金额，贷记"应付账款""应付票据""银行存款""零余额账户用款额度"等科目。发生退货的，如原增值税专用发票已做认证，应根据税务机关开具的红字增值税专用发票做相反的会计分录；如原增值税专用发票未做认证，应将发票退回并做相反的会计分录。小规模纳税人购买资产或服务等时不能抵扣增值税，发生的增值税计入资产成本或相关成本费用。

（2）采购等业务进项税额不得抵扣。单位购进资产或服务等，用于简易计税方法计税项目、免征增值税项目、集体福利或个人消费等，其进项税额按照现行增值税制度规定不得从销项税额中抵扣的，取得增值税专用发票时，应按照增值税发票注明的金额，借记相关成本费用或资产科目，按照待认证的增值税进项税额，借记本科目（待认证进项税额），按照实际支付或应付的金额，贷记"银行存款""应付账款""零余额账户用款额度"等科目。经税务机关认证为不可抵扣进项税时，借记本科目（应交税金——进项税额）科目，贷记本科目（待认证进项税额），同时将进项税额转出，借记相关成本费用科目，贷记本科目（应交税金——进项税额转出）。

（3）购进不动产或不动产在建工程按照规定进项税额分年抵扣。单位取得应税项目为不动产或者不动产在建工程，其进项税额按照现行增值税制度规定自取得之日起分 2 年从销项税额中抵扣的，应当按照取得成本，借记"固定资产""在建工程"等科目，按照当期可抵扣的增值税额，借记本科目（应交税金——进项税额），按照以后期间可抵扣的增值税额，借记本科目（待抵扣进项税额），按照应付或实际支付的金额，贷记"应付账款""应付票据""银行存款""零余额账户用款额度"等科目。尚未抵扣的进项税额待以后期间允许抵扣时，按照允许抵扣的金额，借记本科目（应交税金——进项税额），贷记本科目（待抵扣进项税额）。

（4）进项税额抵扣情况发生改变单位因发生非正常损失或改变用途等，原已计入进项税额、待抵扣进项税额或待认证进项税额，但按照现行增值税制度规定不得从销项税额中抵扣的，借记"待处理财产损益""固定资产""无形资产"等科目，贷记本科目（应交税金——进项税额转出）、本科目（待抵扣进项税额）或本科目（待认证进项税额）；原不得抵扣且未抵扣进项税额的固定资产、无形资产等，因改变用途等用于允许抵扣进项税额的应税项目的，应按照允许抵扣的进项税额，借记本科目（应交税金——进项税额），贷记"固定资产""无形资产"等科目。固定资产、无形资产等经上述调整后，应按照调整后的账面价值在剩余尚可使用年限内计提折旧或摊销。

单位购进时已全额计入进项税额的货物或服务等转用于不动产在建工程的，对于结转以后期间的进项税额，应借记本科目（待抵扣进项税额），贷记本科目（应交税金——进项税额转出）。

（5）购买方作为扣缴义务人。按照现行增值税制度规定，境外单位或个人在境内发生应税行为，在境内未设有经营机构的，以购买方为增值税扣缴义务人。境内一般纳税人购进服务或资产时，按照应计入相关成本费用或资产的金额，借记"业务活动费用""在途物品""库存物品""工程物资""在建工程""固定资产""无形资产"等科目，按照可抵扣的增值税额，借记本科目（应交税金——进项税额）（小规模纳税人应借记相关成本费用或资产科目），按照应付或实际支付的金额，贷记"银行存款""应付账款"等科目，按照应代扣代缴的增值税额，贷记本科目（代扣代交增值税）。实际缴纳代扣代缴增值税时，按照代扣代缴的增值税额，借记本科目（代扣代交增值税），贷记"银行存款""零余额账户用款额度"等科目。

2. 单位销售资产或提供服务等业务

（1）销售资产或提供服务业务。单位销售货物或提供服务，应当按照应收或已收的金额，借记"应收账款""应收票据""银行存款"等科目，按照确认的收入金额，贷记"经营收入""事业收入"等科目,按照现行增值税制度规定计算的销项税额(或采用简易计税方法计算的应纳增值税额),贷记本科目(应交税金——销项税额)或本科目(简易计税)(小规模纳税人应贷记本科目)。发生销售退回的,应根据按照规定开具的红字增值税专用发票做相反的会计分录。

按照本制度及相关政府会计准则确认收入的时点早于按照增值税制度确认增值税纳税义务发生时点的,应将相关销项税额计入本科目(待转销项税额),待实际发生纳税义务时再转入本科目(应交税金——销项税额)或本科目(简易计税)。按照增值税制度确认增值税纳税义务发生时点早于按照本制度及相关政府会计准则确认收入的时点的,应按照应纳增值税额,借记"应收账款"科目,贷记本科目(应交税金——销项税额)或本科目(简易计税)。

(2)金融商品转让按照规定以盈亏相抵后的余额作为销售额金融商品实际转让月末,如产生转让收益,则按照应纳税额,借记"投资收益"科目,贷记本科目(转让金融商品应交增值税);如产生转让损失,则按照可结转下月抵扣税额,借记本科目(转让金融商品应交增值税),贷记"投资收益"科目。交纳增值税时,应借记本科目(转让金融商品应交增值税),贷记"银行存款"等科目。年末,本科目(转让金融商品应交增值税)如有借方余额,则借记"投资收益"科目,贷记本科目(转让金融商品应交增值税)。

3. 月末转出多交增值税和未交增值税

月度终了,单位应当将当月应交未交或多交的增值税自"应交税金"明细科目转入"未交税金"明细科目。对于当月应交未交的增值税,借记本科目(应交税金——转出未交增值税),贷记本科目(未交税金);对于当月多交的增值税,借记本科目(未交税金),贷记本科目(应交税金——转出多交增值税)。

4. 交纳增值税

(1)交纳当月应交增值税。单位交纳当月应交的增值税,借记本科目(应交税金——已交税金)(小规模纳税人借记本科目),贷记"银行存款"等科目。

(2)交纳以前期间未交增值税。单位交纳以前期间未交的增值税,借记本科目(未交税金)(小规模纳税人借记本科目),贷记"银行存款"等科目。

(3)预交增值税。单位预交增值税时,借记本科目(预交税金),贷记"银行存款"等科目。月末,单位应将"预交税金"明细科目余额转入"未交税金"明细科目,借记本科目(未交税金),贷记本科目(预交税金)。

(4)减免增值税。对于当期直接减免的增值税,借记本科目(应交税金——减免税款),贷记"业务活动费用""经营费用"等科目。

按照现行增值税制度规定,单位初次购买增值税税控系统专用设备支付的费用以及缴纳的技术维护费允许在增值税应纳税额中全额抵减的,按照规定抵减的增值税应纳税额,借记本科目(应交税金——减免税款)(小规模纳税人借记本科目),贷记"业务活动费用""经营费用"等科目。

(四)期末余额

本科目期末贷方余额,反映单位应交未交的增值税;期末如为借方余额,反映单位尚未抵扣或多交的增值税。

【例1】5月10号,某市旅游委下属事业单位购买工程物资,取得增值税专用发票,价税合计116万元,款项未付,其中一半用于简易计税项目,另一半用于一般计税项目(只进行财务会计账务处理)。

借：应交增值税——待认证进项税额　　　　　　　　　　　160 000
　　　工程物资　　　　　　　　　　　　　　　　　　　1 000 000
　　贷：应付款项　　　　　　　　　　　　　　　　　　　　　1 160 000

【例2】承例1，5月28日，该事业单位登录发票选择确认系统进行勾选（即进行了认证）（只进行财务会计账务处理）。

借：应交增值税——应交税金——进项税额　　　　　　　　80 000
　　　工程物资　　　　　　　　　　　　　　　　　　　　80 000
　　贷：应交增值税——待认证进项税额　　　　　　　　　　160 000

【例3】5月30日，该事业单位一般计税项目开具发票，价税合计222万元，预交4万元（平行记账）。

借：应收账款　　　　　　　　　　　　　　　　　　　　2 220 000
　　贷：事业收入　　　　　　　　　　　　　　　　　　　2 000 000
　　　　应交增值税——应交税金——销项税额　　　　　　220 000
借：应交增值税——预交税金　　　　　　　　　　　　　　40 000
　　贷：银行存款　　　　　　　　　　　　　　　　　　　　40 000

预算会计账务处理：

借：事业支出/经营支出　　　　　　　　　　　　　　　　40 000
　　贷：资金结存——货币资金（银行存款）　　　　　　　　40 000

【例4】承例3，月末，将"应交增值税——应交税金"下个专栏借贷相抵后的贷方余额[22-8=14（万元）]转入"应交增值税——应交税金"（只进行财务会计账务处理）。

借：应交增值税——应交税金——转出未交增值税　　　　140 000
　　贷：应交增值税——未交税金　　　　　　　　　　　　140 000

【例5】承例4，月末，将预交增值税转入"未交税金"（只进行财务会计账务处理）。

借：应交增值税——未交税金　　　　　　　　　　　　　　40 000
　　贷：应交增值税——预交税金　　　　　　　　　　　　　40 000

【例6】承例5，月末，"应交增值税——未交税金"借贷方相抵后余额[14-4=10（万元）]于次月初交纳（平行记账）。

财务会计账务处理：

借：应交增值税——未交税金　　　　　　　　　　　　　　100 000
　　贷：银行存款　　　　　　　　　　　　　　　　　　　　100 000

预算会计账务处理：

借：事业支出/经营支出　　　　　　　　　　　　　　　　100 000
　　贷：资金结存——货币资金（银行存款）　　　　　　　100 000

三、第三科目　2102 其他应交税费

（一）本科目核算内容

本科目核算单位按照税法等规定计算应交纳的除增值税以外的各种税费，包括城市维护建设税、教育费附加、地方教育费附加、车船税、房产税、城镇土地使用税和企业所得税等。单

位代扣代缴的个人所得税,也通过本科目核算。单位应交纳的印花税不需要预提应交税费,直接通过"业务活动费用""单位管理费用""经营费用"等科目核算,不通过本科目核算。

(二)本科目应当按照应交纳的税费种类进行明细核算

(三)其他应交税费的主要账务处理

(1)发生城市维护建设税、教育费附加、地方教育费附加、车船税、房产税、城镇土地使用税等纳税义务的,按照税法规定计算的应缴税费金额,借记"业务活动费用""单位管理费用""经营费用"等科目,贷记本科目(应交城市维护建设税、应交教育费附加、应交地方教育费附加、应交车船税、应交房产税、应交城镇土地使用税等)。

(2)按照税法规定计算应代扣代缴职工(含长期聘用人员)的个人所得税,借记"应付职工薪酬"科目,贷记本科目(应交个人所得税)。按照税法规定计算应代扣代缴支付给职工(含长期聘用人员)以外人员劳务费的个人所得税,借记"业务活动费用""单位管理费用"等科目,贷记本科目(应交个人所得税)。

(3)发生企业所得税纳税义务的,按照税法规定计算的应交所得税额,借记"所得税费用"科目,贷记本科目(单位应交所得税)。

(4)单位实际交纳上述各种税费时,借记本科目(应交城市维护建设税、应交教育费附加、应交地方教育费附加、应交车船税、应交房产税、应交城镇土地使用税、应交个人所得税、单位应交所得税等),贷记"财政拨款收入""零余额账户用款额度""银行存款"等科目。

(四)期末余额

本科目期末贷方余额,反映单位应交未交的除增值税以外的税费金额;期末如为借方余额,反映单位多交纳的除增值税以外的税费金额。

【例1】某市旅游委全年应缴相关税费为:房产税20 000元、城镇土地使用税12 000元、车船税13 000元(只进行财务会计账务处理)。

借:业务活动费用	45 000
贷:其他应交税费——应交房产税	20 000
——应交城镇土地使用税	12 000
——应交车船税	13 000

【例2】某市旅游委为职工代扣代缴3月个人所得税16 000元(只进行财务会计账务处理)。

借:应付职工薪酬	16 000
贷:其他应交税费——应交个人所得税	16 000

【例3】某市旅游委以库存现金支付某服务人员劳务费3 500元,为其代扣个人所得税540元(平行记账)。

财务会计账务处理:

借:业务活动费用	4 040
贷:库存现金	3 500
其他应交税费——应交个人所得税	540

预算会计账务处理:

借:行政支出	3 500

贷：资金结存——货币资金（库存现金）　　　　　　　　　　　　　　　3 500

【例4】某市旅游委下属事业单位的经营性所得全年应交的所得税为70 000元（只进行财务会计账务处理）。

借：所得税费用　　　　　　　　　　　　　　　　　　　　　　　　　70 000
　　贷：其他应交税费——单位应交所得税　　　　　　　　　　　　　　70 000

【例5】承例1，例2和例3，该市旅游委以银行存款实际交纳房产税20 000元、城镇土地使用税12 000元、车船税13 000元、个人所得税26 540元（平行记账）。

财务会计账务处理：
借：其他应交税费——应交房产税　　　　　　　　　　　　　　　　　20 000
　　　　　　　　——应交城镇土地使用税　　　　　　　　　　　　　 12 000
　　　　　　　　——应交车船税　　　　　　　　　　　　　　　　　 13 000
　　　　　　　　——应交个人所得税　　　　　　　　　　　　　　　 26 540
　　贷：银行存款　　　　　　　　　　　　　　　　　　　　　　　　　71 540
预算会计账务处理：
借：行政支出　　　　　　　　　　　　　　　　　　　　　　　　　　 71 540
　　贷：资金结存——货币资金（银行存款）　　　　　　　　　　　　　71 540

四、第四科目　2103 应缴财政款

（1）本科目核算单位取得或应收的按照规定应当上缴财政的款项，包括应缴国库的款项和应缴财政专户的款项。单位按照国家税法等有关规定应当缴纳的各种税费，通过"应交增值税""其他应交税费"科目核算，不通过本科目核算。

（2）本科目应当按照应缴财政款项的类别进行明细核算。

（3）应缴财政款的主要账务处理如下：

①单位取得或应收按照规定应缴财政的款项时，借记"银行存款""应收账款"等科目，贷记本科目。

②单位处置资产取得的应上缴财政的处置净收入的账务处理，参见"待处理财产损溢"等科目。

③单位上缴应缴财政的款项时，按照实际上缴的金额，借记本科目，贷记"银行存款"科目。

（4）本科目期末贷方余额，反映单位应当上缴财政但尚未缴纳的款项。年终清缴后，本科目一般应无余额。

五、第五科目　2201 应付职工薪酬

（1）本科目核算单位按照有关规定应付给职工（含长期聘用人员）及为职工支付的各种薪酬，包括基本工资、国家统一规定的津贴补贴、规范津贴补贴（绩效工资）、改革性补贴、社会保险费（如职工基本养老保险费、职业年金、基本医疗保险费等）、住房公积金等。

（2）本科目应当根据国家有关规定按照"基本工资"（含离退休费）、"国家统一规定的津贴补贴""规范津贴补贴（绩效工资）""改革性补贴""社会保险费""住房公积金""其他个人收入"等进行明细核算。其中，"社会保险费""住房公积金"明细科目核算内容包括

单位从职工工资中代扣代缴的社会保险费、住房公积金,以及单位为职工计算缴纳的社会保险费、住房公积金。

(3) 应付职工薪酬的主要账务处理如下:

第一,计算确认当期应付职工薪酬(含单位为职工计算缴纳的社会保险费、住房公积金),包括:①计提从事专业及其辅助活动人员的职工薪酬,借记"业务活动费用""单位管理费用"科目,贷记本科目;②计提应由在建工程、加工物品、自行研发无形资产负担的职工薪酬,借记"在建工程""加工物品""研发支出"等科目,贷记本科目;③计提从事专业及其辅助活动之外的经营活动人员的职工薪酬,借记"经营费用"科目,贷记本科目;④因解除与职工的劳动关系而给予的补偿,借记"单位管理费用"等科目,贷记本科目。

第二,向职工支付工资、津贴补贴等薪酬时,按照实际支付的金额,借记本科目,贷记"财政拨款收入""零余额账户用款额度""银行存款"等科目。

第三,按照税法规定代扣职工个人所得税时,借记本科目(基本工资),贷记"其他应交税费——应交个人所得税"科目。从应付职工薪酬中代扣为职工垫付的水电费、房租等费用时,按照实际扣除的金额,借记本科目(基本工资),贷记"其他应收款"等科目。从应付职工薪酬中代扣社会保险费和住房公积金,按照代扣的金额,借记本科目(基本工资),贷记本科目(社会保险费、住房公积金)。

第四,按照国家有关规定缴纳职工社会保险费和住房公积金时,按照实际支付的金额,借记本科目(社会保险费、住房公积金),贷记"财政拨款收入""零余额账户用款额度""银行存款"等科目。

第五,从应付职工薪酬中支付的其他款项,借记本科目,贷记"零余额账户用款额度""银行存款"等科目。

(4) 本科目期末贷方余额,反映单位应付未付的职工薪酬。

【例1】月末,某市旅游委下属事业单位分配工资 300 000 元:事业活动业务部门工资 210 000 元,行政后勤部门工资 60 000 元,经营人员工资 30 000 元(只进行财务会计账务处理)。

借:业务活动费用　　　　　　　　　　　　　　　　　　210 000
　　单位管理费用　　　　　　　　　　　　　　　　　　 60 000
　　经营费用　　　　　　　　　　　　　　　　　　　　 30 000
　　贷:应付职工薪酬——基本工资　　　　　　　　　　300 000

【例2】承例1,下月初,该事业单位发放工资 300 000 元,代扣代缴个人水电费 8 000 元、房租 5 000 元、社会保险费 15 000 元、个人所得税 6 000 元(平行记账)。

财务会计账务处理:

借:应付职工薪酬——基本工资　　　　　　　　　　　300 000
　　贷:财政拨款收入　　　　　　　　　　　　　　　　266 000
　　　　其他应收款——代扣水电费　　　　　　　　　　 8 000
　　　　　　　　　——代扣房租　　　　　　　　　　　 5 000
　　　　应付职工薪酬——社会保障费　　　　　　　　　15 000
　　　　其他应交税费——应缴个人所得税　　　　　　　 6 000

预算会计账务处理:

借:事业支出　　　　　　　　　　　　　　　　　　　266 000
　　贷:财政拨款预算收入　　　　　　　　　　　　　　266 000

六、第六科目 2301 应付票据

（一）本科目核算事业单位因购买材料、物资等而开出、承兑的商业汇票，包括银行承兑汇票和商业承兑汇票

（二）本科目应当按照债权人进行明细核算

（三）应付票据的主要账务处理

（1）开出、承兑商业汇票时，借记"库存物品""固定资产"等科目，贷记本科目。涉及增值税业务的，相关账务处理参见"应交增值税"科目。以商业汇票抵付应付账款时，借记"应付账款"科目，贷记本科目。

（2）支付银行承兑汇票的手续费时，借记"业务活动费用""经营费用"等科目，贷记"银行存款""零余额账户用款额度"等科目。

（3）商业汇票到期时，应当分以下情况处理：

①收到银行支付到期票据的付款通知时，借记本科目，贷记"银行存款"科目。

②银行承兑汇票到期，单位无力支付票款的，按照应付票据账面余额，借记本科目，贷记"短期借款"科目。

③商业承兑汇票到期，单位无力支付票款的，按照应付票据账面余额，借记本科目，贷记"应付账款"科目。

（四）应付票据备查簿

单位应当设置"应付票据备查簿"，详细登记每一应付票据的种类、号数、出票日期、到期日、票面金额、交易合同号、收款人姓名或单位名称，以及付款日期和金额等。应付票据到期结清票款后，应当在备查簿内逐笔注销。

（五）本科目期末贷方余额，反映事业单位开出、承兑的尚未到期的应付票据金额

【例1】某市旅游委下属事业单位因经营活动购入原材料一批，价款200 000元，材料已验收入库，事业单位出具一张不带息商业承兑汇票，票据期限为2个月。

①购入原材料时（只进行财务会计账务处理）。

借：库存物品　　　　　　　　　　　　　　　　　　　　　　　　　　200 000
　　贷：应付票据　　　　　　　　　　　　　　　　　　　　　　　　　200 000

②票据到期付款时（平行记账）。

财务会计账务处理：

借：应付票据　　　　　　　　　　　　　　　　　　　　　　　　　　200 000
　　贷：银行存款　　　　　　　　　　　　　　　　　　　　　　　　　200 000

预算会计账务处理：

借：经营支出　　　　　　　　　　　　　　　　　　　　　　　　　　200 000
　　贷：资金结存——货币资金（银行存款）　　　　　　　　　　　　　200 000

③票据到期，无力付款时（只进行财务会计账务处理）。

借：应付票据	200 000	
贷：应付账款		200 000

七、第七科目　2302 应付账款

（一）本科目核算内容

本科目核算单位因购买物资、接受服务、开展工程建设等而应付的偿还期限在1年以内（含1年）的款项。

（二）本科目应当按照债权人进行明细核算

对于建设项目，还应设置"应付器材款""应付工程款"等明细科目，并按照具体项目进行明细核算。

（三）应付账款的主要账务处理

（1）收到所购材料、物资、设备或服务以及确认完成工程进度但尚未付款时，根据发票及账单等有关凭证，按照应付未付款项的金额，借记"库存物品""固定资产""在建工程"等科目，贷记本科目。涉及增值税业务的，相关账务处理参见"应交增值税"科目。

（2）偿付应付账款时，按照实际支付的金额，借记本科目，贷记"财政拨款收入""零余额账户用款额度""银行存款"等科目。

（3）开出、承兑商业汇票抵付应付账款时，借记本科目，贷记"应付票据"科目。

（4）无法偿付或债权人豁免偿还的应付账款，应当按照规定报经批准后进行账务处理。经批准核销时，借记本科目，贷记"其他收入"科目。核销的应付账款应在备查簿中保留登记。

（四）本科目期末贷方余额，反映单位尚未支付的应付账款金额

【例1】某市旅游委从M公司购入一批材料，货款20 000元，对方代垫运费2 000元，材料已经到达并验收入库，款项尚未支付（只进行财务会计账务处理）。

借：库存物品	22 000	
贷：应付账款——M公司		22 000

【例2】承接例1，该市旅游委通过零余额账户支付该款项（平行记账）。

财务会计账务处理：

借：应付账款——M公司	22 000	
贷：零余额账户用款额度		22 000

预算会计账务处理：

借：行政支出	22 000	
贷：资金结存——零余额账户用款额度		22 000

【例3】某市旅游委接受网络公司提供电脑维修服务，其劳务费2 000元尚未支付（只进行财务会计账务处理）。

借：业务活动费用	2 000	
贷：应付账款		2000

【例4】某市旅游委下属事业单位报经批准自建车库并出包给乙建筑公司；1月20日，以银行存款支付工程款300 000元；6月30日工程建造结束，市旅游委与乙建筑公司结算工程价款450 000元，工程余款尚未支付。

① 1月20日预付工程款时（平行记账）。

财务会计账务处理：

借：在建工程　　　　　　　　　　　　　　　　　　　　　　　300 000
　　贷：银行存款　　　　　　　　　　　　　　　　　　　　　　300 000

预算会计账务处理：

借：事业支出　　　　　　　　　　　　　　　　　　　　　　　300 000
　　贷：资金结存—货币资金（银行存款）　　　　　　　　　　　300 000

② 6月30日结算工程款时（只进行财务会计账务处理）。

借：在建工程　　　　　　　　　　　　　　　　　　　　　　　150 000
　　贷：应付账款——乙建筑公司　　　　　　　　　　　　　　　150 000

【例5】某市旅游委已经确认的应付乙公司一笔应付账款6 000元，因Z公司撤销而无法支付（只进行财务会计账务处理）。

借：应付账款——乙公司　　　　　　　　　　　　　　　　　　6 000
　　贷：其他收入　　　　　　　　　　　　　　　　　　　　　　6 000

八、第八科目　2303 应付政府补贴款

（一）本科目核算内容

本科目核算负责发放政府补贴的行政单位，按照规定应当支付给政府补贴接受者的各种政府补贴款。

（二）本科目应当按照应支付的政府补贴种类进行明细核算

单位还应当根据需要按照补贴接受者进行明细核算，或者建立备查簿对补贴接受者予以登记。

（三）应付政府补贴款的主要账务处理

（1）发生应付政府补贴时，按照依规定计算确定的应付政府补贴金额，借记"业务活动费用"科目，贷记本科目。

（2）支付应付政府补贴款时，按照支付金额，借记本科目，贷记"零余额账户用款额度""银行存款"等科目。

（四）本科目期末贷方余额，反映市旅游委应付未付的政府补贴金

【例1】按照规定，某市旅游委应支付给政府补贴接受人员的各种政府补贴500 000元。次年年初，以零余额账户支付应付未付的政府补贴款500 000元。

① 确认应付政府补贴款时（只进行财务会计账务处理）。

借：业务活动费用　　　　　　　　　　　　　　　　　　　　　500 000

贷：应付政府补贴款　　　　　　　　　　　　　　　　　　　　500 000
②支付应付政府补贴款时（平行记账）。
财务会计账务处理：
借：应付政府补贴款　　　　　　　　　　　　　　　　　　　　　　500 000
　　　贷：零余额账户用款额度　　　　　　　　　　　　　　　　　　500 000
预算会计账务处理：
借：行政支出　　　　　　　　　　　　　　　　　　　　　　　　　500 000
　　　贷：资金结存——零余额账户用款额度　　　　　　　　　　　　500 000

九、第九科目　2304 应付利息

（一）本科目核算内容

本科目核算事业单位按照合同约定应支付的借款利息，包括短期借款、分期付息到期还本的长期借款等应支付的利息。

（二）本科目应当按照债权人等进行明细核算

（三）应付利息的主要账务处理

（1）为建造固定资产、公共基础设施等借入的专门借款的利息，属于建设期间发生的，按期计提利息费用时，按照计算确定的金额，借记"在建工程"科目，贷记本科目；不属于建设期间发生的，按期计提利息费用时，按照计算确定的金额，借记"其他费用"科目，贷记本科目。

（2）对于其他借款，按期计提利息费用时，按照计算确定的金额，借记"其他费用"科目，贷记本科目。

（3）实际支付应付利息时，按照支付的金额，借记本科目，贷记"银行存款"等科目。

（四）本科目期末贷方余额，反映事业单位应付未付的利息金额

【例1】某市旅游委下属事业单位计提应由本月负担的短期借款利息210元（只进行财务会计账务处理）。
借：其他费用　　　　　　　　　　　　　　　　　　　　　　　　　　210
　　　贷：应付利息　　　　　　　　　　　　　　　　　　　　　　　　210
【例2】承例1，季末实际支付3个月的短期借款利息630元（平行记账）。
财务会计账务处理：
借：应付利息　　　　　　　　　　　　　　　　　　　　　　　　　　630
　　　贷：银行存款　　　　　　　　　　　　　　　　　　　　　　　　630
预算会计账务处理：
借：其他支出　　　　　　　　　　　　　　　　　　　　　　　　　　630
　　　贷：资金结存——货币资金（银行存款）　　　　　　　　　　　　630

十、第十科目 2305 预收账款

（一）本科目核算事业单位预先收取但尚未结算的款项

（二）本科目应当按照债权人进行明细核算

（三）预收账款的主要账务处理

（1）从付款方预收款项时，按照实际预收的金额，借记"银行存款"等科目，贷记本科目。

（2）确认有关收入时，按照预收账款账面余额，借记本科目，按照应确认的收入金额，贷记"事业收入""经营收入"等科目，按照付款方补付或退回付款方的金额，借记或贷记"银行存款"等科目。涉及增值税业务的，相关账务处理参见"应交增值税"科目。

（3）无法偿付或债权人豁免偿还的预收账款，应当按照规定报经批准后进行账务处理。经批准核销时，借记本科目，贷记"其他收入"科目。核销的预收账款应在备查簿中保留登记。

（四）本科目期末贷方余额，反映事业单位预收但尚未结算的款项金额

【例1】某市旅游委下属事业单位因经营活动预收G公司货款2 000元存入银行（平行记账）。

财务会计账务处理：

借：银行存款　　　　　　　　　　　　　　　　　　　　　　　　　20 000

　　贷：预收账款　　　　　　　　　　　　　　　　　　　　　　　　20 000

预算会计账务处理：

借：资金结存货币资金（银行存款）　　　　　　　　　　　　　　　20 000

　　贷：经营预算收入　　　　　　　　　　　　　　　　　　　　　　20 000

【例2】承例1，事业单位向G公司发货一批，价款为50 000元，G公司尚未补付货款（只进行财务会计账务处理）。

借：预收账款　　　　　　　　　　　　　　　　　　　　　　　　　50 000

　　贷：经营收入　　　　　　　　　　　　　　　　　　　　　　　　50 000

【例3】承例1和例2，G公司补付货款30 000元（平行记账）。

财务会计账务处理：

借：银行存款　　　　　　　　　　　　　　　　　　　　　　　　　30 000

　　贷：预收账款　　　　　　　　　　　　　　　　　　　　　　　　30 000

预算会计账务处理：

借：资金结存——货币资金（银行存款）　　　　　　　　　　　　　30 000

　　贷：经营预算收入　　　　　　　　　　　　　　　　　　　　　　30 000

十一、第十一科目 2307 其他应付款

（一）本科目核算内容

本科目核算单位除应交增值税、其他应交税费、应缴财政款、应付职工薪酬、应付票据、

应付账款、应付政府补贴款、应付利息、预收账款以外，其他各项偿还期限在1年内（含1年）的应付及暂收款项，如收取的押金、存入保证金、已经报销但尚未偿还银行的本单位公务卡欠款等。

同级政府财政部门预拨的下期预算款和没有纳入预算的暂付款项，以及采用实拨资金方式通过本单位转拨给下属单位的财政拨款，也通过本科目核算。

（二）本科目应当按照其他应付款的类别以及债权人等进行明细核算

（三）其他应付款的主要账务处理

（1）发生其他应付及暂收款项时，借记"银行存款"等科目，贷记本科目。支付（或退回）其他应付及暂收款项时，借记本科目，贷记"银行存款"等科目。将暂收款项转为收入时，借记本科目，贷记"事业收入"等科目。

（2）收到同级政府财政部门预拨的下期预算款和没有纳入预算的暂付款项，按照实际收到的金额，借记"银行存款"等科目，贷记本科目；待到下一预算期或批准纳入预算时，借记本科目，贷记"财政拨款收入"科目。

采用实拨资金方式通过本单位转拨给下属单位的财政拨款，按照实际收到的金额，借记"银行存款"科目，贷记本科目；向下属单位转拨财政拨款时，按照转拨的金额，借记本科目，贷记"银行存款"科目。

（3）本单位公务卡持卡人报销时，按照审核报销的金额，借记"业务活动费用""单位管理费用"等科目，贷记本科目；偿还公务卡欠款时，借记本科目，贷记"零余额账户用款额度"等科目。

（4）涉及质保金形成其他应付款的，相关账务处理参见"固定资产"科目。

（5）无法偿付或债权人豁免偿还的其他应付款项，应当按照规定报经批准后进行账务处理。经批准核销时，借记本科目，贷记"其他收入"科目。核销的其他应付款应在备查簿中保留登记。

（四）本科目期末贷方余额，反映单位尚未支付的其他应付款金额

【例1】某市旅游委收取甲单位押金3 000元、乙单位保证金12 000元款项存入银行。

①收取押金、保证金时：

借：银行存款	15 000
贷：其他应付款——甲单位	3 000
——乙单位	12 000

②以后退还押金、保证金时：

借：其他应付款——甲单位	3 000
——乙单位	12 000
贷：银行存款	15 000

【例2】某市旅游委收到同级政府财政部门预拨的下期预算款350 000元存入银行。

①收到预拨的下期预算款时（只进行财务会计账务处理）。

借：银行存款	350 000
贷：其他应付款	350 000

②下一预算期纳入预算时（平行记账）。

财务会计账务处理：

借：其他应付款 350 000
　　贷：财政拨款收入 350 000
预算会计账务处理：
借：资金结存——货币资金（银行存款） 350 000
　　贷：财政拨款预算收入 350 000

【例3】某市旅游委因故无法偿还甲单位押金3 000元（平行记账）。
财务会计账务处理：
借：其他应付款——甲单位 3 000
　　贷：其他收入 3 000
预算会计账务处理：
借：资金结存——货币资金（银行存款） 3 000
　　贷：其他预算收入 3 000

十二、第十二科目　2401 预提费用

（一）本科目核算内容

本科目核算单位预先提取的已经发生但尚未支付的费用，如预提租金费用等。事业单位按规定从科研项目收入中提取的项目间接费用或管理费，也通过本科目核算。事业单位计提的借款利息费用，通过"应付利息""长期借款"科目核算，不通过本科目核算。

（二）本科目应当按照预提费用的种类进行明细核算

对于提取的项目间接费用或管理费，应当在本科目下设置"项目间接费用或管理费"明细科目，并按项目进行明细核算。

（三）预提费用的主要账务处理

1. 项目间接费用或管理费

按规定从科研项目收入中提取项目间接费用或管理费时，按照提取的金额，借记"单位管理费用"科目，贷记本科目（项目间接费用或管理费）。实际使用计提的项目间接费用或管理费时，按照实际支付的金额，借本科目（项目间接费用或管理费），贷记"银行存款""库存现金"等科目。

2. 其他预提费用

按期预提租金等费用时，按照预提的金额，借记"业务活动费用""单位管理费用""经营费用"等科目，贷记本科目。实际支付款项时，按照支付金额，借记本科目，贷记"零余额账户用款额度""银行存款"等科目。

（四）期末余额

本科目期末贷方余额，反映单位已预提但尚未支付的各项费用。

【例1】某市旅游委计提本季度房屋租金30 000元（只进行财务会计账务处理）。
借：业务活动费用 30 000

贷：预提费用　　　　　　　　　　　　　　　　　　　　　　　　　　　30 000
【例2】承例1，某市旅游委通过零余额账户支付本季度房屋租金40 000元（平行记账）。
财务会计账务处理：
借：预提费用　　　　　　　　　　　　　　　　　　　　　　　　　　　40 000
　　贷：零余额账户用款额度　　　　　　　　　　　　　　　　　　　　 40 000
预算会计账务处理：
借：行政支出　　　　　　　　　　　　　　　　　　　　　　　　　　　40 000
　　贷：资金结存——零余额账户用款额度　　　　　　　　　　　　　　40 000

十三、第十三科目　2501 长期借款

（一）本科目核算内容

本科目核算事业单位经批准向银行或其他金融机构等借入的期限超过1年（不含1年）的各种借款本息。

（二）明细核算

本科目应当设置"本金"和"应计利息"明细科目，并按照贷款单位和贷款种类进行明细核算。对于建设项目借款，还应按照具体项目进行明细核算。

（三）长期借款的主要账务处理

（1）借入各项长期借款时，按照实际借入的金额，借记"银行存款"科目，贷记本科目（本金）。

（2）为建造固定资产、公共基础设施等应支付的专门借款利息，按期计提利息时，分以下情况处理：

①属于工程项目建设期间发生的利息，计入工程成本，按照计算确定的应支付的利息金额，借记"在建工程"科目，贷记"应付利息"科目。

②属于工程项目完工交付使用后发生的利息，计入当期费用，按照计算确定的应支付的利息金额，借记"其他费用"科目，贷记"应付利息"科目。

（3）按期计提其他长期借款的利息时，按照计算确定的应支付的利息金额，借记"其他费用"科目，贷记"应付利息"科目（分期付息、到期还本借款的利息）或本科目（应计利息、到期一次还本付息借款的利息）。

（4）到期归还长期借款本金、利息时，借记本科目（本金、应计利息），贷记"银行存款"科目。

【例1】某市旅游委下属事业单位为建造一幢实验室，1月1日借入期限为两年的长期专门借款100万元，款项已存入银行。借款利率按市场利率确定为9%，每年付息一次，期满后一次还清本金。年初，以银行存款支付工程价款共计60万元；年末，以财政授权支付方式支付利息9万元。第二年年初以银行存款支付工程价款40万元；第二年年末，以财政直接支付方式支付本金和利息109万元。该实验室于第二年年末完工交付使用。

①1月1日，取得借款时（平行记账）。

财务会计账务处理：

借：银行存款 1 000 000
    贷：长期借款——本金 1 000 000
预算会计账务处理：
借：资金结存——货币资金（银行存款） 1 000 000
    贷：债务预算收入 1 000 000
②年初支付工程款时（平行记账）。
财务会计账务处理：
借：在建工程 600 000
    贷：银行存款 600 000
预算会计账务处理：
借：事业支出 600 000
    贷：资金结存——货币资金（银行存款） 600 000
③年末计算并支付第一年应计入工程成本的利息时：
借款利息=1 000 000×9%=90 000（元）。
财务会计账务处理：
借：在建工程 90 000
    贷：零余额账户用款额度 90 000
预算会计账务处理：
借：事业支出 90 000
    贷：资金结存——零余额账户用款额度 90 000
④第二年年初支付工程款时：
财务会计账务处理：
借：在建工程 400 000
    贷：银行存款 400 000
预算会计账务处理：
借：事业支出 400 000
    贷：资金结存——货币资金（银行存款） 400 000
⑤第二年年末工程完工时：
该期应计入工程成本的利息=1 000 000×9%=90 000（元），以财政直接支付方式支付本金和利息109万元。
财务会计账务处理：
借：在建工程 90 000
    长期借款——本金 1 000 000
    贷：财政拨款收入 1 090 000
借：固定资产 1 180 000
    贷：在建工程 1 180 000
预算会计账务处理：
借：事业支出 90 000
    债务还本支出 1 000 000
    贷：财政拨款预算收入 1 090 000

（四）本科目期末贷方余额，反映事业单位尚未偿还的长期借款本息金额

十四、第十四科目　2502 长期应付款

（一）本科目核算内容

本科目核算单位发生的偿还期限超过 1 年（不含 1 年）的应付款项，如以融资租赁方式取得固定资产应付的租赁费等。

（二）本科目应当按照长期应付款的类别以及债权人进行明细核算

（三）长期应付款的主要账务处理

（1）发生长期应付款时，借记"固定资产""在建工程"等科目，贷记本科目。

（2）支付长期应付款时，按照实际支付的金额，借记本科目，贷记"财政拨款收入""零余额账户用款额度""银行存款"等科目。涉及增值税业务的，相关账务处理参见"应交增值税"科目。

（3）无法偿付或债权人豁免偿还的长期应付款，应当按照规定报经批准后进行账务处理。经批准核销时，借记本科目，贷记"其他收入"科目。核销的长期应付款应在备查簿中保留登记。

（4）涉及质保金形成长期应付款的，相关账务处理参见"固定资产"科目。

【例1】某市旅游委与乙公司签订一项购货合同，市旅游委从乙公司购入一台需要安装的大型办公设备，合同约定，市旅游委采用分期付款方式支付价款，设备总价款共计 3 000 000 元，在 3 年里每年年末以财政直接支付方式支付 1 000 000 元，每年的付款日期为 12 月 25 日；第一年年初，设备如期运到市旅游委并开始安装，发生的运费和相关税费 20 000 元已经用银行存款支付，发生的安装费用 50 000 元以零余额账户支付；设备安装完毕交付使用。

①设备交付安装时（只进行财务会计账务处理）。

借：在建工程　　　　　　　　　　　　　　　　　　　　　　3 000 000
　　贷：长期应付款——乙公司　　　　　　　　　　　　　　　　3 000 000

②支付运费和相关税费时（平行记账）。

财务会计账务处理：

借：在建工程　　　　　　　　　　　　　　　　　　　　　　　　20 000
　　贷：银行存款　　　　　　　　　　　　　　　　　　　　　　　20 000

预算会计账务处理：

借：行政支出　　　　　　　　　　　　　　　　　　　　　　　　20 000
　　贷：资金结存——货币资金（银行存款）　　　　　　　　　　　20 000

③支付安装费时。

财务会计账务处理：

借：在建工程　　　　　　　　　　　　　　　　　　　　　　　　50 000
　　贷：零余额账户用款额度　　　　　　　　　　　　　　　　　　50 000

预算会计账务处理：

借：行政支出　　　　　　　　　　　　　　　　　　　　　　　　50 000

贷：资金结存——零余额账户用款额度	50 000

④每年12月25日支付设备价款时（平行记账）。

财务会计账务处理：

借：长期应付款——乙公司	1 000 000
贷：财政拨款预算收入	1 000 000

预算会计账务处理：

借：行政支出	1 000 000
贷：财政拨款预算收入	1 000 000

⑤安装完毕交付使用时（只进行财务会计处理）。

借：固定资产	3 070 000
贷：在建工程	3 070 000

【例2】某市旅游委购买一批政府储备物资，其价款为50 000元，物资已经验收入库。根据约定，该批物资的付款期限为18个月；债务到期，该市旅游委以零余额账户支付价款50 000元。

①物资验收入库时（只进行财务会计账务处理）。

借：政府储备物资	50 000
贷：长期应付款	50 000

②债务到期，支付价款（平行记账）。

财务会计账务处理：

借：长期应付款	50 000
贷：零余额账户用款额度	50 000

预算会计账务处理：

借：行政支出	50 000
贷：资金结存——零余额账户用款额度	50 000

③若债权人豁免市旅游委所欠政府储备物资款50 000元。

借：长期应付款	50 000
贷：其他收入	50 000

（四）本科目期末贷方余额，反映单位尚未支付的长期应付款金额

十五、第十五科目　2601 预计负债

（一）本科目核算内容

本科目核算单位对因或有事项所产生的现时义务而确认的负债，如对未决诉讼等确认的负债。

（二）本科目应当按照预计负债的项目进行明细核算

（三）预计负债的主要账务处理

（1）确认预计负债时，按照预计的金额，借记"业务活动费用""经营费用""其他费用"等科目，贷记本科目。

(2) 实际偿付预计负债时，按照偿付的金额，借记本科目，贷记"银行存款""零余额账户用款额度"等科目。

(3) 根据确凿证据需要对已确认的预计负债账面余额进行调整的，按照调整增加的金额，借记有关科目，贷记本科目；按照调整减少的金额，借记本科目，贷记有关科目。

（四）本科目期末贷方余额，反映单位已确认但尚未支付的预计负债金额

【例1】某市旅游委下属事业单位在经营活动过程中，向B公司销售一批产品，因产品存在一定的质量问题，导致B公司发生经济损失。但由于购销双方对问题的认识不一致，B公司提起诉讼，请求事业单位赔偿100 000元。事业单位在应诉过程中，发现所售产品确实存在较大的质量问题。会计期末，事业单位预计败诉的可能性在50%以上，最可能赔偿的金额为100 000元（只进行财务会计账务处理）。

借：其他费用　　　　　　　　　　　　　　　　　　　　　100 000
　　贷：预计负债　　　　　　　　　　　　　　　　　　　　　　100 000

【例2】承例1，事业单位败诉，通过零余额账户赔偿B公司100 000元（平行记账）。

财务会计账务处理：
借：预计负债　　　　　　　　　　　　　　　　　　　　　　100 000
　　贷：零余额账户用款额度　　　　　　　　　　　　　　　　　100 000

预算会计账务处理：
借：其他支出　　　　　　　　　　　　　　　　　　　　　　100 000
　　贷：资金结存——零余额账户用款额度　　　　　　　　　　　100 000

十六、第十六科目　2901 受托代理负债

(1) 本科目核算单位接受委托取得受托代理资产时形成的负债。

(2) 本科目的账务处理参见"受托代理资产""库存现金""银行存款"等科目。

(3) 本科目期末贷方余额，反映单位尚未交付或发出受托代理资产形成的受托代理负债金额。

第三节　净资产类

一、第一科目　3001 累计盈余

（一）本科目核算内容

本科目核算单位历年实现的盈余扣除盈余分配后滚存的金额，以及因无偿调入调出资产产生的净资产变动额。

按照规定上缴、缴回、单位间调剂结转结余资金产生的净资产变动额，以及对以前年度盈余的调整金额，也通过本科目核算。

（二）累计盈余的主要账务处理

（1）年末，将"本年盈余分配"科目的余额转入累计盈余，借记或贷记"本年盈余分配"科目，贷记或借记本科目。

（2）年末，将"无偿调拨净资产"科目的余额转入累计盈余，借记或贷记"无偿调拨净资产"科目，贷记或借记本科目。

（3）按照规定上缴财政拨款结转结余、缴回非财政拨款结转资金、向其他单位调出财政拨款结转资金时，按照实际上缴、缴回、调出金额，借记本科目，贷记"财政应返还额度""零余额账户用款额度""银行存款"等科目。按照规定从其他单位调入财政拨款结转资金时，按照实际调入金额，借记"零余额账户用款额度""银行存款"等科目，贷记本科目。

（4）将"以前年度盈余调整"科目的余额转入本科目，借记或贷记"以前年度盈余调整"科目，贷记或借记本科目。

（5）按照规定使用专用基金购置固定资产、无形资产的，按照固定资产、无形资产成本金额，借记"固定资产""无形资产"科目，贷记"银行存款"等科目；同时，按照专用基金使用金额，借记"专用基金"科目，贷记本科目。

（三）期末余额

本科目期末余额，反映单位未分配盈余（或未弥补亏损）的累计数以及截至上年末无偿调拨净资产变动的累计数。本科目年末余额，反映单位未分配盈余（或未弥补亏损）以及无偿调拨净资产变动的累计数。

【例1】年末，某市市旅游委"本年盈余分配"科目有贷方余额260 000元、"无偿调拨净资产"科目有借方余额120 000元、"以前年度盈余调整"科目有贷方余额13 260元，转入"累计盈余"科目。

借：本年盈余分配　　　　　　　　　　　　　　　　　260 000
　　以前年度盈余调整　　　　　　　　　　　　　　　　13 260
　　贷：无偿调拨净资产　　　　　　　　　　　　　　　120 000
　　　　累计盈余　　　　　　　　　　　　　　　　　　153 260

【例2】某市市旅游委收到一笔财政授权支付额度600 000元，为本级财政从其他单位调入给本单位的财政拨款结转资金。

借：零余额账户用款额度　　　　　　　　　　　　　　600 000
　　贷：累计盈余　　　　　　　　　　　　　　　　　　600 000
同时进行预算会计账务处理：
借：资金结存——零余额账户用款额度　　　　　　　　600 000
　　贷：财政拨款结转——归集调入　　　　　　　　　　600 000

【例3】某市市旅游委按照规定上缴财政拨款结余资金30 000元，并已核销相应数额的财政直接支付额度。

借：累计盈余　　　　　　　　　　　　　　　　　　　30 000
　　贷：财政应返还额度　　　　　　　　　　　　　　　30 000

同时进行预算会计账务处理：
　　借：财政拨款结余——归集上缴　　　　　　　　　　　　　　　　30 000
　　　　贷：资金结存——财政应返还额度　　　　　　　　　　　　　　30 000

【例4】某高校动用职工福利基金购买福利设施一批，该福利设备作为固定资产入账，价值为60 000元，单位福利基金取自其经营结余。
　　借：固定资产　　　　　　　　　　　　　　　　　　　　　　　　60 000
　　　　贷：银行存款　　　　　　　　　　　　　　　　　　　　　　　60 000
　　借：专用基金　　　　　　　　　　　　　　　　　　　　　　　　60 000
　　　　贷：累计盈余　　　　　　　　　　　　　　　　　　　　　　　60 000
同时进行预算会计账务处理：
　　借：专用结余　　　　　　　　　　　　　　　　　　　　　　　　60 000
　　　　贷：资金结存——货币资金　　　　　　　　　　　　　　　　　60 000

二、第二科目　3101 专用基金

（一）本科目核算内容

本科目核算事业单位按照规定提取或设置的具有专门用途的净资产，主要包括职工福利基金、科技成果转换基金等。

（二）本科目应当按照专用基金的类别进行明细核算

（三）专用基金的主要账务处理

（1）年末，根据有关规定从本年度非财政拨款结余或经营结余中提取专用基金的，按照预算会计下计算的提取金额，借记"本年盈余分配"科目，贷记本科目。

（2）根据有关规定从收入中提取专用基金并计入费用的，一般按照预算会计下基于预算收入计算提取的金额，借记"业务活动费用"等科目，贷记本科目。国家另有规定的，从其规定。

（3）根据有关规定设置的其他专用基金，按照实际收到的基金金额，借记"银行存款"等科目，贷记本科目。

（4）按照规定使用提取的专用基金时，借记本科目，贷记"银行存款"等科目。

使用提取的专用基金购置固定资产、无形资产的，按照固定资产、无形资产成本金额，借记"固定资产""无形资产"科目，贷记"银行存款"等科目；同时，按照专用基金使用金额，借记本科目，贷记"累计盈余"科目。

（四）本科目期末贷方余额，反映事业单位累计提取或设置的尚未使用的专用基金

【例1】某市旅游委下属事业单位年末根据预算会计下结转结余金额，从本年度的非财政拨款结余中提取专用基金334 800元。
　　借：本年盈余分配　　　　　　　　　　　　　　　　　　　　　334 800
　　　　贷：专用基金——非财政拨款结余　　　　　　　　　　　　　334 800
同时进行预算会计账务处理：

借：非财政拨款结余分配　　　　　　　　　　　　　　　　　　　334 800
　　贷：专用结余　　　　　　　　　　　　　　　　　　　　　　　　　334 800

【例2】 某公立医院按照一定比例从医疗收入中提取医疗风险基金18万元，同步计入费用。

只需进行财务账务处理：

借：业务活动费用　　　　　　　　　　　　　　　　　　　　　　180 000
　　贷：专用基金　　　　　　　　　　　　　　　　　　　　　　　　　180 000

【例3】 某市旅游委下属事业单位用从收入中提取的专用基金购置一批材料，价款12 785元。

借：专用基金　　　　　　　　　　　　　　　　　　　　　　　　12 785
　　贷：银行存款　　　　　　　　　　　　　　　　　　　　　　　　　12 785

同时进行预算会计账务处理：

借：事业支出　　　　　　　　　　　　　　　　　　　　　　　　12 785
　　贷：资金结存　　　　　　　　　　　　　　　　　　　　　　　　　12 785

三、第三科目　3201 权益法调整

（一）本科目核算内容

本科目核算事业单位持有的长期股权投资采用权益法核算时，按照被投资单位除净损益和利润分配以外的所有者权益变动份额调整长期股权投资账面余额而计入净资产的金额。

（二）本科目应当按照被投资单位进行明细核算

（三）权益法调整的主要账务处理

（1）年末，按照被投资单位除净损益和利润分配以外的所有者权益变动应享有（或应分担）的份额，借记或贷记"长期股权投资——其他权益变动"科目，贷记或借记本科目。

（2）采用权益法核算的长期股权投资，因被投资单位除净损益和利润分配以外的所有者权益变动而将应享有（或应分担）的份额计入单位净资产的，处置该项投资时，按照原计入净资产的相应部分金额，借记或贷记本科目，贷记或借记"投资收益"科目。

（四）期末余额

本科目期末余额，反映事业单位在被投资单位除净损益和利润分配以外的所有者权益变动中累积享有（或分担）的份额。

【例1】 某市旅游委下属事业单位投资A厂，持股比例为40%，能够对A厂进行管理与监督。202×年资产负债表日，A厂除净损益和利润分配以外的所有者权益变动的份额（增加）600万元。

该事业单位应享有的份额为 600×40%=240（万元）。

借：长期股权投资——其他权益变动　　　　　　　　　　　　　2 400 000
　　贷：权益法调整　　　　　　　　　　　　　　　　　　　　　　　2 400 000

【例2】 承例1，次年3月，该事业单位将所持有的A厂的长期权投资的一半份额予以处置。

借：权益法调整　　　　　　　　　　　　　　　　　　　　　　1 200 000
　　贷：投资收益　　　　　　　　　　　　　　　　　　　　　　　　1 200 000

四、第四科目 3301 本期盈余

（一）本科目核算单位本期各项收入、费用相抵后的余额

（二）本期盈余的主要账务处理

（1）期末，将各类收入科目的本期发生额转入本期盈余，借记"财政拨款收入""事业收入""上级补助收入""附属单位上缴收入""经营收入""非同级财政拨款收入""投资收益""捐赠收入""利息收入""租金收入""其他收入"科目，贷记本科目；将各类费用科目本期发生额转入本期盈余，借记本科目，贷记"业务活动费用""单位管理费用""经营费用""所得税费用""资产处置费用""上缴上级费用""对附属单位补助费用""其他费用"科目。

（2）年末，完成上述结转后，将本科目余额转入"本年盈余分配"科目，借记或贷记本科目，贷记或借记"本年盈余分配"科目。

（三）期末余额

本科目期末如为贷方余额，反映单位自年初至当期期末累计实现的盈余；如为借方余额，反映单位自年初至当期期末累计发生的亏损。

（四）年末结账后，本科目应无余额

【例1】202×年12月末，某市博物馆对其收入、费用类账户进行分析，数据显示各损益类账户金额中："事业收入"贷方余额134 000元、"财政拨款收入"贷方余额678 500元、"投资收益"贷方余额120 000元、"租金收入"贷方余额235 000元、"其他收入"贷方余额19 846元、"经营收入"贷方余额48 780元；同时，"业务活动费用"借方余额123 450元、"单位管理费用"借方余额28 620元、"所得税费用"借方余额37 890元、"其他费用"借方余额15 276元、"经营费用"借方余额10 890元。该市博物馆财务会计账务处理如下：

①对收入类账户余额进行结转：

借：事业收入	134 000
财政拨款收入	678 500
投资收益	120 000
租金收入	235 000
其他收入	19 846
经营收入	48 780
贷：本期盈余	1 236 126

②对费用类账户余额进行结转：

借：本期盈余	316 126
贷：业务活动费用	123 450
单位管理费用	128 620
所得税费用	37 890
其他费用	15 276
经营费用	10 890

③结转"本期盈余":"本期盈余"贷方余额=1 236 126-316 126=920 000(元)。

借:本期盈余 920 000
　　贷:本年盈余分配 920 000

五、第五科目　3302 本年盈余分配

(一)本科目核算单位本年度盈余分配的情况和结果

(二)本年盈余分配的主要账务处理

(1)年末,将"本期盈余"科目余额转入本科目,借记或贷记"本期盈余"科目,贷记或借记本科目。

(2)年末,根据有关规定从本年度非财政拨款结余或经营结余中提取专用基金的,按照预算会计下计算的提取金额,借记本科目,贷记"专用基金"科目。

(3)年末,按照规定完成上述(一)、(二)处理后,将本科目余额转入累计盈余,借记或贷记本科目,贷记或借记"累计盈余"科目。

(三)年末结账后,本科目应无余额

【例1】某市旅游委下属事业单位年末从本期盈余贷方余额转入本年盈余分配 920 000 元,按照有关规定提取专用基金 92 000 元。

①将本期盈余贷方余额转入本年盈余分配时:
借:本期盈余 920 000
　　贷:本年盈余分配 920 000
②按照有关规定提出专用基金时:
借:本年盈余分配 92 000
　　贷:专用基金 92 000
同时进行预算会计账务处理:
借:非财政拨款结余分配 92 000
　　贷:专用结余 92 000
③年末,将本年盈余分配科目余额转入累计盈余:920 000-92 000=828 000(元)。
借:本年盈余分配 828 000
　　贷:累计盈余 828 000

六、第六科目　3401 无偿调拨净资产

(一)本科目核算单位无偿调入或调出非现金资产所引起的净资产变动金额

(二)无偿调拨净资产的主要账务处理

(1)按照规定取得无偿调入的存货、长期股权投资、固定资产、无形资产、公共基础设施、

政府储备物资、文物文化资产、保障性住房等,按照确定的成本,借记"库存物品""长期股权投资""固定资产""无形资产""公共基础设施""政府储备物资""文物文化资产""保障性住房"等科目,按照调入过程中发生的归属于调入方的相关费用,贷记"零余额账户用款额度""银行存款"等科目,按照其差额,贷记本科目。

(2)按照规定经批准无偿调出存货、长期股权投资、固定资产、无形资产、公共基础设施、政府储备物资、文物文化资产、保障性住房等,按照调出资产的账面余额或账面价值,借记本科目,按照固定资产累计折旧、无形资产累计摊销、公共基础设施累计折旧或摊销、保障性住房累计折旧的金额,借记"固定资产累计折旧""无形资产累计摊销""公共基础设施累计折旧(摊销)""保障性住房累计折旧"科目,按照调出资产的账面余额,贷记"库存物品""长期股权投资""固定资产""无形资产""公共基础设施""政府储备物资""文物文化资产""保障性住房"等科目;同时,按照调出过程中发生的归属于调出方的相关费用,借记"资产处置费用"科目,贷记"零余额账户用款额度""银行存款"等科目。

(3)年末,将本科目余额转入累计盈余,借记或贷记本科目,贷记或借记"累计盈余"科目。

(三)年末结账后,本科目应无余额

【例1】202×年6月5日,某市旅游委接受其他部门无偿调入物资一批,该批物资在调出方的账面价值为20 000元,经验收合格后入库。物资调入过程中该单位以银行存款支付了运输费1 000元。财会部门根据有关凭证,不考虑相关税费,其账务处理如下:

借:库存物品　　　　　　　　　　　　　　　　　　　　21 000
　　贷:银行存款　　　　　　　　　　　　　　　　　　　　1 000
　　　　无偿调拨净资产　　　　　　　　　　　　　　　　20 000

同时进行预算会计账务处理:
借:其他支出　　　　　　　　　　　　　　　　　　　　1 000
　　贷:资金结存——货币资金　　　　　　　　　　　　　1 000

【例2】202×年7月5日,某市旅游委经批准对外无偿调出一套设备,该设备账面余额为1 000 000元,已计提折旧400 000元。设备调出过程中该单位以现金支付了运输费1 000元。财会部门根据有关凭证,不考虑相关税费,其账务处理如下:

借:无偿调拨净资产　　　　　　　　　　　　　　　　　60 000
　　固定资产累计折旧　　　　　　　　　　　　　　　　40 000
　　贷:固定资产　　　　　　　　　　　　　　　　　　　100 000
借:资产处理费用　　　　　　　　　　　　　　　　　　1 000
　　贷:库存现金　　　　　　　　　　　　　　　　　　　1 000

同时进行预算会计账务处理:
借:其他支出　　　　　　　　　　　　　　　　　　　　1 000
　　贷:资金结存——货币资金　　　　　　　　　　　　　1 000

【例3】年末,某市旅游委将其上述无偿调拨净资产的借方余额40 000元,转入"累计盈余"科目。其账务处理如下:

借:累计盈余　　　　　　　　　　　　　　　　　　　　40 000
　　贷:无偿调拨净资产　　　　　　　　　　　　　　　　40 000

七、第七科目 3501 以前年度盈余调整

（一）本科目核算内容

本科目核算单位本年度发生的调整以前年度盈余的事项，包括本年度发生的重要前期差错更正涉及调整以前年度盈余的事项。

（二）以前年度盈余调整的主要账务处理

（1）调整增加以前年度收入时，按照调整增加的金额，借记有关科目，贷记本科目。调整减少的，做相反会计分录。

（2）调整增加以前年度费用时，按照调整增加的金额，借记本科目，贷记有关科目。调整减少的，做相反会计分录。

（3）盘盈的各种非流动资产，报经批准后处理时，借记"待处理财产损溢"科目，贷记本科目。

（4）经上述调整后，应将本科目的余额转入累计盈余，借记或贷记"累计盈余"科目，贷记或借记本科目。

（三）本科目结转后应无余额

【例1】某市旅游委下属事业单位属于增值税一般纳税人，适用的增值税税率为17%，所得税税率为25%。202×年1月25日，收到退货一批（已验收入库），该批退货系上一年11月销售甲公司的某产品，销售收入为250万元，增值税销项税额42.5万元。结转的产品销售成本200万元，此项销售收入已在销售当月确认，款项至202×年1月25日尚未收到。上一年年末，该事业单位对该项应收甲公司的账款按账面余额的5%计提了坏账准备。202×年1月25日相关调整分录如下。

①调减以前年度收入：

借：以前年度盈余调整　　　　　　　　　　　　　　　　　2 500 000
　　应交税费——应交增值税（销项税额）　　　　　　　　　 425 000
　　贷：应收账款　　　　　　　　　　　　　　　　　　　　2 925 000

②货物入库，同时调减以前年度费用：

借：库存物品　　　　　　　　　　　　　　　　　　　　　　2 000 000
　　贷：以前年度盈余调整　　　　　　　　　　　　　　　　2 000 000

③调减以前年度计提的坏账准备（2 925 000×5%）：

借：坏账准备　　　　　　　　　　　　　　　　　　　　　　 146 250
　　贷：以前年度盈余调整　　　　　　　　　　　　　　　　 146 250

④调减报告年度应交所得税的金额。由于上述销售退回，该事业单位应调减报告年度应交所得税的金额为（250-200）×25%=12.5（万元）。

借：其他应交税费——单位应交所得税　　　　　　　　　　　 125 000
　　贷：以前年度盈余调整　　　　　　　　　　　　　　　　 125 000

⑤结转以前年度盈余调整的余额：

借：累计盈余　　　　　　　　　　　　　　　　　　　　　　 228 750

        贷：以前年度盈余调整　　　　　　　　　　　　　　　　　　228 750

【例2】 某市旅游委年前以财政授权支付方式用财政拨款资金购买了一台办公设备50 000元。因该产品存在严重质量问题，经与卖家协商于今年1月8日全额退款、退货，款项已按原途径收回。其账务处理如下：

　　借：零余额账户用款额度　　　　　　　　　　　　　　　　　　50 000
　　　　贷：以前年度盈余调整　　　　　　　　　　　　　　　　　　50 000
　　同时进行预算会计账务处理：
　　借：资金结存——零余额账户用款额度　　　　　　　　　　　　50 000
　　　　贷：非财政拨款结余——年初余额调整　　　　　　　　　　　50 000

【例3】 某市旅游委盘盈一台以前年度的办公电脑，账面余额3 000元，报经批准时的账务处理如下：

　　只需进行财务会计账务处理：
　　借：待处理财产损溢　　　　　　　　　　　　　　　　　　　　3 000
　　　　贷：以前年度盈余调整　　　　　　　　　　　　　　　　　　3 000

第四节　收入类

一、第一科目　4001 财政拨款收入

（一）本科目核算内容

本科目核算单位从同级政府财政部门取得的各类财政拨款。同级政府财政部门预拨的下期预算款和没有纳入预算的暂付款项，以及采用实拨资金方式通过本单位转拨给下属单位的财政拨款，通过"其他应付款"科目核算，不通过本科目核算。

（二）本科目可按照一般公共预算财政拨款、政府性基金预算财政拨款等拨款种类进行明细核算

（三）财政拨款收入的主要账务处理

（1）财政直接支付方式下，根据收到的"财政直接支付入账通知书"及相关原始凭证，按照通知书中的直接支付入账金额，借记"库存物品""固定资产""业务活动费用""单位管理费用""应付职工薪酬"等科目，贷记本科目。涉及增值税业务的，相关账务处理参见"应交增值税"科目。年末，根据本年度财政直接支付预算指标数与当年财政直接支付实际支付数的差额，借记"财政应返还额度——财政直接支付"科目，贷记本科目。

（2）财政授权支付方式下，根据收到的"财政授权支付额度到账通知书"，按照通知书中的授权支付额度，借记"零余额账户用款额度"科目，贷记本科目。年末，本年度财政授权支

付预算指标数大于零余额账户用款额度下达数的,根据未下达的用款额度,借记"财政应返还额度——财政授权支付"科目,贷记本科目。

(3)其他方式下收到财政拨款收入时,按照实际收到的金额,借记"银行存款"等科目,贷记本科目。

(4)因差错更正或购货退回等发生国库直接支付款项退回的,属于以前年度支付的款项,按照退回金额,借记"财政应返还额度——财政直接支付"科目,贷记"以前年度盈余调整""库存物品"等科目;属于本年度支付的款项,按照退回金额,借记本科目,贷记"业务活动费用""库存物品"等科目。

(5)期末,将本科目本期发生额转入本期盈余,借记本科目,贷记"本期盈余"科目。

(四)期末结转后,本科目应无余额

【例1】某市旅游委下属事业单位12月份发生如下业务。

① 12月10日,采用财政直接支付方式购买办公用品一批,共计60 000元。12月20日,收到财政国库支付执行机构委托代理银行转来的《财政直接支付入账通知书》。

② 12月11日,收到委托代理银行转来的《授权支付到账通知书》,通知已下达授权支付额度800 000元。

③ 12月16日,因质量问题,退回11月底所购办公用品一批(以国库直接支付方式购买),共计50 000元。12月26日,收到财政国库支付执行机构委托代理银行转来的《财政直接支付入账通知书》等凭证。

相关账务处理如下:

业务一:12月20日,收到财政国库支付执行机构委托代理银行转来的《财政直接支付入账通知书》时:

财务会计账务处理:
借:单位管理费用　　　　　　　　　　　　　　　　　　　　　　　60 000
　　贷:财政拨款收入　　　　　　　　　　　　　　　　　　　　　　60 000
同时进行预算会计账务处理:
借:事业支出　　　　　　　　　　　　　　　　　　　　　　　　　60 000
　　贷:财政拨款预算收入　　　　　　　　　　　　　　　　　　　　60 000
业务二:12月11日,收到委托代理银行转来的《授权支付到账通知书》时:
财务会计账务处理:
借:零余额账户用款额度　　　　　　　　　　　　　　　　　　　　800 000
　　贷:财政拨款收入　　　　　　　　　　　　　　　　　　　　　　800 000

二、第二科目 4101 事业收入

(一)本科目核算内容

本科目核算事业单位开展专业业务活动及其辅助活动实现的收入,不包括从同级政府财政部门取得的各类财政拨款。

（二）本科目应当按照事业收入的类别、来源等进行明细核算

对于因开展科研及其辅助活动从非同级政府财政部门取得的经费拨款，应当在本科目下单设"非同级财政拨款"明细科目进行核算。

（三）事业收入的主要账务处理

1. 采用财政专户返还方式管理的事业收入

（1）实现应上缴财政专户的事业收入时，按照实际收到或应收的金额，借记"银行存款""应收账款"等科目，贷记"应缴财政款"科目。

（2）向财政专户上缴款项时，按照实际上缴的款项金额，借记"应缴财政款"科目，贷记"银行存款"等科目。

（3）收到从财政专户返还的事业收入时，按照实际收到的返还金额，借记"银行存款"等科目，贷记本科目。

2. 采用预收款方式确认的事业收入

（1）实际收到预收款项时，按照收到的款项金额，借记"银行存款"等科目，贷记"预收账款"科目。

（2）以合同完成进度确认事业收入时，按照基于合同完成进度计算的金额，借记"预收账款"科目，贷记本科目。

3. 采用应收款方式确认的事业收入

（1）根据合同完成进度计算本期应收的款项，借记"应收账款"科目，贷记本科目。

（2）实际收到款项时，借记"银行存款"等科目，贷记"应收账款"科目。

4. 其他方式下确认的事业收入

其他方式下确认的事业收入，按照实际收到的金额，借记"银行存款""库存现金"等科目，贷记本科目。

上述后三项事业收入中涉及增值税业务的，相关账务处理参见"应交增值税"科目。

5. 期末，将本科目本期发生额转入本期盈余，借记本科目，贷记"本期盈余"科目

（四）期末结转后，本科目应无余额

【例1】某学校3月10日收到采用财政专户返还方式管理的学杂费收入900 000元，当天上缴财政专户。3月20日，收到财政专户返还的学杂费收入360 000元。

3月10日，收到款项时：

借：银行存款	900 000
贷：应缴财政款	900 000

上缴财政专户时：

借：应缴财政款	900 000
贷：银行存款	900 000

3月20日，收到从财政专户返还的学杂费收入360 000元时：

借：银行存款	360 000
贷：事业收入	360 000

同时进行预算会计账务处理：

借：资金结存——货币资金（银行存款） 360 000
　　贷：事业预算收入 360 000

【例2】某市旅游委下属事业单位收到采用预收款方式管理的产品销售款200 000元。实际收到款项时：

借：银行存款 200 000
　　贷：预收账款 200 000

同时进行预算会计账务处理：

借：资金结存——货币资金（银行存款） 200 000
　　贷：事业预算收入 200 000

年底按合同完工进度60%确认收入：

借：预收账款 120 000
　　贷：事业收入 120 000

【例3】某市旅游委下属事业单位采用应收款方式核算事业收入。2月份履行某服务合同向A单位提供服务，当月合同完工进度40%，该合同总标的额为2 000 000元。款项暂未收到，暂不考虑税收影响。

月底记账确认收入时：

借：应收账款 80 000
　　贷：事业收入 80 000

3月份收到A单位支付的服务合同进度款80 000元时：

借：银行存款 80 000
　　贷：应收账款 80 000

同时进行预算会计账务处理：

借：资金结存——货币资金（银行存款） 80 000
　　贷：事业预算收入 80 000

【例4】某单位4月发生以下业务：

①4月2日，单位财政专户收到A公司转来的一笔技术服务款项200 000元（含增值税），发票和款项都已收到。该单位为一般纳税人。

②4月5日，单位财政专户收到一笔非同级财政拨入的科研项目经费480 000元。

相关账务处理如下：

借：银行存款 200 000
　　贷：事业收入 188 679.25
　　　　应交增值税 11 320.75

同时进行预算会计账务处理：

借：资金结存——货币资金（银行存款） 188 679.25
　　贷：事业预算收入 188 679.25

4月5日账务处理如下：

借：银行存款 480 000
　　贷：事业收入——非同级财政拨款 480 000

同时进行预算会计账务处理：

借：资金结存——货币资金（银行存款） 480 000

贷：事业预算收入　　　　　　　　　　　　　　　　　　　　　　　　　　　480 000

【例5】某市旅游委下属事业单位12月底事业收入余额800 000元、事业预算收入余额800 000元，其中专项资金收入300 000元，非专项资金收入500 000元。

年末结转时：
借：事业收入　　　　　　　　　　　　　　　　　　　　　　　　　　　　　800 000
　　贷：本期盈余　　　　　　　　　　　　　　　　　　　　　　　　　　　　800 000
同时进行预算会计账务处理：
借：事业预算收入——专项资金收入　　　　　　　　　　　　　　　　　　　300 000
　　贷：非财政拨款结转——本年收支结转　　　　　　　　　　　　　　　　300 000
借：事业预算收入——非专项资金收入　　　　　　　　　　　　　　　　　　500 000
　　贷：其他结余　　　　　　　　　　　　　　　　　　　　　　　　　　　　500 000

三、第三科目　4201 上级补助收入

（1）本科目核算事业单位从主管部门和上级单位取得的非财政拨款收入。
（2）本科目应当按照发放补助单位、补助项目等进行明细核算。
（3）上级补助收入的主要账务处理：
①确认上级补助收入时，按照应收或实际收到的金额，借记"其他应收款""银行存款"等科目，贷记本科目。实际收到应收的上级补助款时，按照实际收到的金额，借记"银行存款"等科目，贷记"其他应收款"科目。
②期末，将本科目本期发生额转入本期盈余，借记本科目，贷记"本期盈余"科目。
（4）期末结转后，本科目应无余额。

【例1】某市旅游委下属事业单位收到上级单位拨来的弥补事业开支不足的非财政补助的专项资金收入200 000元，收到非专项资金收入300 000元。

财务会计账务处理：
借：银行存款　　　　　　　　　　　　　　　　　　　　　　　　　　　　　500 000
　　贷：上级补助收入　　　　　　　　　　　　　　　　　　　　　　　　　　500 000
同时进行预算会计账务处理：
借：资金结存——货币资金　　　　　　　　　　　　　　　　　　　　　　　500 000
　　贷：上级补助预算收入——专项资金收入　　　　　　　　　　　　　　　200 000
　　　　　　　　　　　　——非专项资金收入　　　　　　　　　　　　　　300 000
假设该事业单位除此笔业务外，没有收到上级单位的其他补助收入，年终时进行结转：
财务会计账务处理：
借：上级补助收入　　　　　　　　　　　　　　　　　　　　　　　　　　　500 000
　　贷：本期盈余　　　　　　　　　　　　　　　　　　　　　　　　　　　　500 000
同时进行预算会计账务处理：
借：上级补助预算收入——专项资金收入　　　　　　　　　　　　　　　　　200 000
　　贷：非财政拨款结转——本年收支结转　　　　　　　　　　　　　　　　200 000
借：上级补助预算收入——非专项资金收入　　　　　　　　　　　　　　　　300 000
　　贷：其他结余　　　　　　　　　　　　　　　　　　　　　　　　　　　　300 000

四、第四科目　4301 附属单位上缴收入

（1）本科目核算事业单位取得的附属独立核算单位按照有关规定上缴的收入。

（2）本科目应当按照附属单位、缴款项目等进行明细核算。

（3）附属单位上缴收入的主要账务处理：

①确认附属单位上缴收入时，按照应收或收到的金额，借记"其他应收款""银行存款"等科目，贷记本科目。实际收到应收附属单位上缴款时，按照实际收到的金额，借记"银行存款"等科目，贷记"其他应收款"科目。

②期末，将本科目本期发生额转入本期盈余，借记本科目，贷记"本期盈余"科目。

（4）期末结转后，本科目应无余额。

【例1】某市旅游委下属事业单位发生如下业务。

①收到所属独立核算的A单位缴纳的非专项资金分成收入400 000元。

财务会计账务处理：

借：银行存款		400 000
贷：附属单位上缴收入——A单位		400 000

同时进行预算会计账务处理：

借：资金结存——货币资金		400 000
贷：附属单位上缴预算收入——非专项资金收入		400 000

②收到所属独立核算的B单位缴来的专项资金分成收入300 000元。

财务会计账务处理：

借：银行存款		300 000
贷：附属单位上缴收入——B单位		300 000

同时进行预算会计账务处理：

借：资金结存——货币资金		300 000
贷：附属单位上缴预算收入——专项资金收入		300 000

五、第五科目　4401 经营收入

（1）本科目核算事业单位在专业业务活动及其辅助活动之外开展非独立核算经营活动取得的收入。

（2）本科目应当按照经营活动类别、项目和收入来源等进行明细核算。

（3）经营收入应当在提供服务或发出存货，同时收讫价款或者取得索取价款的凭据时，按照实际收到或应收的金额予以确认。

（4）经营收入的主要账务处理如下：

①实现经营收入时，按照确定的收入金额，借记"银行存款""应收账款""应收票据"等科目，贷记本科目。涉及增值税业务的，相关账务处理参见"应交增值税"科目。

②期末，将本科目本期发生额转入本期盈余，借记本科目，贷记"本期盈余"科目。

（5）期末结转后，本科目应无余额。

【例1】某市旅游委下属事业单位为一般纳税人，生产某种高新技术产品，对外销售产品100件，每件售价400元（不含税），购货单位以支票付款，该事业单位已将提货单和发票联

交给购货单位。

借：银行存款 46 800
　　贷：经营收入 40 000
　　　　应交增值税 6 800

同时进行预算会计账务处理：
借：资金结存——货币资金 46 800
　　贷：经营预算收入 46 800

六、第六科目　4601 非同级财政拨款收入

（1）本科目核算单位从非同级政府财政部门取得的经费拨款，包括从同级政府其他部门取得的横向转拨财政款、从上级或下级政府财政部门取得的经费拨款等。

事业单位因开展科研及其辅助活动从非同级政府财政部门取得的经费拨款，应当通过"事业收入——非同级财政拨款"科目核算，不通过本科目核算。

（2）本科目应当按照本级横向转拨财政款和非本级财政拨款进行明细核算，并按照收入来源进行明细核算。

（3）非同级财政拨款收入的主要账务处理如下：

①确认非同级财政拨款收入时，按照应收或实际收到的金额，借记"其他应收款""银行存款"等科目，贷记本科目。

②期末，将本科目本期发生额转入本期盈余，借记本科目，贷记"本期盈余"科目。

（4）期末结转后，本科目应无余额。

【例1】某市旅游委从非同级财政部门收到一笔拨款资金，其中专项财政拨款资金 300 000 元，非专项财政拨款资金 400 000 元。

财务会计账务处理：
借：银行存款 700 000
　　贷：非同级财政拨款收入 700 000

同时进行预算会计账务处理：
借：资金结存——货币资金 700 000
　　贷：非同级财政拨款预算收入——专项资金收入 300 000
　　　　　　　　　　　　　　　　——非专项资金收入 400 000

七、第七科目　4602 投资收益

（1）本科目核算事业单位股权投资和债券投资所实现的收益或发生的损失。

（2）本科目应当按照投资的种类等进行明细核算。

（3）投资收益的主要账务处理：

①收到短期投资持有期间的利息，按照实际收到的金额，借记"银行存款"科目，贷记"投资收益"科目。

②出售或到期收回短期债券本息，按照实际收到的金额，借记"银行存款"科目，按照出售或收回短期投资的成本，贷记"短期投资"科目，按照其差额，贷记或借记本科目。涉及增

值税业务的，相关账务处理参见"应交增值税"科目。

③持有的分期付息、一次还本的长期债券投资，按期确认利息收入时，按照计算确定的应收未收利息，借记"应收利息"科目，贷记本科目；持有的到期一次还本付息的债券投资，按期确认利息收入时，按照计算确定的应收未收利息，借记"长期债券投资——应计利息"科目，贷记本科目。

④出售长期债券投资或到期收回长期债券投资本息，按照实际收到的金额，借记"银行存款"等科目，按照债券初始投资成本和已计未收利息金额，贷记"长期债券投资——成本、应计利息"科目（到期一次还本付息债券）或"长期债券投资""应收利息"科目（分期付息债券），按照其差额，贷记或借记本科目。涉及增值税业务的，相关账务处理参见"应交增值税"科目。

⑤采用成本法核算的长期股权投资持有期间，被投资单位宣告分派现金股利或利润时，按照宣告分派的现金股利或利润中属于单位应享有的份额，借记"应收股利"科目，贷记本科目。

采用权益法核算的长期股权投资持有期间，按照应享有或应分担的被投资单位实现的净损益的份额，借记或贷记"长期股权投资——损益调整"科目，贷记或借记本科目；被投资单位发生净亏损，但以后年度又实现净利润的，单位在其收益分享额弥补未确认的亏损分担额等后，恢复确认投资收益，借记"长期股权投资——损益调整"科目，贷记本科目。

⑥按照规定处置长期股权投资时有关投资收益的账务处理，参见"长期股权投资"科目。

⑦期末，将本科目本期发生额转入本期盈余，借记或贷记本科目，贷记或借记"本期盈余"科目。

（4）期末结转后，本科目应无余额。

【例1】某市旅游委下属事业单位发生以下业务。

①出售持有的6月期凭证式国债，购入成本200 000元，年利率6%，目前已持有3个月。出售价210 000元，款项已收到。

出售收到款项时：

财务会计账务处理：

借：银行存款	210 000
贷：短期投资	200 000
投资收益	10 000

同时进行预算会计账务处理：

借：资金结存——货币资金	210 000
贷：投资支出	200 000
投资预算收益	10 000

②月末对持有的2年期凭证式国债300 000元计息，年利率3%。

利息收入为300 000×3%/12=750（元）。

借：长期债券投资——应计利息	750
贷：投资收益	750

③上述持有的2年期凭证式国债300 000元已到期并收回本息。

财务会计账务处理：

借：银行存款	318 000

贷：长期债券投资——本金		300 000
——应计利息		18 000

同时进行预算会计账务处理：

借：资金结存——货币资金		318 000
贷：投资支出		300 000
投资预算收益		18 000

【例2】某市旅游委下属事业单位发生以下长期股权投资业务。

①对A公司长期股权投资占比10%，采用成本法核算。3月31日，A公司宣告分派上年度利润1 000 000元。4月15日，该单位收到A公司分派的利润。

②对B公司长期股权投资占比60%，采用权益法核算。本年度B公司共实现净收益800 000元。

财务会计账务处理：

①3月31日，A公司宣告分派利润时，该单位应确认投资收益为1 000 000×10%=100 000（元）。

借：应收股利		100 000
贷：投资收益		100 000

4月15日，该单位实际收到分派的利润时：

借：银行存款		100 000
贷：应收股利		100 000

同时进行预算会计账务处理：

借：资金结存——货币资金		100 000
贷：投资预算收益		100 000

②本期B公司实现净收益800 000元。该单位按照应享有的份额确认投资收益为800 000×60%=480 000（元）。

借：长期股权投资——损益调整		480 000
贷：投资收益		480 000

收到被投资单位发放的现金股利120 000元：

借：银行存款		120 000
贷：应收股利		120 000

同时进行预算会计账务处理：

借：资金结存——货币资金		120 000
贷：投资预算收益		120 000

八、第八科目　4603 捐赠收入

（1）本科目核算单位接受其他单位或者个人捐赠取得的收入。

（2）本科目应当按照捐赠资产的用途和捐赠单位等进行明细核算。

（3）捐赠收入的主要账务处理：

①接受捐赠的货币资金，按照实际收到的金额，借记"银行存款""库存现金"等科目，贷记本科目。

②接受捐赠的存货、固定资产等非现金资产，按照确定的成本，借记"库存物品""固

定资产"等科目，按照发生的相关税费、运输费等，贷记"银行存款"等科目，按照其差额，贷记本科目。

③接受捐赠的资产按照名义金额入账的，按照名义金额，借记"库存物品""固定资产"等科目，贷记本科目；同时，按照发生的相关税费、运输费等，借记"其他费用"科目，贷记"银行存款"等科目。

④期末，将本科目本期发生额转入本期盈余，借记本科目，贷记"本期盈余"科目。

（4）期末结转后，本科目应无余额。

【例1】某高校发生以下捐赠业务：

①接受校友捐赠900 000元人民币用于设立学生奖学金，实际收到捐助款时：

借：银行存款   900 000
　　贷：捐赠收入——奖学金   900 000

同时，进行预算会计账务处理：

借：资金结存——货币资金   900 000
　　贷：其他预算收入——捐赠收入（奖学金）   900 000

②接受某企业捐赠的一批电脑键盘，价值500 000元。为此，用银行存款支付相关税费85 000元。

确定物品成本为500 000+85 000=585 000（元）。

借：库存物品   585 000
　　贷：银行存款   85 000
　　　　捐赠收入   500 000

同时，进行预算会计账务处理：

借：其他支出   85 000
　　贷：资金结存——货币资金   85 000

九、第九科目　4604 利息收入

（1）本科目核算单位取得的银行存款利息收入。

（2）利息收入的主要账务处理：

①取得银行存款利息时，按照实际收到的金额，借记"银行存款"科目，贷记本科目。

②期末，将本科目本期发生额转入本期盈余，借记本科目，贷记"本期盈余"科目。

（3）期末结转后，本科目应无余额。

【例1】某市旅游委下属事业单位在商业银行存入6 000 000元，年利率3%。利息按月支付。

每月实际收到利息时：

每月应收利息为6 000 000×3%/12=15 000（元）。

借：银行存款   15 000
　　贷：利息收入   15 000

同时进行预算会计账务处理：

借：资金结存——货币资金   15 000
　　贷：其他预算收入——利息收入   15 000

十、第十科目 4605 租金收入

（1）本科目核算单位经批准利用国有资产出租取得并按照规定纳入本单位预算管理的租金收入。

（2）本科目应当按照出租国有资产类别和收入来源等进行明细核算。

（3）租金收入的主要账务处理：

第一，国有资产出租收入，应当在租赁期内各个期间按照直线法予以确认。

①采用预收租金方式的，预收租金时，按照收到的金额，借记"银行存款"等科目，贷记"预收账款"科目；分期确认租金收入时，按照各期租金金额，借记"预收账款"科目，贷记本科目。

②采用后付租金方式的，每期确认租金收入时，按照各期租金金额，借记"应收账款"科目，贷记本科目；收到租金时，按照实际收到的金额，借记"银行存款"等科目，贷记"应收账款"科目。

③采用分期收取租金方式的，每期收取租金时，按照租金金额，借记"银行存款"等科目，贷记本科目。

涉及增值税业务的，相关账务处理参见"应交增值税"科目。

第二，期末，将本科目本期发生额转入本期盈余，借记本科目，贷记"本期盈余"科目。

（4）期末结转后，本科目应无余额。

【例1】某市旅游委下属事业单位将临街门面对外出租，每年租金 120 000 元，采用预收租金方式，年初一次性收取本年租金。

收到预付的租金时：

借：银行存款　　　　　　　　　　　　　　　　　　　　　　120 000
　　贷：预收账款　　　　　　　　　　　　　　　　　　　　　　120 000

同时进行预算会计账务处理：

借：资金结存——货币资金　　　　　　　　　　　　　　　　120 000
　　贷：其他预算收入——租金收入　　　　　　　　　　　　　120 000

每月确认租金收入时：

借：预收账款　　　　　　　　　　　　　　　　　　　　　　 10 000
　　贷：租金收入　　　　　　　　　　　　　　　　　　　　　 10 000

【例2】某市旅游委下属事业单位1月1日出租一科研设备给D公司使用一年，每月租金5 000元。租金结算采用后付租金方式，在设备归还时一次性支付。

确认租金收入时：

借：应收账款　　　　　　　　　　　　　　　　　　　　　　 5 000
　　贷：租金收入　　　　　　　　　　　　　　　　　　　　　 5 000

年底收到租金时：

借：银行存款　　　　　　　　　　　　　　　　　　　　　　 60 000
　　贷：应收账款　　　　　　　　　　　　　　　　　　　　　 60 000

同时，进行预算会计账务处理：

借：资金结存——货币资金　　　　　　　　　　　　　　　　 60 000
　　贷：其他预算收入——租金收入　　　　　　　　　　　　　 60 000

十一、第十一科目　4609 其他收入

（一）本科目核算内容

本科目核算单位取得的除财政拨款收入、事业收入、上级补助收入、附属单位上缴收入、经营收入、非同级财政拨款收入、投资收益、捐赠收入、利息收入、租金收入以外的各项收入，包括现金盘盈收入、按照规定纳入单位预算管理的科技成果转化收入、市旅游委收回已核销的其他应收款、无法偿付的应付及预收款项、置换换出资产评估增值等。

（二）本科目应当按照其他收入的类别、来源等进行明细核算

（三）其他收入的主要账务处理

1. 现金盘盈收入

每日现金账款核对中发现的现金溢余，属于无法查明原因的部分，报经批准后，借记"待处理财产损溢"科目，贷记本科目。

2. 科技成果转化收入

单位科技成果转化所取得的收入，按照规定留归本单位的，按照所取得收入扣除相关费用之后的净收益，借记"银行存款"等科目，贷记本科目。

3. 收回已核销的其他应收款

市旅游委已核销的其他应收款在以后期间收回的，按照实际收回的金额，借记"银行存款"等科目，贷记本科目。

4. 无法偿付的应付及预收款项

无法偿付或债权人豁免偿还的应付账款、预收账款、其他应付款及长期应付款，借记"应付账款""预收账款""其他应付款""长期应付款"等科目，贷记本科目。

5. 置换换出资产评估增值

资产置换过程中，换出资产评估增值的，按照评估价值高于资产账面价值或账面余额的金额，借记有关科目，贷记本科目。具体账务处理参见"库存物品"等科目。

以未入账的无形资产取得的长期股权投资，按照评估价值加相关税费作为投资成本，借记"长期股权投资"科目，按照发生的相关税费，贷记"银行存款""其他应交税费"等科目，按其差额，贷记本科目。

6. 确认以上五项之外的其他收入

确认以上五项之外的其他收入时，按照应收或实际收到的金额，借记"其他应收款""银行存款""库存现金"等科目，贷记本科目。涉及增值税业务的，相关账务处理参见"应交增值税"科目。

7. 期末，将本科目本期发生额转入本期盈余，借记本科目，贷记"本期盈余"科目

（四）期末结转后，本科目应无余额

【例1】某市旅游委下属事业单位发生以下业务：月末现金盘点，发现盘盈800元，无法查明原因，报经单位领导批准：

借：待处理财产损溢　　　　　　　　　　　　　　　　　　　　800

贷：其他收入——现金盘盈收入	800

收到一笔科技成果转化收入 100 000，按规定留给本单位。

借：银行存款	100 000
贷：其他收入——科技成果转化收入	100 000

同时，进行预算会计账务处理：

借：资金结存——货币资金	100 000
贷：其他预算收入——租金收入	100 000

月底核销一笔无法偿付的应付款项 20 000 元。该笔业务系 3 年前发生，对方目前已破产解散。

借：其他应付款	20 000
贷：其他收入	20 000

第五节　费用类

一、第一科目　5001 业务活动费用

（一）本科目核算内容

本科目核算单位为实现其职能目标，依法履职或开展专业业务活动及其辅助活动所发生的各项费用。

（二）明细核算

本科目应当按照项目、服务或者业务类别、支付对象等进行明细核算。为了满足成本核算需要，本科目下还可按照"工资福利费用""商品和服务费用""对个人和家庭的补助费用""对企业补助费用""固定资产折旧费""无形资产摊销费""公共基础设施折旧（摊销）费""保障性住房折旧费""计提专用基金"等成本项目设置明细科目，归集能够直接计入业务活动或采用一定方法计算后计入业务活动的费用。

（三）业务活动费用的主要账务处理

（1）为履职或开展业务活动人员计提的薪酬，按照计算确定的金额，借记本科目，贷记"应付职工薪酬"科目。

（2）为履职或开展业务活动发生的外部人员劳务费，按照计算确定的金额，借记本科目，按照代扣代缴个人所得税的金额，贷记"其他应交税费——应交个人所得税"科目，按照扣税后应付或实际支付的金额，贷记"其他应付款""财政拨款收入""零余额账户用款额度""银行存款"等科目。

（3）为履职或开展业务活动领用库存物品，以及动用发出相关政府储备物资，按照领用库存物品或发出相关政府储备物资的账面余额，借记本科目，贷记"库存物品""政府储备物资"

科目。

（4）为履职或开展业务活动所使用的固定资产、无形资产以及为所控制的公共基础设施、保障性住房计提的折旧、摊销，按照计提金额，借记本科目，贷记"固定资产累计折旧""无形资产累计摊销""公共基础设施累计折旧（摊销）""保障性住房累计折旧"科目。

（5）为履职或开展业务活动发生的城市维护建设税、教育费附加、地方教育费附加、车船税、房产税、城镇土地使用税等，按照计算确定应交纳的金额，借记本科目，贷记"其他应交税费"等科目。

（6）为履职或开展业务活动发生其他各项费用时，按照费用确认金额，借记本科目，贷记"财政拨款收入""零余额账户用款额度""银行存款""应付账款""其他应付款""其他应收款"等科目。

（7）按照规定从收入中提取专用基金并计入费用的，一般按照预算会计下基于预算收入计算提取的金额，借记本科目，贷记"专用基金"科目。国家另有规定的，从其规定。

（8）发生当年购货退回等业务，对于已计入本年业务活动费用的，按照收回或应收的金额，借记"财政拨款收入""零余额账户用款额度""银行存款""其他应收款"等科目，贷记本科目。

（9）期末，将本科目本期发生额转入本期盈余，借记"本期盈余"科目，贷记本科目。

（四）期末结转后，本科目应无余额

【例1】某市旅游委发生如下业务：

①月底计提本月职工薪酬980 000元，职工都属于财政编制内名额，应进行如下会计分录。

借：业务活动费用　　　　　　　　　　　　　　　　　　　　980 000
　　贷：应付职工薪酬　　　　　　　　　　　　　　　　　　　980 000

②实际支付给职工并代扣个人所得税28 000元，以财政授权支付方式通知银行付款。

借：应付职工薪酬　　　　　　　　　　　　　　　　　　　　980 000
　　贷：零余额账户用款额度　　　　　　　　　　　　　　　　952 000
　　　　其他应交税费——应交个人所得税　　　　　　　　　　 28 000

同时，进行预算会计账务处理：

借：行政支出　　　　　　　　　　　　　　　　　　　　　　952 000
　　贷：资金结存——零余额账户用款额度　　　　　　　　　　952 000

③购买办公用品一批，价值68 000元，用财政授权方式支付。

借：库存物品　　　　　　　　　　　　　　　　　　　　　　 68 000
　　贷：零余额账户用款额度　　　　　　　　　　　　　　　　 68 000

同时进行预算会计账务处理：

借：行政支出　　　　　　　　　　　　　　　　　　　　　　 68 000
　　贷：资金结存——零余额账户用款额度　　　　　　　　　　 68 000

④开展专项业务活动，领用库存物品20 000元，动用政府储备物资100 000元。

借：业务活动费　　　　　　　　　　　　　　　　　　　　　120 000
　　贷：库存物品　　　　　　　　　　　　　　　　　　　　　 20 000
　　　　政府储备物资　　　　　　　　　　　　　　　　　　　100 000

【例2】202×年6月30日，某市旅游委日常生活本月固定资产折旧50 000元。财会部门根据有关凭证，只进行财务会计账务处理。

借：业务活动费用　　　　　　　　　　　　　　　　　　　　　　　　50 000
　　贷：固定资产累计折旧　　　　　　　　　　　　　　　　　　　　　　50 000

二、第二科目　5101 单位管理费用

（一）本科目核算内容

本科目核算事业单位本级行政及后勤管理部门开展管理活动发生的各项费用，包括单位行政及后勤管理部门发生的人员经费、公用经费、资产折旧（摊销）等费用，以及由单位统一负担的离退休人员经费、工会经费、诉讼费、中介费等。

（二）明细核算

本科目应当按照项目、费用类别、支付对象等进行明细核算。为了满足成本核算需要，本科目下还可按照"工资福利费用""商品和服务费用""对个人和家庭的补助费用""固定资产折旧费""无形资产摊销费"等成本项目设置明细科目，归集能够直接计入单位管理活动或采用一定方法计算后计入单位管理活动的费用。

（三）单位管理费用的主要账务处理

（1）为管理外出人员计提的薪酬，按照计算确定的金额，借记本科目，贷记"应付职工薪酬"科目。

（2）为开展管理活动发生的外部人员劳务费，按照计算确定的费用金额，借记本科目，按照代扣代缴个人所得税的金额，贷记"其他应交税费——应交个人所得税"科目，按照扣税后应付或实际支付的金额，贷记"其他应付款""财政拨款收入""零余额账户用款额度""银行存款"等科目。

（3）开展管理活动内部领用库存物品，按照领用物品实际成本，借记本科目，贷记"库存物品"科目。

（4）为管理活动所使用固定资产、无形资产计提的折旧、摊销，按照应提折旧、摊销额，借记本科目，贷记"固定资产累计折旧""无形资产累计摊销"科目。

（5）为开展管理活动发生城市维护建设税、教育费附加、地方教育费附加、车船税、房产税、城镇土地使用税等，按照计算确定应交纳的金额，借记本科目，贷记"其他应交税费"等科目。

（6）为开展管理活动发生的其他各项费用，按照费用确认金额，借记本科目，贷记"财政拨款收入""零余额账户用款额度""银行存款""其他应付款""其他应收款"等科目。

（7）发生当年购货退回等业务，对于已计入本年单位管理费用的，按照收回或应收的金额，借记"财政拨款收入""零余额账户用款额度""银行存款""其他应收款"等科目，贷记本科目。

（8）期末，将本科目本期发生额转入本期盈余，借记"本期盈余"科目，贷记本科目。

（四）期末结转后，本科目应无余额

【例1】某中学发生如下业务：

①月底计提本月职工薪酬 2 800 000 元，职工都属于财政编制内名额。

借：单位管理费　　　　　　　　　　　　　　　　　　　　　　　　2 800 000

贷：应付职工薪酬　　　　　　　　　　　　　　　　　　　　　　　　2 800 000
②实际支付给职工并代扣个人所得税 48 000 元，以财政授权支付方式通知银行付款。
借：应付职工薪酬　　　　　　　　　　　　　　　　　　　　　　　　　1 800 000
　　贷：零余额账户用款额度　　　　　　　　　　　　　　　　　　　　　1 752 000
　　　　其他应交税费——应交个人所得税　　　　　　　　　　　　　　　　48 000
同时，进行预算会计账务处理：
借：事业支出　　　　　　　　　　　　　　　　　　　　　　　　　　　1 752 000
　　贷：资金结存——零余额账户用款额度　　　　　　　　　　　　　　　1 752 000
③实际缴纳税款时。
借：其他应交税费——应交个人所得税　　　　　　　　　　　　　　　　　　48 000
　　贷：零余额账户用款额度　　　　　　　　　　　　　　　　　　　　　　48 000
同时，进行预算会计账务处理：
借：事业支出　　　　　　　　　　　　　　　　　　　　　　　　　　　　48 000
　　贷：资金结存——零余额账户用款额度　　　　　　　　　　　　　　　　48 000
④购买办公用品一批，价值 68 000 元，用零余额账户额度支付。
借：库存物品　　　　　　　　　　　　　　　　　　　　　　　　　　　　68 000
　　贷：零余额账户用款额度　　　　　　　　　　　　　　　　　　　　　　68 000
同时，进行预算会计账务：
借：事业支出　　　　　　　　　　　　　　　　　　　　　　　　　　　　68 000
　　贷：资金结存——零余额账户用款额度　　　　　　　　　　　　　　　　68 000
⑤以财政授权支付方式购入一批办公电脑，总计价款 400 000 元。
借：固定资产　　　　　　　　　　　　　　　　　　　　　　　　　　　400 000
　　贷：零余额账户用款额度　　　　　　　　　　　　　　　　　　　　　400 000
同时，进行预算会计账务处理：
借：事业支出　　　　　　　　　　　　　　　　　　　　　　　　　　　400 000
　　贷：资金结存——零余额账户用款额度　　　　　　　　　　　　　　　400 000
⑥本期固定资产应计提折旧 500 000 元，应进行如下分录。
借：单位管理费用　　　　　　　　　　　　　　　　　　　　　　　　　500 000
　　贷：固定资产累计折旧　　　　　　　　　　　　　　　　　　　　　　500 000

三、第三科目　5201 经营费用

（一）本科目核算内容

本科目核算事业单位在专业业务活动及其辅助活动之外开展非独立核算经营活动发生的各项费用。

（二）本科目应当按照经营活动类别、项目、支付对象等进行明细核算

为了满足成本核算需要，本科目下还可按照"工资福利费用""商品和服务费用""对个人和家庭的补助费用""固定资产折旧费""无形资产摊销费"等成本项目设置明细科目，归

集能够直接计入单位经营活动或采用一定方法计算后计入单位经营活动的费用。

（三）经营费用的主要账务处理

（1）为经营活动人员计提的薪酬，按照计算确定的金额，借记本科目，贷记"应付职工薪酬"科目。

（2）开展经营活动领用或发出库存物品，按照物品实际成本，借记本科目，贷记"库存物品"科目。

（3）为经营活动所使用固定资产、无形资产计提的折旧、摊销，按照应提折旧、摊销额，借记本科目，贷记"固定资产累计折旧""无形资产累计摊销"科目。

（4）开展经营活动发生城市维护建设税、教育费附加、地方教育费附加、车船税、房产税、城镇土地使用税等，按照计算确定应交纳的金额，借记本科目，贷记"其他应交税费"等科目。

（5）发生与经营活动相关的其他各项费用时，按照费用确认金额，借记本科目，贷记"银行存款""其他应付款""其他应收款"等科目。涉及增值税业务的，相关账务处理参见"应交增值税"科目。

（6）发生当年购货退回等业务，对于已计入本年经营费用的，按照收回或应收的金额，借记"银行存款""其他应收款"等科目，贷记本科目。

（7）期末，将本科目本期发生额转入本期盈余，借记"本期盈余"科目，贷记本科目。

（四）期末结转后，本科目应无余额

【例1】某市旅游委下属事业单位非独立核算的附属工厂12月发生如下经营活动业务。

①计提应发放职工工资费用850 000元。

借：经营费用	850 000
贷：应付职工薪酬	850 000

②以银行存款实际支付给职工并代扣个人所得20 000元。

借：应付职工薪酬	850 000
贷：银行存款	830 000
其他应交税——应交个人所得税	20 000

同时，进行预算会计账务处理：

借：经营支出	830 000
贷：资金结存——货币资金（银行存款）	830 000

③实际缴纳税款时：

借：其他应交税费——应交个人所得税	20 000
贷：银行存款	20 000

同时，进行预算会计账务处理：

借：经营支出	20 000
贷：资金结存——货币资金	20 000

④为开展生产经营活动购入一批材料，价款为98 000元，以银行存款支付。

借：库存物品	98 000
贷：银行存款	98 000

同时，进行预算会计账务处理：

```
借：经营支出                                    98 000
    贷：资金结存——货币资金（银行存款）              98 000
```
⑤因经营需要领用材料一批，价款为 66 000 元。
```
借：经营费用                                    66 000
    贷：库存物品                                  66 000
```
⑥月末，对经营活动用固定资产计提折旧 28 000 元，摊销无形资产 16 000 元。
```
借：经营费用                                    44 000
    贷：固定资产累计折旧                          28 000
        无形资产累计摊销                          16 000
```

四、第四科目　5301 资产处置费用

（一）本科目核算内容

本科目核算单位经批准处置资产时发生的费用，包括转销的被处置资产价值，以及在处置过程中发生的相关费用或者处置收入小于相关费用形成的净支出。资产处置的形式按照规定包括无偿调拨、出售、出让、转让、置换、对外捐赠、报废、毁损以及货币性资产损失核销等。

单位在资产清查中查明的资产盘亏、毁损以及资产报废等，应当先通过"待处理财产损溢"科目进行核算，再将处理资产价值和处理净支出计入本科目。短期投资、长期股权投资、长期债券投资的处置，按照相关资产科目的规定进行账务处理。

（二）本科目应当按照处置资产的类别、资产处置的形式等进行明细核算

（三）资产处置费用的主要账务处理

1. 不通过"待处理财产损溢"科目核算的资产处置

（1）按照规定报经批准处置资产时，按照处置资产的账面价值，借记本科目（处置固定资产、无形资产、公共基础设施、保障性住房的，还应借记"固定资产累计折旧""无形资产累计摊销""公共基础设施累计折旧（摊销）""保障性住房累计折旧"科目），按照处置资产的账面余额，贷记"库存物品""固定资产""无形资产""公共基础设施""政府储备物资""文物文化资产""保障性住房""其他应收款""在建工程"等科目。

（2）处置资产过程中仅发生相关费用的，按照实际发生金额，借记本科目，贷记"银行存款""库存现金"等科目。

（3）处置资产过程中取得收入的，按照取得的价款，借记"库存现金""银行存款"等科目，按照处置资产过程中发生的相关费用，贷记"银行存款""库存现金"等科目，按照其差额，借记本科目或贷记"应缴财政款"等科目。

涉及增值税业务的，相关账务处理参见"应交增值税"科目。

2. 通过"待处理财产损溢"科目核算的资产处置

（1）单位账款核对中发现的现金短缺，属于无法查明原因的，报经批准核销时，借记本科目，贷记"待处理财产损溢"科目。

（2）单位资产清查过程中盘亏或者毁损、报废的存货、固定资产、无形资产、公共基础设施、

政府储备物资、文物文化资产、保障性住房等，报经批准处理时，按照处理资产价值，借记本科目，贷记"待处理财产损溢——待处理财产价值"科目。处理收支结清时，处理过程中所取得收入小于所发生相关费用的，按照相关费用减去处理收入后的净支出，借记本科目，贷记"待处理财产损溢——处理净收入"科目。

3. 期末，将本科目本期发生额转入本期盈余，借记"本期盈余"科目，贷记本科目

（四）期末结转后，本科目应无余额

【例1】 某市旅游委下属事业单位发生了以下资产账务处理：

①处置的资产：已报废的固定资产，账面余额 500 000 元，已计提累计折旧 400 000 元；已失效的无形资产，账面余额 100 000 元，累计摊销 90 000 元。

  借：资产处置费用   100 000
    固定资产累计折旧   400 000
    贷：固定资产   500 000
  借：资产处置费用   10 000
    无形资产累计摊销   90 000
    贷：无形资产   1 000 000

②上述资产处置共发生费用 3 000 元，以现金支付。

  借：资产处置费用   3 000
    贷：库存现金   3 000

同时，进行预算会计账务处理：

  借：其他支出   3 000
    贷：资金结存   3 000

③对外捐赠一项文物文化资产，账面价值 60 000 元。捐赠过程发生相关费用 1 000 元，以银行存款支付。

  借：资产处置费用   61 000
    贷：文物文化资产   60 000
      银行存款   1 000

同时，进行预算会计账务处理：

  借：其他支出   1 000
    贷：资金结存   1 000

【例2】 某市旅游委下属事业单位发生以下资产处置业务。

①现金盘点中发现现金短缺 800 元，无法查明原因。经批准核销时：

  借：资产处置费用   800
    贷：待处理财产损溢   800

②资产清查中发现有毁损的存货一批，价值 60 000 元；报废的设备一批，价值 200 000 元，已累计计提折旧 120 000 元；清理中共收到处置收入的现金 1 200 元。处理过程中以银行存款支付了发生的相关费用 3 000 元。

资产清查后：

  借：待处理财产损溢——待处理财产（存货）   60 000
         ——待处理财产价值（固定资产）   80 000

```
            固定资产累计折旧                                      120 000
        贷：存货                                                  60 000
            固定资产                                             200 000
```

经批准处理时：
```
    借：资产处置费用                                               1 200
        贷：银行存款                                               1 200
```

同时，进行预算会计账务处理：
```
    借：其他支出                                                   1 800
        贷：资金结存                                               1 800
```

【例3】某市旅游委下属事业单位（为增值税小规模纳税人）对固定资产进行盘点时，发现丢失笔记本电脑一台，账面余额为12 000元，已提折旧2 000元，报经批准后应由单位职工张三赔偿5 000元，款项已收到，其他损失由单位承担，财会部门根据有关凭证，应进行如下账务处理。

①固定资产转入待处理资产时：
```
    借：待处理财产损溢——待处理财产价值                          10 000
        固定资产累计折旧                                           2 000
        贷：固定资产                                              12 000
```

②收到张三赔款时：
```
    借：库存现金                                                   5 000
        贷：待处理财产损溢——处理净收入                             5 000
```

③固定资产报经批准予以核销时：
```
    借：资产处理费用                                              10 000
        贷：待处理资产损溢——待处理财产价值                        10 000
    借：待处理财产损溢——处理净收入                                 5 000
        贷：应缴财政款                                             5 000
```

五、第五科目　5401 上缴上级费用

（1）本科目核算事业单位按照财政部门和主管部门的规定上缴上级单位款项发生的费用。

（2）本科目应当按照收缴款项单位、缴款项目等进行明细核算。

（3）上缴上级费用的主要账务处理：

①单位发生上缴上级支出的，按照实际上缴的金额或者按照规定计算出应当上缴上级单位的金额，借记本科目，贷记"银行存款""其他应付款"等科目。

②期末，将本科目本期发生额转入本期盈余，借记"本期盈余"科目，贷记本科目。

（4）期末结转后，本科目应无余额。

【例1】某市旅游委下属事业单位按规定上缴上级单位50 000元的费用。
```
    借：上缴上级费用                                              50 000
        贷：银行存款                                              50 000
```
同时，进行预算会计账务处理：

借：上缴上级支出	50 000	
贷：资金结存——货币资金		50 000

六、第六科目　5501 对附属单位补助费用

（1）本科目核算事业单位用财政拨款收入之外的收入对附属单位补助发生的费用。

（2）本科目应当按照接受补助单位、补助项目等进行明细核算。

（3）对附属单位补助费用的主要账务处理：

①单位发生对附属单位补助支出的，按照实际补助的金额或者按照规定计算出应当对附属单位补助的金额，借记本科目，贷记"银行存款""其他应付款"等科目。

②期末，将本科目本期发生额转入本期盈余，借记"本期盈余"科目，贷记本科目。

（4）期末结转后，本科目应无余额。

七、第七科目　5801 所得税费用

（1）本科目核算有企业所得税缴纳义务的事业单位按规定缴纳企业所得税所形成的费用。

（2）所得税费用的主要账务处理：

①发生企业所得税纳税义务的，按照税法规定计算的应交税金数额，借记本科目，贷记"其他应交税费——单位应交所得税"科目。实际缴纳时，按照缴纳金额，借记"其他应交税费——单位应交所得税"科目，贷记"银行存款"科目。

②年末，将本科目本年发生额转入本期盈余，借记"本期盈余"科目，贷记本科目。

（3）年末结转后，本科目应无余额。

【例1】某市旅游委下属事业单位为一般纳税人。本年度共实现利润 300 000 元，所得税税率25%。

计算应交税金金额时：

借：所得税费用	75 000	
贷：其他应交税费——单位应交所得税		75 000

实际缴纳时：

借：其他应交税费——单位应交所得税	75 000	
贷：银行存款		75 000

同时，进行预算会计账务处理：

借：非财政拨款结余——累计结余	75 000	
贷：资金结存——货币资金		75 000

【例2】某单位5月4日代扣代缴上月职工发生的个人所得税 148 600 元，以银行存款支付。

借：其他应交税费——单位应交所得税	148 600	
贷：银行存款		148 600

同时，进行预算会计账务处理：

借：事业支出/行政支出	148 600	
贷：资金结存——货币资金		148 600

八、第八科目 5901 其他费用

（一）本科目核算内容

本科目核算单位发生的除业务活动费用、单位管理费用、经营费用、资产处置费用、上缴上级费用、附属单位补助费用、所得税费用以外的各项费用，包括利息费用、坏账损失、罚没支出、现金资产捐赠支出以及相关税费、运输费等。

（二）本科目明细核算

本科目应当按照其他费用的类别等进行明细核算。单位发生的利息费用较多的，可以单独设置"5701 利息费用"科目。

（三）其他费用的主要账务处理

（1）利息费用。按期计算确认借款利息费用时，按照计算确定的金额，借记"在建工程"科目或本科目，贷记"应付利息""长期借款——应计利息"科目。

（2）坏账损失。年末，事业单位按照规定对收回后不需上缴财政的应收账款和其他应收款计提坏账准备时，按照计提金额，借记本科目，贷记"坏账准备"科目；冲减多提的坏账准备时，按照冲减金额，借记"坏账准备"科目，贷记本科目。

（3）罚没支出。单位发生罚没支出的，按照实际缴纳或应当缴纳的金额，借记本科目，贷记"银行存款""库存现金""其他应付款"等科目。

（4）现金资产捐赠。单位对外捐赠现金资产的，按照实际捐赠的金额，借记本科目，贷记"银行存款""库存现金"等科目。

（5）其他相关费用。单位接受捐赠（或无偿调入）以名义金额计量的存货、固定资产、无形资产，以及成本无法可靠取得的公共基础设施、文物文化资产等发生的相关税费、运输费等，按照实际支付的金额，借记本科目，贷记"财政拨款收入""零余额账户用款额度""银行存款""库存现金"等科目。单位发生的与受托代理资产相关的税费、运输费、保管费等，按照实际支付或应付的金额，借记本科目，贷记"零余额账户用款额度""银行存款""库存现金""其他应付款"等科目。

（6）期末，将本科目本期发生额转入本期盈余，借记"本期盈余"科目，贷记本科目。

（四）期末结转后，本科目应无余额

思考题

1. 什么是受托代理资产？
2. 简述应缴预算款与应缴财政专户款的区别。
3. 简述专用基金的管理原则。
4. 什么是事业收入？
5. 简述业务活动费用和单位管理费用的区别。

【在线测试题】

扫描书背面的二维码，获取答题权限。

B类 预算会计科目

预算会计要素包括预算收入、预算支出和预算结余，因此，预算会计也分为以下三节来介绍。

第一节 预算收入类

一、第一科目 6001 财政拨款预算收入

（一）本科目核算内容

本科目核算单位从同级政府财政部门取得的各类财政拨款。

（二）明细核算

本科目应当设置"基本支出"和"项目支出"两个明细科目，并按照《政府收支分类科目》中"支出功能分类科目"的项级科目进行明细核算；同时，在"基本支出"明细科目下按照"人员经费"和"日常公用经费"进行明细核算，在"项目支出"明细科目下按照具体项目进行明细核算。

有一般公共预算财政拨款、政府性基金预算财政拨款等两种或两种以上财政拨款的单位，还应当按照财政拨款的种类进行明细核算。

（三）财政拨款预算收入的主要账务处理

（1）财政直接支付方式下，单位根据收到的"财政直接支付入账通知书"及相关原始凭证，按照通知书中的直接支付金额，借记"行政支出""事业支出"等科目，贷记本科目。年末，根据本年度财政直接支付预算指标数与当年财政直接支付实际支出数的差额，借记"资金结存——财政应返还额度"科目，贷记本科目。

（2）财政授权支付方式下，单位根据收到的"财政授权支付额度到账通知书"，按照通知书中的授权支付额度，借记"资金结存——零余额账户用款额度"科目，贷记本科目。年末，单位本年度财政授权支付预算指标数大于零余额账户用款额度下达数的，按照两者差额，借记"资金结存——财政应返还额度"科目，贷记本科目。

（3）其他方式下，单位按照本期预算收到财政拨款预算收入时，按照实际收到的金额，借记"资金结存——货币资金"科目，贷记本科目。单位收到下期预算的财政预拨款，应当在下个预算期，按照预收的金额，借记"资金结存——货币资金"科目，贷记本科目。

（4）因差错更正、购货退回等发生国库直接支付款项退回的，属于本年度支付的款项，按照退回金额，借记本科目，贷记"行政支出""事业支出"等科目。

（5）年末，将本科目本年发生额转入财政拨款结转，借记本科目，贷记"财政拨款结转——本年收支结转"科目。

（四）年末结转后，本科目应无余额

【例1】3月5日，某市工商行政管理局采用财政直接支付方式购买一批办公用品，共计200 000元。该单位根据财政国库支付执行机构委托代理银行转来的《财政直接支付入账通知书》等记账凭证。

财务会计账务处理：
借：业务活动费用　　　　　　　　　　　　　　　　　200 000
　　贷：财政拨款收入　　　　　　　　　　　　　　　　　200 000
同时，进行预算会计账务处理：
借：行政支出　　　　　　　　　　　　　　　　　　　200 000
　　贷：财政拨款预算收入　　　　　　　　　　　　　　　200 000

【例2】7月9日，某市旅游委下属事业单位根据经过批准的部门预算和用款计划，向同级财政部门申请支付第三季度水费105 000元。7月19日，财政部门经审核后，以财政直接付款方式向自来水公司支付了该单位的水费105 000元。7月23日，该事业单位收到了"财政直接支付入账通知书"。该单位应进行如下账务处理：

财务会计账务处理：
借：单位管理费用　　　　　　　　　　　　　　　　　105 000
　　贷：财政拨款收入　　　　　　　　　　　　　　　　　105 000
同时，进行预算会计账务处理：
借：事业支出　　　　　　　　　　　　　　　　　　　105 000
　　贷：财政拨款预算收入　　　　　　　　　　　　　　　105 000

【例3】202×年12月31日，某市旅游委财政直接支付预算指标数与当年财政直接支付实际支出数之间的差额为100 000元。次年年初，财政部门恢复了该单位的财政直接支付额度。次年1月15日，该单位以财政直接支付方式购买一批办公用物资（属于202×年预算指标数），支付给供应商50 000元价款。该市旅游委应进行如下账务处理：

① 202×年12月31日补记指标：
财务会计账务处理：
借：财政应返还额度——财政直接支付　　　　　　　　100 000
　　贷：财政拨款收入　　　　　　　　　　　　　　　　　100 000
同时，进行预算会计账务处理：
借：资金结存——财政应返还额度　　　　　　　　　　100 000
　　贷：财政拨款预算收入　　　　　　　　　　　　　　　100 000

② 次年1月15日，使用20×7年预算指标购买办公用品：

财务会计账务处理：
　　借：库存物品　　　　　　　　　　　　　　　　　　　　　　50 000
　　　　贷：财政应返还额度——财政直接支付　　　　　　　　　　　　　50 000
同时，进行预算会计账务处理：
　　借：行政支出　　　　　　　　　　　　　　　　　　　　　　50 000
　　　　贷：资金结存——财政应返还额度　　　　　　　　　　　　　　　50 000

【例4】3月10日，某市教育局收到委托代理银行转来的《授权支付到账通知书》，通知已下达授权支付额度800 000元。该单位根据该《授权支付到账通知书》等凭证填制记账凭证。该单位应进行如下账务处理：

财务会计账务处理：
　　借：零余额账户用款额度　　　　　　　　　　　　　　　　　800 000
　　　　贷：财政拨款收入　　　　　　　　　　　　　　　　　　　　800 000
同时，进行预算会计账务处理：
　　借：资金结存——零余额账户用款额度　　　　　　　　　　　800 000
　　　　贷：财政拨款预算收入　　　　　　　　　　　　　　　　　　800 000

年末结转前，单位本年度财政授权支付预算指标数大于零余额账户用款额度下达数的，按照两者差额，借记"资金结存——财政应返还额度"科目，贷记本科目。经此账务处理后，最终使财政拨款预算收入的全年累计金额与预算指标数相一致。

【例5】3月20日，某县一小学收到县财政拨款50 000元，已收入银行账户。

财务会计账务处理：
　　借：银行存款　　　　　　　　　　　　　　　　　　　　　　50 000
　　　　贷：财政拨款收入　　　　　　　　　　　　　　　　　　　　50 000
同时，进行预算会计账务处理：
　　借：资金结存——货币资金　　　　　　　　　　　　　　　　50 000
　　　　贷：财政拨款预算收入　　　　　　　　　　　　　　　　　　50 000

【例6】12月1日，某市旅游委下属事业单位因质量问题退回上月所购办公用品一批（以国库直接支付方式购买），退款50 000元。根据财政国库支付执行机构委托代理银行转来的《财政直接支付入账通知书》等凭证填制记账凭证，并编制会计分录：

财务会计账务处理：
　　借：财政拨款收入　　　　　　　　　　　　　　　　　　　　50 000
　　　　贷：业务活动费用　　　　　　　　　　　　　　　　　　　　50 000
同时，进行预算会计账务处理：
　　借：财政拨款预算收入　　　　　　　　　　　　　　　　　　50 000
　　　　贷：事业支出　　　　　　　　　　　　　　　　　　　　　　50 000

二、第二科目　6101 事业预算收入

（一）本科目核算内容

本科目核算事业单位开展专业业务活动及其辅助活动取得的现金流入。事业单位因开展科

研及其辅助活动从非同级政府财政部门取得的经费拨款，也通过本科目核算。

（二）明细核算

本科目应当按照事业预算收入类别、项目、来源、《政府收支分类科目》中"支出功能分类科目"项级科目等进行明细核算。对于因开展科研及其辅助活动从非同级政府财政部门取得的经费拨款，应当在本科目下单设"非同级财政拨款"明细科目进行明细核算；事业预算收入中如有专项资金收入，还应按照具体项目进行明细核算。

（三）事业预算收入的主要账务处理

（1）采用财政专户返还方式管理的事业预算收入，收到从财政专户返还的事业预算收入时，按照实际收到的返还金额，借记"资金结存——货币资金"科目，贷记本科目。

（2）收到其他事业预算收入时，按照实际收到的款项金额，借记"资金结存——货币资金"科目，贷记本科目。

（3）年末，将本科目本年发生额中的专项资金收入转入非财政拨款结转，借记本科目下各专项资金收入明细科目，贷记"非财政拨款结转——本年收支结转"科目；将本科目本年发生额中的非专项资金收入转入其他结余，借记本科目下各非专项资金收入明细科目，贷记"其他结余"科目。

（四）年末结转后，本科目应无余额

【例1】H省某大学收到采用财政专户返还方式管理的学杂费收入1 000万元，其中，学费800万元，住宿费200万元。

财务会计账务处理：

借：银行存款	10 000 000
贷：事业收入——学费	8 000 000
——住宿费	2 000 000

同时，进行预算会计账务处理：

借：资金结存——货币资金	10 000 000
贷：事业预算收入——学费	8 000 000
——住宿费	2 000 000

三、第三科目　6201 上级补助预算收入

（1）本科目核算事业单位从主管部门和上级单位取得的非财政补助现金流入。

（2）本科目应当按照发放补助单位、补助项目、《政府收支分类科目》中"支出功能分类科目"的项级科目等进行明细核算。上级补助预算收入中如有专项资金收入，还应按照具体项目进行明细核算。

（3）上级补助预算收入的主要账务处理如下：

①收到上级补助预算收入时，按照实际收到的金额，借记"资金结存——货币资金"科目，贷记本科目。

②年末，将本科目本年发生额中的专项资金收入转入非财政拨款结转，借记本科目下各专

项资金收入明细科目，贷记"非财政拨款结转——本年收支结转"科目；将本科目本年发生额中的非专项资金收入转入其他结余，借记本科目下各非专项资金收入明细科目，贷记"其他结余"科目。

（4）年末结转后，本科目应无余额。

四、第四科目　6301 附属单位上缴预算收入

（1）本科目核算事业单位取得附属独立核算单位根据有关规定上缴的现金流入。

（2）本科目应当按照附属单位、缴款项目、《政府收支分类科目》中"支出功能分类科目"的项级科目等进行明细核算。附属单位上缴预算收入中如有专项资金收入，还应按照具体项目进行明细核算。

（3）附属单位上缴预算收入的主要账务处理如下：

①收到附属单位缴来款项时，按照实际收到的金额，借记"资金结存——货币资金"科目，贷记本科目。

②年末，将本科目本年发生额中的专项资金收入转入非财政拨款结转，借记本科目下各专项资金收入明细科目，贷记"非财政拨款结转——本年收支结转"科目；将本科目本年发生额中的非专项资金收入转入其他结余，借记本科目下各非专项资金收入明细科目，贷记"其他结余"科目。

（4）年末结转后，本科目应无余额。

五、第五科目　6401 经营预算收入

（1）本科目核算事业单位在专业业务活动及其辅助活动之外开展非独立核算经营活动取得的现金流入。

（2）本科目应当按照经营活动类别、项目、《政府收支分类科目》中"支出功能分类科目"的项级科目等进行明细核算。

（3）经营预算收入的主要账务处理如下：

①收到经营预算收入时，按照实际收到的金额，借记"资金结存——货币资金"科目，贷记本科目。

②年末，将本科目本年发生额转入经营结余，借记本科目，贷记"经营结余"科目。

（4）年末结转后，本科目应无余额。

【例1】某市旅游委下属事业单位（为增值税一般纳税人）对外开展经营活动，开具的增值税专用发票上注明的劳务收入为 200 000 元，增值税税额为 12 000 元，款项已存入银行。财会部门根据有关凭证应进行如下财务处理。

①收到劳务收入时：

财务会计账务处理：

借：银行存款　　　　　　　　　　　　　　　　　　　　212 000
　　贷：经营收入　　　　　　　　　　　　　　　　　　　　200 000
　　　　应交增值税——应交税金（销项税额）　　　　　　　 12 000

同时，进行预算会计账务处理：

借：资金结存——货币资金   212 000
    贷：经营预算收入   212 000

②实际缴纳增值税时：

财务会计账务处理：

借：应交增值税——应交税金（已交税金）   12 000
    贷：银行存款   12 000

同时，进行预算会计账务处理：

借：经营预算支出   12 000
    贷：资金结存——货币资金   12 000

六、第六科目　6501 债务预算收入

（1）本科目核算事业单位按照规定从银行和其他金融机构等借入的、纳入部门预算管理的、不以财政资金作为偿还来源的债务本金。

（2）本科目应当按照贷款单位、贷款种类、《政府收支分类科目》中"支出功能分类科目"的项级科目等进行明细核算。债务预算收入中如有专项资金收入，还应按照具体项目进行明细核算。

（3）债务预算收入的主要账务处理如下：

①借入各项短期或长期借款时，按照实际借入的金额，借记"资金结存——货币资金"科目，贷记本科目。

②年末，将本科目本年发生额中的专项资金收入转入非财政拨款结转，借记本科目下各专项资金收入明细科目，贷记"非财政拨款结转——本年收支结转"科目；将本科目本年发生额中的非专项资金收入转入其他结余，借记本科目下各非专项资金收入明细科目，贷记"其他结余"科目。

（4）年末结转后，本科目应无余额。

【例1】年初，为弥补图书馆建设资金不足，某大学经教育、财政等相关业务主管部门备案，向国家开发银行举措3年期的专项资金贷款200万元，另向工商银行取得期限3个月流动资金贷款3 000万元。

财务会计账务处理：

借：银行存款   80 000 000
    贷：长期借款——国开行——本金   50 000 000
        短期借款——工商银行   30 000 000

同时，进行预算会计账务处理：

借：资金结存——货币资金   80 000 000
    贷：债务预算收入——专项资金   50 000 000
        ——非专项资金   30 000 000

【例2】承例1，年末该大学将债务预算收入予以结转，只进行预算会计账务处理：

借：债务预算收入——专项资金   50 000 000
       ——非专项资金   30 000 000
    贷：非财政拨款结转——本年收支结转   50 000 000

其他结余	30 000 000

七、第七科目 6601 非同级财政拨款预算收入

（1）本科目核算单位从非同级政府财政部门取得的财政拨款，包括本级横向转拨财政款和非本级财政拨款。对于因开展科研及其辅助活动从非同级政府财政部门取得的经费拨款，应当通过"事业预算收入——非同级财政拨款"科目进行核算，不通过本科目核算。

（2）本科目应当按照非同级财政拨款预算收入的类别、来源、《政府收支分类科目》中"支出功能分类科目"的项级科目等进行明细核算。非同级财政拨款预算收入中如有专项资金收入，还应按照具体项目进行明细核算。

（3）非同级财政拨款预算收入的主要账务处理如下：

①取得非同级财政拨款预算收入时，按照实际收到的金额，借记"资金结存——货币资金"科目，贷记本科目。

②年末，将本科目本年发生额中的专项资金收入转入非财政拨款结转，借记本科目下各专项资金收入明细科目，贷记"非财政拨款结转——本年收支结转"科目；将本科目本年发生额中的非专项资金收入转入其他结余，借记本科目下各非专项资金收入明细科目，贷记"其他结余"科目。

（4）年末结转后，本科目应无余额。

【例1】某省属大学1月收到农业部拨来的一笔中西部高校基础能力建设配套资金1亿元，编制会计分录：

财务会计账务处理：

借：银行存款		100 000 000
贷：非同级财政拨款收入——专项资金		100 000 000

同时，进行预算会计账务处理：

借：资金结存——货币资金		100 000 000
贷：非同级财政拨款预算收入——专项资金		100 000 000

【例2】承例1，该大学1至12月陆续收到所在市、区教育局拨付的支持地区高校发展一般性支持资金5 000万元，编制会计分录：

财务会计账务处理：

借：银行存款		50 000 000
贷：非同级财政拨款收入——非专项资金		50 000 000

同时，进行预算会计账务处理：

借：资金结存——货币资金		50 000 000
贷：非同级财政拨款预算收入——非专项资金		50 000 000

八、第八科目 6602 投资预算收益

（一）本科目核算内容

本科目核算事业单位取得的按照规定纳入部门预算管理的属于投资收益性质的现金流入，

包括股权投资收益、出售或收回债券投资所取得的收益和债券投资利息收入。

（二）本科目明细核算

本科目应当按照《政府收支分类科目》中"支出功能分类科目"的项级科目等进行明细核算。

（三）投资预算收益的主要账务处理

（1）出售或到期收回本年度取得的短期、长期债券，按照实际取得的价款或实际收到的本息金额，借记"资金结存——货币资金"科目，按照取得债券时"投资支出"科目的发生额，贷记"投资支出"科目，按照其差额，贷记或借记本科目。出售或到期收回以前年度取得的短期、长期债券，按照实际取得的价款或实际收到的本息金额，借记"资金结存——货币资金"科目，按照取得债券时"投资支出"科目的发生额，贷记"其他结余"科目，按照其差额，贷记或借记本科目。出售、转让以货币资金取得的长期股权投资的，其账务处理参照出售或到期收回债券投资。

（2）持有的短期投资以及分期付息、一次还本的长期债券投资收到利息时，按照实际收到的金额，借记"资金结存——货币资金"科目，贷记本科目。

（3）持有长期股权投资取得被投资单位分派的现金股利或利润时，按照实际收到的金额，借记"资金结存——货币资金"科目，贷记本科目。

（4）出售、转让以非货币性资产取得的长期股权投资时，按照实际取得的价款扣减支付的相关费用和应缴财政款后的余额（按照规定纳入单位预算管理的），借记"资金结存——货币资金"科目，贷记本科目。

（5）年末，将本科目本年发生额转入其他结余，借记或贷记本科目，贷记或借记"其他结余"科目。

（四）年末结转后，本科目应无余额

【例1】1月30日，某市旅游委下属事业单位出售其持有的9个月期凭证式国债，购入成本为500 000元，年利率4%取得售价515 000元，编制如下会计分录：

财务会计账务处理：
借：银行存款 515 000
　　贷：短期投资（成本） 500 000
　　　　投资收益（贷差） 15 000
同时，进行预算会计账务处理：
借：资金结存——货币资金 515 000
　　贷：投资支出（投资成本） 500 000
　　　　投资预算收益 15 000

【例2】承例1，假如该国债为事业单位上年度买入，取得售价为490 000元，其他条件不变，则编制如下会计分录：

财务会计账务处理：
借：银行存款 490 000
　　投资收益 10 000
　　贷：短期投资 500 000

同时，进行预算会计账务处理：
借：资金结存——货币资金　　　　　　　　　　　　　　　　490 000
　　投资预算收益　　　　　　　　　　　　　　　　　　　　 10 000
　　贷：其他结余（投资成本）　　　　　　　　　　　　　　　500 000

九、第九科目　6609 其他预算收入

（一）本科目核算内容

本科目核算单位除财政拨款预算收入、事业预算收入、上级补助预算收入、附属单位上缴预算收入、经营预算收入、债务预算收入、非同级财政拨款预算收入、投资预算收益之外的纳入部门预算管理的现金流入，包括捐赠预算收入、利息预算收入、租金预算收入、现金盘盈收入等。

（二）本科目明细核算

本科目应当按照其他收入类别、《政府收支分类科目》中"支出功能分类科目"的项级科目等进行明细核算。其他预算收入中如有专项资金收入，还应按照具体项目进行明细核算。

单位发生的捐赠预算收入、利息预算收入、租金预算收入金额较大或业务较多的，可单独设置"6603 捐赠预算收入""6604 利息预算收入""6605 租金预算收入"等科目。

（三）其他预算收入的主要账务处理

（1）接受捐赠现金资产、收到银行存款利息、收到资产承租人支付的租金时，按照实际收到的金额，借记"资金结存——货币资金"科目，贷记本科目。

（2）每日现金账款核对中如发现现金溢余，按照溢余的现金金额，借记"资金结存——货币资金"科目，贷记本科目。经核实，属于应支付给有关个人和单位的部分，按照实际支付的金额，借记本科目，贷记"资金结存——货币资金"科目。

（3）收到其他预算收入时，按照收到的金额，借记"资金结存——货币资金"科目，贷记本科目。

（4）年末，将本科目本年发生额中的专项资金收入转入非财政拨款结转，借记本科目下各专项资金收入明细科目，贷记"非财政拨款结转——本年收支结转"科目；将本科目本年发生额中的非专项资金收入转入其他结余，借记本科目下各非专项资金收入明细科目，贷记"其他结余"科目。

（四）年末结转后，本科目应无余额

【例1】某公立大学六十周年校庆共收到校友及社会各方面现金捐赠1亿元，财务会计账务处理如下：
借：银行存款　　　　　　　　　　　　　　　　　　　　100 000 000
　　贷：捐赠收入　　　　　　　　　　　　　　　　　　　100 000 000
同时，进行预算会计账务处理：
借：资金结存——货币资金　　　　　　　　　　　　　　100 000 000
　　贷：其他预算收入——捐赠收入　　　　　　　　　　　100 000 000

【例2】 某县财政局的财务室出纳经现金盘点发现现金溢余3 000元,经核实属于职工张某报账时少领款项。张某因出差在外,3日后才来财务室将少领款项取走。

①财务发现现金溢余时。

财务会计账务处理:

借:库存现金　　　　　　　　　　　　　　　　　　　　　3 000
　　贷:待处理财产损溢　　　　　　　　　　　　　　　　　　　3 000

同时,进行预算会计账务处理:

借:资金结存——货币资金　　　　　　　　　　　　　　　3 000
　　贷:其他预算收入　　　　　　　　　　　　　　　　　　　　3 000

②3日后,张某取走款项时,财务会计账务处理如下:

借:待处理财产损溢　　　　　　　　　　　　　　　　　　3 000
　　贷:库存现金　　　　　　　　　　　　　　　　　　　　　　3 000

同时,进行预算会计账务处理:

借:其他预算收入　　　　　　　　　　　　　　　　　　　3 000
　　贷:资金结存——货币资金　　　　　　　　　　　　　　　3 000

第二节　预算支出类

一、第一科目　7101 行政支出

(一)本科目核算内容

本科目核算市旅游委履行其职责实际发生的各项现金流出。

(二)本科目明细核算

本科目应当分别按照"财政拨款支出""非财政专项资金支出""其他资金支出""基本支出"和"项目支出"等进行明细核算,并按照《政府收支分类科目》中"支出功能分类科目"的项级科目进行明细核算;"基本支出"和"项目支出"明细科目下应当按照《政府收支分类科目》中"部门预算支出经济分类科目"的款级科目进行明细核算,同时在"项目支出"明细科目下按照具体项目进行明细核算。

有一般公共预算财政拨款、政府性基金预算财政拨款两种或两种以上财政拨款的市旅游委,还应当在"财政拨款支出"明细科目下按照财政拨款的种类进行明细核算。

对于预付款项,可通过在本科目下设置"待处理"明细科目进行核算,待确认具体支出项目后再转入本科目下相关明细科目。年末结账前,应将本科目"待处理"明细科目余额全部转入本科目下相关明细科目。

（三）行政支出的主要账务处理

（1）支付单位职工薪酬。向单位职工个人支付薪酬时，按照实际支付的金额，借记本科目，贷记"财政拨款预算收入""资金结存"科目。按照规定代扣代缴个人所得税以及代扣代缴或为职工缴纳职工社会保险费、住房公积金等时，按照实际缴纳的金额，借记本科目，贷记"财政拨款预算收入""资金结存"科目。

（2）支付外部人员劳务费。按照实际支付给外部人员个人的金额，借记本科目，贷记"财政拨款预算收入""资金结存"科目。按照规定代扣代缴个人所得税时，按照实际缴纳的金额，借记本科目，贷记"财政拨款预算收入""资金结存"科目。

（3）为购买存货、固定资产、无形资产等以及在建工程支付相关款项时，按照实际支付的金额，借记本科目，贷记"财政拨款预算收入""资金结存"科目。

（4）发生预付账款时，按照实际支付的金额，借记本科目，贷记"财政拨款预算收入""资金结存"科目。对于暂付款项，在支付款项时可不进行预算会计处理，待结算或报销时，按照结算或报销的金额，借记本科目，贷记"资金结存"科目。

（5）发生其他各项支出时，按照实际支付的金额，借记本科目，贷记"财政拨款预算收入""资金结存"科目。

（6）因购货退回等发生款项退回，或者发生差错更正的，属于当年支出收回的，按照收回或更正金额，借记"财政拨款预算收入""资金结存"科目，贷记本科目。

（7）年末，将本科目本年发生额中的财政拨款支出转入财政拨款结转，借记"财政拨款结转——本年收支结转"科目，贷记本科目下各财政拨款支出明细科目；将本科目本年发生额中的非财政专项资金支出转入非财政拨款结转，借记"非财政拨款结转——本年收支结转"科目，贷记本科目下各非财政专项资金支出明细科目；将本科目本年发生额中的其他资金支出（非财政非专项资金支出）转入其他结余，借记"其他结余"科目，贷记本科目下其他资金支出明细科目。

（四）年末结转后，本科目应无余额

【例1】5月10日，某市税务局实际发放在职职工工资226 588元，并代扣个人所得税15 974元，5月14日向当地指定税务局缴纳职工个人所得税。工资及个人所得税均以财政直接支付方式支付。

财务会计账务处理：

借：应付职工薪酬	242 562
贷：财政拨款收入	226 588
其他应交税费——应交个人所得税	15 974

同时，进行预算会计账务处理：

借：行政支出（按照支付给个人部分）	226 588
贷：财政拨款预算收入	226 588
借：行政支出（按照实际缴纳额）	15 974
贷：财政拨款预算收入	15 974

【例2】7月9日，某省政府给机关办公楼采购办公设备一批，设备价值100万元，增值税17万元，通过财政直接支付方式付款。

借：固定资产　　　　　　　　　　　　　　　　　　　　　　1 170 000
　　贷：财政拨款收入　　　　　　　　　　　　　　　　　　　　　1 170 000
同时，进行预算会计账务处理：
借：行政支出　　　　　　　　　　　　　　　　　　　　　　1 170 000
　　贷：财政拨款预算收入　　　　　　　　　　　　　　　　　　　1 170 000

【例3】承例2，7月29日，因该批设备存在质量问题发生退货，省政府收到公司全额退款。
财务会计账务处理：
借：银行存款等　　　　　　　　　　　　　　　　　　　　　1 170 000
　　贷：固定资产　　　　　　　　　　　　　　　　　　　　　　　1 170 000
同时，进行预算会计账务处理：
借：资金结存　　　　　　　　　　　　　　　　　　　　　　1 170 000
　　贷：行政支出　　　　　　　　　　　　　　　　　　　　　　　1 170 000

二、第二科目　7201 事业支出

（一）本科目核算内容

本科目核算事业单位开展专业业务活动及其辅助活动实际发生的各项现金流出。

（二）明细核算

单位发生教育、科研、医疗、行政管理、后勤保障等活动的，可在本科目下设置相应的明细科目进行核算，或单设"7201 教育支出""7202 科研支出""7203 医疗支出""7204 行政管理支出""7205 后勤保障支出"等一级会计科目进行核算。

本科目应当分别按照"财政拨款支出""非财政专项资金支出""其他资金支出""基本支出"和"项目支出"等进行明细核算，并按照《政府收支分类科目》中"支出功能分类科目"的项级科目进行明细核算；"基本支出"和"项目支出"明细科目下应当按照《政府收支分类科目》中"部门预算支出经济分类科目"的款级科目进行明细核算，同时在"项目支出"明细科目下按照具体项目进行明细核算。

有一般公共预算财政拨款、政府性基金预算财政拨款两种或两种以上财政拨款的事业单位，还应当在"财政拨款支出"明细科目下按照财政拨款的种类进行明细核算。

对于预付款项，可通过在本科目下设置"待处理"明细科目进行明细核算，待确认具体支出项目后再转入本科目下相关明细科目。年末结账前，应将本科目"待处理"明细科目余额全部转入本科目下相关明细科目。

（三）事业支出的主要账务处理

（1）支付单位职工（经营部门职工除外）薪酬。向单位职工个人支付薪酬时，按照实际支付的数额，借记本科目，贷记"财政拨款预算收入""资金结存"科目。按照规定代扣代缴个人所得税以及代扣代缴或为职工缴纳职工社会保险费、住房公积金等时，按照实际缴纳的金额，借记本科目，贷记"财政拨款预算收入""资金结存"科目。

（2）为专业业务活动及其辅助活动支付外部人员劳务费。按照实际支付给外部人员个人的金额,借记本科目,贷记"财政拨款预算收入""资金结存"科目。按照规定代扣代缴个人所得税时,按照实际缴纳的金额,借记本科目,贷记"财政拨款预算收入""资金结存"科目。

(3)开展专业业务活动及其辅助活动过程中为购买存货、固定资产、无形资产等以及在建工程支付相关款项时,按照实际支付的金额,借记本科目,贷记"财政拨款预算收入""资金结存"科目。

(4)开展专业业务活动及其辅助活动过程中发生预付账款时,按照实际支付的金额,借记本科目,贷记"财政拨款预算收入""资金结存"科目。对于暂付款项,在支付款项时可不进行预算会计处理,待结算或报销时,按照结算或报销的金额,借记本科目,贷记"资金结存"科目。

(5)开展专业业务活动及其辅助活动过程中缴纳的相关税费以及发生的其他各项支出,按照实际支付的金额,借记本科目,贷记"财政拨款预算收入""资金结存"科目。

(6)开展专业业务活动及其辅助活动过程中因购货退回等发生款项退回,或者发生差错更正的,属于当年支出收回的,按照收回或更正金额,借记"财政拨款预算收入""资金结存"科目,贷记本科目。

(7)年末,将本科目本年发生额中的财政拨款支出转入财政拨款结转,借记"财政拨款结转——本年收支结转"科目,贷记本科目下各财政拨款支出明细科目;将本科目本年发生额中的非财政专项资金支出转入非财政拨款结转,借记"非财政拨款结转——本年收支结转"科目,贷记本科目下各非财政专项资金支出明细科目;将本科目本年发生额中的其他资金支出(非财政非专项资金支出)转入其他结余,借记"其他结余"科目,贷记本科目下其他资金支出明细科目。

(四)年末结转后,本科目应无余额

【例1】202×年5月,某公立大学为教职员工发放基本工资600 000元,各类津贴300 000元,按规定应代扣代缴个人所得税30 000元,该单位以国库授权支付方式支付薪酬并上缴代扣的个人所得税。财会部门根据有关凭证,应进行如下账务处理。

①计算应付职工薪酬,只进行财务会计账务处理:
借:业务活动费用　　　　　　　　　　　　　　　　900 000
　　贷:应付职工薪酬　　　　　　　　　　　　　　　　900 000

②代扣个人所得税,只进行财务会计账务处理:
借:应付职工薪酬　　　　　　　　　　　　　　　　30 000
　　贷:其他应交税费——应交个人所得税　　　　　　30 000

③实际支付职工薪酬时,财务会计账务处理如下:
借:应付职工薪酬　　　　　　　　　　　　　　　　870 000
　　贷:零余额账户用款额度　　　　　　　　　　　　870 000

同时,进行预算会计账务处理:
借:事业支出　　　　　　　　　　　　　　　　　　870 000
　　贷:资金结存——零余额账户用款额度　　　　　　870 000

④上缴代扣个人所得税时,财务会计账务处理如下:
借:其他应交税费——应交个人所得税　　　　　　30 000

```
        贷：零余额账户用款额度                                    30 000
    同时，进行预算会计账务处理：
    借：事业支出                                              30 000
        贷：资金结存——零余额账户用款额度                          30 000
```

【例2】202×年2月18日，某市旅游委下属事业单位（为增值税一般纳税人）经批准购入一台设备，取得的增值税专用发票上注明的设备价款为8 000 000元，增值税税额为1 360 000元，该单位以银行存款支付了相关款项。财会部门根据有关凭证，应进行如下账务处理。

```
    202×年2月18日购入设备时：
    财务会计账务处理：
    借：固定资产                                          8 000 000
        应交增值税——应交税金（进项税额）                      816 000
                  ——待抵扣进项税额                         544 000
        贷：银行存款                                      9 360 000
    同时，进行预算会计账务处理：
    借：事业支出                                          9 360 000
        贷：资金结存——货币资金                              9 360 000
```

【例3】202×年3月5日，某市旅游委下属事业单位（为增值税一般纳税人）购入物一批，取得的增值税专用发票上注明的物资价款为20 000元，增值税税额为3 400元，已经税务局认证。款项尚未支付，当日收到物资，经验收合格后入库。3月10日，该单位以银行存款支付了价款23 400元。财会部门根据有关凭证，应进行如下账务处理。

```
    ①202×年3月5日购入物资时，只进行财务会计账务处理。
    借：库存物品                                             20 000
        应交增值税——应交税金（进项税额）                        3 400
        贷：应付账款                                         23 400
    ②202×年3月10日支付价款时，财务会计账务处理：
    借：应付账款                                             23 400
        贷：银行存款                                         23 400
    同时，进行预算会计账务处理：
    借：事业支出                                             23 400
        贷：资金结存——货币资金                                23 400
```

三、第三科目　7301 经营支出

（1）本科目核算事业单位在专业业务活动及其辅助活动之外开展非独立核算经营活动实际发生的各项现金流出。

（2）本科目应当按照经营活动类别、项目、《政府收支分类科目》中"支出功能分类科目"的项级科目和"部门预算支出经济分类科目"的款级科目等进行明细核算。对于预付款项，可通过在本科目下设置"待处理"明细科目进行明细核算，待确认具体支出项目后再转入本科目下相关明细科目。年末结账前，应将本科目"待处理"明细科目余额全部转入本科目下相关明细科目。

(3) 经营支出的主要账务处理如下：

①支付经营部门职工薪酬。向职工个人支付薪酬时，按照实际的金额，借记本科目，贷记"资金结存"科目。按照规定代扣代缴个人所得税以及代扣代缴或为职工缴纳职工社会保险费、住房公积金时，按照实际缴纳的金额，借记本科目，贷记"资金结存"科目。

②为经营活动支付外部人员劳务费。按照实际支付给外部人员个人的金额，借记本科目，贷记"资金结存"科目。按照规定代扣代缴个人所得税时，按照实际缴纳的金额，借记本科目，贷记"资金结存"科目。

③开展经营活动过程中为购买存货、固定资产、无形资产等以及在建工程支付相关款项时，按照实际支付的金额，借记本科目，贷记"资金结存"科目。

④开展经营活动过程中发生预付账款时，按照实际支付的金额，借记本科目，贷记"资金结存"科目。对于暂付款项，在支付款项时可不做预算会计处理，待结算或报销时，按照结算或报销的金额，借记本科目，贷记"资金结存"科目。

⑤因开展经营活动缴纳的相关税费以及发生的其他各项支出，按照实际支付的金额，借记本科目，贷记"资金结存"科目。

⑥开展经营活动中因购货退回等发生款项退回，或者发生差错更正的，属于当年支出收回的，按照收回或更正金额，借记"资金结存"科目，贷记本科目。

⑦年末，将本科目本年发生额转入经营结余，借记"经营结余"科目，贷记本科目。

(4) 年末结转后，本科目应无余额。

【例1】 某市旅游委下属事业单位下属非独立核算的附属经营中心12月发生如下经营活动业务。

①计提应发放职工工资费用850 000元。只进行财务会计账务处理：

借：经营费用　　　　　　　　　　　　　　　　　　　　　　　　850 000
　　贷：应付职工薪酬　　　　　　　　　　　　　　　　　　　　　　850 000

②以银行存款实际支付给职工并代扣个人所得税20 000元。财务会计账务处理：

借：应付职工薪酬　　　　　　　　　　　　　　　　　　　　　　830 000
　　贷：银行存款等　　　　　　　　　　　　　　　　　　　　　　830 000

同时，进行预算会计账务处理：

借：经营支出　　　　　　　　　　　　　　　　　　　　　　　　830 000
　　贷：资金结存　　　　　　　　　　　　　　　　　　　　　　　830 000

③实际缴纳税款20 000元。财务会计账务处理：

借：其他应交税费——应交个人所得税　　　　　　　　　　　　　20 000
　　贷：银行存款等　　　　　　　　　　　　　　　　　　　　　　20 000

同时，进行预算会计账务处理：

借：经营支出　　　　　　　　　　　　　　　　　　　　　　　　20 000
　　贷：资金结存　　　　　　　　　　　　　　　　　　　　　　　20 000

④为开展生产经营活动购入一批材料，价款为98 000元，以银行存款支付。财务会计账务处理：

借：库存物品　　　　　　　　　　　　　　　　　　　　　　　　98 000
　　贷：银行存款　　　　　　　　　　　　　　　　　　　　　　　98 000

同时，进行预算会计账务处理：
借：经营支出 98 000
　　贷：资金结存 98 000

⑤因经营需要领用材料一批，价款为66 000元。只进行财务会计账务处理：
借：经营费用 66 000
　　贷：库存物品 66 000

⑥月末，计算缴纳本月应交的城建税及附加为5 600元。只进行财务会计账务处理：
借：经营费用 5 600
　　贷：其他应交税费 5 600

⑦月末，对经营活动用固定资产计提折旧28 000元，摊销无形资产16 000元。只进行财务会计账务处理：
借：经营费用 44 000
　　贷：固定资产累计折旧 28 000
　　　　无形资产累计摊销 16 000

⑧因质量问题，退回今年上月购入并领用的一批原材料，价款为32 000元，目前尚未收到。只进行财务会计账务处理：
借：应收账款 32 000
　　贷：库存物品 32 000

四、第四科目　7401 上缴上级支出

（1）本科目核算事业单位按照财政部门和主管部门的规定上缴上级单位款项发生的现金流出。

（2）本科目应当按照收缴款项单位、缴款项目、《政府收支分类科目》中"支出功能分类科目"的项级科目和"部门预算支出经济分类科目"的款级科目等进行明细核算。

（3）上缴上级支出的主要账务处理如下：
①按照规定将款项上缴上级单位的，按照实际上缴的金额，借记本科目，贷记"资金结存"科目。
②年末，将本科目本年发生额转入其他结余，借记"其他结余"科目，贷记本科目。

（4）年末结转后，本科目应无余额。

【例1】某公立职业学校按照规定定额上缴上级业务主管部门5万元，财务会计账务处理如下：
借：上缴上级费用 50 000
　　贷：银行存款等 50 000

同时，进行预算会计账务处理：
借：上缴上级支出（实际上缴的金额） 50 000
　　贷：资金结存——货币资金 50 000

（5）年末，将本科目本年发生额转入其他结余，借记"其他结余"科目，贷记本科目。年末结转后，上缴上级支出科目应无余额。

五、第五科目 7501 对附属单位补助支出

（1）本科目核算事业单位用财政拨款预算收入之外的收入对附属单位补助发生的现金流出。

（2）本科目应当按照接受补助单位、补助项目、《政府收支分类科目》中"支出功能分类科目"的项级科目和"部门预算支出经济分类科目"的款级科目等进行明细核算。

（3）对附属单位补助支出的主要账务处理如下：

①发生对附属单位补助支出的，按照实际补助的金额，借记本科目，贷记"资金结存"科目。

②年末，将本科目本年发生额转入其他结余，借记"其他结余"科目，贷记本科目。

（4）年末结转后，本科目应无余额。

【例1】某市中心医院对附属的某县医疗机构补助10万元。财务会计账务处理如下：

借：对附属单位补助费用——某县医疗机构　　　　　　　　　100 000
　　贷：银行存款等　　　　　　　　　　　　　　　　　　　　100 000

同时，进行预算会计账务处理：

借：对附属单位补助支出（实际补助的金额）　　　　　　　　100 000
　　贷：资金结存——货币资金　　　　　　　　　　　　　　　100 000

六、第六科目 7601 投资支出

（1）本科目核算事业单位以货币资金对外投资发生的现金流出。

（2）本科目应当按照投资类型、投资对象、《政府收支分类科目》中"支出功能分类科目"的项级科目和"部门预算支出经济分类科目"的款级科目等进行明细核算。

（3）投资支出的主要账务处理如下：

①以货币资金对外投资时，按照投资金额和所支付的相关税费金额的合计数，借记本科目，贷记"资金结存"科目。

②出售、对外转让或到期收回本年度以货币资金取得的对外投资的，如果按规定将投资收益纳入单位预算，按照实际收到的金额，借记"资金结存"科目，按照取得投资时"投资支出"科目的发生额，贷记本科目，按照其差额，贷记或借记"投资预算收益"科目；如果按规定将投资收益上缴财政的，按照取得投资时"投资支出"科目的发生额，借记"资金结存"科目，贷记本科目。

出售、对外转让或到期收回以前年度以货币资金取得的对外投资的，如果按规定将投资收益纳入单位预算，按照实际收到的金额，借记"资金结存"科目，按照取得投资时"投资支出"科目的发生额，贷记"其他结余"科目，按照其差额，贷记或借记"投资预算收益"科目；如果按规定将投资收益上缴财政的，按照取得投资时"投资支出"科目的发生额，借记"资金结存"科目，贷记"其他结余"科目。

③年末，将本科目本年发生额转入其他结余，借记"其他结余"科目，贷记本科目。

（4）年末结转后，本科目应无余额。

【例1】202×年7月1日，某市旅游委下属事业单位以银行存款购入五年期国债100 000元，年利率为3%，按年分期付息，到期还本，付息日为每年7月1日，最后一年偿还本金并付最后一次利息。财会部门根据有关凭证应进行如下账务处理。

①202×年7月1日购入国债时，财务会计账务处理：

借：长期债券投资 100 000
　　贷：银行存款 100 000
同时，进行预算会计财务处理：
借：投资支出 100 000
　　贷：资金结存——货币资金 100 000
②年末结转时，只进行预算会计账务处理：
借：其他结余 100 000
　　贷：投资支出 100 000
③每年计提债券利息时，只进行财务会计账务处理：
借：应收利息 3 000
　　贷：投资收益 3 000
每年7月1日实际收到利息时，财务会计账务处理：
借：银行存款 3 000
　　贷：应收利息 3 000
同时，进行预算会计账务处理：
借：资金结存——货币资金 3 000
　　贷：投资预算收益 3 000

七、第七科目　7701 债务还本支出

（1）本科目核算事业单位偿还自身承担的纳入预算管理的从金融机构举借的债务本金的现金流出。

（2）本科目应当按照贷款单位、贷款种类、《政府收支分类科目》中"支出功能分类科目"的项级科目和"部门预算支出经济分类科目"的款级科目等进行明细核算。

（3）债务还本支出的主要账务处理如下：

①偿还各项短期或长期借款时，按照偿还的借款本金，借记本科目，贷记"资金结存"科目。

【例1】某市旅游委下属事业单位一短期借款到期，归还建设银行贷款本金200万元，利息5万元。

财务会计账务处理：
借：短期借款——本金 2 000 000
　　应付利息 50 000
　　贷：银行存款 2 050 000
同时，进行预算会计账务处理：
借：债务还本支出——银行存款 2 000 000
　　其他支出——利息 50 000
　　贷：资金结存——货币资金 2 050 000

②年末，将本科目本年发生额转入其他结余，借记"其他结余"科目，贷记本科目。

（4）年末结转后，本科目应无余额。

八、第八科目 7901 其他支出

（1）本科目核算单位除行政支出、事业支出、经营支出、上缴上级支出、对附属单位补助支出、投资支出、债务还本支出以外的各项现金流出，包括利息支出、对外捐赠现金支出、现金盘亏损失、接受捐赠（调入）和对外捐赠（调出）非现金资产发生的税费支出、资产置换过程中发生的相关税费支出、罚没支出等。

（2）本科目应当按照其他支出的类别，"财政拨款支出""非财政专项资金支出"和"其他资金支出"，《政府收支分类科目》中"支出功能分类科目"的项级科目和"部门预算支出经济分类科目"的款级科目等进行明细核算。其他支出中如有专项资金支出，还应按照具体项目进行明细核算。

有一般公共预算财政拨款、政府性基金预算财政拨款两种或两种以上财政拨款的事业单位，还应当在"财政拨款支出"明细科目下按照财政拨款的种类进行明细核算。单位发生利息支出、捐赠支出等其他支出金额较大或业务较多的，可单独设置"7902 利息支出""7903 捐赠支出"等科目。

（3）其他支出的主要账务处理如下：

①利息支出。支付银行借款利息时，按照实际支付金额，借记本科目，贷记"资金结存"科目。

②对外捐赠现金资产。对外捐赠现金资产时，按照捐赠金额，借记本科目，贷记"资金结存——货币资金"科目。

③现金盘亏损失。每日现金账款核对中如发现现金短缺，按照短缺的现金金额，借记本科目，贷记"资金结存——货币资金"科目。经核实，属于应当由有关人员赔偿的，按照收到的赔偿金额，借记"资金结存——货币资金"科目，贷记本科目。

④接受捐赠（无偿调入）和对外捐赠（无偿调出）非现金资产发生的税费支出。接受捐赠（无偿调入）非现金资产发生的归属于捐入方（调入方）的相关税费、运输费等，以及对外捐赠（无偿调出）非现金资产发生的归属于捐出方（调出方）的相关税费、运输费等，按照实际支付金额，借记本科目，贷记"资金结存"科目。

⑤资产置换过程中发生的相关税费支出。资产置换过程中发生的相关税费，按照实际支付金额，借记本科目，贷记"资金结存"科目。

⑥其他支出。发生罚没等其他支出时，按照实际支出金额，借记本科目，贷记"资金结存"科目。

⑦年末，将本科目本年发生额中的财政拨款支出转入财政拨款结转，借记"财政拨款结转——本年收支结转"科目，贷记本科目下各财政拨款支出明细科目；将本科目本年发生额中的非财政专项资金支出转入非财政拨款结转，借记"非财政拨款结转——本年收支结转"科目，贷记本科目下各非财政专项资金支出明细科目；将本科目本年发生额中的其他资金支出（非财政非专项资金支出）转入其他结余，借记"其他结余"科目，贷记本科目下各其他资金支出明细科目。

（4）年末结转后，本科目应无余额。

【例1】12 月 6 日，某广播电视事业单位以银行存款支付一笔短期银行借款利息 5 600 元，支出渠道为非专项基金，适用的政府支出功能分类科目为"文化体育与传媒支出——广播影视——广播"。月末计损时，只进行财务会计账务处理：

借：其他费用——利息　　　　　　　　　　　　　5 600

贷：应付利息　　　　　　　　　　　　　　　　　　　　　　　　　5 600
实际支付利息时，财务会计账务处理：
　　借：应付利息　　　　　　　　　　　　　　　　　　　　　　　　　5 600
　　　贷：银行存款　　　　　　　　　　　　　　　　　　　　　　　　5 600
同时，进行预算会计账务处理：
　　借：其他支出　　　　　　　　　　　　　　　　　　　　　　　　　5 600
　　　贷：资金结存——货币资金　　　　　　　　　　　　　　　　　　5 600

【例2】12月8日，某广播电视事业单位对外捐赠一批款项20 000元，以援助受灾地区救灾款项，以银行存款支付，适用的政府支出功能科目为"文化体育与传媒支出——广播影视——电视"，财务会计账务处理：
　　借：其他费用——捐赠　　　　　　　　　　　　　　　　　　　　20 000
　　　贷：银行存款　　　　　　　　　　　　　　　　　　　　　　　20 000
同时，进行预算会计账务处理：
　　借：其他支出　　　　　　　　　　　　　　　　　　　　　　　　20 000
　　　贷：资金结存——货币资金　　　　　　　　　　　　　　　　　20 000

【例3】12月16日，某广播电视事业单位后勤运输部门报销车辆违章罚款费，根据单位规定，车辆违章当事人只可报销罚款总金额的60%，其余40%由个人承担，当月共产生罚款总额1 200元。
财务会计账务处理：
　　借：其他费用——罚没支出　　　　　　　　　　　　　　　　　　　720
　　　贷：库存现金　　　　　　　　　　　　　　　　　　　　　　　　720
同时，进行预算会计账务处理：
　　借：其他支出　　　　　　　　　　　　　　　　　　　　　　　　　720
　　　贷：资金结存　　　　　　　　　　　　　　　　　　　　　　　　720

【例4】12月25日，某广播电视事业单位的后勤管理部门由单位统一承担的物业管理费30 000元，款项由银行存款支付，单位预算中属于基本支出预算，使用的资金性质为非专项事业收入资金，即其他资金。
财务会计账务处理：
　　借：其他费用——物业费　　　　　　　　　　　　　　　　　　　30 000
　　　贷：银行存款　　　　　　　　　　　　　　　　　　　　　　　30 000
同时，进行预算会计账务处理：
　　借：其他支出　　　　　　　　　　　　　　　　　　　　　　　　30 000
　　　贷：资金结存——货币资金　　　　　　　　　　　　　　　　　30 000

【例5】12月30日，某广播电视事业单位按应收款项余额百分比法计提坏账准备，年底经计算应补提坏账准备金5万元。只进行财务会计账务处理：
　　借：其他费用——坏账损失　　　　　　　　　　　　　　　　　　50 000
　　　贷：坏账准备　　　　　　　　　　　　　　　　　　　　　　　50 000

第三节 预算结余类

一、第一科目 8001 资金结存

（一）本科目核算内容

本科目核算单位纳入部门预算管理的资金的流入、流出、调整和滚存等情况。

（二）本科目应当设置的明细科目

（1）"零余额账户用款额度"：本明细科目核算实行国库集中支付的单位根据财政部门批复的用款计划收到和支用的零余额账户用款额度。以国库集中支付以外的其他支付方式取得预算收入时，按照实际收到的金额，借记本科目（货币资金），贷记"财政拨款预算收入""事业预算收入""经营预算收入"等科目。

【例1】202×年3月，某科研所依据经过批准的部门预算和用款计划，向同级财政部门申请财政授权支付用款额度180 000元。4月6日，财政部门经审核后，以财政授权支付方式下达了170 000元用款额度。4月8日，该科研所收到了代理银行转来的"授权支付到账通知书"。该科研所应进行如下账务处理：

借：零余额账户用款额度　　　　　　　　　　　　　　　170 000
　　贷：财政拨款收入　　　　　　　　　　　　　　　　　　　　170 000

同时，进行预算会计账务处理：

借：资金结存——零余额账户用款额度　　　　　　　　　170 000
　　贷：财政拨款预算收入　　　　　　　　　　　　　　　　　　170 000

年末结转后，本明细科目应无余额。

【例2】某县一农村初级中学收到县城财政拨付的农村义务教育经费保障经费50万元，资金通过银行账户收讫。财务会计账务处理：

借：银行存款　　　　　　　　　　　　　　　　　　　　500 000
　　贷：财政拨款收入　　　　　　　　　　　　　　　　　　　　500 000

同时，进行预算会计账务处理：

借：资金结存——货币资金　　　　　　　　　　　　　　500 000
　　贷：财政拨款预算收入　　　　　　　　　　　　　　　　　　500 000

（2）"货币资金"：本明细科目核算单位以库存现金、银行存款、其他货币资金形态存在的资金。本明细科目年末借方余额，反映单位尚未使用的货币资金。

（3）"财政应返还额度"：本明细科目核算实行国库集中支付的单位可以使用的以前年度财政直接支付资金额度和财政应返还的财政授权支付资金额度。本明细科目下可设置"财政直接支付""财政授权支付"两个明细科目进行明细核算。

本明细科目年末借方余额，反映单位应收财政返还的资金额度。

（三）资金结存的主要账务处理

（1）财政授权支付方式下，单位根据代理银行转来的财政授权支付额度到账通知书，按照通知书中的授权支付额度，借记本科目（零余额账户用款额度），贷记"财政拨款预算收入"科目。以国库集中支付以外的其他支付方式取得预算收入时，按照实际收到的金额，借记本科目（货币资金），贷记"财政拨款预算收入""事业预算收入""经营预算收入"等科目。

（2）财政授权支付方式下，发生相关支出时，按照实际支付的金额，借记"行政支出""事业支出"等科目，贷记本科目（零余额账户用款额度）。

从零余额账户提取现金时，借记本科目（货币资金），贷记本科目（零余额账户用款额度）。退回现金时，做相反会计分录。

使用以前年度财政直接支付额度发生支出时，按照实际支付金额，借记"行政支出""事业支出"等科目，贷记本科目（财政应返还额度）。

国库集中支付以外的其他支付方式下，发生相关支出时，按照实际支付的金额，借记"事业支出""经营支出"等科目，贷记本科目（货币资金）。

【例3】某县统计局报销副局长等一行3人南京出差经费共2万元，以授权支付方式付款。

财务会计账务处理：

借：业务活动费用　　　　　　　　　　　　　　　　　　　20 000
　　贷：零余额账户用款额度　　　　　　　　　　　　　　　　20 000

同时，进行预算会计账务处理：

借：行政支出——差旅费　　　　　　　　　　　　　　　　20 000
　　贷：资金结存——零余额账户用款额度　　　　　　　　　　20 000

【例4】3月5日，某市旅游委下属事业单位补发去年年终奖金5万元，用去年未使用完的财政直接支付额度进行支付。

财务会计账务处理：

借：应付职工薪酬　　　　　　　　　　　　　　　　　　　50 000
　　贷：财政应返还额度　　　　　　　　　　　　　　　　　　50 000

同时，进行预算会计账务处理：

借：事业支出　　　　　　　　　　　　　　　　　　　　　50 000
　　贷：资金结存——财政应返还额度　　　　　　　　　　　　50 000

（3）按照规定上缴财政拨款结转结余资金或注销财政拨款结转结余资金额度的，按照实际上缴资金数额或注销的资金额度数额，借记"财政拨款结转——归集上缴"或"财政拨款结余——归集上缴"科目，贷记本科目（财政应返还额度、零余额账户用款额度、货币资金）。

按规定向原资金拨入单位缴回非财政拨款结转资金的，按照实际缴回资金数额，借记"非财政拨款结转——缴回资金"科目，贷记本科目（货币资金）。

收到从其他单位调入的财政拨款结转资金的，按照实际调入资金数额，借记本科目（财政应返还额度、零余额账户用款额度、货币资金），贷记"财政拨款结转——归集调入"科目。

【例5】某公立高校一科研项目历经三年的精心研究，已经圆满完成计划研究任务达成目标，各项开支也已结束，对应的项目经费尚余下3万元未使用完毕。按规定高校需将该结余经费上缴省财政部门。财务会计账务处理如下：

借：累计盈余　　　　　　　　　　　　　　　　　　　　　30 000
　　贷：零余额账户用款额度　　　　　　　　　　　　　　　　30 000

同时，进行预算会计账务处理：
借：财政拨款结转——归集上缴　　　　　　　　　　　　　　　30 000
　　贷：资金结存——零余额账户用款额度　　　　　　　　　　　　30 000

【例6】某高校按合同约定，将市双创投资中心拨入的支持该校毕业生就业创业工作专项经费结余资金2万元原路转回。财务会计账务处理如下：
借：累计盈余　　　　　　　　　　　　　　　　　　　　　　　20 000
　　贷：银行存款　　　　　　　　　　　　　　　　　　　　　　　20 000
同时，进行预算会计账务处理：
借：非财政拨款结转——缴回资金　　　　　　　　　　　　　　20 000
　　贷：资金结存——货币资金　　　　　　　　　　　　　　　　　20 000

（4）按照规定使用专用基金时，按照实际支付金额，借记"专用结余"科目（从非财政拨款结余中提取的专用基金）或"事业支出"等科目（从预算收入中计提的专用基金），贷记本科目（货币资金）。

【例7】10月9日，某市旅游委下属事业单位动用从结余分配中提取的职工福利基金，给单位全体70岁以上退休职工人均发放重阳节节日慰问金200元，共计6 000元。财务会计账务处理如下：
借：专用基金　　　　　　　　　　　　　　　　　　　　　　　6 000
　　贷：银行存款等　　　　　　　　　　　　　　　　　　　　　　6 000
同时，进行预算会计账务处理：
借：专用结余　　　　　　　　　　　　　　　　　　　　　　　6 000
　　贷：资金结存——货币资金　　　　　　　　　　　　　　　　　6 000

（5）因购货退回、发生差错更正等退回国库直接支付、授权支付款项或者收回货币资金的，属于本年度支付的，借记"财政拨款预算收入"科目或本科目（零余额账户用款额度、货币资金），贷记相关支出科目；属于以前年度支付的，借记本科目（财政应返还额度、零余额账户用款额度、货币资金），贷记"财政拨款结转""财政拨款结余""非财政拨款结转""非财政拨款结余"科目。

（6）有企业所得税缴纳义务的事业单位缴纳所得税时，按照实际缴纳金额，借记"非财政拨款结余——累计结余"科目，贷记本科目（货币资金）。

（7）年末，根据本年度财政直接支付预算指标数与当年财政直接支付实际支出数的差额，借记本科目（财政应返还额度），贷记"财政拨款预算收入"科目。

（8）年末，单位依据代理银行提供的对账单作注销额度的相关账务处理，借记本科目（财政应返还额度），贷记本科目（零余额账户用款额度）；本年度财政授权支付预算指标数大于零余额账户用款额度下达数的，根据未下达的用款额度，借记本科目（财政应返还额度），贷记"财政拨款预算收入"科目。

下年初，单位依据代理银行提供的额度恢复到账通知书进行恢复额度的相关账务处理，借记本科目（零余额账户用款额度），贷记本科目（财政应返还额度）。单位收到财政部门批复的上年末未下达零余额账户用款额度的，借记本科目（零余额账户用款额度），贷记本科目（财政应返还额度）。

【例8】12月31日，某市旅游委下属事业单位经与代理银行提供的对账单核对无误后，将150 000元零余额账户用款额度予以注销。另外，本年度财政授权支付预算指标数大于零余额账户用款额度下达数，未下达的用款额度为 200 000 元。202× 年，该单位收到代理银行提供的额度恢复到账通知书及财政部门批复的上年末未下达零余额账户用款额度。该事业单位应进行如下账务处理。

①注销额度：

财务会计账务处理：

借：财政应返还额度——财政授权支付　　　　　　　　　　　　　　150 000
　　贷：零余额账户用款额度　　　　　　　　　　　　　　　　　　　　　　150 000

同时，进行预算会计账务处理：

借：资金结存——财政应返还额度　　　　　　　　　　　　　　　　150 000
　　贷：资金结存——零余额账户用款额度　　　　　　　　　　　　　　　　150 000

②补记指标数：

财务会计账务处理：

借：财政应返还额度——财政授权支付　　　　　　　　　　　　　　200 000
　　贷：财政拨款收入　　　　　　　　　　　　　　　　　　　　　　　　　200 000

同时，进行预算会计账务处理：

借：资金结存——财政应返还额度　　　　　　　　　　　　　　　　200 000
　　贷：财政拨款预算收入　　　　　　　　　　　　　　　　　　　　　　　200 000

③恢复额度：

财务会计账务处理：

借：零余额账户用款额度　　　　　　　　　　　　　　　　　　　　150 000
　　贷：财政应返还额度——财政授权支付　　　　　　　　　　　　　　　　150 000

同时，进行预算会计账务处理：

借：资金结存——零余额账户用款额度　　　　　　　　　　　　　　150 000
　　贷：资金结存——财政应返还额度　　　　　　　　　　　　　　　　　　150 000

④收到财政部门批复的上年末未下达的额度：

财务会计账务处理：

借：零余额账户用款额度　　　　　　　　　　　　　　　　　　　　200 000
　　贷：财政应返还额度——财政授权支付　　　　　　　　　　　　　　　　200 000

同时，进行预算会计账务处理：

借：资金结存——零余额账户用款额度　　　　　　　　　　　　　　200 000
　　贷：资金结存——财政应返还额度　　　　　　　　　　　　　　　　　　200 000

（四）期末余额

本科目年末借方余额，反映单位预算资金的累计滚存情况。

二、第二科目　8101 财政拨款结转

（一）本科目核算内容

本科目核算单位取得的同级财政拨款结转资金的调整、结转和滚存情况。

(二)本科目应当设置的明细科目

1. 与会计差错更正、以前年度支出收回相关的明细科目

"年初余额调整":本明细科目核算因发生会计差错更正、以前年度支出收回等原因,需要调整财政拨款结转的金额。年末结账后,本明细科目应无余额。

2. 与财政拨款调拨业务相关的明细科目

(1)"归集调入":本明细科目核算按照规定从其他单位调入财政拨款结转资金时,实际调增的额度数额或调入的资金数额。年末结账后,本明细科目应无余额。

(2)"归集调出":本明细科目核算按照规定向其他单位调出财政拨款结转资金时,实际调减的额度数额或调出的资金数额。年末结账后,本明细科目应无余额。

(3)"归集上缴":本明细科目核算按照规定上缴财政拨款结转资金时,实际核销的额度数额或上缴的资金数额。年末结账后,本明细科目应无余额。

(4)"单位内部调剂":本明细科目核算经财政部门批准对财政拨款结余资金改变用途,调整用于本单位其他未完成项目等的调整金额。年末结账后,本明细科目应无余额。

3. 与年末财政拨款结转业务相关的明细科目

(1)"本年收支结转":本明细科目核算单位本年度财政拨款收支相抵后的余额。年末结账后,本明细科目应无余额。

(2)"累计结转":本明细科目核算单位滚存的财政拨款结转资金。本明细科目年末贷方余额,反映单位财政拨款滚存的结转资金数额。

本科目还应当设置"基本支出结转""项目支出结转"两个明细科目,并在"基本支出结转"明细科目下按照"人员经费""日常公用经费"进行明细核算,在"项目支出结转"明细科目下按照具体项目进行明细核算;同时,本科目还应按照《政府收支分类科目》中"支出功能分类科目"的相关科目进行明细核算。

有一般公共预算财政拨款、政府性基金预算财政拨款两种或两种以上财政拨款的,还应当在本科目下按照财政拨款的种类进行明细核算。

(三)财政拨款结转的主要账务处理

1. 与会计差错更正、以前年度支出收回相关的账务处理

(1)因发生会计差错更正退回以前年度国库直接支付、授权支付款项或财政性货币资金,或者因发生会计差错更正增加以前年度国库直接支付、授权支付支出或财政性货币资金支出,属于以前年度财政拨款结转资金的,借记或贷记"资金结存——财政应返还额度、零余额账户用款额度、货币资金"科目,贷记或借记本科目(年初余额调整)。

(2)因购货退回、预付款项收回等发生以前年度支出又收回国库直接支付、授权支付款项或收回财政性货币资金,属于以前年度财政拨款结转资金的,借记"资金结存——财政应返还额度、零余额账户用款额度、货币资金"科目,贷记本科目(年初余额调整)。

【例1】1月25日,某市旅游委发现去年一笔支付给某公司的货款业务处理有错误。该笔货款实际金额为5 000元,财务误列行政支出——财政拨款50 000元,并以财政直接支付方式付款50 000元。现将货物予以追回并进行财务更正。财务会计账务处理如下:

借:财政应返还额度　　　　　　　　　　　　　　　　　　　　　　45 000
　　贷:以前年度盈余调整　　　　　　　　　　　　　　　　　　　　45 000

同时,进行预算会计账务处理:

借：资金结存——财政应返还额度 45 000
　　贷：财政拨款结转——年初余额调整 45 000

【例2】某公立高校为采购一批办公设备已于去年12月预付给供应商5万元，支付方式为授权支付，并列为事业支出——财政拨款。2月10日，供应商以货源不足无法及时提供为由将预付款全部退回，该高校进行如下预算会计账务处理：

借：零余额账户用款额度 50 000
　　贷：以前年度盈余调整 50 000

同时，进行预算会计账务处理：

借：资金结存——零余额账户用款额度 50 000
　　贷：财政拨款结转——年初余额调整 50 000

2. 与财政拨款结转结余资金调整业务相关的账务处理

（1）按照规定从其他单位调入财政拨款结转资金的，按照实际调增的额度数额或调入的资金数额，借记"资金结存——财政应返还额度、零余额账户用款额度、货币资金"科目，贷记本科目（归集调入）。

【例3】某市旅游委收到一笔财政授权支付额度6万元，为本级财政从其他单位调入给本单位的财政拨款结转资金。财务会计账务处理如下：

借：零余额账户用款额度 60 000
　　贷：累计盈余 60 000

同时，进行预算会计账务处理：

借：资金结存——零余额账户用款额度 60 000
　　贷：财政拨款结转——归集调入 60 000

（2）按照规定向其他单位调出财政拨款结转资金的，按照实际调减的额度数额或调出的资金数额，借记本科目（归集调出），贷记"资金结存——财政应返还额度、零余额账户用款额度、货币资金"科目。

【例4】承例3，对应的调出单位则应编制如下分录：

借：累计盈余 60 000
　　贷：零余额账户用款额度 60 000

同时，进行预算会计账务处理：

借：财政拨款结转——归集调入 60 000
　　贷：资金结存——零余额账户用款额度 60 000

（3）按照规定上缴财政拨款结转资金或注销财政拨款结转资金额度的，按照实际上缴资金数额或注销的资金额度数额，借记本科目（归集上缴），贷记"资金结存——财政应返还额度、零余额账户用款额度、货币资金"科目。

【例5】某县税务局根据规定将一笔财政拨款结转资金10 000元上缴给县财政局，资金的支付方式为财政直接支付。财务会计账务处理如下：

借：累计盈余 10 000
　　贷：财政应返还额度 10 000

同时，进行预算会计账务处理：

借：财政拨款结转——归集上缴 10 000
　　贷：资金结存——财政应返还额度 10 000

（4）经财政部门批准对财政拨款结余资金改变用途，调整用于本单位基本支出或其他未完成项目支出的，按照批准调剂的金额，借记"财政拨款结余——单位内部调剂"科目，贷记本科目（单位内部调剂）。

3. 与年末财政拨款结转和结余业务相关的账务处理

（1）年末，将财政拨款预算收入本年发生额转入本科目，借记"财政拨款预算收入"科目，贷记本科目（本年收支结转）；将各项支出中财政拨款支出本年发生额转入本科目，借记本科目（本年收支结转），贷记各项支出（财政拨款支出）科目。

【例6】202×年12月31日，财政部门拨付某市旅游委下属事业单位基本支出补助4 000 000元、项目补助1 000 000元，"事业支出"科目下"财政拨款支出（基本支出）""财政拨款支出（项目支出）"明细科目的当期发生额分别为4 000 000元和8 000 000元。年末该事业单位将本月财政拨款收入和支出结转，应进行如下账务处理（只进行预算会计账务处理）：

①结转财政拨款收入：

借：财政拨款收入——基本支出　　　　　　　　　　　　　　4 000 000
　　　　　　　　——项目支出　　　　　　　　　　　　　　1 000 000
　　贷：财政拨款结转——本年收支结转——基本支出结转　　4 000 000
　　　　　　　　　　——————项目支出结转　　1 000 000

②结转财政拨款支出：

借：财政拨款结转——本年收支结转——基本支出结转　　　　4 000 000
　　　　　　　　　　——————项目支出结转　　　800 000
　　贷：事业支出——财政拨款支出（基本支出）　　　　　　4 000 000
　　　　　　——财政拨款支出（项目支出）　　　　　　　800 000

（2）年末冲销有关明细科目余额。将本科目（本年收支结转、年初余额调整、归集调入、归集调出、归集上缴、单位内部调剂）余额转入本科目（累计结转）。结转后，本科目除"累计结转"明细科目外，其他明细科目应无余额。

【例7】某市旅游委下属事业单位进行年终结账，其中财政拨款结转各明细账余额情况：年初余额调整贷方90 000元，本年收支结转贷方200 000元，单位内部调剂贷方150 000元，归集上缴借方10 000元，归集调出解放50 000元（只进行预算会计账务处理）。

借：财政拨款结转——年初余额调整　　　　　　　　　　　　　90 000
　　　　　　　　——本年收支结转　　　　　　　　　　　　200 000
　　　　　　　　——单位内部调剂　　　　　　　　　　　　150 000
　　贷：财政拨款结转——累计结转　　　　　　　　　　　　440 000

借：财政拨款结转——累计结转　　　　　　　　　　　　　　　60 000
　　贷：财政拨款结转——归集上缴　　　　　　　　　　　　 10 000
　　　　　　　　　　——归集调出　　　　　　　　　　　　 50 000

（3）年末完成上述结转后，应当对财政拨款结转各明细项目执行情况进行分析，按照有关规定将符合财政拨款结余性质的项目余额转入财政拨款结余，借记本科目（累计结转）。贷记"财政拨款结余——结转转入"科目。

（四）期末余额

本科目年末贷方余额，反映单位滚存的财政拨款结转资金数。

三、第三科目　8102 财政拨款结余

（一）本科目核算内容

本科目核算单位取得的同级财政拨款项目支出结余资金的调整、结转和滚存情况。

（二）本科目应当设置的明细科目

1. 与会计差错更正、以前年度支出收回相关的明细科目

"年初余额调整"：本明细科目核算因发生会计差错更正、以前年度支出收回等原因，需要调整财政拨款结余的金额。年末结账后，本明细科目应无余额。

2. 与财政拨款结余资金调整业务相关的明细科目

（1）"归集上缴"：本明细科目核算按照规定上缴财政拨款结余资金时，实际核销的额度数额或上缴的资金数额。年末结账后，本明细科目应无余额。

（2）"单位内部调剂"：本明细科目核算经财政部门批准对财政拨款结余资金改变用途，调整用于本单位其他未完成项目等的调整金额。年末结账后，本明细科目应无余额。

3. 与年末财政拨款结余业务相关的明细科目

（1）"结转转入"：本明细科目核算单位按照规定转入财政拨款结余的财政拨款结转资金。年末结账后，本明细科目应无余额。

（2）"累计结余"：本明细科目核算单位滚存的财政拨款结余资金。本明细科目年末贷方余额，反映单位财政拨款滚存的结余资金数。本科目还应当按照具体项目、《政府收支分类科目》中"支出功能分类科目"的相关科目等进行明细核算。

有一般公共预算财政拨款、政府性基金预算财政拨款两种或两种以上财政拨款的，还应当在本科目下按照财政拨款的种类进行明细核算。

（三）财政拨款结余的主要账务处理

1. 与会计差错更正、以前年度支出收回相关的账务处理

（1）因发生会计差错更正退回以前年度国库直接支付、授权支付款项或财政性货币资金，或者因发生会计差错更正增加以前年度国库直接支付、授权支付支出或财政性货币资金支出，属于以前年度财政拨款结余资金的，借记或贷记"资金结存——财政应返还额度、零余额账户用款额度、货币资金"科目，贷记或借记本科目（年初余额调整）。

（2）因购货退回、预付款项收回等发生以前年度支出又收回国库直接支付、授权支付款项或收回财政性货币资金，属于以前年度财政拨款结余资金的，借记"资金结存——财政应返还额度、零余额账户用款额度、货币资金"科目，贷记本科目（年初余额调整）。

2. 与财政拨款结余资金调整业务相关的账务处理

（1）经财政部门批准对财政拨款结余资金改变用途，调整用于本单位基本支出或其他未完成项目支出的，按照批准调剂的金额，借记本科目（单位内部调剂），贷记"财政拨款结转——单位内部调剂"科目。

（2）按照规定上缴财政拨款结余资金或注销财政拨款结余资金额度的，按照实际上缴资金数额或注销的资金额度数额，借记本科目（归集上缴），贷记"资金结存——财政应返还额度、零余额账户用款额度、货币资金"科目。

3. 与年末财政拨款结转和结余业务相关的账务处理

(1) 年末,对财政拨款结转各明细项目执行情况进行分析,按照有关规定将符合财政拨款结余性质的项目余额转入财政拨款结余,借记"财政拨款结转——累计结转"科目,贷记本科目(结转转入)。

(2) 年末冲销有关明细科目余额。将本科目(年初余额调整、归集上缴、单位内部调剂、结转转入)余额转入本科目(累计结余)。结转后,本科目除"累计结余"明细科目外,其他明细科目应无余额。

(四)期末余额

本科目年末贷方余额,反映单位滚存的财政拨款结余资金数。

【例1】年末,某市旅游委下属事业单位完成财政拨款收支结转后,对财政拨款各明细项目进行分析,按照有关规定将某项目结余资金45 000元转入财政拨款结余,该单位只需进行预算会计账务处理。

借:财政拨款结转——累计结转——项目支出结转　　　　　　　　　45 000
　　贷:财政拨款结余——结转转入　　　　　　　　　　　　　　　　45 000

四、第四科目　8201 非财政拨款结转

(一)本科目核算内容

本科目核算单位除财政拨款收支、经营收支以外各非同级财政拨款专项资金的调整、结转和滚存情况。

(二)本科目应当设置的明细科目

(1) "年初余额调整":本明细科目核算因发生会计差错更正、以前年度支出收回等原因,需要调整非财政拨款结转的资金。年末结账后,本明细科目应无余额。

(2) "缴回资金":本明细科目核算按照规定缴回非财政拨款结转资金时,实际缴回的资金数额。年末结账后,本明细科目应无余额。

(3) "项目间接费用或管理费":本明细科目核算单位取得的科研项目预算收入中,按照规定计提项目间接费用或管理费的数额。年末结账后,本明细科目应无余额。

(4) "本年收支结转":本明细科目核算单位本年度非同级财政拨款专项收支相抵后的余额。年末结账后,本明细科目应无余额。

(5) "累计结转":本明细科目核算单位滚存的非同级财政拨款专项结转资金。本明细科目年末贷方余额,反映单位非同级财政拨款滚存的专项结转资金数额。

本科目还应当按照具体项目、《政府收支分类科目》中"支出功能分类科目"的相关科目等进行明细核算。

(三)非财政拨款结转的主要账务处理

(1) 按照规定从科研项目预算收入中提取项目管理费或间接费时,按照提取金额,借记本科目(项目间接费用或管理费),贷记"非财政拨款结余——项目间接费用或管理费"科目。

【例1】某公立高校根据学校规定,从刚到账的某教授负责的某科研项目预算收入中按5%的比例提取项目管理费,金额5 000元。

财务会计账务处理如下:

借:单位管理费用　　　　　　　　　　　　　　　　　　　　　　　5 000
　　贷:预提费用——项目间接费用或管理费　　　　　　　　　　　 5 000
借:非财政拨款结转——项目间接费用或管理费　　　　　　　　　　5 000
　　贷:非财政拨款结余——项目间接费用或管理费　　　　　　　　5 000

(2)因会计差错更正收到或支出非同级财政拨款货币资金,属于非财政拨款结转资金的,按照收到或支出的金额,借记或贷记"资金结存——货币资金"科目,贷记或借记本科目(年初余额调整)。因收回以前年度支出等收到非同级财政拨款货币资金,属于非财政拨款结转资金的,按照收到的金额,借记"资金结存——货币资金"科目,贷记本科目(年初余额调整)。

【例2】2月25日,某市旅游委发现去年12月2日一笔支付给某公司的货款账务处理有错误。该笔货款实际金额为5 000元,财务误列行政支出——非财政拨款50 000元,并以银行存款支付50 000元。现将货款予以追回并进行账务更正。财务会计账务处理:

借:银行存款等　　　　　　　　　　　　　　　　　　　　　　　 45 000
　　贷:以前年度盈余调整　　　　　　　　　　　　　　　　　　　45 000

同时,进行预算会计账务处理:

借:资金结存——货币资金　　　　　　　　　　　　　　　　　　 45 000
　　贷:非财政拨款结余——年初余额调整　　　　　　　　　　　　45 000

(3)按照规定缴回非财政拨款结转资金的,按照实际缴回资金数额,借记本科目(缴回资金),贷记"资金结存——货币资金"科目。

【例3】某高校按合同约定,将市双创投资中心拨入的支持该校毕业生就业创业工作专项经费结余资金2万元原路转回。财务会计账务处理如下:

借:累计盈余　　　　　　　　　　　　　　　　　　　　　　　　 20 000
　　贷:银行存款　　　　　　　　　　　　　　　　　　　　　　　20 000

同时,进行预算会计账务处理:

借:非财政拨款结转——缴回资金　　　　　　　　　　　　　　　 20 000
　　贷:资金结存——货币资金　　　　　　　　　　　　　　　　　20 000

(4)年末,将事业预算收入、上级补助预算收入、附属单位上缴预算收入、非同级财政拨款预算收入、债务预算收入、其他预算收入本年发生额中的专项资金收入转入本科目,借记"事业预算收入""上级补助预算收入""附属单位上缴预算收入""非同级财政拨款预算收入""债务预算收入""其他预算收入"科目下各专项资金收入明细科目,贷记本科目(本年收支结转);将行政支出、事业支出、其他支出本年发生额中的非财政拨款专项资金支出转入本科目,借记本科目(本年收支结转),贷记"行政支出""事业支出""其他支出"科目下各非财政拨款专项资金支出明细科目。

【例4】年终结账时,某部属院校账上涉及非财政拨款专项资金的各收入明细账余额情况:事业预算收入——A专项资金100万元,上级补助预算收入——B专项资金90万元,附属单位上缴预算收入——C专项资金80万元,非同级财政拨款预算收入——D专项资金70万元,债务预算收入——E专项资金60万元。涉及非财政拨款专项资金的各项支出明细账余额情况:事业支出——专项资金260万元,其他支出——专项资金50万元(只进行预算会计账务处理)。

借：事业预算收入——A专项资金	1 000 000
上级补助预算收入——B专项资金	900 000
附属单位上缴预算收入——C专项资金	800 000
非同级财政拨款预算收入——D专项资金	700 000
债务预算收入——E专项资金	600 000
贷：非财政拨款结转—本年收支结转	4 000 000

同时：

借：非财政拨款结转——本年收支结转	3 100 000
贷：事业支出——专项资金	2 600 000
其他支出——专项资金	500 000

（5）年末冲销有关明细科目余额。将本科目（年初余额调整、项目间接费用或管理费、缴回资金、本年收支结转）余额转入本科目（累计结转）。结转后，本科目除"累计结转"明细科目外，其他明细科目应无余额。

（6）年末完成上述结转后，应当对非财政拨款专项结转资金各项目情况进行分析，将留归本单位使用的非财政拨款专项（项目已完成）剩余资金转入非财政拨款结余，借记本科目（累计结转），贷记"非财政拨款结余——结转转入"科目。

【例5】202×年1月，某市旅游委下属事业单位启动一项科研项目。当年收到上级主管部门拨付的非财政专项资金5 000 000元，为该项目发生事业支出4 800 000元。202×年12月，项目结项，经上级主管部门批准，该项目的结余资金留归事业单位使用。该事业单位应进行如下账务处理：

①收到上级主管部门拨付款项时，财务会计账务处理：

借：银行存款	5 000 000
贷：上级补助收入	5 000 000

同时，进行预算会计账务处理：

借：资金结存——货币资金	5 000 000
贷：上级补助预算收入	5 000 000

②发生业务活动费用（事业支出）时，财务会计账务处理：

借：业务活动费用	4 800 000
贷：银行存款	4 800 000

同时，进行预算会计账务处理：

借：事业支出	4 800 000
贷：资金结存——货币资金	4 800 000

③年末结转上级补助预算收入中该科研专项资金收入（以下只进行预算会计账务处理）：

借：上级补助预算收入	5 000 000
贷：非财政拨款结转——本年收支结转	5 000 000

④年末结转事业支出中该科研专项支出：

借：非财政拨款结转——本年收支结转	4 800 000
贷：事业支出——非财政专项资金支出	4 800 000

⑤经批准确定结余资金留归本单位使用时：

借：非财政拨款结转——累计结转	200 000

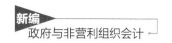

　　　　贷：非财政拨款结余——结转转入　　　　　　　　　　　　　　　200 000

（四）期末余额

本科目年末贷方余额，反映单位滚存的非同级财政拨款专项结转资金数额。

五、第五科目　8202 非财政拨款结余

（一）本科目核算内容

本科目核算单位历年滚存的非限定用途的非同级财政拨款结余资金，主要为非财政拨款结余扣除结余分配后滚存的金额。

（二）本科目应当设置的明细科目

（1）"年初余额调整"：本明细科目核算因发生会计差错更正、以前年度支出收回等原因，需要调整非财政拨款结余的资金。年末结账后，本明细科目应无余额。

（2）"项目间接费用或管理费"：本明细科目核算单位取得的科研项目预算收入中，按照规定计提的项目间接费用或管理费数额。年末结账后，本明细科目应无余额。

（3）"结转转入"：本明细科目核算按照规定留归单位使用，由单位统筹调配，纳入单位非财政拨款结余的非同级财政拨款专项剩余资金。年末结账后，本明细科目应无余额。

（4）"累计结余"：本明细科目核算单位历年滚存的非同级财政拨款、非专项结余资金。本明细科目年末贷方余额，反映单位非同级财政拨款滚存的非专项结余资金数额。

本科目还应当按照《政府收支分类科目》中"支出功能分类科目"的相关科目进行明细核算。

（三）非财政拨款结余的主要账务处理

（1）按照规定从科研项目预算收入中提取项目管理费或间接费时，借记"非财政拨款结转——项目间接费用或管理费"科目，贷记本科目（项目间接费用或管理费）。

【例1】某省农科院根据单位规定，从刚到账的某研究员负责的Y科研项目预算收入中按3%的比例提取间接费，金额30 000元。财务会计账务处理如下：

　　借：单位管理费用　　　　　　　　　　　　　　　　　　　　　30 000
　　　　贷：预提费用——项目间接费用　　　　　　　　　　　　　　　30 000
　　同时，进行预算会计账务处理：
　　借：非财政拨款结转——项目间接费用　　　　　　　　　　　　　30 000
　　　　贷：非财政拨款结余——项目间接费用　　　　　　　　　　　　30 000

（2）有企业所得税缴纳义务的事业单位实际缴纳企业所得税时，按照缴纳金额，借记本科目（累计结余），贷记"资金结存——货币资金"科目。

【例2】6月12日，某文化事业单位依法缴纳上月企业所得税200 000元，以银行存款支付。财务会计账务处理：

　　借：其他应交税费——单位应交所得税　　　　　　　　　　　　200 000
　　　　贷：银行存款等　　　　　　　　　　　　　　　　　　　　　200 000
　　同时，进行预算会计账务处理：

借：非财政拨款结余——累计结余　　　　　　　　　　　　200 000
　　贷：资金结存——货币资金　　　　　　　　　　　　　　　　200 000

（3）因会计差错更正收到或支出非同级财政拨款货币资金，属于非财政拨款结余资金的，按照收到或支出的金额，借记或贷记"资金结存——货币资金"科目，贷记或借记本科目（年初余额调整）。

因收回以前年度支出等收到非同级财政拨款货币资金，属于非财政拨款结余资金的，按照收到的金额，借记"资金结存——货币资金"科目，贷记本科目（年初余额调整）。

（4）年末，将留归本单位使用的非财政拨款专项（项目已完成）剩余资金转入本科目，借记"非财政拨款结转——累计结转"科目，贷记本科目（结转转入）。

【例3】某市旅游委下属事业单位年初获得一笔非财政拨款专项资金50万元，经过3个多月的建设，该项目已经成功完成并达到预期目标。经清理账上尚余下3.5万元，该项目建设已无其他必要支出。拨款单位决定将专项资金剩余部分留给事业单位自主使用（只进行预算会计账务处理）。

借：非财政拨款结转——累计结转　　　　　　　　　　　　35 000
　　贷：非财政拨款结余——结转转入　　　　　　　　　　　　　35 000

（5）年末冲销有关明细科目余额。将本科目（年初余额调整、项目间接费用或管理费、结转转入）余额结转入本科目（累计结余）。结转后，本科目除"累计结余"明细科目外，其他明细科目应无余额。

（6）年末，事业单位将"非财政拨款结余分配"科目余额转入非财政拨款结余。"非财政拨款结余分配"科目为借方余额的，借记本科目（累计结余），贷记"非财政拨款结余分配"科目；"非财政拨款结余分配"科目为贷方余额的，借记"非财政拨款结余分配"科目，贷记本科目（累计结余）。

年末，市旅游委将"其他结余"科目余额转入非财政拨款结余。

"其他结余"科目为借方余额的，借记本科目（累计结余），贷记"其他结余"科目；"其他结余"科目为贷方余额的，借记"其他结余"科目，贷记本科目（累计结余）。

（四）期末余额

本科目年末贷方余额，反映单位非同级财政拨款结余资金的累计滚存数额。

六、第六科目　8301 专用结余

（一）本科目核算内容

本科目核算事业单位按照规定从非财政拨款结余中提取的具有专门用途的资金的变动和滚存情况。

（二）本科目应当按照专用结余的类别进行明细核算

（三）专用结余的主要账务处理

（1）根据有关规定从本年度非财政拨款结余或经营结余中提取基金的，按照提取金额，借记"非财政拨款结余分配"科目,贷记本科目。

【例1】某市旅游委下属事业单位从非财政拨款结余中提取5万元补充到职工福利金中。财务会计账务处理如下:

借:本年盈余分配　　　　　　　　　　　　　　　　　50 000
　　贷:专用基金　　　　　　　　　　　　　　　　　　　　　50 000

同时,进行预算会计账务处理:

借:非财政拨款结余分配　　　　　　　　　　　　　　50 000
　　贷:专用结余——职工福利基金　　　　　　　　　　　　50 000

(2)根据规定使用从非财政拨款结余或经营结余中提取的专用基金时,按照使用金额,借记本科目,贷记"资金结存——货币资金"科目。

【例2】某市旅游委下属事业单位动用从结余分配中提取的房屋修购基金向某建筑公司支付单位房屋屋顶防漏维修费,金额16万元。财务会计账务处理如下:

借:专用基金　　　　　　　　　　　　　　　　　　160 000
　　贷:银行存款等　　　　　　　　　　　　　　　　　　　160 000

同时,进行预算会计账务处理:

借:专用结余　　　　　　　　　　　　　　　　　　160 000
　　贷:资金结存——货币资金　　　　　　　　　　　　　160 000

(四)期末余额

本科目年末贷方余额,反映事业单位从非同级财政拨款结余中提取的专用基金的累计滚存数额。

七、第七科目　8401 经营结余

(1)本科目核算事业单位本年度经营活动收支相抵后余额弥补以前年度经营亏损后的余额。

(2)本科目可以按照经营活动类别进行明细核算。

(3)经营结余的主要账务处理:

①年末,将经营预算收入本年发生额转入本科目,借记"经营预算收入"科目,贷记本科目;将经营支出本年发生额转入本科目,借记本科目,贷记"经营支出"科目。

【例1】某市林业局财务部门显示,其下属唯一非独立核算经营中心全年实现经营收入30万元,累计发生经营支出10万元,年终予以结转(只进行预算会计账务处理)。

借:经营预算收入　　　　　　　　　　　　　　　　300 000
　　贷:经营结余　　　　　　　　　　　　　　　　　　　　300 000
借:经营结余　　　　　　　　　　　　　　　　　　100 000
　　贷:经营支出　　　　　　　　　　　　　　　　　　　　100 000

②年末,完成上述结转后,如本科目为贷方余额,将本科目贷方余额转入"非财政拨款结余分配"科目,借记本科目,贷记"非财政拨款结余分配"科目;如本科目为借方余额,为经营亏损,不予结转。

【例2】承例1,年末,该林业局结转经营结余(只进行预算会计账务处理)。

借:经营结余　　　　　　　　　　　　　　　　　　200 000

　　　　贷：非财政拨款结余分配　　　　　　　　　　　　　　　　　　　　　　200 000

【例3】 202×年12月，某市旅游委下属事业单位对其收支科目进行分析，事业预算收入和上级补助预算收入本年发生额中的非专项资金收入分别为1 000 000元、200 000元，事业支出和其他支出本年发生额中的非财政、非专项资金支出分别为800 000元、100 000元，对附属单位补助支出本年发生额为200 000元。经营预算收入本年发生额为94 000元，经营支出本年发生额为64 000元。年末，该事业单位只进行如下预算会计账务处理。

①结转本年非财政、非专项资金预算收入：
　　借：事业预算收入　　　　　　　　　　　　　　　　　　　　　　　　1 000 000
　　　　上级补助预算收入　　　　　　　　　　　　　　　　　　　　　　　200 000
　　　　　贷：其他结余　　　　　　　　　　　　　　　　　　　　　　　1 200 000

②结转本年非财政、非专项资金支出：
　　借：其他结余　　　　　　　　　　　　　　　　　　　　　　　　　　1 100 000
　　　　　贷：事业支出——其他资金支出　　　　　　　　　　　　　　　　800 000
　　　　　　　其他支出　　　　　　　　　　　　　　　　　　　　　　　　100 000
　　　　　　　对附属单位补助支出　　　　　　　　　　　　　　　　　　　200 000

③结转本年经营预算收入：
　　借：经营预算收入　　　　　　　　　　　　　　　　　　　　　　　　　94 000
　　　　　贷：经营结余　　　　　　　　　　　　　　　　　　　　　　　　 94 000

④结转本年经营支出：
　　借：经营结余　　　　　　　　　　　　　　　　　　　　　　　　　　　64 000
　　　　　贷：经营支出　　　　　　　　　　　　　　　　　　　　　　　　 64 000

（4）年末结账后，本科目一般无余额；如为借方余额，反映事业单位累计发生的经营亏损。

八、第八科目　8501 其他结余

（一）本科目核算内容

本科目核算单位本年度除财政拨款收支、非同级财政专项资金收支和经营收支以外各项收支相抵后的余额。

（二）其他结余的主要账务处理

（1）年末，将事业预算收入、上级补助预算收入、附属单位上缴预算收入、非同级财政拨款预算收入、债务预算收入、其他预算收入本年发生额中的非专项资金收入以及投资预算收益本年发生额转入本科目，借记"事业预算收入""上级补助预算收入""附属单位上缴预算收入""非同级财政拨款预算收入""债务预算收入""其他预算收入"科目下各非专项资金收入明细科目和"投资预算收益"科目，贷记本科目（"投资预算收益"科目本年发生额为借方净额时，借记本科目，贷记"投资预算收益"科目）；将行政支出、事业支出、其他支出本年发生额中的非同级财政、非专项资金支出，以及上缴上级支出、对附属单位补助支出、投资支出、债务还本支出本年发生额转入本科目，借记本科目，贷记"行政支出""事业支出""其他支出"科目下各非同级财政、非专项资金支出明细科目和"上缴上级支出""对附属单位补助支出""投资支出""债务还本支出"科目。

(2)年末,完成上述结转后,市旅游委将本科目余额转入"非财政拨款结余——累计结余"科目;事业单位将本科目余额转入"非财政拨款结余分配"科目。当本科目为贷方余额时,借记本科目,贷记"非财政拨款结余——累计结余"或"非财政拨款结余分配"科目;当本科目为借方余额时,借记"非财政拨款结余——累计结余"或"非财政拨款结余分配"科目,贷记本科目。

(三)年末结账后,本科目应无余额

【例1】202×年年终结账时,某市旅游委下属事业单位当年经营结余的贷方余额为30 000元,其他结余的贷方余额为40 000元。该事业单位按照有关规定提取职工福利基金10 000元。该事业单位应进行如下账务处理。

①结转其他结余时,只进行预算会计账务处理:
借:其他结余　　　　　　　　　　　　　　　　　　　　40 000
　　贷:非财政拨款结余分配　　　　　　　　　　　　　　　　40 000
②结转经营结余时,只进行预算会计账务处理:
借:经营结余　　　　　　　　　　　　　　　　　　　　30 000
　　贷:非财政拨款结余分配　　　　　　　　　　　　　　　　30 000
③提取专用基金,平行记账:
财务会计账务处理:
借:本年盈余分配　　　　　　　　　　　　　　　　　　10 000
　　贷:专用基金——职工福利基金　　　　　　　　　　　　　10 000
同时,进行预算会计账务处理:
借:非财政拨款结余分配　　　　　　　　　　　　　　　10 000
　　贷:专用结余——职工福利基金　　　　　　　　　　　　　10 000
④将"非财政拨款结余分配"的余额转入非财政拨款结余时,只进行预算会计财务处理:
借:非财政拨款结余分配　　　　　　　　　　　　　　　60 000
　　贷:非财政拨款结余　　　　　　　　　　　　　　　　　　60 000

九、第九科目 8701 非财政拨款结余分配

(一)本科目核算内容

本科目核算事业单位本年度非财政拨款结余分配的情况和结果。

(二)非财政拨款结余分配的主要账务处理

(1)年末,将"其他结余"科目余额转入本科目,当"其他结余"科目为贷方余额时,借记"其他结余"科目,贷记本科目;当"其他结余"科目为借方余额时,借记本科目,贷记"其他结余"科目。年末,将"经营结余"科目贷方余额转入本科目,借记"经营结余"科目,贷记本科目。

(2)根据有关规定提取专用基金的,按照提取的金额,借记本科目,贷记"专用结余"科目。

(3)年末,按照规定完成上述(1)至(2)处理后,将本科目余额转入非财政拨款结余。当本科目为借方余额时,借记"非财政拨款结余——累计结余"科目,贷记本科目;当本科目为贷方余额时,借记本科目,贷记"非财政拨款结余——累计结余"科目。

（三）年末结账后，本科目应无余额

【例1】年末，某市旅游委下属事业单位有关科目余额情况为：其他结余贷方3万元，经营结余贷方10万元，从非财政拨款结余中提取职工福利基金2.6万元，未分配结余进行年终转账。

借：其他结余	30 000	
经营结余	100 000	
贷：非财政拨款结余分配		130 000

从非财政拨款结余中提取职工福利基金时，平行记账：

借：本年盈余分配	26 000	
贷：专用基金		26 000

同时，进行预算会计账务处理：

借：非财政拨款结余分配	26 000	
贷：专用结余——职工福利基金		26 000
借：非财政拨款结余分配	104 000	
贷：非财政拨结余——累计结余		104 000

思考题

1. 简述事业预算收入科目的核算内容。
2. 行政支出包括哪些内容，如何进行会计处理？
3. 简述资金结余所设置的明细科目及其具体核算内容。
4. 行政单位资产管理的目标是什么？
5. 简述其他预算收入科目包含的类别、年末结算处理方式。

【在线测试题】

扫描书背面的二维码，获取答题权限。

第九章 政府会计报表

政府会计变化后，行政与事业单位应当按照下列规定编制财务报表和预算会计报表：

（1）财务报表的编制主要以权责发生制为基础，以单位财务会计核算生成的数据为准；预算会计报表的编制主要以收付实现制为基础，以单位预算会计核算生成的数据为准。

（2）财务报表由会计报表及其附注构成。会计报表一般包括资产负债表、收入费用表和净资产变动表。单位可根据实际情况自行选择编制现金流量表。

（3）预算会计报表至少包括预算收入支出表、预算结转结余变动表和财政拨款预算收入支出表。

（4）单位应当至少按照年度编制财务报表和预算会计报表。

（5）单位应当根据本制度规定编制真实、完整的财务报表和预算会计报表，不得违反本制度规定随意改变财务报表和预算会计报表的编制基础、编制依据、编制原则和方法，不得随意改变本制度规定的财务报表和预算会计报表有关数据的会计口径。

（6）财务报表和预算会计报表应当根据登记完整、核对无误的账簿记录和其他有关资料编制，做到数字真实、计算准确、内容完整、编报及时。

（7）财务报表和预算会计报表应当由单位负责人和主管会计工作单位开展会计信息化工作，应当符合财政部制定的相关会计信息化工作规范和标准，确保利用现代信息技术手段开展会计核算及生成的会计信息符合政府会计准则和本制度的规定。

第一节 政府会计报表格式

政府会计报表分为财务会计报表和预算会计报表两大类。财务会计报表有资产负债表、收入费用表、净资产变动表、现金流量表以及附注；预算会计报表有预算收入支出表、预算结转结余变动表以及财政拨款预算收入支出表等。表9-1对所有报表进行列示。表9-2至表9-8是各种报表的具体格式。

表9-1 报表列表

编　号	报表名称	编制期
财务会计报表		
会政财01表	资产负债表	月度、年度
会政财02表	收入费用表	月度、年度
会政财03表	净资产变动表	年度

续表

编　号	报表名称	编　制　期
会政财 04 表	现金流量表	年度
	附注	年度
预算会计报表		
会政预 01 表	预算收入支出表	年度
会政预 02 表	预算结转结余变动表	年度
会政预 03 表	财政拨款预算收入支出表	年度

表 9-2　资产负债表

编制单位：_____　　　　　　　___年___月___日　　　　　　　单位：元

资　产	期末余额	年初余额	负债和净资产	期末余额	年初余额
流动资产：			流动负债：		
货币资金			短期借款		
短期投资			应交增值税		
财政应返还额度			其他应交税费		
应收票据			应缴财政款		
应收账款净额			应付职工薪酬		
预付账款			应付票据		
应收股利			应付账款		
应收利息			应付政府补贴款		
其他应收款净额			应付利息		
存货			预收账款		
待摊费用			其他应付款		
一年内到期的非流动资产			预提费用		
其他流动资产			一年内到期的非流动负债		
流动资产合计			其他流动负债		
非流动资产：			流动负债合计		
长期股权投资			非流动负债：		
长期债券投资			长期借款		
固定资产原值			长期应付款		
减：固定资产累计折旧			预计负债		
固定资产净值			其他非流动负债		
工程物资			非流动负债合计		
在建工程			受托代理负债		
无形资产原值			负债合计		

续表

资　产	期末余额	年初余额	负债和净资产	期末余额	年初余额
减：无形资产累计摊销					
无形资产净值					
研发支出					
公共基础设施原值					
减：公共基础设施累计折旧（摊销）					
公共基础设施净值					
政府储备物资					
文物文化资产					
保障性住房原值					
减：保障性住房累计折旧			净资产：		
保障性住房净值			累计盈余		
长期待摊费用			专用基金		
待处理财产损溢			权益法调整		
其他非流动资产			无偿调拨净资产*		—
非流动资产合计			本期盈余*		—
受托代理资产			净资产合计		
资产总计			**负债和净资产总计**		

注："*"标识项目为月报项目，年报中不需列示。

表 9-3　收入费用表

编制单位：_____　　　　　___年___月___日　　　　　单位：元

项　目	本月数	本年累计数
一、本期收入		
（一）财政拨款收入		
其中：政府性基金收入		
（二）事业收入		
（三）上级补助收入		
（四）附属单位上缴收入		
（五）经营收入		
（六）非同级财政拨款收入		
（七）投资收益		
（八）捐赠收入		

续表

项　　目	本　月　数	本年累计数
（九）利息收入		
（十）租金收入		
（十一）其他收入		
二、本期费用		
（一）业务活动费用		
（二）单位管理费用		
（三）经营费用		
（四）资产处置费用		
（五）上缴上级费用		
（六）对附属单位补助费用		
（七）所得税费用		
（八）其他费用		
三、本期盈余		

表 9-4　净资产变动表

编制单位：_____　　　　　　　　　　____年　　　　　　　　　　单位：元

项　　目	本　年　数				上　年　数			
	累计盈余	专用基金	权益法调整	净资产合计	累计盈余	专用基金	权益法调整	净资产合计
一、上年年末余额								
二、以前年度盈余调整（减少以"-"号填列）		—	—			—	—	
三、本年年初余额								
四、本年变动金额（减少以"-"号填列）								
（一）本年盈余		—	—			—	—	
（二）无偿调拨净资产		—	—			—	—	
（三）归集调整预算结转结余		—	—			—	—	
（四）提取或设置专用基金								
其中：从预算收入中提取	—		—		—		—	
从预算结余中提取								
设置的专用基金	—				—			
（五）使用专用基金	—		—		—		—	
（六）权益法调整	—	—			—	—		
五、本年年末余额								

注："—"标识单元格不需填列。

表 9-5 现金流量表

编制单位：_____　　　　　　　　____年　　　　　　　　单位：元

项　　目	本年金额	上年金额
一、日常活动产生的现金流量：		
财政基本支出拨款收到的现金		
财政非资本性项目拨款收到的现金		
事业活动收到的除财政拨款以外的现金		
收到的其他与日常活动有关的现金		
日常活动的现金流入小计		
购买商品、接受劳务支付的现金		
支付给职工以及为职工支付的现金		
支付的各项税费		
支付的其他与日常活动有关的现金		
日常活动的现金流出小计		
日常活动产生的现金流量净额		
二、投资活动产生的现金流量：		
收回投资收到的现金		
取得投资收益收到的现金		
处置固定资产、无形资产、公共基础设施等收回的现金净额		
收到的其他与投资活动有关的现金		
投资活动的现金流入小计		
购建固定资产、无形资产、公共基础设施等支付的现金		
对外投资支付的现金		
上缴处置固定资产、无形资产、公共基础设施等净收入支付的现金		
支付的其他与投资活动有关的现金		
投资活动的现金流出小计		
投资活动产生的现金流量净额		
三、筹资活动产生的现金流量：		
财政资本性项目拨款收到的现金		
取得借款收到的现金		
收到的其他与筹资活动有关的现金		
筹资活动的现金流入小计		
偿还借款支付的现金		
偿还利息支付的现金		
支付的其他与筹资活动有关的现金		

续表

项目	本年金额	上年金额
筹资活动的现金流出小计		
筹资活动产生的现金流量净额		
四、汇率变动对现金的影响额		
五、现金净增加额		

表9-6 预算收入支出表

编制单位：_____　　　　　　　　　___年　　　　　　　　　单位：元

项目	本年数	上年数
一、本年预算收入		
（一）财政拨款预算收入		
其中：政府性基金收入		
（二）事业预算收入		
（三）上级补助预算收入		
（四）附属单位上缴预算收入		
（五）经营预算收入		
（六）债务预算收入		
（七）非同级财政拨款预算收入		
（八）投资预算收益		
（九）其他预算收入		
其中：利息预算收入		
捐赠预算收入		
租金预算收入		
二、本年预算支出		
（一）行政支出		
（二）事业支出		
（三）经营支出		
（四）上缴上级支出		
（五）对附属单位补助支出		
（六）投资支出		
（七）债务还本支出		
（八）其他支出		
其中：利息支出		
捐赠支出		
三、本年预算收支差额		

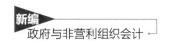

表 9-7　预算结转结余变动表

编制单位：_____　　　　　　　　__年　　　　　　　　单位：元

项　　目	本 年 数	上 年 数
一、年初预算结转结余		
（一）财政拨款结转结余		
（二）其他资金结转结余		
二、年初余额调整（减少以"－"号填列）		
（一）财政拨款结转结余		
（二）其他资金结转结余		
三、本年变动金额（减少以"－"号填列）		
（一）财政拨款结转结余		
1. 本年收支差额		
2. 归集调入		
3. 归集上缴或调出		
（二）其他资金结转结余		
1. 本年收支差额		
2. 缴回资金		
3. 使用专用结余		
4. 支付所得税		
四、年末预算结转结余		
（一）财政拨款结转结余		
1. 财政拨款结转		
2. 财政拨款结余		
（二）其他资金结转结余		
1. 非财政拨款结转		
2. 非财政拨款结余		
3. 专用结余		
4. 经营结余（如有余额，以"－"号填列）		

表 9-8　财政拨款预算收入支出表

编制单位：_____　　_____年　　　　　　　　　　　　　　　　　　　　　　　　单位：元

项目	年初财政拨款结转结余		调整年初财政拨款结转结余	本年归集调入	本年归集上缴或调出	单位内部调剂		本年财政拨款收入	本年财政拨款支出	年末财政拨款结转结余	
	结转	结余				结转	结余			结转	结余
一、一般公共预算财政拨款											
（一）基本支出											
1.人员经费											
2.日常公用经费											
（二）项目支出											
1.××项目											
2.××项目											
……											
二、政府性基金预算财政拨款											
（一）基本支出											
1.人员经费											
2.日常公用经费											
（二）项目支出											
1.××项目											
2.××项目											
……											
总计											

第二节 报表编制方法

一、资产负债表编制说明

(1) 本表反映单位在某一特定日期全部资产、负债和净资产的情况。

(2) 本表"年初余额"栏内各项数字,应当根据上年年末资产负债表"期末余额"栏内数字填列。如果本年度资产负债表规定的项目的名称和内容同上年度不一致,应当对上年年末资产负债表项目的名称和数字按照本年度的规定进行调整,将调整后数字填入本表"年初余额"栏内。如果本年度单位发生了因前期差错更正、会计政策变更等调整以前年度盈余的事项,还应当对"年初余额"栏中的有关项目金额进行相应调整。

(3) 本表中"资产总计"项目期末(年初)余额应当与"负债和净资产总计"项目期末(年初)余额相等。

本表"期末余额"栏各项目的内容和填列方法如下:

1. 资产类项目

(1)"货币资金"项目,反映单位期末库存现金、银行存款、零余额账户用款额度、其他货币资金的合计数。本项目应当根据"库存现金""银行存款""零余额账户用款额度""其他货币资金"科目的期末余额的合计数填列;若单位存在通过"库存现金""银行存款"科目核算的受托代理资产还应当按照前述合计数扣减"库存现金""银行存款"科目下"受托代理资产"明细科目的期末余额后的金额填列。

(2)"短期投资"项目,反映事业单位期末持有的短期投资账面余额。本项目应当根据"短期投资"科目的期末余额填列。

(3)"财政应返还额度"项目,反映单位期末财政应返还额度的金额。本项目应当根据"财政应返还额度"科目的期末余额填列。

(4)"应收票据"项目,反映事业单位期末持有的应收票据的票面金额。本项目应当根据"应收票据"科目的期末余额填列。

(5)"应收账款净额"项目,反映单位期末尚未收回的应收账款减去已计提的坏账准备后的净额。本项目应当根据"应收账款"科目的期末余额,减去"坏账准备"科目中对应收账款计提的坏账准备的期末余额后的金额填列。

(6)"预付账款"项目,反映单位期末预付给商品或者劳务供应单位的款项。本项目应当根据"预付账款"科目的期末余额填列。

(7)"应收股利"项目,反映事业单位期末因股权投资而应收取的现金股利或应当分得的利润。本项目应当根据"应收股利"科目的期末余额填列。

(8)"应收利息"项目,反映事业单位期末因债券投资等而应收取的利息。事业单位购入的到期一次还本付息的长期债券投资持有期间应收的利息,不包括在本项目内。本项目应当根据"应收利息"科目的期末余额填列。

(9)"其他应收款净额"项目,反映单位期末尚未收回的其他应收款减去已计提的坏账准备后的净额。本项目应当根据"其他应收款"科目的期末余额减去"坏账准备"科目中对其他应收款计提的坏账准备的期末余额后的金额填列。

（10）"存货"项目，反映单位期末存储的存货的实际成本。本项目应当根据"在途物品""库存物品""加工物品"科目的期末余额的合计数填列。

（11）"待摊费用"项目，反映单位期末已经支出，但应当由本期和以后各期负担的分摊期在1年以内（含1年）的各项费用。本项目应当根据"待摊费用"科目的期末余额填列。

（12）"一年内到期的非流动资产"项目，反映单位期末非流动资产项目中将在1年内（含1年）到期的金额，如事业单位将在1年内（含1年）到期的长期债券投资金额。本项目应当根据"长期债券投资"等科目的明细科目的期末余额分析填列。

（13）"其他流动资产"项目，反映单位期末除本表中上述各项之外的其他流动资产的合计金额。本项目应当根据有关科目期末余额的合计数填列。

（14）"流动资产合计"项目，反映单位期末流动资产的合计数。本项目应当根据本表中"货币资金""短期投资""财政应返还额度""应收票据""应收账款净额""预付账款""应收股利""应收利息""其他应收款净额""存货""待摊费用""一年内到期的非流动资产""其他流动资产"项目金额的合计数填列。

（15）"长期股权投资"项目，反映事业单位期末持有的长期股权投资的账面余额。本项目应当根据"长期股权投资"科目的期末余额填列。

（16）"长期债券投资"项目，反映事业单位期末持有的长期债券投资的账面余额。本项目应当根据"长期债券投资"科目的期末余额减去其中将于1年内（含1年）到期的长期债券投资余额后的金额填列。

（17）"固定资产原值"项目，反映单位期末固定资产的原值。本项目应当根据"固定资产"科目的期末余额填列。"固定资产累计折旧"项目，反映单位期末固定资产已计提的累计折旧金额，本项目应当根据"固定资产累计折旧"科目的期末余额填列。"固定资产净值"项目，反映单位期末固定资产的账面价值，本项目应当根据"固定资产"科目期末余额减去"固定资产累计折旧"科目期末余额后的金额填列。

（18）"工程物资"项目，反映单位期末为在建工程准备的各种物资的实际成本。本项目应当根据"工程物资"科目的期末余额填列。

（19）"在建工程"项目，反映单位期末所有的建设项目工程的实际成本。本项目应当根据"在建工程"科目的期末余额填列。

（20）"无形资产原值"项目，反映单位期末无形资产的原值。本项目应当根据"无形资产"科目的期末余额填列。"无形资产累计摊销"项目，反映单位期末无形资产已计提的累计摊销金额，本项目应当根据"无形资产累计摊销"科目的期末余额填列。"无形资产净值"项目，反映单位期末无形资产的账面价值，本项目应当根据"无形资产"科目期末余额减去"无形资产累计摊销"科目期末余额后的金额填列。

（21）"研发支出"项目，反映单位期末正在进行的无形资产开发项目开发阶段发生的累计支出数。本项目应当根据"研发支出"科目的期末余额填列。

（22）"公共基础设施原值"项目，反映单位期末控制的公共基础设施的原值。本项目应当根据"公共基础设施"科目的期末余额填列。"公共基础设施累计折旧（摊销）"项目，反映单位期末控制的公共基础设施已计提的累计折旧和累计摊销金额，本项目应当根据"公共基础设施累计折旧（摊销）"科目的期末余额填列。"公共基础设施净值"项目，反映单位期末控制的公共基础设施的账面价值，本项目应当根据"公共基础设施"科目期末余额减去"公共基础设施累计折旧（摊销）"科目期末余额后的金额填列。

（23）"政府储备物资"项目，反映单位期末控制的政府储备物资的实际成本。本项目应当根据"政府储备物资"科目的期末余额填列。

（24）"文物文化资产"项目，反映单位期末控制的文物文化资产的成本。本项目应当根据"文物文化资产"科目的期末余额填列。

（25）"保障性住房原值"项目，反映单位期末控制的保障性住房的原值。本项目应当根据"保障性住房"科目的期末余额填列。"保障性住房累计折旧"项目，反映单位期末控制的保障性住房已计提的累计折旧金额，本项目应当根据"保障性住房累计折旧"科目的期末余额填列。"保障性住房净值"项目，反映单位期末控制的保障性住房的账面价值，本项目应当根据"保障性住房"科目期末余额减去"保障性住房累计折旧"科目期末余额后的金额填列。

（26）"长期待摊费用"项目，反映单位期末已经支出，但应由本期和以后各期负担的分摊期限在1年以上（不含1年）的各项费用。本项目应当根据"长期待摊费用"科目的期末余额填列。

（27）"待处理财产损溢"项目，反映单位期末尚未处理完毕的各种资产的净损失或净溢余。本项目应当根据"待处理财产损溢"科目的期末借方余额填列，如"待处理财产损溢"科目期末为贷方余额，以"—"号填列。

（28）"其他非流动资产"项目，反映单位期末除本表中上述各项之外的其他非流动资产的合计数。本项目应当根据有关科目的期末余额合计数填列。

（29）"非流动资产合计"项目，反映单位期末非流动资产的合计数。本项目应当根据本表中"长期股权投资""长期债券投资""固定资产净值""工程物资""在建工程""无形资产净值""研发支出""公共基础设施净值""政府储备物资""文物文化资产""保障性住房净值""长期待摊费用""待处理财产损溢""其他非流动资产"项目金额的合计数填列。

（30）"受托代理资产"项目，反映单位期末受托代理资产的价值。本项目应当根据"受托代理资产"科目的期末余额与"库存现金""银行存款"科目下"受托代理资产"明细科目的期末余额的合计数填列。

（31）"资产总计"项目，反映单位期末资产的合计数。本项目应当根据本表中"流动资产合计""非流动资产合计""受托代理资产"项目金额的合计数填列。

2. 负债类项目

（1）"短期借款"项目，反映事业单位期末短期借款的余额。本项目应当根据"短期借款"科目的期末余额填列。

（2）"应交增值税"项目，反映单位期末应缴未缴的增值税税额。本项目应当根据"应交增值税"科目的期末余额填列，如"应交增值税"科目期末为借方余额，以"—"号填列。

（3）"其他应交税费"项目，反映单位期末应缴未缴的除增值税以外的税费金额。本项目应当根据"其他应交税费"科目的期末余额填列，如"其他应交税费"科目期末为借方余额，以"—"号填列。

（4）"应缴财政款"项目，反映单位期末应当上缴财政但尚未缴纳的款项。本项目应当根据"应缴财政款"科目的期末余额填列。

（5）"应付职工薪酬"项目，反映单位期末按有关规定应付给职工及为职工支付的各种薪酬。本项目应当根据"应付职工薪酬"科目的期末余额填列。

（6）"应付票据"项目，反映事业单位期末应付票据的金额。本项目应当根据"应付票据"

科目的期末余额填列。

（7）"应付账款"项目，反映单位期末应当支付但尚未支付的偿还期限在 1 年以内（含 1 年）的应付账款的金额。本项目应当根据"应付账款"科目的期末余额填列。

（8）"应付政府补贴款"项目，反映负责发放政府补贴的行政单位期末按照规定应当支付给政府补贴接受者的各种政府补贴款余额。本项目应当根据"应付政府补贴款"科目的期末余额填列。

（9）"应付利息"项目，反映事业单位期末按照合同约定应支付的借款利息。事业单位到期一次还本付息的长期借款利息不包括在本项目内。本项目应当根据"应付利息"科目的期末余额填列。

（10）"预收账款"项目，反映事业单位期末预先收取但尚未确认收入和实际结算的款项余额。本项目应当根据"预收账款"科目的期末余额填列。

（11）"其他应付款"项目，反映单位期末其他各项偿还期限在 1 年内（含 1 年）的应付及暂收款项余额。本项目应当根据"其他应付款"科目的期末余额填列。

（12）"预提费用"项目，反映单位期末已预先提取的已经发生但尚未支付的各项费用。本项目应当根据"预提费用"科目的期末余额填列。

（13）"一年内到期的非流动负债"项目，反映单位期末将于 1 年内（含 1 年）偿还的非流动负债的余额。本项目应当根据"长期应付款""长期借款"等科目的明细科目的期末余额分析填列。

（14）"其他流动负债"项目，反映单位期末除本表中上述各项之外的其他流动负债的合计数。本项目应当根据有关科目的期末余额的合计数填列。

（15）"流动负债合计"项目，反映单位期末流动负债合计数。本项目应当根据本表"短期借款""应交增值税""其他应交税费""应缴财政款""应付职工薪酬""应付票据""应付账款""应付政府补贴款""应付利息""预收账款""其他应付款""预提费用""一年内到期的非流动负债""其他流动负债"项目金额的合计数填列。

（16）"长期借款"项目，反映事业单位期末长期借款的余额。本项目应当根据"长期借款"科目的期末余额减去其中将于 1 年内（含 1 年）到期的长期借款余额后的金额填列。

（17）"长期应付款"项目，反映单位期末长期应付款的余额。本项目应当根据"长期应付款"科目的期末余额减去其中将于 1 年内（含 1 年）到期的长期应付款余额后的金额填列。

（18）"预计负债"项目，反映单位期末已确认但尚未偿付的预计负债的余额。本项目应当根据"预计负债"科目的期末余额填列。

（19）"其他非流动负债"项目，反映单位期末除本表中上述各项之外的其他非流动负债的合计数。本项目应当根据有关科目的期末余额合计数填列。

（20）"非流动负债合计"项目，反映单位期末非流动负债合计数。本项目应当根据本表中"长期借款""长期应付款""预计负债""其他非流动负债"项目金额的合计数填列。

（21）"受托代理负债"项目，反映单位期末受托代理负债的金额。本项目应当根据"受托代理负债"科目的期末余额填列。

（22）"负债合计"项目，反映单位期末负债的合计数。本项目应当根据本表中"流动负债合计""非流动负债合计""受托代理负债"项目金额的合计数填列。

3. 净资产类项目

（1）"累计盈余"项目，反映单位期末未分配盈余（或未弥补亏损）以及无偿调拨净资产变动的累计数。本项目应当根据"累计盈余"科目的期末余额填列。

（2）"专用基金"项目，反映事业单位期末累计提取或设置但尚未使用的专用基金余额。本项目应当根据"专用基金"科目的期末余额填列。

（3）"权益法调整"项目，反映事业单位期末在被投资单位除净损益和利润分配以外的所有者权益变动中累积享有的份额。本项目应当根据"权益法调整"科目的期末余额填列，如"权益法调整"科目期末为借方余额，以"—"号填列。

（4）"无偿调拨净资产"项目，反映单位本年度截至报告期期末无偿调入的非现金资产价值扣减无偿调出的非现金资产价值后的净值。本项目仅在月度报表中列示，年度报表中不列示。月度报表中本项目应当根据"无偿调拨净资产"科目的期末余额填列；"无偿调拨净资产"科目期末为借方余额时，以"—"号填列。

（5）"本期盈余"项目，反映单位本年度截至报告期期末实现的累计盈余或亏损。本项目仅在月度报表中列示，年度报表中不列示。月度报表中本项目应当根据"本期盈余"科目的期末余额填列，"本期盈余"科目期末为借方余额时，以"—"号填列。

（6）"净资产合计"项目，反映单位期末净资产合计数。本项目应当根据本表中"累计盈余""专用基金""权益法调整""无偿调拨净资产"（月度报表）、"本期盈余"（月度报表）项目金额的合计数填列。

（7）"负债和净资产总计"项目，应当按照本表中"负债合计""净资产合计"项目金额的合计数填列。

二、收入费用表编制说明

（1）本表反映单位在某一会计期间内发生的收入、费用及当期盈余情况。

（2）本表"本月数"栏反映各项目的本月实际发生数。编制年度收入费用表时，应当将本栏改为"本年数"，反映本年度各项目的实际发生数。

本表"本年累计数"栏反映各项目自年初至报告期期末的累计实际发生数。编制年度收入费用表时，应当将本栏改为"上年数"，反映上年度各项目的实际发生数，"上年数"栏应当根据上年年度收入费用表中"本年数"栏内所列数字填列。

如果本年度收入费用表规定的项目的名称和内容同上年度不一致，应当对上年度收入费用表项目的名称和数字按照本年度的规定进行调整，将调整后的金额填入本年度收入费用表的"上年数"栏内。

如果本年度单位发生了因前期差错更正、会计政策变更等调整以前年度盈余的事项，还应当对年度收入费用表中"上年数"栏中的有关项目金额进行相应调整。

本表"本月数"栏各项目的内容和填列方法如下：

1. 本期收入

（1）"本期收入"项目，反映单位本期收入总额。本项目应当根据本表中"财政拨款收入""事业收入""上级补助收入""附属单位上缴收入""经营收入""非同级财政拨款收入""投资收益""捐赠收入""利息收入""租金收入""其他收入"项目金额的合计数填列。

（2）"财政拨款收入"项目，反映单位本期从同级政府财政部门取得的各类财政拨款。本项目应当根据"财政拨款收入"科目的本期发生额填列。"政府性基金收入"项目，反映单位本期取得的财政拨款收入中属于政府性基金预算拨款的金额，本项目应当根据"财政拨款收入"

相关明细科目的本期发生额填列。

（3）"事业收入"项目，反映事业单位本期开展专业业务活动及其辅助活动实现的收入。本项目应当根据"事业收入"科目的本期发生额填列。

（4）"上级补助收入"项目，反映事业单位本期从主管部门和上级单位收到或应收的非财政拨款收入。本项目应当根据"上级补助收入"科目的本期发生额填列。

（5）"附属单位上缴收入"项目，反映事业单位本期收到或应收的独立核算的附属单位按照有关规定上缴的收入。本项目应当根据"附属单位上缴收入"科目的本期发生额填列。

（6）"经营收入"项目，反映事业单位本期在专业业务活动及其辅助活动之外开展非独立核算经营活动实现的收入。本项目应当根据"经营收入"科目的本期发生额填列。

（7）"非同级财政拨款收入"项目，反映单位本期从非同级政府财政部门取得的财政拨款，不包括事业单位因开展科研及其辅助活动从非同级财政部门取得的经费拨款。本项目应当根据"非同级财政拨款收入"科目的本期发生额填列。

（8）"投资收益"项目，反映事业单位本期股权投资和债券投资所实现的收益或发生的损失。本项目应当根据"投资收益"科目的本期发生额填列，如为投资净损失，以"—"号填列。

（9）"捐赠收入"项目，反映单位本期接受捐赠取得的收入。本项目应当根据"捐赠收入"科目的本期发生额填列。

（10）"利息收入"项目，反映单位本期取得的银行存款利息收入。本项目应当根据"利息收入"科目的本期发生额填列。

（11）"租金收入"项目，反映单位本期经批准利用国有资产出租取得并按规定纳入本单位预算管理的租金收入。本项目应当根据"租金收入"科目的本期发生额填列。

（12）"其他收入"项目，反映单位本期取得的除以上收入项目外的其他收入的总额。本项目应当根据"其他收入"科目的本期发生额填列。

2. 本期费用

（1）"本期费用"项目，反映单位本期费用总额。本项目应当根据本表中"业务活动费用""单位管理费用""经营费用""资产处置费用""上缴上级费用""对附属单位补助费用""所得税费用"和"其他费用"项目金额的合计数填列。

（2）"业务活动费用"项目，反映单位本期为实现其职能目标，依法履职或开展专业业务活动及其辅助活动所发生的各项费用。本项目应当根据"业务活动费用"科目本期发生额填列。

（3）"单位管理费用"项目，反映事业单位本期本级行政及后勤管理部门开展管理活动发生的各项费用，以及由单位统一负担的离退休人员经费、工会经费、诉讼费、中介费等。本项目应当根据"单位管理费用"科目的本期发生额填列。

（4）"经营费用"项目，反映事业单位本期在专业业务活动及其辅助活动之外开展非独立核算经营活动发生的各项费用。本项目应当根据"经营费用"科目的本期发生额填列。

（5）"资产处置费用"项目，反映单位本期经批准处置资产时转销的资产价值以及在处置过程中发生的相关费用或者处置收入小于处置费用形成的净支出。本项目应当根据"资产处置费用"科目的本期发生额填列。

（6）"上缴上级费用"项目，反映事业单位按照规定上缴上级单位款项发生的费用。本项目应当根据"上缴上级费用"科目的本期发生额填列。

（7）"对附属单位补助费用"项目，反映事业单位用财政拨款收入之外的收入对附属单位补助发生的费用。本项目应当根据"对附属单位补助费用"科目的本期发生额填列。

(8)"所得税费用"项目,反映有企业所得税缴纳义务的事业单位本期计算应交纳的企业所得税。本项目应当根据"所得税费用"科目的本期发生额填列。

(9)"其他费用"项目,反映单位本期发生的除以上费用项目外的其他费用的总额。本项目应当根据"其他费用"科目的本期发生额填列。

3. 本期盈余

"本期盈余"项目,反映单位本期收入扣除本期费用后的净额。本项目应当根据本表中"本期收入"项目金额减去"本期费用"项目金额后的金额填列;如为负数,以"—"号填列。

三、净资产变动表编制说明

本表反映单位在某一会计年度内净资产项目的变动情况。

本表"本年数"栏反映本年度各项目的实际变动数。本表"上年数"栏反映上年度各项目的实际变动数,应当根据上年度净资产变动表中"本年数"栏内所列数字填列。如果上年度净资产变动表规定的项目的名称和内容与本年度不一致,应对上年度净资产变动表项目的名称和数字按照本年度的规定进行调整,将调整后金额填入本年度净资产变动表"上年数"栏内。

本表"本年数"栏各项目的内容和填列方法如下:

(1)"上年年末余额"行,反映单位净资产各项目上年年末的余额。本行各项目应当根据"累计盈余""专用基金""权益法调整"科目上年年末余额填列。

(2)"以前年度盈余调整"行,反映单位本年度调整以前年度盈余的事项对累计盈余进行调整的金额。本行"累计盈余"项目应当根据本年度"以前年度盈余调整"科目转入"累计盈余"科目的金额填列;如调整减少累计盈余,以"—"号填列。

(3)"本年年初余额"行,反映经过以前年度盈余调整后,单位净资产各项目的本年年初余额。本行"累计盈余""专用基金""权益法调整"项目应当根据其各自在"上年年末余额"和"以前年度盈余调整"行对应项目金额的合计数填列。

(4)"本年变动金额"行,反映单位净资产各项目本年变动总金额。本行"累计盈余""专用基金""权益法调整"项目应当根据其各自在"本年盈余""无偿调拨净资产""归集调整预算结转结余""提取或设置专用基金""使用专用基金""权益法调整"行对应项目金额的合计数填列。

(5)"本年盈余"行,反映单位本年发生的收入、费用对净资产的影响。本行"累计盈余"项目应当根据年末由"本期盈余"科目转入"本年盈余分配"科目的金额填列;如转入时借记"本年盈余分配"科目,则以"—"号填列。

(6)"无偿调拨净资产"行,反映单位本年无偿调入、调出非现金资产事项对净资产的影响。本行"累计盈余"项目应当根据年末由"无偿调拨净资产"科目转入"累计盈余"科目的金额填列;如转入时借记"累计盈余"科目,则以"—"号填列。

(7)"归集调整预算结转结余"行,反映单位本年财政拨款结转结余资金归集调入、归集上缴或调出,以及非财政拨款结转资金缴回对净资产的影响。本行"累计盈余"项目应当根据"累计盈余"科目明细账记录分析填列;如归集调整减少预算结转结余,则以"—"号填列。

(8)"提取或设置专用基金"行,反映单位本年提取或设置专用基金对净资产的影响。本行"累计盈余"项目应当根据"从预算结余中提取"行"累计盈余"项目的金额填列。本行"专用基金"项目应当根据"从预算收入中提取""从预算结余中提取""设置的专用基金"行"专用基金"项目金额的合计数填列。

"从预算收入中提取"行，反映单位本年从预算收入中提取专用基金对净资产的影响。本行"专用基金"项目应当通过对"专用基金"科目明细账记录的分析，根据本年按有关规定从预算收入中提取基金的金额填列。

"从预算结余中提取"行，反映单位本年根据有关规定从本年度非财政拨款结余或经营结余中提取专用基金对净资产的影响。本行"累计盈余""专用基金"项目应当通过对"专用基金"科目明细账记录的分析，根据本年按有关规定从本年度非财政拨款结余或经营结余中提取专用基金的金额填列；本行"累计盈余"项目以"一"号填列。

"设置的专用基金"行，反映单位本年根据有关规定设置的其他专用基金对净资产的影响。本行"专用基金"项目应当通过对"专用基金"科目明细账记录的分析，根据本年按有关规定设置的其他专用基金的金额填列。

（9）"使用专用基金"行，反映单位本年按规定使用专用基金对净资产的影响。本行"累计盈余""专用基金"项目应当通过对"专用基金"科目明细账记录的分析，根据本年按规定使用专用基金的金额填列；本行"专用基金"项目以"一"号填列。

（10）"权益法调整"行，反映单位本年按照被投资单位除净损益和利润分配以外的所有者权益变动份额而调整长期股权投资账面余额对净资产的影响。本行"权益法调整"项目应当根据"权益法调整"科目本年发生额填列；若本年净发生额为借方时，以"一"号填列。

（11）"本年年末余额"行，反映单位本年各净资产项目的年末余额。本行"累计盈余""专用基金""权益法调整"项目应当根据其各自在"本年年初余额""本年变动金额"行对应项目金额的合计数填列。

（12）本表各行"净资产合计"项目，应当根据所在行"累计盈余""专用基金""权益法调整"项目金额的合计数填列。

四、现金流量表编制说明

第一，本表反映单位在某一会计年度内现金流入和流出的信息。

第二，本表所指的现金，是指单位的库存现金以及其他可以随时用于支付的款项，包括库存现金、可以随时用于支付的银行存款、其他货币资金、零余额账户用款额度、财政应返还额度，以及通过财政直接支付方式支付的款项。

第三，现金流量表应当按照日常活动、投资活动、筹资活动的现金流量分别反映。本表所指的现金流量，是指现金的流入和流出。

第四，本表"本年金额"栏反映各项目的本年实际发生数。本表"上年金额"栏反映各项目的上年实际发生数，应当根据上年现金流量表中"本年金额"栏内所列数字填列。

第五，单位应当采用直接法编制现金流量表。

本表"本年金额"栏各项目的填列方法如下：

（一）日常活动产生的现金流量

（1）"财政基本支出拨款收到的现金"项目，反映单位本年接受财政基本支出拨款取得的现金。本项目应当根据"零余额账户用款额度""财政拨款收入""银行存款"等科目及其所属明细科目的记录分析填列。

（2）"财政非资本性项目拨款收到的现金"项目，反映单位本年接受除用于购建固定资产、无形资产、公共基础设施等资本性项目以外的财政项目拨款取得的现金。本项目应当根据"银行存款""零余额账户用款额度""财政拨款收入"等科目及其所属明细科目的记录分析填列。

（3）"事业活动收到的除财政拨款以外的现金"项目，反映事业单位本年开展专业业务活动及其辅助活动取得的除财政拨款以外的现金。本项目应当根据"库存现金""银行存款""其他货币资金""应收账款""应收票据""预收账款""事业收入"等科目及其所属明细科目的记录分析填列。

（4）"收到的其他与日常活动有关的现金"项目，反映单位本年收到的除以上项目之外的与日常活动有关的现金。本项目应当根据"库存现金""银行存款""其他货币资金""上级补助收入""附属单位上缴收入""经营收入""非同级财政拨款收入""捐赠收入""利息收入""租金收入""其他收入"等科目及其所属明细科目的记录分析填列。

（5）"日常活动的现金流入小计"项目，反映单位本年日常活动产生的现金流入的合计数。本项目应当根据本表中"财政基本支出拨款收到的现金""财政非资本性项目拨款收到的现金""事业活动收到的除财政拨款以外的现金""收到的其他与日常活动有关的现金"项目金额的合计数填列。

（6）"购买商品、接受劳务支付的现金"项目，反映单位本年在日常活动中用于购买商品、接受劳务支付的现金。本项目应当根据"库存现金""银行存款""财政拨款收入""零余额账户用款额度""预付账款""在途物品""库存物品""应付账款""应付票据""业务活动费用""单位管理费用""经营费用"等科目及其所属明细科目的记录分析填列。

（7）"支付给职工以及为职工支付的现金"项目，反映单位本年支付给职工以及为职工支付的现金。本项目应当根据"库存现金""银行存款""零余额账户用款额度""财政拨款收入""应付职工薪酬""业务活动费用""单位管理费用""经营费用"等科目及其所属明细科目的记录分析填列。

（8）"支付的各项税费"项目，反映单位本年用于缴纳日常活动相关税费而支付的现金。本项目应当根据"库存现金""银行存款""零余额账户用款额度""应交增值税""其他应交税费""业务活动费用""单位管理费用""经营费用""所得税费用"等科目及其所属明细科目的记录分析填列。

（9）"支付的其他与日常活动有关的现金"项目，反映单位本年支付的除上述项目之外与日常活动有关的现金。本项目应当根据"库存现金""银行存款""零余额账户用款额度""财政拨款收入""其他应付款""业务活动费用""单位管理费用""经营费用""其他费用"等科目及其所属明细科目的记录分析填列。

（10）"日常活动的现金流出小计"项目，反映单位本年日常活动产生的现金流出的合计数。本项目应当根据本表中"购买商品、接受劳务支付的现金""支付给职工以及为职工支付的现金""支付的各项税费""支付的其他与日常活动有关的现金"项目金额的合计数填列。

（11）"日常活动产生的现金流量净额"项目，应当按照本表中"日常活动的现金流入小计"项目金额减去"日常活动的现金流出小计"项目金额后的金额填列；如为负数，以"—"号填列。

（二）投资活动产生的现金流量

（1）"收回投资收到的现金"项目，反映单位本年出售、转让或者收回投资收到的现金。本项目应该根据"库存现金""银行存款""短期投资""长期股权投资""长期债券投资"

等科目的记录分析填列。

(2)"取得投资收益收到的现金"项目,反映单位本年因对外投资而收到被投资单位分配的股利或利润,以及收到投资利息而取得的现金。本项目应当根据"库存现金""银行存款""应收股利""应收利息""投资收益"等科目的记录分析填列。

(3)"处置固定资产、无形资产、公共基础设施等收回的现金净额"项目,反映单位本年处置固定资产、无形资产、公共基础设施等非流动资产所取得的现金,减去为处置这些资产而支付的有关费用之后的净额。由于自然灾害所造成的固定资产等长期资产损失而收到的保险赔款收入,也在本项目反映。本项目应当根据"库存现金""银行存款""待处理财产损溢"等科目的记录分析填列。

(4)"收到的其他与投资活动有关的现金"项目,反映单位本年收到的除上述项目之外与投资活动有关的现金。对于金额较大的现金流入,应当单列项目反映。本项目应当根据"库存现金""银行存款"等有关科目的记录分析填列。

(5)"投资活动的现金流入小计"项目,反映单位本年投资活动产生的现金流入的合计数。本项目应当根据本表中"收回投资收到的现金""取得投资收益收到的现金""处置固定资产、无形资产、公共基础设施等收回的现金净额""收到的其他与投资活动有关的现金"项目金额的合计数填列。

(6)"购建固定资产、无形资产、公共基础设施等支付的现金"项目,反映单位本年购买和建造固定资产、无形资产、公共基础设施等非流动资产所支付的现金;融资租入固定资产支付的租赁费不在本项目反映,在筹资活动的现金流量中反映。本项目应当根据"库存现金""银行存款""固定资产""工程物资""在建工程""无形资产""研发支出""公共基础设施""保障性住房"等科目的记录分析填列。

(7)"对外投资支付的现金"项目,反映单位本年为取得短期投资、长期股权投资、长期债券投资而支付的现金。本项目应当根据"库存现金""银行存款""短期投资""长期股权投资""长期债券投资"等科目的记录分析填列。

(8)"上缴处置固定资产、无形资产、公共基础设施等净收入支付的现金"项目,反映本年单位将处置固定资产、无形资产、公共基础设施等非流动资产所收回的现金净额予以上缴财政所支付的现金。本项目应当根据"库存现金""银行存款""应缴财政款"等科目的记录分析填列。

(9)"支付的其他与投资活动有关的现金"项目,反映单位本年支付的除上述项目之外与投资活动有关的现金。对于金额较大的现金流出,应当单列项目反映。本项目应当根据"库存现金""银行存款"等有关科目的记录分析填列。

(10)"投资活动的现金流出小计"项目,反映单位本年投资活动产生的现金流出的合计数。本项目应当根据本表中"购建固定资产、无形资产、公共基础设施等支付的现金""对外投资支付的现金""上缴处置固定资产、无形资产、公共基础设施等净收入支付的现金""支付的其他与投资活动有关的现金"项目金额的合计数填列。

(11)"投资活动产生的现金流量净额"项目,应当按照本表中"投资活动的现金流入小计"项目金额减去"投资活动的现金流出小计"项目金额后的金额填列;如为负数,以"—"号填列。

(三)筹资活动产生的现金流量

(1)"财政资本性项目拨款收到的现金"项目,反映单位本年接受用于购建固定资产、无形资产、公共基础设施等资本性项目的财政项目拨款取得的现金。本项目应当根据"银行存款""零余额账户用款额度""财政拨款收入"等科目及其所属明细科目的记录分析填列。

（2）"取得借款收到的现金"项目，反映事业单位本年举借短期、长期借款所收到的现金。本项目应当根据"库存现金""银行存款""短期借款""长期借款"等科目记录分析填列。

（3）"收到的其他与筹资活动有关的现金"项目，反映单位本年收到的除上述项目之外与筹资活动有关的现金。对于金额较大的现金流入，应当单列项目反映。本项目应当根据"库存现金""银行存款"等有关科目的记录分析填列。

（4）"筹资活动的现金流入小计"项目，反映单位本年筹资活动产生的现金流入的合计数。本项目应当根据本表中"财政资本性项目拨款收到的现金""取得借款收到的现金""收到的其他与筹资活动有关的现金"项目金额的合计数填列。

（5）"偿还借款支付的现金"项目，反映事业单位本年偿还借款本金所支付的现金。本项目应当根据"库存现金""银行存款""短期借款""长期借款"等科目的记录分析填列。

（6）"偿付利息支付的现金"项目，反映事业单位本年支付的借款利息等。本项目应当根据"库存现金""银行存款""应付利息""长期借款"等科目的记录分析填列。

（7）"支付的其他与筹资活动有关的现金"项目，反映单位本年支付的除上述项目之外与筹资活动有关的现金，如融资租入固定资产所支付的租赁费。本项目应当根据"库存现金""银行存款""长期应付款"等科目的记录分析填列。

（8）"筹资活动的现金流出小计"项目，反映单位本年筹资活动产生的现金流出的合计数。本项目应当根据本表中"偿还借款支付的现金""偿付利息支付的现金""支付的其他与筹资活动有关的现金"项目金额的合计数填列。

（9）"筹资活动产生的现金流量净额"项目，应当按照本表中"筹资活动的现金流入小计"项目金额减去"筹资活动的现金流出小计"金额后的金额填列；如为负数，以"—"号填列。

（四）"汇率变动对现金的影响额"项目

"汇率变动对现金的影响额"项目，反映单位本年外币现金流量折算为人民币时，所采用的现金流量发生日的汇率折算的人民币金额与外币现金流量净额按期末汇率折算的人民币金额之间的差额。

（五）"现金净增加额"项目

"现金净增加额"项目，反映单位本年现金变动的净额。本项目应当根据本表中"日常活动产生的现金流量净额""投资活动产生的现金流量净额""筹资活动产生的现金流量净额"和"汇率变动对现金的影响额"项目金额的合计数填列；如为负数，以"—"号填列。

五、预算收入支出表编制说明

第一，本表反映单位在某一会计年度内各项预算收入、预算支出和预算收支差额的情况。

第二，本表"本年数"栏反映各项目的本年实际发生数。本表"上年数"栏反映各项目上年度的实际发生数，应当根据上年度预算收入支出表中"本年数"栏内所列数字填列。如果本年度预算收入支出表规定的项目的名称和内容同上年度不一致，应当对上年度预算收入支出表项目的名称和数字按照本年度的规定进行调整，将调整后金额填入本年度预算收入支出表的"上年数"栏。

本表"本年数"栏各项目的内容和填列方法如下:

(一)本年预算收入

(1)"本年预算收入"项目,反映单位本年预算收入总额。本项目应当根据本表中"财政拨款预算收入""事业预算收入""上级补助预算收入""附属单位上缴预算收入""经营预算收入""债务预算收入""非同级财政拨款预算收入""投资预算收益""其他预算收入"项目金额的合计数填列。

(2)"财政拨款预算收入"项目,反映单位本年从同级政府财政部门取得的各类财政拨款。本项目应当根据"财政拨款预算收入"科目的本年发生额填列。"政府性基金收入"项目,反映单位本年取得的财政拨款收入中属于政府性基金预算拨款的金额,本项目应当根据"财政拨款预算收入"相关明细科目的本年发生额填列。

(3)"事业预算收入"项目,反映事业单位本年开展专业业务活动及其辅助活动取得的预算收入。本项目应当根据"事业预算收入"科目的本年发生额填列。

(4)"上级补助预算收入"项目,反映事业单位本年从主管部门和上级单位取得的非财政补助预算收入。本项目应当根据"上级补助预算收入"科目的本年发生额填列。

(5)"附属单位上缴预算收入"项目,反映事业单位本年收到的独立核算的附属单位按照有关规定上缴的预算收入。本项目应当根据"附属单位上缴预算收入"科目的本年发生额填列。

(6)"经营预算收入"项目,反映事业单位本年在专业业务活动及其辅助活动之外开展非独立核算经营活动取得的预算收入。本项目应当根据"经营预算收入"科目的本年发生额填列。

(7)"债务预算收入"项目,反映事业单位本年按照规定从金融机构等借入的、纳入部门预算管理的债务预算收入。本项目应当根据"债务预算收入"的本年发生额填列。

(8)"非同级财政拨款预算收入"项目,反映单位本年从非同级政府财政部门取得的财政拨款。本项目应当根据"非同级财政拨款预算收入"科目的本年发生额填列。

(9)"投资预算收益"项目,反映事业单位本年取得的按规定纳入单位预算管理的投资收益。本项目应当根据"投资预算收益"科目的本年发生额填列。

(10)"其他预算收入"项目,反映单位本年取得的除上述收入以外的纳入单位预算管理的各项预算收入。本项目应当根据"其他预算收入"科目的本年发生额填列。

"利息预算收入"项目,反映单位本年取得的利息预算收入。本项目应当根据"其他预算收入"科目的明细记录分析填列。单位单设"利息预算收入"科目的,应当根据"利息预算收入"科目的本年发生额填列。

"捐赠预算收入"项目,反映单位本年取得的捐赠预算收入。本项目应当根据"其他预算收入"科目明细账记录分析填列。单位单设"捐赠预算收入"科目的,应当根据"捐赠预算收入"科目的本年发生额填列。

"租金预算收入"项目,反映单位本年取得的租金预算收入。本项目应当根据"其他预算收入"科目明细账记录分析填列。单位单设"租金预算收入"科目的,应当根据"租金预算收入"科目的本年发生额填列。

(二)本年预算支出

(1)"本年预算支出"项目,反映单位本年预算支出总额。本项目应当根据本表中"行政支出""事业支出""经营支出""上缴上级支出""对附属单位补助支出""投资支出""债务还本支出"和"其他支出"项目金额的合计数填列。

（2）"行政支出"项目，反映市旅游委本年履行职责实际发生的支出。本项目应当根据"行政支出"科目的本年发生额填列。

（3）"事业支出"项目，反映事业单位本年开展专业业务活动及其辅助活动发生的支出。本项目应当根据"事业支出"科目的本年发生额填列。

（4）"经营支出"项目，反映事业单位本年在专业业务活动及其辅助活动之外开展非独立核算经营活动发生的支出。本项目应当根据"经营支出"科目的本年发生额填列。

（5）"上缴上级支出"项目，反映事业单位本年按照财政部门和主管部门的规定上缴上级单位的支出。本项目应当根据"上缴上级支出"科目的本年发生额填列。

（6）"对附属单位补助支出"项目，反映事业单位本年用财政拨款收入之外的收入对附属单位补助发生的支出。本项目应当根据"对附属单位补助支出"科目的本年发生额填列。

（7）"投资支出"项目，反映事业单位本年以货币资金对外投资发生的支出。本项目应当根据"投资支出"科目的本年发生额填列。

（8）"债务还本支出"项目，反映事业单位本年偿还自身承担的纳入预算管理的从金融机构举借的债务本金的支出。本项目应当根据"债务还本支出"科目的本年发生额填列。

（9）"其他支出"项目，反映单位本年除以上支出以外的各项支出。本项目应当根据"其他支出"科目的本年发生额填列。

"利息支出"项目，反映单位本年发生的利息支出，本项目应当根据"其他支出"科目明细账记录分析填列。单位单设"利息支出"科目的，应当根据"利息支出"科目的本年发生额填列。

"捐赠支出"项目，反映单位本年发生的捐赠支出，本项目应当根据"其他支出"科目明细账记录分析填列。单位单设"捐赠支出"科目的，应当根据"捐赠支出"科目的本年发生额填列。

（三）本年预算收支差额

"本年预算收支差额"项目，反映单位本年各项预算收支相抵后的差额。本项目应当根据本表中"本期预算收入"项目金额减去"本期预算支出"项目金额后的金额填列；如相减后金额为负数，以"—"号填列。

六、预算结转结余变动表编制说明

第一，本表反映单位在某一会计年度内预算结转结余的变动情况。

第二，本表"本年数"栏反映各项目的本年实际发生数。本表"上年数"栏反映各项目的上年实际发生数，应当根据上年度预算结转结余变动表中"本年数"栏内所列数字填列。如果本年度预算结转结余变动表规定的项目的名称和内容同上年度不一致，应当对上年度预算结转结余变动表项目的名称和数字按照本年度的规定进行调整，将调整后金额填入本年度预算结转结余变动表的"上年数"栏。

第三，本表中"年末预算结转结余"项目金额等于"年初预算结转结余""年初余额调整""本年变动金额"三个项目的合计数。

本表"本年数"栏各项目的内容和填列方法如下：

（1）"年初预算结转结余"项目，反映单位本年预算结转结余的年初余额。本项目应当根据本项目下"财政拨款结转结余""其他资金结转结余"项目金额的合计数填列。

①"财政拨款结转结余"项目,反映单位本年财政拨款结转结余资金的年初余额。本项目应当根据"财政拨款结转""财政拨款结余"科目本年年初余额合计数填列。

②"其他资金结转结余"项目,反映单位本年其他资金结转结余的年初余额。本项目应当根据"非财政拨款结转""非财政拨款结余""专用结余""经营结余"科目本年年初余额的合计数填列。

(2)"年初余额调整"项目,反映单位本年预算结转结余年初余额调整的金额,应当根据本项目下"财政拨款结转结余""其他资金结转结余"项目金额的合计数填列。

①"财政拨款结转结余"项目,反映单位本年财政拨款结转结余资金的年初余额调整金额。本项目应当根据"财政拨款结转""财政拨款结余"科目下"年初余额调整"明细科目的本年发生额的合计数填列;如调整减少年初财政拨款结转结余,以"—"号填列。

②"其他资金结转结余"项目,反映单位本年其他资金结转结余的年初余额调整金额。本项目应当根据"非财政拨款结转""非财政拨款结余"科目下"年初余额调整"明细科目的本年发生额的合计数填列;如调整减少年初其他资金结转结余,以"—"号填列。

(3)"本年变动金额"项目,反映单位本年预算结转结余变动的金额,应当根据本项目下"财政拨款结转结余""其他资金结转结余"项目金额的合计数填列。

①"财政拨款结转结余"项目,反映单位本年财政拨款结转结余资金的变动,应当根据本项目下"本年收支差额""归集调入""归集上缴或调出"项目金额的合计数填列。

a."本年收支差额"项目,反映单位本年财政拨款资金收支相抵后的差额。本项目应当根据"财政拨款结转"科目下"本年收支结转"明细科目本年转入的预算收入与预算支出的差额填列;差额为负数的,以"—"号填列。

b."归集调入"项目,反映单位本年按照规定从其他单位归集调入的财政拨款结转资金。本项目应当根据"财政拨款结转"科目下"归集调入"明细科目的本年发生额填列。

c."归集上缴或调出"项目,反映单位本年按照规定上缴的财政拨款结转结余资金及按照规定向其他单位调出的财政拨款结转资金,应当根据"财政拨款结转""财政拨款结余"科目下"归集上缴"明细科目,以及"财政拨款结转"科目下"归集调出"明细科目本年发生额的合计数填列,以"—"号填列。

②"其他资金结转结余"项目,反映单位本年其他资金结转结余的变动,应当根据本项目下"本年收支差额""缴回资金""使用专用结余""支付所得税"项目金额的合计数填列。

a."本年收支差额"项目,反映单位本年除财政拨款外的其他资金收支相抵后的差额。本项目应当根据"非财政拨款结转"科目下"本年收支结转"明细科目、"其他结余"科目、"经营结余"科目本年转入的预算收入与预算支出的差额的合计数填列;如为负数,以"—"号填列。

b."缴回资金"项目,反映单位本年按照规定缴回的非财政拨款结转资金。本项目应当根据"非财政拨款结转"科目下"缴回资金"明细科目本年发生额的合计数填列,以"—"号填列。

c."使用专用结余"项目,反映本年事业单位根据规定使用从非财政拨款结余或经营结余中提取的专用基金的金额。本项目应当根据"专用结余"科目明细账中本年使用专用结余业务的发生额填列,以"—"号填列。

d."支付所得税"项目,反映有企业所得税缴纳义务的事业单位本年实际缴纳的企业所得税金额。本项目应当根据"非财政拨款结余"明细账中本年实际缴纳企业所得税业务的发生额填列,以"—"号填列。

（4）"年末预算结转结余"项目，反映单位本年预算结转结余的年末余额。本项目应当根据本项目下"财政拨款结转结余""其他资金结转结余"项目金额的合计数填列。

①"财政拨款结转结余"项目，反映单位本年财政拨款结转结余的年末余额。本项目应当根据本项目下"财政拨款结转""财政拨款结余"项目金额的合计数填列。本项目下"财政拨款结转""财政拨款结余"项目，应当分别根据"财政拨款结转""财政拨款结余"科目的本年年末余额填列。

②"其他资金结转结余"项目，反映单位本年其他资金结转结余的年末余额。本项目应当根据本项目下"非财政拨款结转""非财政拨款结余""专用结余""经营结余"项目金额的合计数填列。

本项目下"非财政拨款结转""非财政拨款结余""专用结余""经营结余"项目，应当分别根据"非财政拨款结转""非财政拨款结余""专用结余""经营结余"科目的本年年末余额填列。

七、财政拨款预算收入支出表编制说明

（一）本表反映单位本年财政拨款预算资金收入、支出及相关变动的具体情况

（二）本表"项目"栏内各项目，应当根据单位取得的财政拨款种类分项设置

其中，"项目支出"项目下，应该根据每个项目设置；单位取得除一般公共财政预算拨款和政府性基金预算拨款以外的其他财政拨款的，应当按照财政拨款种类增加相应的资金项目及其明细项目。

（三）本表各栏及其对应项目的内容和填列方法

（1）"年初财政拨款结转结余"栏中各项目，反映单位年初各项财政拨款结转结余的金额。各项目应当根据"财政拨款结转""财政拨款结余"及其明细科目的年初余额填列。本栏中各项目的数额应当与上年度财政拨款预算收入支出表中"年末财政拨款结转结余"栏中各项目的数额相等。

（2）"调整年初财政拨款结转结余"栏中各项目，反映单位对年初财政拨款结转结余的调整金额。各项目应当根据"财政拨款结转""财政拨款结余"科目下"年初余额调整"明细科目及其所属明细科目的本年发生额填列；如调整减少年初财政拨款结转结余，以"—"号填列。

（3）"本年归集调入"栏中各项目，反映单位本年按规定从其他单位调入的财政拨款结转资金金额。各项目应当根据"财政拨款结转"科目下"归集调入"明细科目及其所属明细科目的本年发生额填列。

（4）"本年归集上缴或调出"栏中各项目，反映单位本年按规定实际上缴的财政拨款结转结余资金，以及按照规定向其他单位调出的财政拨款结转资金金额。各项目应当根据"财政拨款结转""财政拨款结余"科目下"归集上缴"科目和"财政拨款结转"科目下"归集调出"明细科目，及其所属明细科目的本年发生额填列，以"—"号填列。

（5）"单位内部调剂"栏中各项目，反映单位本年财政拨款结转结余资金在单位内部不同项目之间的调剂金额。各项目应当根据"财政拨款结转"和"财政拨款结余"科目下的"单位

内部调剂"明细科目及其所属明细科目的本年发生额填列；对单位内部调剂减少的财政拨款结余金额，以"—"号填列。

（6）"本年财政拨款收入"栏中各项目，反映单位本年从同级财政部门取得的各类财政预算拨款金额。各项目应当根据"财政拨款预算收入"科目及其所属明细科目的本年发生额填列。

（7）"本年财政拨款支出"栏中各项目，反映单位本年发生的财政拨款支出金额。各项目应当根据"行政支出""事业支出"等科目及其所属明细科目本年发生额中的财政拨款支出数的合计数填列。

（8）"年末财政拨款结转结余"栏中各项目，反映单位年末财政拨款结转结余的金额。各项目应当根据"财政拨款结转""财政拨款结余"科目及其所属明细科目的年末余额填列。

八、附注

附注是对在会计报表中列示的项目所作的进一步说明，以及对未能在会计报表中列示项目的说明。附注是财务报表的重要组成部分。凡对报表使用者的决策有重要影响的会计信息，不论本制度是否有明确规定，单位均应当充分披露。附注主要包括下列内容：

（一）单位的基本情况

单位应当简要披露其基本情况，包括单位主要职能、主要业务活动、所在地、预算管理关系等。

（二）会计报表编制基础

（三）遵循政府会计准则、制度的声明

（四）重要会计政策和会计估计

单位应当采用与其业务特点相适应的具体会计政策，并充分披露报告期内采用的重要会计政策和会计估计，主要包括以下内容：

（1）会计期间。

（2）记账本位币，外币折算汇率。

（3）坏账准备的计提方法。

（4）存货类别、发出存货的计价方法、存货的盘存制度，以及低值易耗品和包装物的摊销方法。

（5）长期股权投资的核算方法。

（6）固定资产分类、折旧方法、折旧年限和年折旧率；融资租入固定资产的计价和折旧方法。

（7）无形资产的计价方法；使用寿命有限的无形资产，其使用寿命估计情况；使用寿命不确定的无形资产，其使用寿命不确定的判断依据；单位内部研究开发项目划分研究阶段和开发阶段的具体标准。

（8）公共基础设施的分类、折旧（摊销）方法、折旧（摊销）年限，以及其确定依据。

（9）政府储备物资分类，以及确定其发出成本所采用的方法。

（10）保障性住房的分类、折旧方法、折旧年限。

(11)其他重要的会计政策和会计估计。

(12)本期发生重要会计政策和会计估计变更的,变更的内容和原因、受其重要影响的报表项目名称和金额、相关审批程序,以及会计估计变更开始适用的时点。

(五)会计报表重要项目说明

单位应当按照资产负债表和收入费用表项目列示顺序,采用文字和数据描述相结合的方式披露重要项目的明细信息。报表重要项目的明细金额合计,应当与报表项目金额相衔接。报表重要项目说明应包括但不限于下列内容。

(1)货币资金的披露格式如表9-9所示。

表9-9 货币资金的披露格式

项 目	期 末 余 额	年 初 余 额
库存现金		
银行存款		
其他货币资金		
合计		

(2)应收账款按照债务人类别披露的格式如表9-10所示。

表9-10 应收账款按照债务人类别披露的格式

债务人类别	期 末 余 额	年 初 余 额
政府会计主体:		
部门内部单位		
单位1		
……		
部门外部单位		
单位1		
……		
其他:		
单位1		
……		
合计		

注1:"部门内部单位"是指纳入单位所属部门财务报告合并范围的单位(下同)。
注2:有应收票据、预付账款、其他应收款的,可比照应收账款进行披露。

(3)存货的披露格式如表9-11所示。

表9-11 存货的披露格式

存 货 种 类	期 末 余 额	年 初 余 额
1.		
……		
合计		

(4) 其他流动资产的披露格式如表 9-12 所示。

表 9-12　其他流动资产的披露格式

项　　目	期　末　余　额	年　初　余　额
1.		
......		
合计		

注：有长期待摊费用、其他非流动资产的，可比照其他流动资产进行披露。

(5) 长期投资内容包括：

①长期债券投资的披露格式如表 9-13 所示。

表 9-13　长期债券投资的披露格式

债券发行主体	年　初　余　额	本期增加额	本期减少额	期　末　余　额
1.				
......				
合计				

注：有短期投资的，可比照长期债券投资进行披露。

②长期股权投资的披露格式如表 9-14 所示。

表 9-14　长期股权投资的披露格式

被投资单位	核　算　方　法	年　初　余　额	本期增加额	本期减少额	期　末　余　额
1.					
......					

③当期发生的重大投资净损益项目、金额及原因。

(6) 固定资产内容包括：

①固定资产的披露格式如表 9-15 所示。

表 9-15　固定资产的披露格式

项　　目	年　初　余　额	本期增加额	本期减少额	期　末　余　额
一、原值合计				
其中：房屋及构筑物				
通用设备				
专用设备				
文物和陈列品				
图书、档案				
家具、用具、装具及动植物				
二、累计折旧合计				
其中：房屋及构筑物				
通用设备				
专用设备				

续表

项　　目	年初余额	本期增加额	本期减少额	期末余额
家具、用具、装具				
三、账面价值合计				
其中：房屋及构筑物				
通用设备				
专用设备				
文物和陈列品				
图书、档案				
家具、用具、装具及动植物				

②已提足折旧的固定资产名称、数量等情况。

③出租、出借固定资产以及固定资产对外投资等情况。

（7）在建工程的披露格式如表9-16所示。

表9-16　在建工程的披露格式

项　　目	年初余额	本期增加额	本期减少额	期末余额
1.				
……				
合计				

（8）无形资产内容：

①各类无形资产的披露格式如表9-17所示。

表9-17　各类无形资产的披露格式

项　　目	年初余额	本期增加额	本期减少额	期末余额
一、原值合计				
1.				
……				
二、累计摊销合计				
1.				
……				
三、账面价值合计				
1.				
……				

②计入当期损益的研发支出金额、确认为无形资产的研发支出金额。

③无形资产出售、对外投资等处置情况。

（9）公共基础设施内容包括：

①公共基础设施的披露格式如表9-18所示。

表 9-18 公共基础设施的披露格式

项　目	年初余额	本期增加额	本期减少额	期末余额
原值合计				
市政基础设施				
1.				
……				
交通基础设施				
1.				
……				
水利基础设施				
1.				
……				
其他				
……				
累计折旧合计				
市政基础设施				
1.				
……				
交通基础设施				
1.				
……				
水利基础设施				
1.				
……				
其他				
……				
账面价值合计				
市政基础设施				
1.				
……				
交通基础设施				
1.				
……				
水利基础设施				
1.				
……				
其他				
……				

②确认为公共基础设施的单独计价入账的土地使用权的账面余额、累计摊销额及变动情况。
③已提取折旧继续使用的公共基础设施的名称、数量等。

(10) 政府储备物资的披露格式如表 9-19 所示。

表 9-19　政府储备物资的披露格式

物资类别	年初余额	本期增加额	本期减少额	期末余额
1.				
……				
合计				

注：如单位有因动用而发出需要收回或者预期可能收回、但期末尚未收回的政府储备物资，应当单独披露其期末账面余额。

(11) 受托代理资产的披露格式如表 9-20 所示。

表 9-20　受托代理资产的披露格式

资产类别	年初余额	本期增加额	本期减少额	期末余额
货币资金				
受托转赠物资				
受托存储保管物资				
罚没物资				
其他				
合计				

(12) 应付账款按照债权人类别披露的格式如表 9-21 所示。

表 9-21　应付账款的披露格式

债权人类别	期末余额	年初余额
政府会计主体：		
部门内部单位		
单位 1		
……		
部门外部单位		
单位 1		
……		
其他		
单位 1		
……		
合计		

注：有应付票据、预收账款、其他应付款、长期应付款的，可比照应付账款进行披露。

（13）其他流动负债的披露格式如表 9-22 所示。

表 9-22　其他流动负债的披露格式

项　目	期　末　余　额	年　初　余　额
1.		
……		
合计		

注：有预计负债、其他非流动负债的，可比照其他流动负债进行披露。

（14）长期借款：

①长期借款按照债权人披露的格式如表 9-23 所示。

表 9-23　长期借款的披露格式

债　权　人	期　末　余　额	年　初　余　额
1.		
……		
合计		

注：有短期借款的，可比照长期借款进行披露。

②单位有基建借款的，应当分基建项目披露长期借款年初数、本年变动数、年末数及到期期限。

（15）事业收入按照收入来源的披露格式如表 9-24 所示。

表 9-24　事业收入的披露格式

收 入 来 源	本期发生额	上期发生额
来自财政专户管理资金		
本部门内部单位		
单位 1		
……		
本部门以外同级政府单位		
单位 1		
……		
其他		
单位 1		
……		
合计		

（16）非同级财政拨款收入按收入来源的披露格式如表 9-25 所示。

表 9-25　非同级财政拨款收入的披露格式

收 入 来 源	本期发生额	上期发生额
本部门以外同级政府单位		
单位 1		
……		

续表

收入来源	本期发生额	上期发生额
本部门以外非同级政府单位		
单位1		
……		
合计		

（17）其他收入按照收入来源的披露格式如表9-26所示。

表9-26　其他收入的披露格式

收入来源	本期发生额	上期发生额
本部门内部单位		
单位1		
……		
本部门以外同级政府单位		
单位1		
……		
本部门以外非同级政府单位		
单位1		
……		
其他		
单位1		
……		
合计		

（18）业务活动费用包括：

①按经济分类的披露格式如表9-27所示。

表9-27　按经济分类的披露格式

项目	本期发生额	上期发生额
工资福利费用		
商品和服务费用		
对个人和家庭的补助费用		
对企业补助费用		
固定资产折旧费		
无形资产摊销费		
公共基础设施折旧（摊销）费		
保障性住房折旧费		
计提专用基金		
……		
合计		

注：有单位管理费用、经营费用的，可比照（业务活动费用）此表进行披露。

②按支付对象的披露格式如表 9-28 所示。

表 9-28　按支付对象的披露格式

支 付 对 象	本期发生额	上期发生额
本部门内部单位		
单位 1		
……		
本部门以外同级政府单位		
单位 1		
……		
其他		
单位 1		
……		
合计		

注：有单位管理费用、经营费用的，可比照（业务活动费用）此表进行披露。

（19）其他费用按照类别披露的格式如表 9-29 所示。

表 9-29　其他费用按照类别披露的格式

费 用 类 别	本期发生额	上期发生额
利息费用		
坏账损失		
罚没支出		
……		
合计		

（20）本期费用按照经济分类的披露格式如表 9-30 所示。

表 9-30　本期费用按照经济分类的披露格式

项　目	本　年　数	上　年　数
工资福利费用		
商品和服务费用		
对个人和家庭的补助费用		
对企业补助费用		
固定资产折旧费		
无形资产摊销费		
公共基础设施折旧（摊销）费		
保障性住房折旧费		
计提专用基金		
所得税费用		

续表

项　　　目	本　年　数	上　年　数
资产处置费用		
上缴上级费用		
对附属单位补助费用		
其他费用		
本期费用合计		

注：单位在按照本制度规定编制收入费用表的基础上，可以根据需要按照此表披露的内容编制收入费用表。

（六）本年盈余与预算结余的差异情况说明

与本年预算结余数之间的差异，单位应当按照重要性原则，对本年度发生的各类影响收入（预算收入）和费用（预算支出）的业务进行适度归并和分析，披露将年度预算收入支出表中"本年预算收支差额"调节为年度收入费用表中"本期盈余"的信息。有关披露格式如表9-31所示。

表9-31　本年盈余与预算结余差异情况说明表

项　　　目	金　　　额
一、本年预算结余（本年预算收支差额）	
二、差异调节	—
（一）重要事项的差异	
加：1. 当期确认为收入但没有确认为预算收入	
（1）应收款项、预收账款确认的收入	
（2）接受非货币性资产捐赠确认的收入	
2. 当期确认为预算支出但没有确认为费用	
（1）支付应付款项、预付账款的支出	
（2）为取得存货、政府储备物资等计入物资成本的支出	
（3）为购建固定资产等的资本性支出	
（4）偿还借款本息支出	
减：1. 当期确认为预算收入但没有确认为收入	
为了反映单位财务会计和预算会计因核算基础和核算范围不同所产生的本年盈余数	
（1）收到应收款项、预收账款确认的预算收入	
（2）取得借款确认的预算收入	
2. 当期确认为费用但没有确认为预算支出	
（1）发出存货、政府储备物资等确认的费用	
（2）计提的折旧费用和摊销费用	
（3）确认的资产处置费用（处置资产价值）	
（4）应付款项、预付账款确认的费用	
（二）其他事项差异	
三、本年盈余（本年收入与费用的差额）	

（七）其他重要事项说明

（1）资产负债表日存在的重要或有事项说明。没有重要或有事项的，也应说明。

（2）以名义金额计量的资产名称、数量等情况，以及以名义金额计量理由的说明。

（3）通过债务资金形成的固定资产、公共基础设施、保障性住房等资产的账面价值、使用情况、收益情况及与此相关的债务偿还情况等的说明。

（4）重要资产置换、无偿调入（出）、捐入（出）、报废、重大毁损等情况的说明。

（5）事业单位将单位内部独立核算单位的会计信息纳入本单位财务报表情况的说明。

（6）政府会计具体准则中要求附注披露的其他内容。

（7）有助于理解和分析单位财务报表需要说明的其他事项。

[拓展阅读]   **主要业务和事项账务处理举例**

思考题

1. 简述政府会计报表的分类以及它们各自具体包含的内容。
2. 简述新政府会计制度下，财务报表和预算会计报表在编制要求上的异同点。
3. 简述收入费用表的本期收入和本期费用项目的填列依据。
4. 简述附注的概念以及它包含的具体内容。
5. 简述本年盈余与预算结余的差异情况需要进行说明的理由。

【在线测试题】

扫描书背面的二维码，获取答题权限。

第四篇

我国民间非营利组织会计

第十章　民间非营利组织会计的资产、负债和净资产
第十一章　民间非营利组织会计的收入、费用和财务报告

民间非营利组织是指不以营利为目的，主要从事社会公益活动，具有独立法人地位的社会团体、基金会、民办非企业单位、寺院、宫观、清真寺、教堂等。2004年8月18日，财政部发布了《民间非营利组织会计制度》，该制度要求从2005年1月1日起在全国民间非营利组织范围内实施。

民间非营利组织会计特征包括：①民间非营利组织不以营利为宗旨和目的；②资源的提供者向组织投入资源并非为了取得回报；③资源的提供者不享有组织的所有权。

学习和研究民间非营利组织会计，有必要明确其目标。一般来说，会计界关于会计目标在理论上有两个基本流派：一是受托责任学派；二是决策有用学派。按照受托责任学派的观点，会计目标应该是反映受托者对受托责任的履行情况。决策有用学派认为，会计的基本目标是向各类信息用户提供相关、可靠的财务信息，以便他们进行合理的经济决策。民间非营利组织会计目标是这两种流派的融合。

会计工作应遵循一定的规范。我国民间非营利组织会计核算规范主要由《中华人民共和国会计法》(以下简称《会计法》)和《民间非营利组织会计制度》等组成，并已形成了一个以《会计法》为核心的比较完整的体系。

第十章 民间非营利组织会计的资产、负债和净资产

第一节 资产

资产是民间非营利组织从事业务活动的物质基础,它包括流动资产和非流动资产。

一、流动资产

(一)货币资金

货币资金是指民间非营利组织发生经济活动过程中,处于货币形态的那部分资金,包括现金、银行存款和其他货币资金。为了核算和反映民间非营利组织各种货币资金的增减变动情况,企业应设置"现金""银行存款""其他货币资金"科目,各科目的使用方法同事业单位会计。

(二)应收及预付款项

应收及预付款项指民间非营利组织在日常业务活动中的各种应收未收及预付的债权,包括应收票据、应收账款、其他应收款、预付账款、待摊费用等。应收票据、应收账款、其他应收款、预付账款的核算方法同事业单位会计。待摊费用指民间非营利组织已经支出,但应由本期和以后各期分别负担的分摊期在1年以内(含1年)的各项费用,如预付保险费、预付租金等。民间非营利组织应设置"待摊费用"科目核算待摊费用的增减变动情况。该科目属于资产类科目,其借方登记待摊费用的增加额,贷方登记按规定转销或摊销的待摊费用,期末借方余额反映民间非营利组织各种已支出但尚未摊销的费用。其明细账应按费用种类设置。

(三)存货

存货是指民间非营利组织在日常业务活动中持有以备出售或捐赠的,或者为了出售或捐赠仍处在生产过程中的,或将在生产、提供服务或日常管理过程中耗用的材料、物资、商品等。

存货取得的计价方法同事业单位会计。计量存货发出实际成本的方法有个别计价法、加权平均法、先进先出法。期末存货的计价主要采用成本与可变现净值孰低法。民间非营利组织应当定期或者至少于每年年度终了时,对存货是否发生了减值进行检查,如果发生了减值,应当计提存货跌价准备。如果已计提跌价准备的存货价值在以后期间得以恢复,则应当在已计提跌价准备的范围内部分或全部转回已确认的跌价损失,冲减当期费用。存货跌价准备的主要账务处理如下:

（1）如果存货的期末可变现净值低于账面价值，按照可变现净值低于账面价值的差额，借方登记"管理费用——存货跌价损失"科目，贷方登记本科目。

（2）如果以前期间已计提跌价准备的存货价值在当期得以恢复，即存货的期末可变现净值高于账面价值，按照可变现净值高于账面价值的差额，在原已计提跌价准备的范围内，借方登记本科目，贷方登记"管理费用——存货跌价损失"科目。本科目期末贷方余额，反映民间非营利组织已计提的存货跌价准备。

民间非营利组织对于发生的盘盈、盘亏以及变质、毁损等存货，应当及时查明原因，并根据管理权限，报经批准后，在期末结账前处理完毕。如为存货盘盈，按照其公允价值，借方登记"存货"科目，贷方登记"其他收入"科目。如为存货盘亏或者毁损，按照存货账面价值扣除残料价值、可以收回的保险赔偿和过失人的赔偿等后的金额，借方登记"管理费用"科目，按照可以收回的保险赔偿和过失人赔偿等，借方登记"现金""银行存款""其他应收款"等科目，按照存货的账面余额，贷方登记"存货"科目。

（四）短期投资

短期投资应当符合两个条件：①能够在公开市场上交易且有明确市价，如各种上市的股票、债券和基金通常均有明确市价；②持有投资作为剩余资金的存放形式，并保持其流动性和获利性，这一条件取决于管理当局的意图。不符合上述条件的投资，一般应当作为长期投资。

短期投资应在取得时以投资成本计价。所谓投资成本，是指取得短期投资时所实际支付的全部价款。短期投资的实际成本按以下方法确定：

（1）以现金购入的短期投资，按实际支付的全部价款，包括税金、手续费等相关费用作为其投资成本。如果实际支付的价款中包含已经宣告但尚未领取的现金股利或已经到付息期但尚未领取的债券利息，则按照实际支付的全部价款减去其中已经宣告但尚未领取的现金股利，或已到付息期但尚未领取的债券利息后的金额作为短期投资成本。

（2）接受捐赠的短期投资成本，如果捐赠者能够提供有关凭证的，应当按照凭证上注明的金额作为短期投资成本，如果凭证上注明的金额与受捐赠短期投资公允价值相差较大，应以公允价值为实际成本；如果捐赠者不能提供有关凭证的，应以公允价值作为短期投资成本。

短期投资的取得、股利的领取、期末计价以及转让出售、投资收回等业务，应分别通过"短期投资""其他应收款""短期投资跌价准备""投资收益"等科目予以记录。为简化核算手续，我国《民间非营利组织会计制度》规定在收到股利和利息时，按照现金制确认投资收益实现。持有投资期间的收益在实现之前不进行预计。按照现金制，短期投资取得的股利和利息可按下列方法处理：

（1）短期投资持有期间所获得现金股利和利息，除取得时已记入"其他应收款"的现金股利或利息外，以实际收到时作为投资成本收回，冲减短期投资账面价值。

（2）短期投资取得时投资成本中包括的已宣告尚未领取的现金股利，或取得的分期付息到期还本债券实际支付的价款中包含的自发行日起至取得日止的利息，实际收到时冲减已记入的"其他应收款"，不冲减短期投资的账面价值。《民间非营利组织会计制度》规定，短期投资的期末计价按成本与市价孰低法计价。期末，如果短期投资的市价低于其账面价值，应当按照市价低于账面价值的差额计提短期投资跌价准备；如果短期投资的市价高于其账面价值，应当在该短期投资期初已经计提准备的范围内转回高于账面价值的差额。

二、非流动资产

(一)长期股权投资

(1)本科目核算民间非营利组织持有时间准备超过1年(不含1年)的各种股权性质的投资,包括长期股票投资和其他长期股权投资。民间非营利组织如果有委托贷款或者委托投资(包括委托理财)且作为长期股权投资核算的,应当在本科目下单设明细科目核算。

(2)长期股权投资应当区别不同情况,分别采用成本法或者权益法核算。如果民间非营利组织对被投资单位没有控制、共同控制和重大影响,长期股权投资应当采用成本法进行核算;如果民间非营利组织对被投资单位具有控制、共同控制或重大影响,长期股权投资应当采用权益法进行核算。

(3)长期股权投资在取得时,应当按照取得时的实际成本作为初始投资成本,具体处理如下:

第一,以现金购入的长期股权投资,按照实际支付的全部价款,包括税金、手续费等相关费用作为其初始投资成本,借方登记本科目,贷方登记"银行存款"等科目。如果实际支付的价款中包含已宣告但尚未领取的现金股利,则按照实际支付的全部价款减去其中已宣告但尚未领取的现金股利后,剩下的金额作为其初始投资成本,借方登记本科目,按照应领取的现金股利,借方登记"其他应收款"科目,按照实际支付的全部价款,贷方登记"银行存款"等科目。

第二, 接受捐赠的长期股权投资,按照所确定的初始投资成本,借方登记本科目,贷方登记"捐赠收入"科目。长期股权投资持有期间,按照不同情况分别采用成本法或者权益法核算。

①采用成本法核算时,除非追加(或收回)投资或者发生减值,长期股权投资的账面价值一般保持不变。被投资单位宣告发放现金股利或利润时,按照宣告发放的现金股利或利润中属于民间非营利组织应享有的部分,确认当期投资收益,借方登记"其他应收款"科目,贷方登记"投资收益"科目;实际收到现金股利或利润时,按照实际收到的金额,借方登记"银行存款"等科目,贷方登记"其他应收款"科目。

②采用权益法核算时,长期股权投资的账面价值应当根据被投资单位当期净损益中民间非营利组织应享有或分担的份额,以及被投资单位宣告分派的现金股利或利润中属于民间非营利组织应享有的份额进行调整。期末,按照应当享有或应当分担的被投资单位当年实现的净利润或发生的净亏损的份额,调整长期股权投资账面价值,如被投资单位实现净利润,借方登记本科目,贷方登记"投资收益"科目,如被投资单位发生净亏损,借方登记"投资收益"科目,贷方登记本科目,但以长期股权投资账面价值减记至零为限。

被投资单位宣告分派利润或现金股利时,按照宣告分派的现金股利或利润中属于民间非营利组织应享有的份额,调整长期股权投资账面价值,借方登记"其他应收款"科目,贷方登记本科目。在实际收到现金股利或利润时,借方登记"银行存款"等科目,贷方登记"其他应收款"科目。被投资单位宣告分派的股票股利不进行账务处理,但应当设置辅助账,进行数量登记。

处置长期股权投资时,按照实际取得的价款,借方登记"银行存款"等科目,按照已计提的减值准备,借方登记"长期投资减值准备"科目,按照所处置长期股权投资的账面余额,贷方登记本科目,按照尚未领取的已宣告发放的现金股利或利润,贷方登记"其他应收款"科目,按照其差额,借方登记或贷方登记"投资收益"科目。

改变投资目的,将短期股权投资划转为长期股权投资,应当按短期股权投资的成本与市价孰低法结转,并按此确定的价值作为长期股权投资的成本,借方登记本科目,按照已计提的相关短期投资跌价准备,借方登记"短期投资跌价准备"科目,按照原短期股权投资的账面余额,贷方登记"短期投资"科目,按照其差额,借方登记或贷方登记"管理费用"科目。

期末,民间非营利组织应当对长期股权投资是否发生了减值进行检查。如果长期股权投资的可收回金额低于其账面价值,应当按照可收回金额低于账面价值的差额计提长期投资减值准备。如果长期股权投资的可收回金额高于其账面价值,应当在该长期股权投资期初已计提减值准备的范围内转回,可收回金额高于账面价值的差额。本科目应当按照被投资单位设置明细账,进行明细核算。本科目期末借方余额反映民间非营利组织持有长期股权投资的价值。

(二)长期债权投资

(1)本科目核算民间非营利组织购入的在 1 年内(不含 1 年)不能变现或不准备随时变现的债券和其他债权投资。

(2)民间非营利组织可以根据具体情况设置明细科目,进行明细核算,如债券投资下设明细科目:面值、溢价或折价、债券费用、应收利息等;可转换公司债券;其他债权投资。民间非营利组织如果有委托贷款或者委托投资(包括委托理财)且作为长期债权投资核算的,应当在本科目下单设明细科目核算。

长期债权投资在取得时,应当按照取得时的实际成本作为初始投资成本,具体如下:

①以现金购入的长期债权投资,按照实际支付的全部价款,包括税金、手续费等相关费用作为其初始投资成本,借方登记本科目,贷方登记"银行存款"等科目。如果实际支付的价款中包含已到付息日但尚未领取的债券利息,则按照实际支付的全部价款减去其中已到付息日但尚未领取的债券利息后,剩下的金额作为其初始投资成本,借方登记本科目,按照应领取的利息,借方登记"其他应收款"科目,按照实际支付的全部价款,贷方登记"银行存款"等科目。

②接受捐赠的长期债权投资,按照所确定的初始投资成本,借方登记本科目,贷方登记"捐赠收入"科目。

长期债权投资持有期间,应当按照票面价值与票面利率按期计算确认利息收入,如为到期一次还本付息的债券投资,借方登记本科目"债券投资(应收利息)"明细科目,贷方登记"投资收益"科目,如为分期付息、到期还本的债权投资,借方登记"其他应收款"科目,贷方登记"投资收益"科目。

长期债权投资的初始投资成本与债券面值之间的差额,应当在债券存续期间,按照直线法于确认相关债券利息收入时摊销,如初始投资成本高于债券面值,按照应当分摊的金额,借方登记"投资收益"科目,贷方登记本科目,如初始投资成本低于债券面值,按照应当分摊的金额,借方登记本科目,贷方登记"投资收益"科目。

购入的可转换公司债券在转换为股份之前,应当按一般债券投资进行处理。可转换公司债券转换为股份时,按照所转换债券投资的账面价值减去收到的现金后的余额,借方登记"长期股权投资"科目,按照收到的现金等,借方登记"现金""银行存款"科目,按照所转换债券投资的账面价值,贷方登记本科目。处置长期债权投资时,按照实际取得的价款,借方登记"银行存款"等科目,按照已计提的减值准备,借方登记"长期投资减值准备"科目,按照所处置长期债权投资的账面余额,贷方登记本科目,按照未领取的债券利息,贷方登记本科目"债券投资(应收利息)"明细科目或"其他应收款"科目,按照其差额,借方登记或贷方登记"投资收益"科目。

改变投资目的,将短期债权投资划转为长期债权投资,应当按短期债权投资的成本与市价孰低法结转,并按此确定的价值作为长期债权投资的成本,借记本科目,按照已计提的相关短期投资跌价准备,借方登记"短期投资跌价准备"科目,按照原短期债权投资的账面余额,贷方登记"短期投资"科目,按照其差额,借方登记或贷方登记"管理费用"科目。

期末,民间非营利组织应当对长期债权投资是否发生了减值进行检查。如果长期债权投资的可收回金额低于其账面价值,应当按照可收回金额低于账面价值的差额计提长期投资减值准备。如果长期债权投资的可收回金额高于其账面价值,应当在该长期债权投资期初已计提减值准备的范围内转回,可收回金额高于账面价值的差额。本科目期末借方余额反映民间非营利组织持有的长期债权投资价值。

(三)长期投资减值准备

民间非营利组织应当定期或者至少于每年年度终了,对长期投资是否发生了减值进行检查,如果发生了减值,应当计提长期投资减值准备。如果已计提减值准备的长期投资价值在以后期间得以恢复,则应当在已计提减值准备的范围内部分或全部转回已确认的减值损失,冲减当期费用。

长期投资减值准备的主要账务处理如下:

(1)如果长期投资的期末可收回金额低于账面价值,按照可收回金额低于账面价值的差额,借方登记"管理费用——长期投资减值损失"科目,贷方登记本科目。

(2)如果以前期间已计提减值准备的长期投资价在当期得以恢复,即长期投资的期末可收回金额高于账面价值,按照可收回金额高于账面价值的差额,在原计提减值准备的范围内,借方登记本科目,贷方登记"管理费用——长期投资减值损失"科目。

(3)民间非营利组织出售或收回长期投资,或者以其他方式处置长期投资时,应当同时结转已计提的减值准备。

(4)本科目的期末贷方余额反映民间非营利组织计提的长期投资减值准备。

(四)固定资产

本科目核算民间非营利组织固定资产的原价。固定资产是指同时具有以下特征的有形资产:①为行政管理、提供服务、生产商品或者出租目的而持有的;②预计使用年限超过1年;③单位价值较高。

民间非营利组织应当根据固定资产定义,结合本组织的具体情况,制定适合于本组织的固定资产目录、分类方法、每类或每项固定资产的折旧年限、折旧方法,作为进行固定资产核算的依据。民间非营利组织的固定资产如果发生了重大减值,计提减值准备的,应当单独设置"固定资产减值准备"科目进行核算。固定资产的主要账务处理如下:

(1)固定资产在取得时,应当按照取得时的实际成本入账。取得时的实际成本包括买价、包装费、运输费、交纳的有关税金等相关费用,以及为使固定资产达到预定使用状态前所必要的支出。具体情况见事业单位会计。按月提取固定资产折旧时,按照应提取的折旧金额,借方登记"存货——生产成本""管理费用"等科目,贷方登记"累计折旧"科目。

(2)与固定资产有关的后续支出,如果使可能流入民间非营利组织的经济利益或者服务潜力超过了原先的估计,如延长了固定资产的使用寿命,或者使服务质量实质性提高,或者使商品成本实质性降低,则应当计入固定资产账面价值,但其增加后的金额不应当超过该固定资产的可收回金额。其他后续支出应当计入当期费用。发生后续支出时,按照应当计入固定资产账面价值的金额，借方登记"在建工程""固定资产"科目，贷方登记"银行存款"等科目，按照应当计入当期费用的金额，借方登记"管理费用"等科目，贷方登记"银行存款"等科目。

（3）固定资产出售、报废或者毁损，或以其他方式处置时，按照所处置固定资产的账面价值，借方登记"固定资产清理"科目，按照已提取的折旧，借方登记"累计折旧"科目，按照固定资产账面余额，贷方登记本科目。

（4）民间非营利组织对固定资产应当定期或者至少每年实地盘点一次。对盘盈、盘亏的固定资产，应当及时查明原因，并根据管理权限报经批准后，在期末前结账处理完毕：如为固定资产盘盈，按照其公允价值，借方登记本科目，贷方登记"其他收入"科目；如为固定资产盘亏，按照固定资产账面价值扣除可以收回的保险赔偿和过失人的赔偿等后的金额，借方登记"管理费用"科目。按照可以收回的保险赔偿和过失人赔偿等，借方登记"现金""银行存款""其他应收款"等科目。按照已提取的累计折旧，借方登记"累计折旧"科目。按照固定资产的账面余额，贷方登记本科目。

（5）民间非营利组织应当设置"固定资产登记簿"和"固定资产卡片"，按固定资产类别设置明细账，进行明细核算。经营租入的固定资产，应当另设辅助簿进行登记，不在本科目核算。本科目期末借方余额反映民间非营利组织期末固定资产的账面原价。

（五）累计折旧

民间非营利组织应当对固定资产计提折旧，在固定资产的预计使用寿命内系统地分摊固定资产的成本。但是，用于展览、教育或研究等目的的历史文物、艺术品以及其他具有文化或者历史价值并作长期永久保存的典藏等，不计提折旧。固定资产提足折旧后，无论能否继续使用，均不再提取折旧；提前报废的固定资产也不再补提折旧。计提融资租入固定资产折旧时，应当采用与自有应折旧固定资产相一致的折旧政策。能够合理确定租赁期届满时将会取得租入固定资产所有权的，应当在租入固定资产尚可使用年限内计提折旧；无法合理确定租赁期届满时能够取得租入固定资产所有权的，应当在租赁期与租入固定资产尚可使用年限两者中较短的期间内计提折旧。按月计提固定资产折旧时，按照应当计提的金额，借方登记"存货——生产成本""管理费用"等科目，贷方登记本科目。本科目期末贷方余额反映民间非营利组织提取的固定资产折旧累计数。

（六）在建工程

本科目核算民间非营利组织进行在建工程（包括施工前期准备、正在施工中的建筑工程、安装工程、技术改造工程等）所发生的实际支出。民间非营利组织可以根据需要，在本科目下设置明细科目，进行明细核算。

在建工程的主要账务处理分两类进行，分别为自营工程和出包工程。自营工程按照直接材料、直接人工、直接机械使用费等确定其成本：

（1）领用材料物资时，按照所领用材料物资的账面余额，借方登记本科目，贷方登记"存货"科目。

（2）发生应负担的职工工资时，按照实际应负担的工资金额，借方登记本科目，贷方登记"应付工资"科目。

（3）工程应当分摊的水、电等其他费用，按照实际应分摊的金额，借方登记本科目，贷方登记"银行存款"等科目。

出包工程应当按照应支付的工程价款等确定其成本，具体如下：

（1）按照合同规定向承包商预付工程款、备料款时，按照实际预付的金额，借方登记本科目，贷方登记"银行存款"科目。

（2）与承包商办理工程价款结算时，按照补付的工程款，借方登记本科目，贷方登记"银行存款""应付账款"等科目。

在建工程发生的工程管理费、征地费、可行性研究费等，借方登记本科目，贷方登记"银行存款"等科目。为购建固定资产而发生的专门借款的借款费用，在允许资本化的期间内，按照专门借款的借款费用的实际发生额，借方登记本科目，贷方登记"长期借款"等科目。

出售在建工程，在建工程报废、毁损或者以其他方式处置在建工程时，按照所处置在建工程的账面价值，借方登记"固定资产清理"科目；按照在建工程账面余额，贷方登记本科目。所购建的固定资产已达到预定可使用状态时，按照在建工程的成本，借方登记"固定资产"科目，贷方登记本科目。本科目的期末借方余额反映民间非营利组织尚未完工的各项在建工程发生的实际支出。

（七）文物文化资产

文物文化资产是指用于展览、教育或研究等目的的历史文物、艺术品以及其他具有文化或者历史价值并作为长期或者永久保存的典藏等。文物文化资产的主要账务处理如下。

（1）文物文化资产在取得时，应当按照取得时的实际成本入账。取得时的实际成本包括买价、包装费、运输费、交纳的有关税金等相关费用，以及为使文物文化资产达到预定可使用状态前所必要的支出，具体有如下几个方面：

①外购的文物文化资产，按照实际支付的买价、相关税费以及为使文物文化资产达到预定可使用状态前发生的可直接归属于该文物文化资产的其他支出（如运输费、安装费、装卸费等），借方登记本科目，贷方登记"银行存款""应付账款"等科目。如果以一笔款项购入多项没有单独标价的文物文化资产，按照各项文物文化资产公允价值的比例对总成本进行分配，分别确定各项文物文化资产的入账价值。

②接受捐赠的文物文化资产，按照所确定的成本，借方登记本科目，贷方登记"捐赠收入"科目。

（2）出售文物文化资产、文物文化资产损毁或者以其他方式处置文物文化资产时，按照所处置文物文化资产的账面余额，借方登记"固定资产清理"科目，贷方登记本科目。

（3）民间非营利组织对文物文化资产应当定期或者至少每年实地盘点一次。对盘盈、盘亏的文物文化资产，应当及时查明原因，并根据管理权限，报经批准后，在期末前结账处理完毕：

①如为文物文化资产盘盈，按照其公允价值，借方登记本科目，贷方登记"其他收入"科目。

②如为文物文化资产盘亏，按照固定资产账面余额扣除可以收回的保险赔偿和过失人的赔偿等后的金额，借方登记"管理费用"科目；按照可以收回的保险赔偿和过失人赔偿等，借方登记"现金""银行存款""其他应收款"等科目；按照文物文化资产的账面余额，贷方登记本科目。

（4）民间非营利组织应当设置"文物文化资产登记簿"和"文物文化资产卡片"，按文物文化资产类别等设置明细账，进行明细核算。本科目期末借方余额反映民间非营利组织期末文物文化资产的价值。

（八）固定资产清理

固定资产清理核算民间非营利组织因出售、报废和毁损或其他处置等原因转入清理的固定资产价值及其清理过程中所发生的清理费用和清理收入等。固定资产清理的主要账务处理如下：

（1）处置固定资产转入清理时，按照所处置固定资产的账面价值，借方登记本科目；按照已提取的折旧，借方登记"累计折旧"科目；按照固定资产账面余额，贷方登记"固定资产"科目。

（2）清理过程中发生的费用和相关税金，按照实际发生额，借方登记本科目，贷方登记"银行存款"等科目。

（3）收回所处置固定资产的价款、残料价值和变价收入等，借方登记"银行存款"等科目，贷方登记本科目；应当由保险公司或过失人赔偿的损失，借方登记"现金""银行存款""其他应收款"等科目，贷方登记本科目。

（4）固定资产清理后的净收益，借方登记本科目，贷方登记"其他收入"科目；固定资产清理后的净损失，借方登记"其他费用"科目，贷方登记本科目。本科目应当按照被清理的固定资产设置明细账，进行明细核算。本科目期末余额反映尚未清理完毕的固定资产的价值以及清理净收入（清理收入减去清理费用）。

（九）无形资产

无形资产指民间非营利组织为开展业务活动、出租给他人或为管理目的而持有的且没有实物形态的非货币性长期资产，包括专利权、非专利技术、商标权、著作权、土地使用权等。民间非营利组织的无形资产如果发生了重大减值，计提减值准备的，应当单独设置"无形资产减值准备"科目进行核算。

无形资产在取得时，应当按照取得时的实际成本入账，具体如下：

（1）购入的无形资产，按照实际支付的价款，借方登记本科目，贷方登记"银行存款"等科目。

（2）接受捐赠的无形资产，按照所确定的成本，借方登记本科目，贷方登记"捐赠收入"科目。

（3）自行开发并按法律程序申请取得的无形资产，按依法取得时发生的注册费、聘请律师费等费用，借方登记本科目，贷方登记"银行存款"等科目。依法取得前，在研究与开发过程中发生的材料费用、直接参与开发人员的工资及福利费、开发过程中发生的租金、借款费用等直接计入当期费用，借方登记"管理费用"等科目，贷方登记"银行存款"等科目。

无形资产应当自取得当月起在预计使用年限内分期平均摊销，按照应提取的摊销金额，借方登记"管理费用"科目，贷方登记本科目。如预计使用年限超过了相关合同规定的受益年限或法律规定的有效年限，该无形资产的摊销年限同事业单位。

出售或以其他方式处置无形资产时，按照实际取得的价款，借方登记"银行存款"等科目，按照该项无形资产的账面余额，贷方登记本科目，按照其差额，贷方登记"其他收入"科目或借方登记"其他费用"科目。

本科目应当按照无形资产类别设置明细账，进行明细核算。期末借方余额反映民间非营利组织已入账但尚未摊销的无形资产的摊余价值。

（十）受托代理资产

受托代理资产指民间非营利组织接受委托方委托从事受托代理业务而收到的资产。民间非营利组织受托代理资产的确认和计量比照接受捐赠资产的确认和计量原则处理。

受托代理资产的主要账务处理如下：

（1）收到受托代理资产时，按照应确认的入账金额，借方登记本科目，贷方登记"受托代理负债"科目。

（2）转赠或者转出受托代理资产时，按照转出受托代理资产的账面余额，借方登记"受托代理负债"科目，贷方登记本科目。

（3）民间非营利组织应当设置"受托代理资产登记簿"，并根据具体情况设置明细账，进行明细核算。

民间非营利组织收到的受托代理资产如果为现金、银行存款或其他货币资金，可以不通过本科目核算，而在"现金""银行存款""其他货币资金"科目下设置"受托代理资产"明细科目进行核算，即在取得这些受托代理资产时，借方登记"现金——受托代理资产""银行存款——受托代理资产""其他货币资金——受托代理资产"科目，贷方登记"受托代理负债"科目。在转赠或者转出受托代理资产时，借方登记"受托代理负债"科目，贷方登记"现金——受托代理资产""银行存款——受托代理资产""其他货币资金——受托代理资产"科目。受托代理资产科目期末借方余额反映民间非营利组织期末尚未转出的受托代理资产价值。

第二节 负　债

一、短期借款

短期借款指民间非营利组织向银行或其他金融机构等借入的期限在 1 年以下（含 1 年）的各种借款。短期借款的主要账务处理如下：

（1）借入各种短期借款时，按照实际借得的金额，借方登记"银行存款"科目，贷方登记本科目。

（2）发生短期借款利息时，借方登记"筹资费用"科目，贷方登记"预提费用""银行存款"等科目。

（3）归还借款时，借方登记本科目，贷方登记"银行存款"科目。短期借款科目应当按照债权人设置明细账，并按照借款种类及期限等进行明细核算。期末贷方余额反映民间非营利组织尚未偿还的短期借款本金。

二、应付票据

应付票据指民间非营利组织购买材料、商品和接受服务供应等而开出、承兑的商业汇票，包括银行承兑汇票和商业承兑汇票。应付票据的主要账务处理如下：

（1）因购买材料、商品和接受服务等开出、承兑商业汇票时，借方登记"存货"等科目，贷方登记本科目。

(2) 以承兑商业汇票抵付应付账款时，借方登记"应付账款"科目，贷方登记本科目。

(3) 支付银行承兑汇票的手续费时，借方登记"筹资费用"科目，贷方登记"银行存款"科目。

(4) 应付票据到期时，应当分情况处理：收到银行支付到期票据的付款通知时，借方登记本科目，贷方登记"银行存款"科目。例如，无力支付票款，按照应付票据的账面余额，借方登记本科目，贷方登记"应付账款"科目。

(5) 如果为带息应付票据，应当在期末或到期时计算应付利息，借方登记"筹资费用"科目，贷方登记本科目。到期不能支付的带息应付票据，转入"应付账款"科目核算后，期末时不再计提利息。

民间非营利组织应当设置"应付票据备查簿"，详细登记每一应付票据的种类、号数、签发日期、到期日、票面金额、票面利率、合同交易号、收款人姓名或单位名称，以及付款日期和金额等资料。应付票据到期结清时，应当在备查簿内逐笔注销。应付票据科目期末贷方余额反映民间非营利组织持有的尚未到期的应付票据本息。

三、应付账款

应付账款指民间非营利组织因购买材料、商品和接受服务供应等而应付给供应单位的款项。应付账款的主要账务处理如下：

(1) 发生应付账款时，按照应付未付金额，借方登记"存货""管理费用"等科目，贷方登记本科目。

(2) 偿付应付账款时，借方登记本科目，贷方登记"银行存款"等科目。

(3) 开出、承兑商业汇票抵付应付账款时，借方登记本科目，贷方登记"应付票据"科目。

(4) 确实无法支付或由其他单位承担的应付账款，借方登记本科目，贷方登记"其他收入"科目。

应付账款科目应当按照债权人设置明细账，进行明细核算。本科目期末贷方余额反映民间非营利组织尚未支付的应付账款。

四、预收账款

预收账款指民间非营利组织向服务和商品购买单位预收的各种款项。预收账款的主要账务处理如下：

(1) 向购货单位预收款项时，按照实际预收的金额，借方登记"银行存款"等科目，贷方登记本科目。

(2) 确认收入时，按照本科目账面余额，借方登记本科目；按照应确认的收入金额，贷方登记"商品销售收入"等科目；按照补付或退回的款项，借方登记或贷方登记"银行存款"等科目。

预收账款科目应当按照购货单位设置明细账，进行明细核算。本科目期末贷方余额反映民间非营利组织向购货单位预收的款项。

五、应付工资

应付工资指民间非营利组织应付给职工的工资总额，包括在工资总额内的各种工资、奖金、津贴等，不论是否在当月支付，都应当通过本科目核算。民间非营利组织应当按照相关规定，根据考勤记录、工时记录、工资标准等，编制"工资单"，计算各种工资，并应当将"工资单"进行汇总，编制"工资汇总表"。应付工资的主要账务处理如下：

（1）支付工资时，借方登记本科目，贷方登记"现金""银行存款"等科目。从应付工资中扣还的各种款项（如代垫的房租、家属药费、个人所得税等），借方登记本科目，贷方登记"其他应收款""应交税金"等科目。

（2）期末，应当将本期应付工资进行分配，如行政管理人员的工资，借方登记"管理费用"科目，贷方登记本科目；应当记入各项业务活动成本的人员工资，借方登记"业务活动成本""存货——生产成本"科目，贷方登记本科目；应当由在建工程负担的人员工资，借方登记"在建工程"等科目，贷方登记本科目。民间非营利组织应当设置"应付工资明细账"，按照职工类别分设账页，按照工资的组成内容分设专栏，根据"工资单"或"工资汇总表"进行登记。应付工资科目期末一般应无余额，如果应付工资大于实发工资的，期末贷方余额反映尚未领取的工资余额。

六、应交税金

应交税金指民间非营利组织按照有关国家税法规定应当交纳的各种税费，如营业税、增值税、所得税、房产税、个人所得税等。民间非营利组织应当根据具体情况，设置明细科目，进行明细核算。应交税金的主要账务处理如下：

（1）发生营业税纳税义务时，按照应交纳的营业税，借方登记"业务活动成本"等科目，贷方登记本科目。交纳营业税时，借方登记本科目，贷方登记"银行存款"科目。

（2）发生增值税纳税义务时，应当按税收有关规定计算应缴纳的增值税，并通过本科目核算。

（3）发生所得税纳税义务时，按照应交纳的所得税，借方登记"其他费用"科目，贷方登记本科目。交纳所得税时，借方登记本科目，贷方登记"银行存款"科目。

（4）发生了个人所得税纳税义务时，按照规定计算应代扣代交的个人所得税，借方登记"应付工资"等科目，贷方登记本科目。交纳个人所得税时，借方登记本科目，贷方登记"银行存款"科目。

应交税金科目期末贷方余额反映民间非营利组织尚未交纳的税费；期末借方余额反映民间非营利组织多交的税费。

七、其他应付款

其他应付款指民间非营利组织应付、暂收其他单位或个人的款项，如应付经营租入固定资产的租金等。其他应付款的主要账务处理如下：

（1）发生的各项应付、暂收款项，借方登记"银行存款""管理费用"等科目，贷方登记本科目。

（2）支付款项时，借方登记本科目，贷方登记"银行存款"等科目。其他应付款科目应当按照应付和暂收款项的类别、单位或个人设置明细账，进行明细核算。本科目期末贷方余额反映尚未支付的其他应付款项。

八、预提费用

预提费用指民间非营利组织按照规定预先提取的已经发生但尚未支付的费用，如预提的租金、保险费、借款利息等。预提费用的主要账务处理如下：

（1）按照规定预提计入本期费用时，借方登记"筹资费用""管理费用"等科目，贷方登记本科目。

（2）实际支出时，借方登记本科目，贷方登记"银行存款"等科目。预提费用科目应当按照费用种类设置明细账，进行明细核算。本科目期末贷方余额反映民间非营利组织提取但尚未支付的各项费用。

九、预计负债

预计负债指民间非营利组织对因或有事项所产生的现时义务而确认的负债，包括因对外提供担保、商业承兑票据贴现、未决诉讼等确认的负债。预计负债的主要账务处理举例如下：

（1）确认预计负债时，按照应确认的预计负债金额，借方登记"管理费用"等科目，贷方登记本科目。

（2）实际偿付负债时，借方登记本科目，贷方登记"银行存款"等科目。

（3）转回预计负债时，借方登记本科目，贷方登记"管理费用"等科目。预计负债科目应当按照预计负债项目设置明细账，进行明细核算。本科目期末贷方余额反映民间非营利组织已预计但尚未支付的债务。

十、长期借款

长期借款指民间非营利组织向银行或其他金融机构借入的期限在 1 年以上（不含 1 年）的各项借款。长期借款应当按照实际发生额入账。长期借款的借款费用应当在发生时计入当期费用。但是，为购建固定资产而发生的专门借款的借款费用在规定的允许资本化期间内，应当按照专门借款的借款费用的实际发生额予以资本化，计入在建工程成本。这里的借款费用包括因借发生的利息、辅助费用以及因外币借款而发生的汇兑差额等。民间非营利组织应当按照规定确定专门借款的借款费用允许资本化的期间及其金额。长期借款的主要账务处理如下：

（1）借入长期借款时，按照实际借入额，借方登记"银行存款"等科目，贷方登记本科目。

（2）发生的借款费用，借方登记"筹资费用"科目，贷方登记本科目。例如，为购建固定资产而发生的专门借款的借款费用，在允许资本化的期间内，按照专门借款的借款费用的实际发生额，借方登记"在建工程"科目，贷方登记本科目。

（3）归还长期借款时，借方登记本科目，贷方登记"银行存款"科目。长期借款科目应当按照贷款单位设置明细账，并按贷款种类进行明细核算。本科目期末贷方余额反映民间非营利组织尚未偿还的长期借款本息。

十一、长期应付款

长期应付款指民间非营利组织的各项长期应付款项，如融资租入固定资产的租赁费等。长

期应付款的主要账务处理举例如下：

（1）发生长期应付款时，借方登记有关科目，贷方登记本科目。

（2）支付长期应付款项时，借方登记本科目，贷方登记"银行存款"科目。长期应付款科目应当按照长期应付款的种类设置明细账，进行明细核算。本科目期末贷方余额反映尚未支付的各种长期应付款。

十二、受托代理负债

受托代理负债指民间非营利组织因从事受托代理业务、接受受托代理资产而产生的负债。受托代理负债应当按照相对应的受托代理资产的金额予以确认和计量。受托代理负债的主要账务处理如下：

（1）收到受托代理资产，按照应确认的入账金额，借方登记"受托代理资产"科目，贷方登记本科目。

（2）转赠或者转出受托代理资产，按照转出受托代理资产的账面余额，借方登记本科目，贷方登记"受托代理资产"科目。

受托代理负债科目应当按照指定的受赠组织或个人，或者指定的应转交的组织或个人设置明细账，进行明细核算。本科目期末贷方余额反映民间非营利组织尚未清偿的受托代理负债。

第三节 净资产类

一、非限定性净资产

指民间非营利组织的非限定性净资产，即民间非营利组织净资产中除限定性净资产之外的其他净资产。民间非营利组织应当在期末将当期非限定性收入的实际发生额、当期费用的实际发生额和当期由限定性净资产转为非限定性净资产的金额转入非限定性净资产。非限定性净资产的主要账务处理如下：

（1）期末，将各收入类科目所属"非限定性收入"明细科目的余额转入本科目，借方登记"捐赠收入——非限定性收入""会费收入——非限定性收入""提供服务收入——非限定性收入""政府补助收入——非限定性收入""商品销售收入——非限定性收入""投资收益——非限定性收入""其他收入——非限定性收入"科目，贷方登记本科目。同时，将各费用类科目的余额转入本科目，借方登记本科目，贷方登记"业务活动成本""管理费用""筹资费用""其他费用"科目。

（2）如果限定性净资产的限制已经解除，应当对净资产进行重新分类，将限定性净资产转为非限定性净资产，借方登记"限定性净资产"科目，贷方登记本科目。

（3）如果因调整以前期间收入、费用项目而涉及调整非限定性净资产的，应当就需要调整的金额，借方登记或贷方登记有关科目，贷方登记或借方登记本科目。

（4）非限定性净资产科目期末贷方余额反映民间非营利组织历年积存的非限定性净资产。

二、限定性净资产

限定性净资产指民间非营利组织的限定性净资产。如果资产或者资产的经济利益（如资产的投资收益和利息等）的使用和处置受到资源提供者或者国家有关法律、行政法规所设置的时间限制或（和）用途限制，则由此形成的净资产即为限定性净资产。本制度所称的时间限制，是指资产提供者或者国家有关法律、行政法规要求民间非营利组织在收到资产后的某一时期或某一特定日期之后才能使用该项资产；本制度所称的用途限制，是指资产提供者或者国家有关法律、行政法规要求民间非营利组织将收到的资产用于某一特定的用途。民间非营利组织的董事会、理事会或类似机构对净资产的使用所作的限定性决策、决议或拨款限额等，属于民间非营利组织内部管理上对资产使用所作的限制，它不属于本制度所界定的限定性净资产。民间非营利组织应当在期末将当期限定性收入的实际发生额转为限定性净资产。限定性净资产的主要账务处理如下：

（1）期末，将各收入类科目所属"限定性收入"明细科目的余额转入本科目，借方登记"捐赠收入——限定性收入""政府补助收入——限定性收入"等科目，贷方登记本科目。

（2）如果限定性净资产的限制已经解除，应当对净资产进行重新分类，将限定性净资产转为非限定性净资产，借方登记本科目，贷方登记"非限定性净资产"科目。如果资产提供者或者国家有关法律、行政法规要求民间非营利组织在特定时期之内或特定日期之后，将限定性净资产或者相关资产用于特定用途，该限定性净资产应当在相应期间之内或相应日期之后，按照实际使用的相关资产金额，或者实际发生的相关费用金额转为非限定性净资产。

（3）如果因调整以前期间收入、费用项目而涉及调整限定性净资产的，应当就需要调整的金额，借方登记或贷方登记有关科目，贷方登记或借方登记本科目。非限定性净资产科目期末贷方余额反映民间非营利组织历年积存的限定性净资产。

思考题

1. 将民间非营利组织财务报表按其编制时间分类。
2. 简述民间非营利组织的特征。
3. 简述民间非营利组织的净资产分类。
4. 如果以前期间已计提跌价准备的存货价值在当期得以恢复，存货跌价准备应该做怎样的账务处理？
5. 怎样确定短期投资的实际成本？

【在线测试题】

扫描书背面的二维码，获取答题权限。

第十一章 民间非营利组织会计的收入、费用和财务报告

第一节 民间非营利组织会计的收入

一、捐赠收入

捐赠收入指民间非营利组织接受其他单位或者个人捐赠所取得的收入。民间非营利组织因受托代理业务而从委托方收到的受托代理资产，不在本科目核算。民间非营利组织的捐赠收入应当按照是否存在限定区分为非限定性收入和限定性收入，从而设置明细科目进行明细核算。如果资产提供者对资产的使用设置了时间限制或者（和）用途限制，则所确认的相关收入为限定性收入；除此之外的其他所有收入为非限定性收入。民间非营利组织接受捐赠，应当在满足规定的收入确认条件时确认捐赠收入。捐赠收入的主要账务处理如下：

（1）接受的捐赠，按照应确认的金额，借方登记"现金""银行存款""短期投资""存货""长期股权投资""长期债权投资""固定资产""无形资产"等科目，贷方登记本科目"限定性收入"或"非限定性收入"明细科目。对于接受的附条件捐赠，如果存在需要偿还全部或部分捐赠资产或者相应金额的现时义务时（如因无法满足捐赠所附条件而必须将部分捐赠款退还给捐赠人时），按照需要偿还的金额，借方登记"管理费用"科目，贷方登记"其他应付款"等科目。

（2）如果限定性捐赠收入的限制在确认收入的当期得以解除，应当将其转为非限定性捐赠收入，借方登记本科目"限定性收入"明细科目，贷方登记本科目"非限定性收入"明细科目。

（3）期末，将捐赠收入科目各明细科目的余额分别转入限定性净资产和非限定性净资产，借方登记本科目"限定性收入"明细科目，贷方登记"限定性净资产"科目，借方登记本科目"非限定性收入"明细科目，贷方登记"非限定性净资产"科目。期末结转后，本科目应无余额。

二、会费收入

会费收入指民间非营利组织根据章程等的规定向会员收取的会费收入。一般情况下，民间非营利组织的会费收入为非限定性收入，除非相关资产提供者对资产的使用设置了限制。民间非营利组织应当在满足规定的收入确认条件时确认会费收入。会费收入的主要账务处理如下：

（1）向会员收取会费，在满足收入确认条件时，借方登记"现金""银行存款""应收账款"等科目，贷方登记本科目"非限定性收入"明细科目，如果存在限定性会费收入，应当贷

方登记本科目"限定性收入"明细科目。

（2）期末，将本科目的余额转入非限定性净资产，借方登记本科目"非限定性收入"明细科目，贷方登记"非限定性净资产"科目。如果存在限定性会费收入，则将其金额转入限定性净资产，借方登记本科目"限定性收入"明细科目，贷方登记"限定性净资产"科目。

会费收入科目应当按照会费种类（如团体会费、个人会费等）设置明细账进行明细核算。期末结转后，本科目应无余额。

三、提供服务收入

提供服务收入指民间非营利组织根据章程等的规定向其服务对象提供服务取得的收入，包括学杂费收入、医疗费收入、培训收入等。一般情况下，民间非营利组织的提供服务收入为非限定性收入，除非相关资产提供者对资产的使用设置了限制。民间非营利组织应当在满足规定的收入确认条件时确认提供服务收入。提供服务收入的主要账务处理如下：

（1）提供服务取得收入时，按照实际收到或应当收取的价款，借方登记"现金""银行存款""应收账款"等科目；按照应当确认的提供服务收入金额，贷方登记本科目；按照预收的价款，贷方登记"预收账款"科目。在以后期间确认提供服务收入时，借方登记"预收账款"科目，贷方登记本科目"非限定性收入"明细科目。如果存在限定性提供服务收入，应当贷方登记本科目"限定性收入"明细科目。

（2）期末，将本科目的余额转入非限定性净资产，借方登记本科目"非限定性收入"明细科目，贷方登记"非限定性净资产"科目。如果存在限定性提供服务收入，则将其金额转入限定性净资产，借方登记本科目"限定性收入"明细科目，贷方登记"限定性净资产"科目。

提供服务收入科目当按照提供服务的种类设置明细账，进行明细核算。期末结转后，本科目应无余额。

四、政府补助收入

政府补助收入指民间非营利组织因为政府拨款或者政府机构给予的补助而取得的收入。民间非营利组织的政府补助收入应当按照是否存在限定区分为非限定性收入和限定性收入，从而设置明细科目进行明细核算。如果资产提供者对资产的使用设置了时间限制或者（和）用途限制，则所确认的相关收入为限定性收入；除此之外的其他所有收入为非限定性收入。民间非营利组织应当在满足规定的收入确认条件时确认政府补助收入。政府补助收入的主要账务处理如下：

（1）接受的政府补助，按照应确认的金额，借方登记"现金""银行存款"等科目，贷方登记本科目"限定性收入"或"非限定性收入"明细科目。对于接受的附条件政府补助，如果民间非营利组织存在需要偿还全部或部分政府补助资产或者相应金额的现时义务时（如因无法满足政府补助所附条件而必须退还部分政府补助时），按照需要偿还的金额，借方登记"管理费用"科目，贷方登记"其他应付款"等科目。

（2）如果限定性政府补助收入的限制在确认收入的当期得以解除，应当将其转为非限定性捐赠收入，借方登记本科目"限定性收入"明细科目，贷方登记本科目"非限定性收入"明细科目。

（3）期末，将本科目各明细科目的余额分别转入限定性净资产和非限定性净资产，借方登记本科目"限定性收入"明细科目，贷方登记"限定性净资产"科目，借方登记本科目"非限定性收入"明细科目，贷方登记"非限定性净资产"科目。期末结转后，本科目应无余额。

五、商品销售收入

商品销售收入科目核算民间非营利组织销售商品（如出版物、药品）等所形成的收入。一般情况下，民间非营利组织的提供服务收入为非限定性收入，除非相关资产提供者对资产的使用设置了限制。民间非营利组织应当在满足规定的收入确认条件时确认商品销售收入。商品销售收入的主要账务处理如下：

（1）销售商品取得收入时，按照实际收到货应当收取的价款，借方登记收入金额，贷方登记本科目"非限定性收入"明细科目（如果存在非限定性商品销售收入，应当贷方登记本科目"非限定性收入"明细科目），按照预收的价款，贷方登记"预收账款"科目。在以后期间确认商品销售收入时，借方登记"预收账款"科目，贷方登记本科目"非限定性收入"明细科目，如果存在限定性商品销售收入，应当贷方登记本科目"限定性收入"明细科目。

（2）销售退回是指民间非盈利组织售出的商品，由于质量、品种不符合要求等原因而发生的退货。销售退回时应当分以下情况处理。

①未确认收入的已发出商品的返回，不需要进行会计处理。

②已确认收入的销售商品退回，一般情况下直接冲减退回当月的商品销售收入、商品销售成本等：按照应当冲减的商品销售收入，借方登记本科目；按照已收或应收的金额，贷方登记"银行存款""应收账款""应收票据"等科目；按照退回商品的成本，借方登记"存货"科目，贷方登记"业务活动成本"科目。如果该项销售发生现金折扣，应当在退回当月一并处理。

③报告期间资产负债表日至财务报告批准报出日之间发生的报告期间或以前期间的销售退回，应当作为资产负债表日后事项的调整事项处理，调整报告期间会计报表的相关项目：按照应冲减的商品销售收入，借方登记"非限定性净资产"科目（如果所调整收入属于限定性收入，应当借方登记"限定性净资产"科目）；按照已收或应收的金额，贷方登记"银行存款""应收账款""应收票据"等科目；按照退回商品的成本，借方登记"存货"科目，贷方登记"非限定性净资产"科目。如果该项销售已发生现金折扣，应当一并处理。

（3）现金折扣是指民间非营利组织为了尽快回笼资金而发生的理财费用。现金折扣在实际发生时直接计入当期筹资费用：按照实际收到的金额，借方登记"银行存款"等科目；按照应给予的现金折扣，借方登记"筹资费用"科目；按照应收的账款，贷方登记"应收账款""应收票据"等科目。购买方实际获得的现金折扣，冲减取得当期的筹资费用：按照应付的账款，借方登记"应付账款""应付票据"等科目；按照实际获得的现金折扣，贷方登记"筹资费用"科目；按照实际支付的价款，贷方登记"银行存款"等科目。

（4）销售折让是指在商品销售时直接给予购买方的折让。销售折让应当在实际发生时直接从当期实现的销售收入中抵减。

（5）期末，将本科目的余额转入非限定性净资产，借方登记本科目，贷方登记"非限定性净资产"科目。如果存在限定性商品销售收入，则将其金额转入限定性净资产，借方登记本科目，贷方登记"限定性净资产"科目。

商品销售收入科目应当按照商品的种类设置明细账，进行明细核算。期末结转后，本科目应无余额。

六、投资收益

投资收益指民间非营利组织因对外投资取得的投资净损益。一般情况下,民间非营利组织的投资收益为非限定性收入,除非相关资产提供者对资产的使用设置了限制。投资收益的主要账务处理如下:

(一)短期投资

出售短期投资或到期收回债券本息,按照实际收到的金额,借方登记"银行存款"科目;按照已计提的减值准备,借方登记"短期投资跌价准备"科目;按照所出售或收回短期投资的账面余额,贷方登记"短期投资"科目;按照未领取的现金股利或利息,贷方登记"其他应收款"科目;按照其差额,借方登记或贷方登记本科目。

(二)长期股权投资

(1)采用成本法核算的,被投资单位宣告发放现金股利或利润时,按照宣告发放的现金股利或利润中属于民间非营利组织应享有的部分,确认当期投资收益,借方登记"其他应收款"科目,贷方登记本科目。

(2)采用权益法核算的,在期末,按照应当享有或应当分担的被投资单位当年实现的净利润或发生的净亏损的份额,调整长期股权投资账面价值,如被投资单位实现净利润,借方登记"长期股权投资"科目,贷方登记本科目;如被投资单位发生净亏损,借方登记本科目,贷方登记"长期股权投资"科目,但以长期股权投资账面价值减记至零为限。

(3)处置长期股权投资时,按照实际取得的价款,借方登记"银行存款"等科目;按照已计提的减值准备,借方登记"长期投资减值准备"科目;按照所处置长期股权投资的账面余额,贷方登记"长期股权投资"科目;按照未领取的现金股利,贷方登记"其他应收款"科目;按照其差额,借方登记或贷方登记本科目。

(三)长期债权投资

(1)长期债权投资持有期间,应当按照票面价值与票面利率按期计算确认利息收入,如为到期一次还本付息的债券投资,借方登记"长期债权投资——债券投资(应收利息)"科目,贷方登记本科目;如为分期付息、到期还本的债权投资,借方登记"其他应收款"科目,贷方登记本科目。

长期债券投资的初始投资成本与债券面值之间的差额,应当在债券存续期间,按照直线法于确认相关债券利息收入时摊销,如初始投资成本高于债券面值,按照应当分摊的金额,借方登记本科目,贷方登记"长期债权投资"科目,如初始投资成本低于债券面值,按照应当分摊的金额,借方登记"长期股权投资"科目,贷方登记本科目。

(2)处置长期债权投资时,按照实际取得的价款,借方登记"银行存款"等科目;按照已计提的减值准备,借方登记"长期投资减值准备"科目;按照所处置长期债券投资的账面余额,贷方登记"长期债权投资"科目;按照期末领取的现金股利,贷方登记"其他应收款"科目或"长期债权投资——债券投资(应收利息)"科目;按照其差额,借方登记或贷方登记本科目。

期末,将投资收益科目的余额转入非限定性净资产,借方登记本科目,贷方登记"非限定性净资产"科目。如果存在限定性投资收益,则将其金额转入限定性净资产,借方登记本科目,贷方登记"限定性净资产"科目。期末结转后，本科目应无余额。

七、其他收入

其他收入指民间非营利组织除捐赠收入、会费收入、提供服务收入、商品销售收入、政府补助收入、投资收益等主要业务活动收入以外的收入，如确实无法支付的应付款项、存货盘盈、固定资产盘盈、固定资产处置净收入、无形资产处置净收入等。一般情况下，民间非营利组织的其他收入为非限定性收入，除非相关资产提供者对资产的使用设置了限制。其他收入的主要账务处理举例如下：

（1）现金、存货、固定资产等盘盈的，根据管理权限报经批准后，借方登记"现金""存货""固定资产""文物文化资产"等科目，贷方登记本科目"非限定性收入"明细科目，如果存在限定性其他收入，应当贷方登记本科目"限定性收入"明细科目。

（2）对于固定资产处置净收入，借方登记"固定资产清理"科目，贷方登记本科目。

（3）对于无形资产处置净收入，按照实际取得的价款，借方登记"银行存款"等科目，按照该项无形资产的账面余额，贷方登记"无形资产"科目，按照其差额，贷方登记本科目。

（4）确认无法支付的应付款项，借方登记"应付账款"等科目，贷方登记本科目。

（5）在非货币性交易中收到补价情况下应确认的损益，借方登记有关科目，贷方登记"其他收入"科目。

（6）期末，将本科目的余额转入非限定性净资产，借方登记本科目，贷方登记"非限定性净资产"科目。如果存在限定性的其他收入，则将其金额转不限定性净资产，借方登记本科目，贷方登记"限定性净资产"科目。其他收入科目应当按照其他收入种类设置明细账，进行明细核算。期末结转后，本科目应无余额。

第二节 民间非营利组织会计的费用

一、业务活动成本

业务活动成本指民间非营利组织为了实现其业务活动目标、开展其项目活动或者提供服务所发生的费用。如果民间非营利组织从事的项目、提供的服务或者开展的业务比较单一，可以将相关费用全部归集在"业务活动成本"项目下进行核算和列报；如果民间非营利组织从事的项目、提供的服务或者开展的业务种类较多，民间非营利组织应当在"业务活动成本"项目下分项目、服务或者业务大类进行核算和列报。民间非营利组织发生的业务活动成本，应当按照其发生额计入当期费用。业务活动成本的主要账务处理如下：

（1）发生的业务活动成本，借方登记本科目，贷方登记"现金""银行存款""存货""应付账款"等科目。

（2）期末，将本科目的余额转入非限定性净资产，借方登记"非限定性净资产"科目，贷方登记本科目。期末结转后,本科目应无余额。

二、管理费用

管理费用指民间非营利组织为组织和管理其业务活动所发生的各项费用,包括民间非营利组织董事会(或者理事会与类似权力机构)经费和行政管理人员的工资、奖金、津贴、福利费、住房公积金、住房补贴、社会保障费、离退休人员工资与补助,以及办公费、水电费、邮电费、物业管理费、差旅费、折旧费、修理费、无形资产摊销费、存货盘亏损失、资产减值损失、因预计负债所产生的损失、聘请中介机构费和应偿还的受赠资产等。民间非营利组织发生的管理费用,应当在发生时按其发生额计入当期费用。管理费用的主要账务处理如下:

(1)现金、存货、固定资产等盘亏,根据管理权限报经批准后,按照相关资产账面价值扣除可以收回的保险赔偿和过失人的赔偿等后的金额,借方登记本科目;按照可以收回的保险赔偿和过失人赔偿等,借方登记"现金""银行存款""其他应收款"等科目;按照已提取的累计折旧,借方登记"累计折旧"科目;按照相关资产的账面余额,贷方登记相关资产科目。

(2)对于因提取资产减值准备而确认的资产减值损失,借方登记本科目,贷方登记相关资产减值准备科目。冲减或转回资产减值准备,借方登记相关资产减值准备科目,贷方登记本科目。

(3)提取行政管理用固定资产折旧时,借方登记本科目,贷方登记"累计折旧"科目。

(4)无形资产摊销时,借方登记本科目,贷方登记"无形资产"科目。

(5)对于发生的应归属于管理费用的应付工资、应交税金等,借方登记本科目,贷方登记"应付工资""应交税金"等科目。

(6)对于因确认预计负债而确认的损失,借方登记本科目,贷方登记"预计负债"科目。

(7)对于发生的其他管理费用,借方登记本科目,贷方登记"现金""银行存款"等科目。

(8)期末,将本科目的余额转入非限定性净资产,借方登记本科目,贷方登记"非限定性净资产"科目。

管理费用科目应当按照管理费用种类设置明细账,进行明细核算。民间非营利组织可以根据具体情况编制管理费用明细表,以满足内部管理等有关方面的信息需要。期末结转后,本科目应无余额。

三、筹资费用

筹资费用指非营利组织为筹集业务活动所需资金而发生的费用,包括民间非营利组织获得捐赠资产而发生的费用以及应当计入当期费用的借款费用、汇兑损失(减汇兑收益)等。民间非营利组织发生的筹资费用,应当在发生时按其发生额计入当期费用。筹资费用的主要账务处理如下:

(1)对于发生的筹资费用,借方登记本科目,贷方登记"预提费用""银行存款""长期借款"等科目。对于发生的应冲减筹资费用的利息收入、汇兑收益,借方登记"银行存款""长期借款"等科目,贷方登记本科目。

(2)期末,将本科目的余额转入非限定性净资产,借方登记"非限定性净资产"科目,贷方登记本科目。筹资费用科目应当按照筹资费用种类设置明细账,进行明细核算。期末结转后,本科目应无余额。

四、其他费用

其他费用指民间非营利组织发生的、无法归属到上述业务活动成本、管理费用或者筹资费用中的费用,包括固定资产处置净损失、无形资产处置净损失等。民间非营利组织发生的其他费用,应当在发生时按其发生额计入当期费用。其他费用的主要账务处理如下:

(1) 对于发生的固定资产处置净损失,借方登记本科目,贷方登记"固定资产清理"科目。

(2) 对于发生的无形资产处置净损失,按照实际取得的价款,借方登记"银行存款"等科目;按照该项无形资产的账面余额,贷方登记"无形资产"科目;按照其差额,借方登记本科目。

(3) 期末,将本科目的余额转入非限定性净资产,借方登记"非限定性净资产"科目,贷方登记本科目。

其他费用科目应当按照费用种类设置明细账。期末结转后,本科目无余额。

第三节 民间非营利组织会计的财务报告

财务会计报告是概括地反映民间非营利组织某一特定日期财务状况和某一会计期间业务活动情况和现金流量的报告式文件。一套完整的会计报告应包括会计报表、会计报表附注和财务情况说明书。在前面各章中,我们已经对民间非营利组织平时发生的经济业务如何编制记账凭证和登记入账进行了分门别类的介绍,平时的记录虽然是全面的和具体的,但不能概括且集中地反映民间非营利组织财务状况和经营成果。为了使有关报告的使用者能够全面地了解民间非营利组织经济活动的全貌,还必须将日常的账簿记录进一步加工、整理,编制成会计报告,并对外报送或公布,以满足各方的需求。

民间非营利组织财务会计报告的使用者,通常有资源提供者、债权人、有关管理部门及其他单位和个人。不同的使用者依据报告信息进行不同的决策。民间非营利组织现有资源的提供者利用财务会计报告信息,可了解监督所提供资源的使用情况;有关政府管理部门利用报告信息,可了解有关民间非营利组织的运转情况和发展过程中存在的问题,以便进行宏观监督、指导;民间非营利组织的管理者利用会计报告信息,可了解管理水平或者受托管理的受托责任的履行情况。

民间非营利组织的财务会计报告可以有多种分类方式。

1. 民间非营利组织财务会计报告的种类按其反映的内容划分

民间非营利组织财务会计报告的种类按其反映的内容划分,包括会计报表、会计报表附注和财务情况说明书。会计报表又分为资产负债表、业务活动情况表和现金流量表。

(1) 资产负债表是反映民间非营利组织某一会计期期末全部资产、负债和净资产情况的报表。

(2) 业务活动情况表是反映民间非营利组织在一定期间内开展业务活动实际情况的报表。

(3) 现金流量表是反映民间非营利组织在某一会计期间内有关现金和现金等价物的流入和流出情况的报表。

2. 民间非营利组织财务会计报告按其编制时间划分

（1）民间非营利组织财务会计报告按其编制时间划分，可以分为年度财务会计报告和中期财务会计报告：①年度财务会计报告是以整个会计年度为基础编制的财务会计报告。②中期财务会计报告是指以短于一个完整的财务会计年度的期间（如半年度、季度、月度）为基础编制的财务会计报告。民间非营利组织在编制中期财务会计报告时，应当采用与年度会计报告相一致的确认与计量原则。中期财务会计报告的内容相对于年度财务报告而言可以适当简化，但仍应保证包括与理解中期期末财务状况和中期业务活动情况及现金流量相关的重要财务信息。

（2）民间非营利组织财务会计报告按报告的使用者不同分为外部报告和内部报告。民间非营利组织对外提供的财务会计报告的内容、会计报表的种类和格式、报表附注应予以披露的主要内容等属于外部报告，按照民间非营利组织会计制度的要求编制；民间非营利组织内部管理需要的会计报表属于内部报告，由单位自行规定。

[拓展阅读]　　　　《民间非营利组织会计制度》若干问题的解释

财政部根据《民间非营利组织会计制度》（财会〔2004〕7号）的规定，制定了《〈民间非营利组织会计制度〉若干问题的解释》，2020年6月19号开始执行。

思考题

1. 简述民间非营利组织收入的类型。
2. 简述民间非营利组织捐赠收入的分类。
3. 管理费用具体包括哪些？
4. 民间非营利组织财务会计报告都有哪些使用者？
5. 简述销售退回时应当如何进行会计处理。

【在线测试题】

扫描书背面的二维码，获取答题权限。

教学支持说明

▶▶ 课件申请

尊敬的老师：

您好！感谢您选用清华大学出版社的教材！为更好地服务教学，我们为采用本书作为教材的老师提供教学辅助资源。该部分资源仅提供给授课教师使用，请您直接用手机扫描下方二维码完成认证及申请。

任课教师扫描二维码
可获取教学辅助资源

▶▶ 样书申请

为方便教师选用教材，我们为您提供免费赠送样书服务。授课教师扫描下方二维码即可获取清华大学出版社教材电子书目。在线填写个人信息，经审核认证后即可获取所选教材。我们会第一时间为您寄送样书。

任课教师扫描二维码
可获取教材电子书目

 清华大学出版社

E-mail: tupfuwu@163.com	网址: http://www.tup.com.cn/
电话: 8610-83470332/83470142	传真: 8610-83470107
地址: 北京市海淀区双清路学研大厦B座509室	邮编: 100084

○ 会计学 ○

财务会计（英文版·第11版）

本书特色
经典的财务会计教材，配有中文翻译版，课件齐全。

教辅材料
课件、习题库

书号：9787302561934
作者：[美]沃尔特·小哈里森 查尔斯·亨格瑞 威廉·托马斯 温迪·蒂兹
定价：115.00元
出版日期：2020.9

任课教师免费申请

财务会计（第11版）

本书特色
经典的财务会计教材，配有英文影印版，教辅资源丰富，有中文课件。

教辅材料
课件、习题库、习题答案

书号：9787302508038
作者：[美]沃尔特·小哈里森 等 著，赵小鹿 译
定价：109.00元
出版日期：2018.9

任课教师免费申请

数字财务

本书特色
内容前沿，案例丰富，四色印刷，实操性强。

教辅材料
教学大纲、课件

书号：9787302562931
作者：彭娟 陈虎 王泽霞 胡仁昱
定价：98.00元
出版日期：2020.10

任课教师免费申请

财务会计学（第二版）

本书特色
体现最新会计准则和会计法规，实用性强，习题丰富，内容全面，课件完备。

教辅材料
教学大纲、课件

书号：9787302520979
作者：王秀芬 李现宗
定价：55.00元
出版日期：2019.3

任课教师免费申请

中级财务会计（第二版）

本书特色
教材内容丰富，语言通俗易懂。编者均为教学第一线且教学经验丰富的教师，善于用通俗的语言阐述复杂的问题。教材的基本概念源于企业会计准则，比较权威，并根据作者的知识和见解加以诠释。

教辅材料
课件、习题

书号：9787302566793
作者：潘爱玲主编，张健梅 副主编
定价：69.00元
出版日期：2021.11

任课教师免费申请

中级财务会计

本书特色
"互联网+"教材，按照新准则编写，结构合理，形式丰富，课件齐全，便于教学。

教辅材料
教学大纲、课件

书号：9787302532378
作者：仲伟冰 赵洪进 张云
定价：59.00元
出版日期：2019.8

任课教师免费申请

○会计学○

中级财务会计

本书特色
根据最新会计准则编写,应用型高校和高职适用教材,案例丰富,结构合理,课件齐全。

教辅材料
课件、教学大纲、习题答案

书号：9787302505099
作者：曹湘平 陈益云
定价：52.50 元
出版日期：2018.7

任课教师免费申请

中级财务会计实训教程

本书特色
"互联网+"教材,课件齐全,便于教学。

书号：9787302564089
作者：郑卫茂 郭志英 章雁
定价：55.00 元
出版日期：2020.9

任课教师免费申请

中级财务会计（全两册）

本书特色
国家和北京市一流专业建设点所在团队编写,基于最新会计准则和税收法规,全书包含教材和习题共两册,内容全面,提供丰富的教辅资源,便于教学。

教辅材料
教学大纲、课件

获奖信息
国家级一流专业、国家级一流课程建设成果,北京高等学校优质本科教材课件

书号：9787302543015
作者：毛新述
定价：88.00 元
出版日期：2020.2

任课教师免费申请

高级财务会计

本书特色
应用型本科教材,篇幅适中,课件齐全,销量良好。

教辅材料
教学大纲、课件

书号：9787302525042
作者：田翠香、李宜
定价：49.00 元
出版日期：2019.6

任课教师免费申请

高级财务会计理论与实务（第2版）

本书特色
"互联网+"教材,配套课件及案例完备,结构合理,应用性强,多次重印。

教辅材料
课件

书号：9787302518617
作者：刘颖斐 余国杰 许新霞
定价：45.00 元
出版日期：2019.3

任课教师免费申请

高级财务会计

本书特色
"互联网+"教材,应用性强,篇幅适中,结构合理,课件完备,便于教学。

教辅材料
课件

书号：9787302525721
作者：游春晖 王菁
定价：45.00 元
出版日期：2019.4

任课教师免费申请

○会计学○

高级财务会计

本书特色
国家级一流专业、国家级一流课程建设成果、北京市优质教材、应用型本科教材、"互联网+"新形态教材，内容丰富，案例新颖，篇幅适中，结构合理，课件完备，便于教学。

教辅材料
课件

获奖信息
国家级一流专业、国家级特色专业建设成果

书号：9787302564621
作者：张宏亮
定价：59.00 元
出版日期：2021.11

会计综合技能实训（第二版）

本书特色
应用性强、篇幅适中、结构合理、课件完备，便于教学。

教辅材料
教学大纲、课件

书号：9787302537885
作者：马智祥 郑鑫 等
定价：28.00 元
出版日期：2019.11

企业会计综合实训（第二版）

本书特色
定位高职，实用性强，案例丰富，课件齐全。

教辅材料
教学大纲、课件

书号：9787302571155
作者：刘燕 等
定价：20.00 元
出版日期：2021.1

成本会计实训教程

本书特色
应用型创新实践实训教材，注重实际操作，有效提升会计操作技能，提供教学课件、数据和参考答案，方便教学和自学。

教辅材料
教学大纲、课件

书号：9787302571490
作者：徐梅鑫 余良宇
定价：45.00 元
出版日期：2021.1

管理会计导论（第 16 版）

本书特色
全球最畅销管理会计教材，原汁原味地反映了最新的会计教育理念，无任何删减，教辅资料配套齐全，便于教学使用。

教辅材料
教学大纲、课件

书号：9787302487111
作者：亨格瑞 著，刘俊勇 译
定价：88.00 元
出版日期：2019.1

管理会计实践教程

本书特色
"互联网+"教材，课件齐全，便于教学。

书号：9787302570394
作者：肖康元
定价：50.00 元
出版日期：2021.1

会计学

管理会计

本书特色
"互联网+"教材，配套资源丰富，课程思政特色鲜明，增设在线测试题。

教辅材料
教学大纲、课件

书号：9787302574897
作者：高樱 徐琪霞
定价：49.00元
出版日期：2021.3

任课教师免费申请

会计信息系统（第二版）

本书特色
应用型本科教材，"互联网+"教材，郭道扬推荐，内容丰富，案例新颖，篇幅适中，结构合理，习题丰富，课件完备，便于教学。

教辅材料
教学大纲、课件、习题答案、试题库、模拟试卷、案例解析

书号：9787302553069
作者：杨定泉
定价：49.80元
出版日期：2020.6

任课教师免费申请

会计学教程（第二版）

本书特色
浙江大学名师之作，"互联网+"教材，畅销教材，习题丰富，课件完备。

教辅材料
教学大纲、课件、习题答案、试题库、模拟试卷

书号：9787302548881
作者：徐晓燕 车幼梅
定价：49.80元
出版日期：2020.6

任课教师免费申请

会计学（第三版）

本书特色
畅销教材，按新准则升级，新形态教材，南开大学倾力打造，教辅齐全，形式新颖。

教辅材料
教学大纲、课件、习题答案

获奖信息
国家级精品课配套教材

书号：9787302536574
作者：王志红 周晓苏
定价：59.00元
出版日期：2019.9

任课教师免费申请

资产评估模拟实训

本书特色
"互联网+"教材，案例丰富新颖，教辅材料齐全，便于教学。

教辅材料
教学大纲、课件、习题答案、试题库、模拟试卷、案例解析、其他素材

书号：9787302558811
作者：闫晓慧 王琳 范雪梅 张莹
定价：52.00元
出版日期：2020.9

任课教师免费申请

会计学原理

本书特色
"互联网+"教材，应用型本科教材，内容丰富，案例新颖，篇幅适中，结构合理，习题丰富，课件完备，便于教学。

教辅材料
课件

书号：9787302527169
作者：何玉润
定价：59.00元
出版日期：2019.5

任课教师免费申请

基础会计学（第二版）

本书特色
应用型本科教材，内容丰富，案例新颖，篇幅适中，结构合理，课件完备，便于教学。

教辅材料
教学大纲、课件

书号：9787302545545
作者：李迪 等
定价：48.00 元
出版日期：2019.12

基础会计（第二版）

本书特色
刘永泽总主编，畅销教材，云南省精品教材，内容丰富，案例新颖，篇幅适中，结构合理，习题丰富，课件完备，便于教学。

教辅材料
教学大纲、课件、习题答案、试题库、模拟试卷

获奖信息
云南省精品课程配套教材

书号：9787302550846
作者：姚荣辉
定价：49.80 元
出版日期：2020.4

基础会计实训教程

本书特色
应用型本科教材，内容丰富，案例新颖，篇幅适中，结构合理，课件完备，便于教学。

教辅材料
教学大纲、课件

书号：9787302520047
作者：李红萍
定价：45.00 元
出版日期：2019.1

基础会计

本书特色
应用型本科教材，内容丰富，案例新颖，篇幅适中，结构合理，课件完备，便于教学。

教辅材料
教学大纲、课件

书号：9787302520030
作者：李红萍
定价：48.00 元
出版日期：2019.1

审计学原理

本书特色
定位高职，实用性强，案例丰富，课件齐全。

教辅材料
教学大纲、课件

书号：9787302556978
作者：祁红涛 等
定价：49.80 元
出版日期：2020.7

审计学

本书特色
国家级一流专业、国家级一流课程建设成果，应用型本科教材，"互联网+"教材，内容丰富，案例新颖，篇幅适中，结构合理，课件完备，便于教学。

教辅材料
课件

获奖信息
国家级一流专业、国家级特色专业建设成果。

书号：9787302563396
作者：赵保卿 主编，杨克智 副主编
定价：69.00 元
出版日期：2021.1

○会计学○

审计学（第二版）

本书特色
应用型本科教材，"互联网+"教材，郭道扬推荐，内容丰富，案例新颖，篇幅适中，结构合理，习题丰富，课件完备，便于教学。

教辅材料
教学大纲、课件、习题答案、试题库、模拟试卷

书号：9787302553076
作者：叶忠明
定价：49.80元
出版日期：2020.6

任课教师免费申请

税务会计（第三版）

本书特色
新形态教材，依据最新税收法规制度编写，配有丰富的教学资源。案例丰富，习题丰富，课件齐全。

教辅材料
课件、教学大纲、习题及答案、试题库、模拟试卷、案例解析、其他素材

书号：9787302556671
作者：王迪 臧建玲 马云平 华建新
定价：49.00元
出版日期：2020.8

任课教师免费申请

银行会计

本书特色
根据最新会计准则编写，应用型高校和高职适用教材，案例丰富，结构合理，课件齐全。

教辅材料
课件

书号：9787302501008
作者：汪运栋
定价：57.00元
出版日期：2018.6

任课教师免费申请

预算会计

本书特色
应用型本科教材，篇幅适中，课件齐全，销量良好。

教辅材料
教学大纲、课件

书号：9787302529064
作者：王悦 张南 焦争昌 赵士娇 刘亚芬 隋志纯 赵玉荣
定价：49.00元
出版日期：2019.6

任课教师免费申请

新编政府与非营利组织会计

本书特色
"互联网+"教材，配套资源丰富，增设在线测试题。

教辅材料
教学大纲、课件

书号：9787302558729
作者：董普 王晶
定价：49.00元
出版日期：2020.7

任课教师免费申请

商业伦理与会计职业道德

本书特色
时效性强，名师佳作，配套资源丰富，课程思政特色突出。

教辅材料
教学大纲、课件

书号：9787302557807
作者：叶陈刚 叶康涛 干胜道 王爱国 李志强
定价：49.00元
出版日期：2020.7

任课教师免费申请

○ 会计学 ○

高新技术企业账务实操

本书特色
搭配用友新道软件,定位高职,实用性强,案例丰富,课件齐全。

教辅材料
教学大纲、课件

书号:9787302562771
作者:杨彩华 吴凤霞
定价:49.00元
出版日期:2020.10

任课教师免费申请

现代商贸企业账务实操

本书特色
搭配用友新道软件,定位高职,实用性强,案例丰富,课件齐全。

教辅材料
教学大纲、课件

书号:9787302553618
作者:石其彪
定价:49.00元
出版日期:2020.8

任课教师免费申请

会计学(第二版)

本书特色
新形态教材,实操性强,案例丰富,配有大量教学资源。

教辅材料
教学大纲、课件、习题答案、试题库、模拟试卷、案例解析、其他素材

书号:9787302588375
作者:闫晓慧、王琳、范雪梅、张莹
定价:59.80元
出版日期:2021.8

任课教师免费申请

成本管理会计(第2版)

本书特色
最新改版,应用型本科教材,互联网+教材,习题丰富,课件齐全。

教辅材料
教学大纲、课件、习题答案、试题库、模拟试卷、案例解析

书号:9787302548379
作者:肖康元
定价:59.80元
出版日期:2020.6

任课教师免费申请

会计学

本书特色
厦门大学名师大作,"互联网+"教材,权威、畅销教材,内容结构合理,习题配套丰富,课件齐全,非常便于教学。

教辅材料
教学大纲、课件、习题答案、试题库、模拟试卷

书号:9787302487470
作者:刘峰
定价:39.00元
出版日期:2019.6

任课教师免费申请

财务会计学(第二版)

本书特色
体现最新会计准则和会计法规,实用性强,习题丰富,内容全面,课件完备。

教辅材料
教学大纲、课件、习题答案、试题库

书号:9787302520979
作者:王秀芬 李现宗
定价:55.00元
出版日期:2019.3

任课教师免费申请

会计综合实验教程（第二版）

本书特色

应用型本科教材，内容丰富，案例新颖，篇幅适中，结构合理，习题丰富，课件完备，便于教学。

教辅材料

教学大纲、课件

书号：9787302524335
作者：王秀芬
定价：45.00元
出版日期：2019.4

任课教师免费申请